오늘의
한국과 일본의
이해

저자 약력

▌金仁炫

- 일본의 明治大學大學院, 東京學藝大學大學院, 廣島大學大學院에 日本文部省 國費로 10年間 留學.
- 히로시마대학과 와세다대학 객원교수, 司試, 外試, 行試 出題委員, 韓國日本語教育學會 會長 역임.
- 현재 : 朝鮮大學校 外國語大學 日本語學科 教授, 朝鮮大學校 平生教育院 院長, 教育學 博士.
- 著書 : '綜合日本語百科', '日本語試驗百科', '무궁화와 사쿠라', '21세기 한일관계의 연구', '現代日本語文法', '現代日本의 理解', '교양일본어1, 2', '日本文化의 理解', '4개국어 여행회화', '日本의 名作 20편을 1시간에 읽는다', '韓日語의 對照研究와 日本語教育 등 著書 多數.
- 論文 : '韓國人 日本語學習者에 있어서의 格助詞의 誤用研究', '韓日獨島教育의 一考察', '韓國의 日本語教育의 現況과 展望', '韓日兩國語의 對照研究', '日本의 歷史教科書 歪曲問題와 對策', '慰安婦問題의 一考察', '靖国神社의 參拜問題', '日本大衆文化의 考察' 등 論文 多數.

▌金鉦丘

- 일본의 明治大學大學院, 廣島大學大學院에 10年間 留學, 政治行政學 博士.
- 현재 : 東新大學校 人文社會科學大學 觀光日本語學科 教授, 圖書館長 역임.
- 著書 : '綜合日本語百科', '日本語試驗百科', '21세기 한일관계의 연구', '標準日本語文法', '現代日本의 理解', '日本文化의 理解', '4개국어 여행회화', '日本의 옛날이야기 18편을 1시간에 읽는다' 등 著書 多數.
- 論文 : '韓日地方自治體와 二元的代表制', '韓日敬語의 對照研究' 등 論文 多數.

오늘의 한국과 일본의 이해

초 판 인 쇄	2016년 08월 22일
초 판 발 행	2016년 08월 29일
저　　　자	김인현·김정구
발 행 인	윤석현
발 행 처	도서출판 박문사
책 임 편 집	최인노
등 록 번 호	제2009-11호
우 편 주 소	서울시 도봉구 우이천로 353 성주빌딩 3층
대 표 전 화	02) 992 / 3253
전　　　송	02) 991 / 1285
홈 페 이 지	http://jnc.jncbms.co.kr
전 자 우 편	bakmunsa@hanmail.net

ⓒ 김인현·김정구, 2016. Printed in KOREA

ISBN 979-11-87425-11-3 13910　　　　　　　　　　　　　정가 23,000원

오늘의
한국과 일본의
이해

김인현 · 김정구 지음

박문사

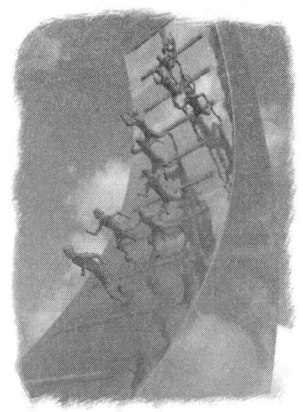

　이 책은 오늘의 한국과 일본의 관계를 이해하는데 도움이 되도록 『오늘의 한국과 일본의 이해』라는 제목으로 최근 한국과 일본 사이에 국민감정과 외교 분쟁을 일으키고 있는 여러 가지 문제점들을 중심으로 연구하고 교육하는데 의의가 있다.

　제1부에서는 오늘의 한국과 일본의 영토문제와 정치외교를 정리하고, 제2부에서는 한국과 일본의 정치문제를 연구하였다. 제3부에서는 한국과 일본의 사회문제에 대하여 논하고, 제4부에서는 한국과 일본의 문화에 대해서 고찰하였으며, 제5부에서는 한국과 일본의 역사문제에 대해서 논하고, 일본의 역사교과서의 왜곡문제에 대하여 연구하였다. 제6부에서는 한·일 관계를 연구하고, 위안부문제, 야스쿠니진자의 참배문제 등을 최근의 논문을 통해서 고찰하고 분석하였다.

　오늘의 한국과 일본이 직면하고 있는 여러 문제점들을 폭넓게 객관적으로 조사하고 분석하였다. 한·일 양국의 관계는 지정학적으로 인접하여 과거 수 천 년 동안 역사적으로 볼 때, 여러 분야에서 서로 숙명적으로 밀접한 교류를 가져 왔으며, 앞으로는 더욱더 사회적, 분화적, 인적교류까지 확대될 것이다.

　21세기는 한국과 일본이 서로 이해하고 협력하는 진정한 파트너로서 서로가 문호를 개방하여 정치·경제적, 사회·문화적으로 모든 분야에서 교류를 확대해야 할 것이다. 한국인과 일본인의 의식구조와 행동양식을 객관적으로 이해하고 분석하여 21세기의 국제화시대에는 동등한 관계를 갖는 미래 지향적인 한국과 일본의 관계 개선이 절실히 필요한 시기인 것 같다. 일본의 스텔스기 개발과 한국의 사드배치 등,

한국인과 일본인이 서로를 있는 그대로 정확히 이해하고 객관적으로 평가하고 긍정적으로 협력하여, 배울 점이 있으면 서로가 배우는 자세가 필요한 것 같다.

서로가 있는 그대로의 현실을 직시하고 분석하여 객관적으로 정확히 파악하고, 평가할 수 있을 때 진정한 한일양국의 우호관계가 유지될 수 있다.

한·일 양국이 상호이해하고, 협력하면서 서로의 전통과 미풍양속을 존중하고, 사소한 감정을 극복하면 좋은 이웃이 되리라 믿는다.

2016년은 8·15광복 71주년이며, 한일국교가 정상화 된지 51년이 되지만, 한국과 일본이 아직도 서로를 잘 모르고, 너무 과소평가하고 무시하는 것은 서로에게 아무런 도움이 안 된다는 것을 이해해야 할 것이다.

21세기의 한국과 일본의 관계를 바라보면서, 이 책이 한·일 양국의 이해와 우호증진에 조금이나마 도움이 되었으면 하는 마음이다.

2016년 8월

오늘의 한국과 일본의 이해

제1부

오늘의 한국과 일본

오늘의 한국과 일본의 이해

제1장

한국과 일본의 영토문제

• • • •

1982년 제3차 유엔해양법회의에서 "유엔해양법협약"이 채택됨에 따라 오랜 기간 동안 해양 법질서를 지배해온 공해 자유의 원칙은 크게 제약을 받게 되었다.

특히, 1970년대 200해리 어업수역 내지 유엔해양법 협약에서 배타적 경제수역(EEZ)이 일 반화되어 전 세계 해양의 30%가 연안국의 관할에 속하게 되었다.

최근, 일본이 마음대로 영해 직선기선을 그어 놓고 우리 어선을 나포하고 있으며, 1965년 의 「한·일어업협정」을 일방적으로 1998년 1월 23일 파기를 선언하였다. 1965년의 한·일어 업협정은 1958년 제네바 해양법협약 체제하에서 3~12해리의 영해와 공해의 이원적 체제로 해양이 이용 관리되던 시절에 체결되었다.

현재는 UNCLOS 발효에 따라 12해리 영해, 200해리 EEZ, 대륙붕, 공해로 구성되는 해양질 서로 변모하게 되고, 공해조업(기국주의)에 대한 인식변화, 어획능력 증대에 따른 자원고갈 위기, 한·중·일 3국의 어획능력의 상대적 변화 등, 제반사정의 변화로 구어업협정 체제의 변 경이 불가피하게 되었다.

한·일 어업협정 체결의 배경은 12해리 어업전관수역을 주축으로 하는 1965년 협정은 영해가 12해리로 확대됨에 따라 존속근거를 거의 잃었으며, 200해리 EEZ 제도를 수용할 수 없는 한계를 드러내었다

특히 한국어선의 일본주변 12해리 외측수역 조업과 관련하여 한일간의 마찰이 발생하여 해결책으로 1980년부터 조업자율규제를 실시하였다. 그러나 위반조업이 빈발하고, 기국주

의에 따른 단속의 한계 등으로 말미암아 한일간의 어업분쟁을 끊임없이 야기되었다.

이와 같은 환경변화에 대응하여 일본정부는 UNCLOS를 비준하면서 어업수역을 폐지하고 EEZ 제도로 이행하게 되었다.

한일어업협정체제 개편과 EEZ 경계획정 문제는 한일간 민감한 외교 현안으로 등장하였다. 특히, 독도문제, 기점선택문제 등 복잡한 사안과 결부되어 단기간 내에 전 해역에 걸쳐 합의를 도출한다는 것은 기대하기 어렵다.

우리 측은 기존 조업실적이 최대한 보장되어야하며 독도의 법적 지위에 하등의 영향도 없어야 한다는 기본입장 하에서 교섭에 임하였다. 교섭결과 EEZ 간주 수역의 폭을 35해리로 제안했던 일본 측과 의견 접근을 보았다. 그러나 최종적으로 협정수역의 동측한계선과 관련 일본안의 동경 135°와 한국안의 동경 136°간 차이로 타결되지 못한 가운데, 일본은 1998년 1월 23일에 1965년의 「한일어업협정」의 종료의사를 우리 정부에 일방적으로 통고하였다. 이에 따라 통고 후 1년이 경과하면 무협정 상황이 되는 우려 속에 1998년 4월 교섭을 재개하여 1998년 9월 25일 새로운 한일어업협정에 합의하였다. 이 협정은 1998년 9월 28일 한일양국의 외무장관이 서명하고 국내 비준절차를 거쳐 1999년 1월 22일 발효하였다.

 1. 한일어업협정 결과 및 효과분석

한일 양국이 EEZ를 선포하였기 때문에 어떻게 어업자원을 이용하고 보존·관리할 것인지가 새로운 협정의 문제가 된 것이다. 협정의 기본목적은 전혀 公海가 없는 한반도 주변해역에서 경계가 불명확한 한일 양국의 EEZ를 대상으로 새로운 어업질서를 구축하는데 있었다. 신한일어업협정은 영해 이원의 넓은 공해에 기국주의를 적용하여 양측이 각자 단속권을 행사하던 1965년 어업협정 체제로부터 연안국의 배다적 관할권에 기초한 연안국주의로 이행하는 상황에서 어업관련 국익을 균형있게 달성하는데 기여하였다.

1999년 1월 협정이 발효하고, 그 당시 이미 합의되었던 한중어업협정도 2001년 6월 발효함으로써 한반도 주변수역 해양질서가 구축되어 동북아해양질서의 안정에 기여하게 되었다. 우리는 상대적으로 중국, 일본 어업에 열세인 까닭에 자유조업방식 보다는 현행 협정의 연안국주의가 중장기적으로 우리 국익에 유리하다고 판단했다.

한·중·일 3국간 EEZ 경계획정 문제는 매우 복잡하여 해결되기까지는 많은 시간을 요한다. 따라서 외교정책적으로도 잠정기간동안 어업관계를 다룰 틀을 마련함으로써 어업문제가 다른 정치, 외교적 문제로 비화하지 않도록 하였다.

2. 한일어업협정과 독도 영유권과의 관계

우리사회 일각에서는 협정교섭당시 한국이 외환위기로 협상력을 제약받아 불리한 협정, 특히 독도에 대해 부정적 영향을 주는 협정을 체결하였다는 견해가 있다. 그러나 어업정책적 관점 및 독도 영유권에 관한 고찰에 비추어 이는 근거 없다. 한일어업협정을 체결하면서 고려한 유일한 기준은 우리 국익이었다.

한일어업협정상 독도 및 그 주변 12해리 영해가 중간수역에 둘러싸인 점을 들어 독도 영유권이 훼손되었다는 견해가 있다.

첫째, 독도를 중간수역내에 위치하게 함으로써 독도의 영유권 문제가 한일간의 국제분쟁화 되는 것을 묵인, 독도 영유권에 관한 일본의 지위가 한국과 대등하게 되고 우리 영유권이 훼손되었다.

둘째, 한국과 일본이 분쟁도서가 포함된 수역에서 어족자원의 공동관리를 합의했다고 하는 사실은 일종의 공동주권(condominium)을 인정한 것으로서 해석될 수 있기 때문에 이로 인해 독도 영유권이 훼손되었다. 셋째, 독도가 중간수역에 포함되어 독도가 울릉도의 속도로서의 근거가 상실되었다.

넷째, 어업문제나 영유권 문제는 분리되지 않으며, 어업권이란 영토 주권에서 연유되는 것이므로 영유권 문제와 본질적으로 연결된다.

1) 독도가 중간수역에 위치함으로써 독도의 분쟁화를 묵인하였는지 여부

중간수역은 동해 중앙수역의 EEZ 경계획정이 이루어지지 않아 잠정조치로서 설정된 것이며, 원래는 한일 양국의 EEZ가 중첩되는 수역으로 경계획정이 이루어지게 되면 어느 일방의 EEZ에 속하게 될 것이다.

협정으로 구획된 중간수역에서는 양국이 타방국민이나 어선에 대하여 어업에 관한 자국의 법령을 적용하지 않음으로써 쌍무적 관계에서는 EEZ 관할권을 행사하지 않도록 자제한 것이다. 중간수역은 양국의 EEZ 범위를 놓고 분쟁상태에 놓여 어업질서가 불안정해지는 것보다는 잠정적으로 구협정체제 때와 같이 기국주의를 유지하는 것이 현실적이라는 타협의 산물이다.

중간수역내에 독도의 영해가 엄존하고 있고 협정 적용대상으로 배제되어 있는 이상, 독도와 그 영해가 중간수역에 둘러싸여 있는 사실만으로 우리가 독도에 대한 영유권분쟁을 묵인하였다고 주장하는 것은 아무런 법적 근거가 없다. 우리가 독도 및 주변 12해리 영해에 대하여 국가권능을 계속 행사하고 있는 한, 독도 영유권에는 아무런 변동이 있을 수 없다.

특히 중간수역이 UNCLOS 제74조3항에 따른 어업만을 위한 임시적 성격의 잠정조치라는 점에서 영구적, 대세적 효력을 가지는 영유권에 영향을 미친다는 것은 논리적 설득력이 없다. 국제법상 영유권의 포기는 명시적으로 이루어져야 한다. 협정이 제15조에 의해 어업을 제외한 국제법문제에 대한 영향을 배제한 사실도 독도문제에 대한 묵인 가능성을 배제하는 중요한 근거가 될 것이다.

한편, 독도의 EEZ에 대한 권리행사를 포기함으로써 우리가 국가기능의 행사를 포기한 것으로 보는 견해도 있다. 협정체결을 둘러싸고 우리가 독도에 대한 EEZ를 포기한다는 명시적 의사를 최종적으로 표명한 적이 없을뿐더러 물론, 독도가 EEZ를 보유하기는 어렵다는 입장이지만, 나아가 독도에 대한 EEZ 설정이 이루어지지 않았다 하더라도 그것이 독도 영유권에 관련되는 국가기능의 계속적인 행사를 포기한 것으로 간주될 수는 없다. 어떤 특정 영토에 EEZ를 설정할 것이냐 그리고 어느 폭으로 할 것이냐는 국가가 확립된 국제법 원칙에 따라 확립된 독자적 의사결정으로 이루어지는 것이고, EEZ를 설정하지 않겠다는 것도 일종의 소극적 국가권능의 행사에 해당된다.

이와 관련 국가권능의 행사와 관계없는 해양관할권에 관한 국제적 합의가 영토 또는 도서의 영유권에 영향을 미치지 않는다는 것은 다수의 국제판례에 의해 뒷받침되고 있다. 국세사법새판소는 영/불간 Minquiers & Ecrehos 도시 영유권 분쟁 시간에서 1839년 영불간 어업협정으로 영불간 공동어로 수역을 설정한 것이 동 수역내에 있는 양도서의 영유권에 영향을 미치지 않는다고 판시하였다.

이 판례는 한일 양국간 특별한 합의로 양국어민이 공동으로 조업하는 중간수역에 독도가 위치하고 있음에도 불구하고 독도 영유권에는 하등의 영향이 없다는 점을 뒷받침하고 있다.

이러한 국제사법재판소의 입장은 최근 판례에서도 그대로 유지되고 있다. 1992년 국제사법재판소 특별부는 엘살바돌/온두라스간의 영토·도서·해양경계 사건에서 역사적 수역(historic waters)을 점유하던 국가의 승계 국가인 당사국들의 공유수역체제(a regime of shared ownership of maritime spaces)와 공유수역내 있는 도서들에 대한 영유권을 별개로 보고 동 도서들에 대한 영토권원은 이들을 둘러싼 수역의 법적 지위에 의하여 영향을 받지 않고 별도의 다른 기준으로 결정된다고 판시했다. 결론적으로 제반국제법원칙 및 국제사법재판소의 판례에 비추어 잠정조치로서의 중간수역 설정이 동 수역에 둘러싸인 독도의 영유권에 영향을 미친다는 주장은 타당성이 결여되었다고 본다.

2) 동해중간수역이 공동주권을 창설함으로써 독도영유권을 훼손하였는지 여부

한국과 일본이 분쟁도서가 포함된 수역에서 어족자원의 공동관리에 합의함으로써 일종의 공동주권을 인정하였으며, 이로 인해 독도 영유권이 훼손되었다는 주장은 동해 중간수역에서는 공동관리체제가 도입된 것이 아니라는 점에서 타당하지 못하다.

첫째, 동 수역내 이루어지는 어족자원의 보존과 일부 관리에 관한 조치는 한일어업공동위원회에서 협의하고 이를 양국 정부에 "권고"하여 실행하도록 되어 있다. 권고는 법적 구속력이 없다는 점에서, 제주도 남부 중간수역에서 행하여지는 법적 구속력이 있는 "결정"과 구별되며, 협정교섭당시 동해중간수역의 공동관리성격을 배제하기위하여 의도적으로 구분하여 사용되었다.

둘째, 동해중간수역의 경우 통상 EEZ의 운용과정에서 적용되고 있는 양적 규제를 배제하였다. 통상 EEZ에 따른 어업협정은 외국에 대한 입어 결정에 있어 연안국의 총 허용어획량 및 연안국 조업능력을 고려하여 어종, 어기, 어구 등 다양한 요소로 양적인 규제조치를 실시하지만, 동해 중간수역에서는 어업종류별 어선 최고척수를 중심으로 한 일부 사항에 대해서만 협의를 하게 함으로써 양적 규제를 도입하지 않고 있다.

셋째, 중간수역에서는 양국 국내법의 적용과 집행에 있어 公海에서와 같이 기국주의가 적용된다. 동 수역이 일종의 공동주권을 창설하였다면 각국이 자국 국민에 대해 자국 국내법을 적용하고 위반자를 단속하는 기국주의와는 전혀 양립될 수 없다. 그리고 신 어업협정체결당시 순수한 의미의 기국주의를 고수하기 위하여 한·중, 일·중 어업협정에서 인정되고 있는 타방체약국 어민의 보존·관리조치 위반에 대해 주의를 환기할 수 있는 권리도 인정하지 않았다.

이와 같이 우리 정부는 신 어업협정 교섭에 있어서 중간수역에 대한 공동관리의 성격이 추정될 수 있는 조치를 포함시키지 않기 위하여 세심한 배려를 하였고 그 의도가 달성되었다는 점에서, 동 수역을 공동주권으로 보는 것은 전혀 근거가 없다고 보아야 한다.

 3. 결론

1998년 9월 25일 새로운 한일어업협정에 합의하여, 1999년 1월 22일 발효한 새로운 한일어업협정은 동북아에서 EEZ 제도 도입에 따른 해양질서의 재편과정에서 우리 어민의 불가피한 피해를 최소화하고 안정된 조업질서를 확보함으로써 한일 양국관계의 안정에 기여하였다. 정부는 신 한일어업협정을 체결함에 있어서 EEZ 경계획정이 이루어지지 않은 동해에서 기국주의가 적용되는 중간수역을 불가피하게 설정하면서 이로 인하여 있을지도 모를 독도 영유권에 미칠 부정적 영향을 배제하기 위하여 세심히 배려하여 각종 조치를 협정내에 마련하였다. 이와 같은 우리 정부의 입장은 헌법재판소의 판결에 의해서도 확인되었다.

2001년 3월 21일 헌법재판소는 한일어업협정에 대한 4건의 헌법소원(99헌마 139, 142, 156, 160(병합))을 기각하면서 "독도가 중간수역에 속해 있다하더라도 독도의 영유권 문제나 영해 문제는 직접적 관련을 가지지 아니하는 것이 명백하다. 이 협정으로 인하여 독도의 영해와 EEZ 대한 영토권이 침해되었다는 주장은 이유 없다"고 판시하였다.

이와 관련 일본과 중국도 일·중 어업협정에서 양국간 분쟁상태에 있는 첨각열도(중국명 조어도)의 주변수역에 대하여 북위 27°이남 및 동경 125°30′으로 이루어진 중간수역을 설정하였다. 동 수역은 어족자원 보존, 관리 정도, 관할권행사 면에서 동해중간수역과 동일한 내용으로 되어 있음에도 불구하고, 일본이나 중국에서 동 협정으로 첨각열도(조어도)의 영유권에 부정적 영향을 미친다는 비판이 제기된 적이 없다. 한일어업협정이 독도 영유권을 훼손하였다는 주장을 계속하고 있는 우리사회 일각은 오해인 것이다. 과연 일본이나 중국의 정부와 국민이 그 점을 간과하고 침묵하고 있는 것일까?

독도는 역사적으로나 국제법적으로 우리의 고유영토로서 우리가 실효적 지배를 행사하고 있다. 우리 영토인 독도의 영유권 유지에 기여하는 길이 무엇인지 신중히 되돌아보고 행동해야 할 것이다.

한중일 3국이 정치, 경제, 군사 등의 문제로 갈등보다는 협력관계가 되어야 한다. 세계는 무한경쟁 시대지만, 2016년 4월 16일, 일본은 미국, 러시아, 중국에 이어 세계 4번째로 스텔스 전투기를 미쓰비시 중공업이 개발하여 실험에 성공하여 곧 자위대에 배치한다.

일본은 최근 중국에 10곳의 병원을 개설하여 의료 수출을 하고 있다. 한국도 서울대 병원과 연세의료원과 아주대 의료원이 추진 중이다.

한중일 3국이 현안문제의 해결을 위해 정상회의를 정례화해야 할 것이다.

한중일 3국의 신뢰관계 회복이 무엇보다 중요하다.

2013.10.2. 독도에서

일본의 Best 5

(일본의 산)

1 – 후지산(富士山/ふじさん) – 3776m
2 – 시라네산(白根山/しらねさん) – 3192m
3 – 호타카다케(穂高岳/ほたかだけ) – 3190m
4 – 야리가타케(槍が岳/やりがたけ) – 3180m
5 – 히가시다케(東岳/ひがしだけ) – 3141m

(일본의 강)

1 – 시나노가와(信濃川/しなのがわ) – 367㎞
2 – 토네가와(利根川/とねがわ) – 322㎞
3 – 이시카리가와(石狩川/いしかりがわ) – 268㎞
4 – 테시오가와(天塩川/てしおがわ) – 256㎞
5 – 키타카미가와(北上川/きたかみがわ) – 249㎞

(일본의 호수)

1 – 비와코(琵琶湖/びわこ) – 670.5㎢
2 – 카스미가우라(霞が浦/かすみがうら) – 167.6㎢
3 – 사로마코(サロマ湖/サロマこ) – 151.9㎢
4 – 이나와시로코(猪苗代湖/いなわしろこ) – 103.3㎢
5 – 나카우미(中海/なかうみ) – 86.8㎢

(일본의 섬)

1 – 에토로후토우(択捉島/えとろふとう) – 3139㎢
2 – 쿠나시리토우(国後島/くなしりとう) – 1500㎢
3 – 오키나와토우(沖縄島/おきなわとう) – 1185㎢
4 – 사도가시마(佐渡島/さどがしま) – 857㎢
5 – 아마미오오시마(奄美大島/あまみおおしま) – 709㎢

일본바로알기
(일본의 지리)

　일본은 아시아 대륙의 동쪽에 위치해 있으며, 남북으로 길이가 2,500km(한국은 1,800km)에 이르는 섬나라이다. 서울에서 도쿄까지 비행기로 약 2시간, 부산에서 후쿠오카까지는 배로 3시간 정도 걸리는 가까운 나라이다. 북쪽의 위로부터 홋카이도(北海道), 혼슈(本州), 시코쿠(四国), 큐슈(九州) 등 4개의 큰 섬으로 되어 있고, 오키나와(沖縄) 섬을 비롯한 3,900여개의 작은 섬으로 되어 있는 섬들을 총칭하여 일본열도(日本列島)라 한다.

　일본열도는 북위 20°에서 46°, 동경 122°에서 154°에 위치하고 있고 수도 도쿄(東京)는 동경 140°북위 36°선상에 있으며, 인구는 2,500만 명이다.

　국토 면적은 377,835㎢로, 우리나라(북한포함)의 약 1.7배에 해당하고, 인도의 9분의 1, 중국의 26분의 1, 미국의 25분의 1이며, 전세계 육지 면적의 0.3%정도에 불과하다. 일본열도는 8개의 지방으로 나눈다.

　북쪽에서부터 홋카이도(北海道ほっかいどう)지방, 도호쿠(東北とうほく)지방, 간토(関東かんとう)지방, 츄후(中部ちゅうぶ)지방, 긴키(近畿きんき)지방, 츄고쿠(中国ちゅうごく)지방, 시코쿠(四国しごく)지방, 큐슈(九州きゅうしゅう)지방 등으로 부른다.

▎東北지방 : 本州의 동북부에 있는 지방이라는 의미이고, 6개의 県 ─青森(あおもり), 岩手(いわて), 秋田(あきた), 宮城(みやぎ), 山形(やまがた), 福島(ふくしま)이 있다.

▎関東지방 : 동쪽에 있는 지방이라는 의미로, 여기에는 東京(とうきょう)都외에 6개의 県─神奈川(かながわ), 埼玉(さいたま), 千葉(ちば), 茨城(いばらぎ), 郡馬(ぐんま), 栃木(とちぎ)이 있다.

▎中部지방 : 本州의 중부에 있는 지방이라는 의미이고, 9개의 県─長野(ながの), 岐阜(ぎふ), 静岡(しずおか), 愛知(あいち), 富山(とやま), 山梨(やまなし), 福井(ふくい), 新潟(にいがた), 石川(いしかわ)이 있다.

▌**近畿지방** : 京都(きょうと)府, 大阪(おおさか)府 외에 5개의 県-三重(みえ), 滋賀(しが), 兵庫(ひょうご), 奈良(なら) 和歌山(わかやま)이 있다. 近畿지방이라는 명칭은 수도에 가까운 지방이라는 의미로, 예전의 京都는 일본의 수도였으므로 그렇게 말하는 것이다.

▌**中国지방** : 本州의 서남쪽에 위치한 지방이다. 이 지방은 京都와 九州의 중간 정도에 위치하고 있으므로, 그렇게 부르는 것이다. 여기에는 5개의 県은 鳥取(とっとり), 島根(しまね)), 岡山(おかやま), 広島(ひろしま), 山口(やまぐち) 등이 있다.

▌**四国지방** : 4개의 県-香川(かがわ), 徳島(とくしま), 高知(こうち), 愛媛(えひめ)으로 나뉘어 져서 붙여진 이름이다.

▌**九州지방** : 県이 7개-福岡(ふくおか), 熊本(くまもと), 大分(おおいた), 宮崎(みやざき), 鹿児島(かごしま), 佐賀(さが), 長崎(ながさき)이 있다. 九州의 남쪽에는 沖縄(おきなわ)현이 있으며, 北海道에는 県이 없다.

　일본은 문화적 사회적 특징을 배경으로 크게 둘로 나누어, 中部지방을 기준으로 하여 북동쪽을 東日本, 남서쪽을 西日本이라고 부른다.

　기후는 열도가 남북으로 좁고 길게 늘어져 있기 때문에 남쪽의 아열대(亜熱帯)에서 북쪽의 아한대(亜寒帯)에 걸쳐 있지만, 대부분의 지역은 온난성 해양기후라고 할 수 있고 사계절의 변화가 뚜렷하다.

　기복이 심한 산맥이 일본열도를 종단하고 있어 태평양쪽과 동해(東海, 일본은 日本海라고 함)쪽과의 기후 차가 크다. 태평양쪽은 여름에는 남동계절풍이 불어 무덥고, 겨울에는 건조하며 맑은 날씨가 계속된다. 동해 쪽은 겨울에는 대체로 북서 계절풍에 의해 눈이 많나. 세계의 유명한 나실지내인 니이가타현(新潟県)등에시는 4 - 5m의 눈이 쌓이기도 한다.

　홋카이도를 제외한 전 지역에서는 6월 초순부터 7월 중순에 걸쳐 고온 다습한 장마(일본에서는 쓰유 또는 바이우〈梅雨〉라함)가 계속된다. 일본열도의 남서부 지역은 8월부터 10월에 걸쳐 집중 호우를 동반하는 태풍의 영향권에 들게 된다.

　수도인 도쿄(東京)의 연평균 기온은 15.6℃로 우리나라 서울의 11℃보다 높다. 월평균 기온이 가장 높을 때는 8월로 27.1℃(서울 25.4℃)이고, 가장 낮을 때는 1월로 5.2℃(서울 -4.9℃)이다. 특히 여름은 고온 다습하여 무덥고 후덥지근 하다.

연평균 강우량은 1,405mm로, 연간 1,000mm내지 2,500mm의 비가 내린다. 온대 지방으로서는 상당히 많은 편인데, 가장 많을 때는 6월(185mm)이며, 가장 적을 때는 1월(45mm)이다. 평균 일주일에 한 번 정도 비가 오는 셈이지만, 장마철에는 기간 중의 4분의 3이 흐리거나 비가 내리고, 겨울철은 3분의 2가 맑은 날씨이다. 도쿄는 1년에 1~3번 정도 눈이 내리며, 그 양도 매우 적다. 홋카이도(北海道)에는 장마가 거의 없다.

일본열도의 태평양 바다 쪽은 깊이 6000~10,000m가 되는 니혼해구(日本海溝)와 이즈(伊豆)·오가사와라(小笠原)해구가 있다. 일본에는 몇 줄기의 화산맥이 뻗어 있어서 지형의 변화가 심하다. 강은 짧고 급류이며, 산골짜기는 깊은 협곡을 이루고, 해안선은 복잡하게 얽혀 있다. 따라서 경치가 아름다운 곳이 많고 온천지도 여기저기 많이 있다.

일본 전체가 환태평양 지진대에 속하고 있어 화산활동이 활발하고 세계에서도 유명한 지진다발 지대로 되어있다.

1923년 9월 1일의 관동(関東) 대지진(진도 7.9, 10만명 사망)과 1995년 1월 17일의 한신(阪神)·아와지(淡路) 관서지방 고베 대지진(진도 7.2, 사망 6,279명)은 커다란 재해를 불러온 대지진이었다.

일본의 강과 산을 보면, 강은 짧고 급류를 이루는 것이 대부분이며, 가장 긴 강은 나카노県과 니이가다県을 지나는 시나노가와(信濃川, 367㎞)이고, 다음은 간토(関東)평야를 흐르는 도네가와(利根川)인데, 한국의 낙동강(525㎞), 한강(514㎞) 보다는 짧은 강이다. 도네가와 유역에는 일본에서 가장 넓은 간토평야(関東平野)가 있고, 홋카이도의 이시카라가와(石狩川)유역의 이시카리 평야가 있으며, 그외에도 니이가타현의 니이가타 평야가 있다.

일본국토의 약 70%는 산지이다. 가장 높은 산은 후지산(富士山)은 일본을 상징하는 대표적인 산으로서 1707년에 대 분화가 있었는데, 그 이후 분화 활동은 없다. 해발 3,776m이고, 그 외에도 높은 산이 많다. 특히 혼슈의 중앙부에는 3,000m이상의 산들이 50여개나 있다. 이 산들은 스위스의 알프스를 닮았다고 하여 일본 알프스라고 불려지고 있다. 현재 일본에는 아사마(浅間), 아소(阿蘇), 사쿠라지마(桜島), 운젠(雲仙), 미하라(三原)산 등 약 60여 개의 활화산이 있다.

그 중 규슈의 아소산은 한번 분화한 곳이 함몰해서 화구원이 되고, 그 속에 또 화구가 생긴 이중식 화산으로 유명하며 매년 관광객이 수백만 명이나 찾아오고 있다.

아소산의 화구는 동서가 18㎞, 남북이 24㎞나 되는 세계에서 가장 큰 화구이기도 하다. 아소산의 화구원(火口原)에는 현재 6만명 정도의 사람이 농업과 목축을 하면서 생활하고 있다. 산의 정상 중앙부분에서는 지금도 화산 연기를 뿜고 있다.

日本の三景

松島は、東北地方・宮城県にある美しい所です。

松島の美しさは古代から知られていて、「万葉集」という日本最古の歌集にも記録が残っています。松島湾と島々は、海の波や風化作用で、長い年月をかけて現在のような複雑で美しい形になりました。また、この近くには歴史的な建築物が数多くあり、人気のある観光地になっています。

京都府の天橋立、広島県の宮島(厳島)とともに日本三景(日本で最も景色の美しい三つの場所)の一つとされています。

俳句を始めたことで有名な江戸時代の松尾芭蕉も東北地方を旅したとき、松島に寄りその美しさを記しています。

일본의 인구와 도시(日本の人口と都市)

人口はやく1億2千600万(2000年)です。

日本には人口200万 以上の都市が十あります。

東京都・大阪府・横浜市・名古屋市・京都府・神戸市・札幌市・北九州市・川崎市・福岡市です。

東京は日本の首都です。東京の人口は約810万人ですが、郊外を含むと2500万人です。

日本の人口の約1/6(六分の一)の人が東京に 住んでいます。

大阪市は、日本で二番目に大きい都市で、人口は約260万人ですが、郊外を含むと大阪府は900万人です。大阪はむかしから、商業がさかんなところです。

京都市(150万)は、今から110年前までは、日本の首都でした。

しずかで きれいな町で、お寺やお神社がたくさんあります。

札幌市(182万)は北海道の中心の町です。

横浜市(340万)や神戸市(150万)には大きい港がありますが、工業もさかんです。

名古屋市(220万)・川崎市・北九州市・福岡市は工業都市です。

日本では、人口が5万人以上の町を市といいます。

日本には、約669の市があります。

일본의 행정구역 日本の行政區域(都·道·府·縣)

　日本には、1都(東京都)·1道(北海道)·2府(大阪府·京都府)·43の県があります。ふつう日本では、本州を五つの地方に分けます。

　東北地方·関東地方·中部地方·近畿地方·中国地方です。

　東北地方というのは、本州の東北部にある地方という意味です。東北地方には六つの県があります。関東地方というのは、東の地方にある地方という意味で、ここには、東京都のほかに六つの県があります。

　中部地方というのは、本州の中部にある地方という意味で九つの県があります。

　京都府·大阪府がある地方を近畿地方といいます。この地方には、そのほかに五つの県があります。近畿地方というのは、首都に近い地方という意味で、むかし、京都が日本の首都だったことから、こういわれるようになりました。

　中国地方は、本州の西南の地方です。この地方は、京都と九州の中ほどにあるので、こういいます。ここには、五つの県があります。

　四国には県が四つ、九州には県が七つあります。九州の南には、沖縄県があります。

　北海道には、県はありません。

▌東京23区の読む法▌

1. 千代田区(ちよだく)	9. 品川区(しながわく)	17. 練馬区(ねりまく)
2. 中央区(ちゅうおうく)	10. 大田区(おおたく)	18. 板橋区(いたばしく)
3. 港区(みなとく)	11. 目黒区(めぐろく)	19. 北区(きたく)
4. 新宿区(しんじゅくく)	12. 世田谷区(せたがやく)	20. 荒川区(あらかわく)
5. 文京区(ぶんきょうく)	13. 渋谷区(しぶやく)	21. 足立区(あだちく)
6. 台東区(たいとうく)	14. 杉並区(すぎなみく)	22. 葛飾区(かつしかく)
7. 墨田区(すみだく)	15. 中野区(なかのく)	23. 江戸川区(えどがわく)
8. 江東区(こうとうく)	16. 豊島区(としまく)	

제2장

対馬島와 雨森芳洲의 一考察[*]

• • • •

1. 序論

対馬島는 地理的으로, 歷史的으로, 言語的으로, 文化史的으로, 民俗学的으로 朝鮮과의 関係가 매우 깊다. 総面積은 708평방킬로미터로 済州道 1,820평방킬로미터 보다 2.6배 정도 작지만, 南北으로 82킬로미터, 東西로 18킬로미터이고, 한국의 釜山에서는 49.5킬로미터[1]의 가까운 거리이므로 1980년8월 조오련 水泳選手가 부산에서 대마도까지 水泳으로 건너갔으며, 일본九州의 福岡에서는 147킬로미터나 멀리 떨어져 있으며, 人口는 2007년에 약 4만 명이 살고 있다. 일제시대에는 韓国人이 2만 명 정도 살았으나 現在는 교포 60여명이 살고 있으며, 1999년 7월 14일부터 釜山-対馬島의 정기여객선이 매일 運航되어, 매년 4만 명 정도의 観光客이 왕래하고, 每年 8월 첫째 토, 일요일에는 朝鮮通信使 행렬을 再演하는 '아리랑 마츠리'의 祝祭가 열리고 있다.

대마도는 한국의 釜山에서 49.5킬로미터 정도로 날씨가 맑은 날은 釜山에서 언제든지 肉眼으로 볼 수 있고, 日本보다 韓国에 약100킬로미터 정도 더 가깝지만, 현재는 일본이 지배하고 있는 실정이다

---

* 이 논문은 일본어문학회 『일본어문학』 49집에 수록됨
1 2004년 7월 16일 동아일보, 「쓰시마시 미네마치의 문화재 지도」 쓰시마시 교육위원회 편

특히, 対馬島와 独島는『三国史記』와『世宗実録地理志』나『東国与地膵覧』등의 歴史書와 '大東与地図'나 '海東地図', '海左図'나 '東国朝鮮総図' 등의 우리나라의 地図와 일본의 古地図인 '八道総図'에 우리 영토로 표시되어 있지만, 領海를 포함해 沿岸에서 200해리에 이르는 범위내의 漁業, 鉱物, 資源에 대한 沿岸国이 排他的으로 管轄権을 갖는다고 宣言한 排他的 経済水域(EEZ)이 1996년에 宣布되었고, 1998년 11월 28일 韓日新漁業協定이 締結되어 독도는 한일중간수역이 되어, 한일양국이 서로 영유권을 主張하고 있는 실정이다.[2]

中国의『三国志魏志東夷伝』의 倭人伝에 의하면, '対馬国은 집은 천여 호가 있으나 토지가 험준하고, 산이 많아 곡물이 부족하여 바다를 사이에 두고 옛날부터 한국과 일본으로 文物의 往来가 빈번했다.'라고 소개되어 있는 対馬島는 한때는 왜구들의 소굴이었으나, 한국과 人的, 物的 交流의 창구로써 많은 文化遺産이 잘 保存되어 있는 섬이다.

따라서 대마도는 地政学的으로 善隣友好의 韓日関係가 必須的이었음으로 약 2천년간 友好関係를 유지해 왔으나, 豊臣秀吉의 壬辰倭乱과 丁卯胡乱 등의 조선 침략 전쟁은 朝鮮을 발판으로 明 나라로 진출하는, 膨脹·覇権主義에 입각한 領土拡張戦争으로 커다란 시련을 겪었다. 豊臣秀吉 이후에 정권을 잡은 徳川幕府는 善隣友好의 외교정책을 내걸고 対馬島 도주를 중개로 하여, 1607년부터 1811년까지 通信使를 통하여, 약 200년간은 朝鮮과의 善隣友好의 関係를 유지하였다.

본 논문은 徳川幕府는 江戸로부터 対馬藩에 파견되어 対朝鮮의 外交와 朝鮮語의 研究와 通訳에 힘쓴 일본인 儒学者 아메노모리 호오슈우(雨森芳洲, 1668~1755)의 思想과 朝鮮語研究을 중심으로 雨森芳洲의 役割을 考察하였다.

 ## 2. 雨森芳洲의 思想과 朝鮮語研究

雨森芳洲는 江戸時代 중엽의 儒学者이자 対馬藩에 파견된 外交官으로서 国際感覚을 지닌 国際化된 일본의 근세 유학자이다. 雨森芳洲가 최근 다시 알려진 것은 가미가이토 겐이치(上垣外憲一)씨의『雨森芳洲 – 元禄享保의 国際人』(中公新書, 1989)과 같은 일련의 著作들과 1990년 5월 노태우 대통령이 일본을 訪問하였을 때, 국회에서 미래지향적인 韓日関係

2 김인현(2007)「排他的経済水域과 独島問題」『日本文化研究』제21집, 동아시아일본학회, pp.38-45

에 대하여 연설하면서, 雨森芳洲에 대하여 한국을 가장 잘 理解하고, 한국과 일본간의 友好関係에 貢献한 사람이라고, 언급함으로써 雨森芳洲는 朝鮮과 幕府와 対馬島와의 外交関係에 오랫동안 종사한 사람이자 朝日友好와 朝鮮語研究에 貢献한 人物로 주목을 받게 되었던 것이다.

近世 朝鮮과 日本, 中国 등은 自国人이 外国에 나가거나, 外国人이 自国에 들어와 사는 것을 禁止하였다.

最小限의 必要에 따라 一定 地域에 特別한 空間을 만들어 살게 하였는데, 日本 長崎의 네덜란드 商館, 中国 福州와 日本 鹿児島의 琉球館, 朝鮮 釜山의 倭館이 그것이다. 1407年 釜山東莱와 鎮海薺浦에 처음 設置된 후, 1418年에는 塩浦가 追加되어, 이 세 倭館을 三浦 倭館이라 부르고, 서울에는 日本使節이 머무는 동평관이 있었는데, 1592年 壬辰倭乱으로 国交가 断絶되면서, 동평관과 왜관은 閉鎖되었다. 그 後, 釜山에만 倭館이 다시 설치되었으나, 日本使節의 上京도 禁止되어, 釜山이 唯一한 韓日外交와 貿易의 窓口가 되었던 것이다.

雨森芳洲는 1668년 5월 17일 滋賀県 高月町에서 태어났으며, 젊어서부터 한국어와 중국어(唐語)를 배우는데 열중하여, 近世韓日外交史의 중심적 인물로서 活躍하였다. 그의 이름은 俊良, 誠清, 東 등으로 불리었으며, 字는 白陽 또는 東五郎(藤五郎)이고, 号는 芳洲이다. 18세에 에도에 가서 대학자인 木下順庵의 문하생이 되었으며, 1689년(숙종15년) 4월에 木下의 추천의로 대마도에 취직하였으며, 23살 때에 心越禅師의 門下인 白足恵巌에게서 처음으로 中国語를 배웠으며, 1693년 12월에는 新井白石과 恩師의 推薦으로 甲府 領主인 도쿠가와 쯔나토요(徳川綱豊), 훗날에 도쿠가와 이에노부(徳川家宣)에게 出仕하여, 봉록 200석과 府中에 집을 제공 받고, 다음해 3월에는 参勤交代에 수행하여 에도를 왕래하면서 바쁘게 활동하였다.

雨森芳洲가 29살 때인 1696에 中国語를 더욱더 배우기 위하여 九州의 長崎에 유학하여, 上野厳真에게 4년 동안 본격적으로 中国語 학습을 하였던 時期라고 할 수 있다. 1698년 7월 雨森芳洲는 朝鮮方佐役[3]에 任命되었으나, 8월에는 이 직책을 그만 두기를 청원하였으나, 대마도와 조선의 무역은 대마번의 재정에 사활을 거는 문제였으므로 解任 不可의 命令이 내려지게 된다. 雨森芳洲는 1702년 2월 35세 때 처음으로 釜山에 왔으며, 1703년 9월부터 1705년 까지 부산의 초량倭館에서 3년 동안 한국어를 공부하고 한국의 관습을 배웠으며, 이 때에 조선의 일본어사전인『倭語類解』를 편찬하고, 조선어회화 학습입문서인『交隣須知』를 1703년에 편찬하였으며, 1714년에『隣交始末物語』, 1728년에『交隣提醒』, 1735년에『治

---

3 朝鮮方佐役이라는 職責은 당시 朝鮮使節과의 論意를 할 때에 그 記録補佐의 職責인 것이다.

要管見』등의 많은 책을 만들어 朝鮮語 학습과 연구를 활발하게 하였다.

특히, 雨森芳洲는 対馬藩에서 제8회(1711, 숙종37년)와 제9회(1719, 숙종45년)의 朝鮮通信使를 接待하면서 朝鮮과의 交涉은 朝鮮語를 모르고서는 不可能하다는 인식을 통감하고, 열심히 조선어를 공부하였던 것이다.

지금도 日本과 対馬島에는 高麗神社, 高麗川神社, 高麗橋, 百済村, 百済寺, 百済王紳士, 百済橋, 新羅橋, 新羅善神堂, 新羅神社, 高麗(こま, こうらい)、百済(くだら), 新羅(しんら, しらぎ) 등, 한국의 国名이나 地名의 이름이 너무 많아, 일본어와 한국어의 언어문화적인 유사성이 많음을 알 수 있다.

対馬島의 이즈하라 근처의 들판을 소라바루(そらばる)라 발음하고 漢字로 서라벌(徐羅伐)이라고 쓰고 있으며, 우리말의 조금만이란 말을 죠고마이(ちょこまい)라 発音하고, 바지는 빠지(ぱじ)로, 친구는 친쿠(ちんく)로, 총각은 촌카쿠(ちょんかく)로, 고구마는 코코모(ここも)로, 지게는 치케이(ちけい)로, 여보는 요보(よぼ)로 발음하고 있다.

이와 같은 현상은 한국어의 발음과 크게 연관성이 있는 것으로 보여 지며, 이밖에도 대마도에는 한국과 서로 비슷한 生活과 飲食文化 등의 風俗과 고려 꿩, 고려 불상, 고려자기 등의 한국의 動·植物과 文化財가 많이 산재해 있다.

특히, 1728년에 지은 『交隣提醒』은 雨森芳洲의 저서 중에서 조선과 일본의 外交 関係및 外交史에서 중요한 基礎資料라고 할 수 있다.

이 책은 雨森芳洲가 61세인 1728년(영조4년, 享保 13년)에 対馬藩主 宗義智에게 제출한 조선과의 外交에 관한 指針書로서 자세하고 치밀한 의견을 제시하고 있다. 朝鮮과의 교제에 관한 지침을 밝힌『交隣提醒』라는 책은 54항목으로 되어 있으며, '享保十三年戊申年十二月二十日, 雨森東五郎'으로 쓰여 있는데, 원표지에는 '雨森顕允과 鵬海가 並書하고 直筆'이라고 쓰여 있는데, 顕允은 雨森芳洲의 큰아들이며 鵬海는 雅号이므로 同一 人物이다.

일찍부터 중국어와 한글을 배우고 각각의 文化를 접하였으며, 또한 일본문화에도 정통했던 雨森芳洲는 다른 나라의 文化는 본질적으로 평등하며, 민족간에 문화상의 우열은 없으며 각각의 민족에게 매우 소중한 것으로 여기고 있었던 것 같다.

그리고 外交를 할 때에는 나라에 따라 風習도 기호도 다르므로, 일본 측의 잣대로만 접한다면 반드시 문제가 생긴다. 상대국의 歷史·言語·習慣·人情과 禮儀凡節 등을 깊이 理解하고 尊重하여「誠心의 交流」를 행할 것을 主張하였다. 雨森芳洲의 출신지인 시가현 다카츠키쵸(滋賀県 高月町)에서는 호슈(芳洲)의 思想을 이어받아 지금도 다양한 활동을 하고 있다.

1728년에 쓴 『交隣提醒』은 일본 에도시대 중엽의 外交官으로서 일본과 조선의 関係를 理解하고 있었던 雨森芳洲의 思想이 들어있다고 할 수 있다.

본 논문은 2001년 한일관계사학회에서 原文을 漢文에 가나를 섞어 쓴 文章으로 바꾸어 刊行한 『訳註交隣提醒』을 참고로 하여 雨森芳洲의 思想을 살펴보면, 교린제성의 내용은 다음과 같은 文章으로 冒頭에서 시작하고 있다.

'朝鮮交接之儀ハ、第一、人情事勢を知り候事肝要ニ而候。'라 하여 朝鮮과 交接하는 意義는 첫째로 人情과 事勢를 아는 것이 중요하다.

'日本朝鮮嗜好風義之違候所ニ、日本之嗜好風義を以朝鮮人之事を察し候而ハ、必ハ了簡違ニ成可申候。' 즉, 조선과의 교류의례는 '人情·事情의 風俗이나 慣習을 아는 것이 가장 重要하고, 그중에서도 系統에 따라 区分하여 무슨 일이든 判断해야 한다고 지적하고 있다.

특히, 雨森芳洲가 1728년에 쓴 『交隣提醒』의 27항목에서는, '重而之信使には……兼而朝鮮へも被仰通置、御無用ニ被成可然候。

耳塚とても豊臣家無名之師を起し、両国無数之人民を殺害せられたる事ニ候ヘハ、其暴悪をかさねて……却而我国之不学無識をあらはし候のミに而御座候。'

이 戦争 期間에 귀무덤 등을 통해 수만 명의 死傷者가 났고, 일본군의 잔학무도함을 알 수 있었다고 확실하게 비판하고 있다. 豊臣秀吉들의 조선침략 전쟁은 耳塚[4]을 보드라도 대의명분이 없는 「無名의 戦争」 속칭 '도자기(焼き物)전쟁'이라고 불리는 데에서도 알 수 있다. 『交隣提醒』의 마지막인 54항목에서는 '誠信と申候ハ実義と申事ニて、互ニ不欺(ウ)不争(ハ)、真実を以交り候を誠信とは申候。'라 하여, '서로 속이지 않고 싸우지 않으며, 진실을 갖고 사귀는 것이 誠信之交이다.' 등의 탁월한 견해를 보이고 있는 내용은 「誠信의 交流」를 중시하면서 국제친선과 문화교류 에 노력하였음을 알 수 있으며, 1728년12월20일 雨森芳洲가 대마도 도주에게 보낸 조선에 대한 외교의 지침서인 『交隣提醒』에서 한 말이다. 朝鮮과의 交際나 交流는 朝鮮의 人情과 時勢, 社会的 状況 등을 잘 아는 것이 重要하다고 主張한 것은 그 자신의 体験에 바탕을 둔 것이라고 하겠다. 당시 対馬藩은 対朝鮮 交易에 의거해 経済를 꾸려나가는 형편이었다. 따라서 資源과 特産物이 빈약한 対馬藩 으로서는 対朝鮮 貿易은 死活이 걸린 問題였던 것이다.

특히, 상인의 무역에서 対馬藩이 朝鮮으로부터 쌀을 구입해야 하는 必要性으로부터 朝鮮 側의 악덕 商人에게 注意할 것과 対馬島에서 조선에 파견되는 使者는 外交家, 送使의 경우

---

4 京都 豊国神社 부근의 方広寺에 있는 임신, 정유왜란 때 조선인의 귀와 코를 베어와 매장한 것

는 商船 貿易이 그 任務임을 自覚하여야 할 것이라고 注意를 지적하고 있다. 使者와 送使 구분, 임무의 지정 기간을 超過한 者나 故意的으로 接待를 要求하는 者가 있어서 外交上 問題를 일으켰던 일과 貿易을 위해서 交渉에 임하는 官吏조차도 이러한 面에서 策略을 꾸미어 朝鮮 측의 通訳官을 찾아가 謀略을 꾸미는 것을 엄격히 禁止하하면서, 조선의 풍속과 관습을 존중할 것을 주장하고 있다.

『交隣提醒』의 내용은 통역관의 자질, 조선과 교제할 때의 유의점, 또한 외교, 통상, 訳官의 人品, 通訳의 역할과 기능 및 記録의 중요성을 논하고, 통신사를 접대할 때 儀典문제, 표류민의 접대와 범죄의 처리문제, 조선과 일본의 禮儀凡節이나 관직명, 기호인식, 풍속과 風習 등의 생각의 차이에서 오는 착오에 유의하고, 文化와 慣習을 理解하고, 誠信을 바탕으로 진정한 믿음을 가지고 交際해야 한다는 54개의 항목을 서술하고 외교의 근본원칙인 誠信을 강조하였다.

雨森芳洲는 江戸時代부터 明治時代에 걸쳐 일본인에게 가장 널리 사용된 最初의 조선어 회화 학습교과서인『交隣須知』를 편찬하여, 朝鮮語 学習은 물론이고 朝鮮資料研究 및 한국과 일본의 善隣友好交流에도 커다란 役割을 하였다.

『交隣須知』에 관한 先行研究로는『交隣須知』의 用語의 変遷을 語学的으로 比較研究한 일본의 小倉進平(1936, p742)과 韓日兩言語에 있어서의 여러 가지 문제점을 比較研究한 浜田敦(1968, p505)과 福島邦道(1990, p5), 그리고『交隣須知』의 異本을 비교연구한 이종철(1982)과 편무진(2005) 등이 있으며, 九州方言과의 語法的으로 관련지어 연구한 이강민(1998)이 있다.

日本에 있어서의 最初의 朝鮮語会話 学習入門書로 1703년에 雨森芳洲가 편찬한『交隣須知』는 조선의 일본어사전인『倭語類解』의 語彙와 관련이 많으며, 朝鮮과의 外交業務에 필요한 会話 冊으로 일본어의 九州方言과 対馬島方言 및 音便形 등의 研究資料로 중요하다.

특히,『交隣須知』의 語彙는 アセガル(焦), イタミ(薬), イヤ(胞衣), エグル(土卵), スアリ(蟻), ナバ(菌), ハワク(翼), フセ(弊), ヨマ(錐), ワク(松) 등과 같이 九州方言이 많은 地域性을 가지고 있다고 할 수 있으며,『交隣須知』의 語彙는 ニシアナジ(西北風), カツレタ(飢える), カルウテ(担う), ナバ(茸), ヤマシ(山師), ヨマ(細紐) 등과 같이 対馬島方言의 語彙도 많이 사용되고 있음을 알 수 있다.

이외에도, 1714년에『隣交始末物語』, 1728년에『交隣提醒』, 1735년에『治要管見』등의 책을 만들어 朝鮮語 학습과 연구를 하였으며, 晩年에는 朝鮮語通訳養成을 위한 日本最初의 朝鮮語学校인「韓語司」를 1727년에 開設하고, 誠信至交를 実行하였다.

3. **通信使와 雨森芳洲의 役割**

일본에 당시의 先進文化를 소개한 것이 朝鮮通信使였고, 일본은 인정하고 겸허하게 받아들였던 것이다.

1992년부터 8월 첫째 週의 土-日曜日에 通信使의 행렬을 再現하는 쓰시마-아리랑 축제 행사를 하고 있는 대마도는 古代이후 한국과의 문화교류 및 정치, 경제적으로 불가분의 관계에 있었다. 일본열도를 6-7개월 동안 거의 종단한 通信使 일행은 일본에 있어서 역사상 처음의 외교행렬이었으며, 경향각지에서 學問, 藝術, 醫學 등의 각종 交流의 소용돌이를 일으킨 朝鮮文化 轉派의 여정이었다.

朝鮮通信使와 雨森芳洲의 역할을 論하기 前에 대마도에 대하여 언급하면 다음과 같다. 対馬島가 属州라는 의식은 高麗 때부터 있었고, 高麗 중엽 대마도주에게 구당관(勾当官)[5]이라는 관직과 대마도의 유력자들에게 만호(万戸)[6]라는 직책을 주어 조선과의 무역을 할 수 있는 특혜를 주는 懷柔政策과 強硬政策을 하였다.

즉, 高麗 末부터 租貢을 바치고 쌀·콩 등을 答礼로 받는 関係에 있었다. 그러나 倭寇가 이곳을 근거지로 하여 자주 출몰하자, 朝鮮時代에 들어와 倭寇를 근절하기 위해 수차례 대마도를 정벌하였고, 이후 조선 정부로부터 官職을 받은 受職倭人[7]제도와 '세견선 무역' 등을 실시하면서, 朝鮮時代에 들어와 회유책과 帰化政策 등을 쓰다가 본격적인 属州化 작업은 조선 世宗 때부터이며, 世宗 때에는 遠征에 나서기도 하였다.

対馬島는 朝鮮時代까지 관리를 두고 관리하던 한국의 領土였는데, 일본이 자국의 영토로써 대마도를 인식한 것은 1869년 明治維新이후였으며, 1910년 한일합방을 통해 빼앗은 것이나 다름없다는 것은, 19세기 이전까지 대마도가 우리 영토라는 歷史的인 根拠 資料가 많다는 것이다.

『高麗史』에 의하면 高麗는 선종 2년(1085) 이래 대마도주를 '대마도구당관'(対馬島勾当官)으로 불렀는데, 이와 비슷한 사례로는 제주도의 성주를 '탐라구당사'(耽羅勾当使)로, 대마도와 九州 섬 사이에 있는 이키 섬(壱岐島)인 일기도(壱岐島)의 島主를 '일기도구당관'(壱岐島勾当官)이라고 命名한 것에서 찾아볼 수 있다.[8]

---

5 구당관이란 고려시대 변방 지역 내지 수상(水上)교통의 요충지를 관장하는 행정 책임자들에게 붙인 관직명이다.
6 대마도의 유력자들에게 조선의 관직인 만호라는 사령장을 주었는데, 早田氏, 小野氏, 武田氏 등의 3개의 집안 이었다.
7 조선 정부로부터 관직을 받은 왜인
8 하우봉(1995)「한국인의 대마도인식」, 한일관계사연구회(2005)『독도와 대마도』, 지성의 샘, p.130

이와 같이, 탐라, 대마도, 일기도의 지배자에게 고려가 구당사 혹은 구당관이란 명칭을 붙인 의미를 알 수 있다. 즉, 앞의 세 섬을 高麗의 属領(영토에 속한 땅)으로 인식하면서, 고려의 조정에서 대마도와 제주도를 高麗 固有의 支配 질서 속에서 같은 차원으로 취급하고 있었음을 보여주는 것이다.

대마도는 高麗나 조선의 属州나 邊防으로 交流했지만, 전시에는 조선 침략의 전진기지의 역할을 하였다. 667년에는 百済 유민들이 나당연합군 침략에 대비하여 백제식 산성인 가나다노기(金田城)를 축성하고 1085년 고려 선종 2년 대마도 구당관이 高麗에 使臣을 보냈고, 1274년 여몽연합군이 1차 일본을 원정하였으며, 1281년 2차로 몽고군이 상륙했다.

1368년 (공민왕 17년에) 대마도 万戸가 사자를 보내 와서 공민왕은 쌀 1천석을 하사하였으며, 1389년(공양왕 1년)에 경상도원수 박위가 병선 100척으로 대마도를 정벌하였으며, 1399년(정종 1년)에 対馬島 도총관이 土産物과 말5필을 헌상하였다.

1419년(세종 1년) 삼군도체찰사 이종무 장군이 병선 227척에 1만 7000여명의 대군이 대마도를 정벌 하였고, 조선이 대마도를 慶尚道의 属州로 편입하고, 宗氏都都熊瓦라는 도서(島嶼)를 지급하였으며, 1436년 대마도의 식량사정이 어려워지자 도주인 소 사다모리(宗貞盛)는 대마도를 조선의 한 고을로 편입시켜달라고 상소를 하여, 조선은 대마도를 경상도에 예속하고, 도주를 太守로 봉하고, 그의 아들 소 시게요시(宗成職)를 조선의 관직인 종일품 판중추원사 겸 대마주도제사로 任命하고, 관직을 주어 조선 각지를 괴롭혔던 倭寇들의 준동을 막아내는 義務를 지게 한 대신, 1438년 일본에서 朝鮮으로 도항하는 모든 선박에 대해 그 身分과 거래 목적을 검사하여 文引(도항증명서)을 발행하는 권한을 주어 대마도를 정치적, 행정적으로 관리해 왔던 것이다.

그러나, 1510년에 삼포왜란이 일어나 通交를 단절하였으며, 1592년(중종 5년)에 임진왜란이 일어나자 대마도의 男子 5000여명이 전쟁에 참가하여 그중 3000여명이 사망하였다. 조선과의 선린교린에 힘써온 일본의 유학자 아메노모리 호슈(雨森芳洲)는 당시의 대마도인들의 생활상에 대하여, '갓난아이에 젖줄이 떨어진 꼴'이라고 표현했다.[9]

1601년 德川家康는 執政 혼다마사노부(本田正信)를 接判役으로 내세워 자신은 전쟁 때에 関東에 머무르면서 参戦하지 않았고, 따라서 조선과 자신은 怨恨 関係가 없으므로 通交할 것을 주장하였다. 이처럼 일본의 거듭되는 使者 派遣에 대해 1604년 9월 朝鮮政府는 일본의 事情을 엿보기 위해 이른바 '探賊使'로 파견 된 사명당 송운대사 일행은 대마도 도주인 宗義智의 案内를 받아 京都를 거쳐 幕府에서 引退해 있던 德川家康와 아들인 새로운 将軍

---

9 임채정(2005) 『간도에서 대마도까지』, 동아일보사, p.131

德川秀忠을 만나게 된다.

이에 대한 誠意의 表示로 戰争期間 捕虜로 連行된 朝鮮人 1,390명을 探賊使 一行과 함께 帰国하도록 許容하였던 것이다.

宗義智는 이때의 外交上의 공적으로 800석이 加増되었고, 参勤交代도 3년에 한 차례로 경감되는 조치를 받았던 것이다. 이어 1606년 조선 朝廷은 国交 回復의 条件으로 첫째, 德川家康가 먼저 国書를 보낼 것.

둘째, 조선의 陵墓를 파헤친 犯人을 잡아 보낼 것 등을 요구하였다. 이로 말미암아 난처한 상황에 처하게 된 対馬藩은 国交 回復을 서두르고자 하는 욕심에서 日本側의 国書를 위조하는 한편 別件으로 체포된 죄인을 거짓으로 조선에 보내게 된다. 이러한 対馬藩의 거짓 공작에 조선 국정은 일본과의 和平이 시급하다는 것을 깨닫고서 마침내 国交 回復 요구에 응하기로 한 후, 다음 해인 1607년 正月에 呂佐吉을 正使로 하여 467명의 外交 使節団이 드디어 일본을 방문하게 되는데, 이로부터 3차까지의 使節団은 이른바 '回答兼刷還使'로 불렸다. 여기서 '回答'이란 일본의 国書에 대한 회답을, '刷還使'란 일본에 연행되었던 포로를 調査하여 조선으로 데려간다는 것을 意味하였다.

임진왜란 당시 日本軍에 납치된 朝鮮人은 7만 명 내외이며, 그 중 귀국한 이는 4천 명 정도였다고 한다. 이들의 자손은 결국 일본 땅에 뿌리를 내려 지금은 그 수가 수백만 명에 이를 것으로 추정되는 것이다.

대마도와 通信使와의 関係는 깊어서, 1607년부터 德川家康의 초청으로 대마도를 거처 江戸까지 갔던 통신사 일행 약 500여명은 1811년 까지 12차례에 걸쳐 방일하여, 한국의 문물과 문화를 전수해 주었다. 조선 통신사가 왕래하였던 2백년 동안은 일본과 한국 사이에는 전쟁은 없었다. 조선과 일본간 선린외교의 사실적 배경이 조선통신사로서 오늘의 日本文化의 초석이 되었으며, 雨森芳州의 '誠信의 交流'인 외교철학은 에도시대 조선과의 外交를 통한 일본의 대등외교, 평등한 인적교류와 평화적 시대를 생각해 볼 수 있다.

도요토미 히데요시가 일으킨 전쟁 후, 파탄이 된 兩国사이를 수복하기 위해, 쓰시마 사람들이 선택한 苦肉之策이었던, 조선 国書의 偽造사건은 德川家康시대 初期만의 事件으로 생각되었지만, 最近에 도쿠가와시대 보다 以前인 1590년, 豊臣秀吉에게 派遣된 조선통신사의 国書도 偽造되었다는 사실이 밝혀졌다. 즉, 通信使가 일본을 방문하기 전 쓰시마에서 두 번째로 가짜 日本国王使가 1589년6월 파견되었고, 그들이 지참한 国書에 회답한다는 의미의 '회답사'가 파견되었다.

조선에서 보내는 国書는 답신 형식으로 쓰여 졌으므로 이를 도중에서 또 偽造하여, 먼저 파견한 가짜 국왕사의 흔적을 지우고 난 뒤에 도쿠가와 장군에게 보내졌던 것이다.

즉, 1580년에 가짜 日本国王使로 漢陽까지 간 것은 正使인 対馬島의 외교승 겐소(玄蘇)와 副使인 対馬島 島主 소오 요시토시(宗義智)들은 평생을 대마도에서 살면서, 쓰시마는 히데요시의 조선출병에 반대하는 입장에 있었으므로 전쟁을 피하기 위한 최대한의 절충을 계속하고 있었던 것이다.

이처럼 임진왜란·정유재란을 前後로 행해진 国書 偽造는 宗義智의 家臣인 야나기가와 (柳川)에 의해 밝혀졌지만, 両国사이에서 평화를 모색하는 対馬島의 모습을 알 수 있다.

그리고, 日本全国을 통일한 豊臣秀吉은 중국 明나라에 대한 覇権主義的 野心과 国内의 大名에게 나누어 줄 領土 확보 및 貿易상의 이익을 획득하기 위해 두 번에 걸친 朝鮮 侵略이라는 만행을 저질렀다. 1592년 16만의 大軍으로 침략하였고, 이어 1597년 2월에 15만의 대군으로 다시 침략하여 조선 전토를 유린하였다. 일본에서는 1592년이 文禄원년에 해당하고, 1597년이 慶長 2년에 해당하므로, 이를 '文禄慶長의 役'이라고 하지만, 한국에서는 이를 각각 壬辰倭乱과 丁酉再乱라고 부르고 있다.

도요토미 히데요시가 일으킨 1592년의 임진왜란, 1597년의 정유재란 와중인 1598년 豊臣秀吉의 죽음으로써 전쟁이 끝나기까지 7년 동안 조선 사람들에게 대단한 고통과 동시에 朝鮮에 엄청난 被害를 입히고 끝났던 것이다.

특히, 雨森芳洲는 『交隣提醒』의 27항목에서 豊臣秀吉들의 조선침략 전쟁은 耳塚[10]을 보드라도 대의명분이 없는 「無名의 戦争」이었다고 확실하게 비판하고 있다.

'重而之信使には、大仏二被立寄候事、兼而朝鮮へも被仰通置、御無用二被成可然候。耳塚とても豊臣家無名之師(イクサ)を起し、両国無数之人民を殺害せられたる事二候へハ、其暴悪をかさねて可申出事二候而、いつれも華燿(クワヨウ)之資(タスケ)には成不申、却而我国之不学無識(フガクムシキ)をあらはし候のミに而御座候。'

뿐만 아니라 속칭 '도자기(焼き物)전쟁'이라고 불리는 데에서도 알 수 있듯이, 이 戦争 期間에 王陵의 도굴 등을 통해 수많은 文化財가 약탈되었으며, 수십 만 명의 死傷者가 났고, 学者나 技術者 등, 수만 명이 일본군에게 連行되어 일본으로 끌려갔던 것이다.

豊臣秀吉이 죽은 후, 1600년에 세키가하라(関が原) 戦闘에서 勝利한 徳川家康는 19대 対馬藩主인 소오 요시토시(宗義智)에게 조선과의 평화교섭을 명령하여, 처음부터 이 전쟁을 반대했던 쓰시마 도주였으나, 공교롭게도 宗義智 자신도 小西行長의 제1군으로 朝鮮에 出兵하였기 때문에 朝鮮 朝廷의 怨恨을 사고 있었던 것도 사실이다.

---

10 京都豊国神社 부근의 方広寺에 있는 임신, 정유왜란 때 조선인의 귀와 코를 베어와 매장한 것

즉, 원한이 어느 정도였는가는 3차에 걸쳐 和平 交涉을 위해 조선에 파견된 使者가 모두 억류되거나 죽임을 당하였다는 사실에서도 짐작 할 수가 있다.

그러나 朝鮮 없이는 살아갈 수 없는 쓰시마는 国書僞造 등의 필사적인 노력으로 1607년(선조 40년)국교가 회복되어, 제1차 통신사는 「회답겸쇄환사」로서, 정사 여우길, 부사 경섬 이하 504명이 같은 해 1월 12일에 창덕궁에서 국왕에게 하직 인사를 한 후 「国書」를 가지고 7개월에 걸친 길고 힘든 여정에 올랐으며, 이후 12차례 통신사는 일본을 방문하게 되는데, 8차 통신사 때 한일 양국의 틈새에서 활약하면서 고뇌했던 対馬島主를 보좌했던 쓰시마의 雨森芳州와 釜山훈도 현덕윤 이 두 사람이 이끌어 낸 「誠信의 交流」는 『交隣提醒』의 마지막인 54항목의 첫머리에 나온 '서로 속이지 않고, 싸우지 않으며, 真実로써 사귄다.'는 意味인 「誠信의 交流」를 중시하면서 국제친선, 문화교류 등의 큰일에 역할을 다해 왔던 것이다.

'天和年日本道中之列樹、何れも古木二而、枝葉を損し候体無之侯を見被申候而、法令之厳粛(ケンシク)成故二候と、三使殊外感心被致候由二候。

誠信之交と申事、人々申事二候へとも、多ハ字義を分明二不仕事有之候。誠信と申候ハ実義と申事二て、互二不欺(ウ)不争(ハ)、真実を以交り候を誠信とは申候。'

에도(江戸)막부의 5대 장군 도쿠카와 쓰나요시의 부고(訃告), 6대 장군 도쿠카와 이에노부의 장군직 계승 축하를 알리는 일본 사신(告慶参判使)이 1709년(숙종 35년) 부산에 왔을 때, 현덕윤은 出使訳官으로 처음 부산 草梁에 부임하였다.

100관(貫)의 私財를 내어서 출사청을 수리하여, 당시 동래부사 권이진(権以鎭)으로부터 위문을 받고, 예조로부터도 포상을 받았다.

한편 일본의 고경참판사에 대한 답례로서 제 8차 조선통신사가 파견되기에 앞서, 에도막부에서는 장군의 국왕 호칭 사용의 부활, 통신사 접대 의례의 쇄신 등을 주장하는 아라이 하쿠세키(新井白石)의 개혁이 행해졌다.

1711년(숙종 37년) 5월, 対馬島의 유학자 雨森芳州(1668-1755)는 8차 통신사 파견 교섭을 위해 테라다이치로베(寺田市郎兵衛)와 조선에 파견되었다. 현덕윤도 그 해 8월 조선통신사 종사관 李邦彦의 일본어 역관 자격으로 통신사 배를 타고 처음으로 일본에 갔다. 또한 이 통신사 일행과 함께 통역(真文役)으로 쓰시마에서 에도까지 수행한 雨森芳州와는 8살의 나이 차이가 있는 두 사람이지만, 평생에 걸친 友情과 信頼는 이러한 과정에서 자라났다.

〈표 1〉 회답겸쇄환사와 통신사 일람표

회	서기(조선연대)	막부장군	사행 이름 및 목적	사행록	특이사항	인수
1	1607(선조 40)	德川秀忠	연행된 조선인 소환 回答兼刷還使	정사 오유길『해사록』 부사 경섬	국교수호(修好),	467
2	1617(광해군 9)	德川秀忠	연행된 조선인 소환 회답겸쇄환사	정사 오윤겸,『동사상일록』 종사관 이경직,『부상록』	교토왕복	428
3	1624(인조 2)	德川家光	회답겸쇄환사, 이에야쓰장군 취임 축하	정사 정립『동사록』 부사 강홍중	연행된 조선인 소환	460
4	1636(인조 14)	德川家光	태평지하 (泰平之賀)	정사 임광,『병자일본일기』 부사 김세렴,『해사록』 종사관 황호,『동사록』	日光山 유람	478
5	1643(인조 21)	德川家光	장군후사 家綱탄생축하	정사 윤순지『동사록』 부사 조경, 종사관 신유, 『해사록』	東照宮 제사	477
6	1655(효종 6)	德川家綱	장군 취임 축하	정사 조행『부상록』 종사관 남용익	동조궁 제사	485
7	1682(숙종 8)	德川綱吉	장군 취임 축하	역관 홍우재,『동사록』 정사 윤지완,『동사일록』	倭館 정비	473
8	1711(숙종 37)	德川家宣	장군 취임 축하	부사 임수간,『동사일기』 정사 조태억	빙례(聘礼)개변	500
9	1719(숙종 45)	德川吉宗	장군 취임 축하	정사 홍치중,『해사일록』 제술관 신유한,『해유록』	빙례 복원	475
10	1748(영조 24)	德川家重	장군 취임 축하	정사 홍계희, 『봉사일본시문견록』	副使船 화재	475
11	1764(영조 40)	德川家治	장군 취임 축하	정사 조엄,『해사일기』	고구마 도입 최천종 피살	477
12	1811(순조 11)	德川家斉	장군 취임 축하	정사 김이교 군관 유상필, 『동사록』	대마도 역지통신 (易地通信)	328

　　豊臣秀吉이 死去한 후로부터 꼭 100년 後인 1698년 7월, 31세로 朝鮮方佐役을 任命받아 정식으로 外交官으로서의 첫발을 디딘 雨森芳洲는, 1711년의 第8次와, 1719년의 第9次 通信使 来聘 때, 対馬藩의 真文役(외교관)으로서 江戸에 동행하여, 일본 측 외교책임자로 활약하면서 第8次 通信使 일행인 正使 趙泰億 이하 500명을 접대하면서 뛰어난 외교활동을

하였다.

임진왜란이후 1607년(선조 40년)부터 1811년(순조 11년)까지 약 200여년 동안 12차례에 걸쳐 조선통신사는 관료와 학자, 문화인, 악대, 소동, 무인, 통역관 등 500여명의 사절단이 초청되어 에도(江戸)까지 왕복 6-7개월에 걸친 행사에 대마도주는 통역과 실무를 맡아하였다.

뒤에 対馬島 도주의 간청으로 조선이 삼포(부산포·염포·제포)를 개항하였고, 対馬島는 江戸시대 末期까지 대(対)조선무역을 독점했다. 임진왜란 때에는 일본 수군의 중요한 근거지가 되었다.

18세기 초에 1719년 9차 조선통신사를 따라 일본을 방문한 제술관 신유한이 쓴 『海游録』에서 대마도주와 의례 문제로 논쟁 하면서 당당하게 말한 것을 다음과 같이 소개하고 있다.

"이 섬은 조선의 한 고을에 지나지 않는다. 太守가 조선 왕실로부터 도장을 받았고 조정의 녹을 먹으며 크고 작은 일에 命을 청해 받으니 우리나라에 대해 藩臣의 義理가 있다."라고 쓰고 있으며, 雨森芳洲에 대해 '漢語를 잘하고 詩文을 해석하는 일본의 뛰어난 사람'이라고 표현하였다.

1868년 대마 藩이 메이지 정부에 올린 봉답서를 보면 대마번이 조선의 번속국이었다는 사실을 알 수 있다. "조선에 대해 번신의 예를 갖추어 수 백년간 굴욕을 받았으니 분함이 이루 말할 수 없습니다." 이와 관련해 하우봉 교수는 "일본과 청 양 쪽에 조공을 바친 오키나와의 류큐(琉球) 왕국처럼 조선과 일본 양쪽에 예속된 兩屬관계에 있었거나, 적어도 일본 본토와는 다른 반독립적 존재로 스스로를 인식했던 것으로 볼 수 있다."면서, 섬을 비워놓는 '공도 정책' 때문에 조선이 대마도를 영토적으로 복속시킬 기회를 놓쳤다."고 말하고 있다.[11] 1948년 8월 18일과 1949년 1월 8일 이승만 대통령이 일본에 대마도 반환을 요구하였다.

4. 古地圖 속의 對馬島와 朝鮮의 關係

対馬島는 朝鮮과 日本 両国 사이의 해협에 위치하여 중개역할을 하는 특수한 事情도 있지만, 원래 土地가 협소하고 척박하여 식량을 외부에서 충당해서 生活하여야 하므로 高麗 말부터 우리와는 밀접한 關係를 유지하며 朝貢의 형식을 취하여 그 대가로 미곡(米穀)을 받

---

11 하우봉(1995) 「한국인의 대마도인식」, 한일관계사연구회 『독도와 대마도』, 지성의 샘, p.160

아 갔으며, 朝廷에서도 그들을 회유하기 위하여 対馬島를 우대하여 주었다. 그러나 대마도에 기근이 심할 때면 그들이 海賊으로 돌변하여 해안을 掠奪하므로 조정에서는 군사를 일으켜 수차례 진압하기도하였다.

대마도가 우리영토 임을 알 수 있는 歷史的, 地理的인 資料는, 三国史記(512년), 세종실록지리지(1454년), 조선 성종때 편찬된 '동국여지승람', 중종 때 만든 '신증동국여지승람'의 팔도총도(1530년), 대일본연해여지전도(1821년), 대일본분견신도(1878년), 대일본해륙전도(1886년), 19세기 김정호의 대동여지도 등의 古地図는 셀 수없을 정도로 많다.

16세기 초의 동국여지승람에는 "옛날에는 우리 계림에 속한 땅이었는데 어느 때부터 왜인이 살게 됐는지 알 수 없다." 조선왕조실록에도 "대마도는 본래 우리나라 땅이나 다만 궁벽하게 막혀 좁고 누추하므로 내버려두었더니 왜적의 소굴이 되었다."라는 기록이 있다.

1418년(태종 18년)에는 対馬島主 소 사다시게(宗貞茂)가 죽고 아들 소 사다모리(宗貞盛)가 뒤를 이었는데, 대마도에 흉년이 들어 식량이 부족하게 되자 왜구는 대거 해주(海州) 해안을 약탈하였다.

조선시대에 들어와서는 왜구소탕 및 근절을 목적으로 高麗 昌王 때와 朝鮮 太祖 때도 정벌한 적이 있다. 1389년(공양왕 1년) 2월에 박위가 병선 100척을 이끌고 대마도를 공격하여 왜선을 불사르고 盧舍殆를 진멸하여 고려의 민간인 포로 남녀 100여 명을 찾아왔으며, 1406년(태조 5년) 12월 門下右政丞 김사형(金士衡)이 五道兵馬処置使가 되어 대마도를 정벌하고, 1419년(세종 1년) 6월에 이종무를 三軍都体察使로 임명하여 대마도를 정벌하였고, '受職倭人' 제도와 '세견선 무역' 등의 체제하에서 대마도를 조선에 종속시켜 왔던 것이다.

원래 신라의 땅이었던 대마도는 고려시대 중엽부터 '進奉船 貿易'하에 고려에 종속되었고, 고려는 対馬島主에게 '관対馬島 当官'이라는 고려 관직과 '만호'라는 고려의 무관직을 주는 등 대마도를 종속하고 지배하여 왔다.

그러나 고려말, 대마도인은 왜구로 변질되어 수많은 약탈을 행하므로, 고려말 연합군의 대마도 및 일본의 정벌과 관련이 있다.

사실 대마도는 독도와 역사적으로나 시리적으로 한국의 땅이었으나, 근대에 들어외서 조선시대에 관리를 소홀하게 하는 섬을 비워놓는 '공도정책' 때문에, 대마도는 잃어버린 땅이 되었지만, 만주와 함께 우리가 마땅히 돌려받아야 할 영토이다.

오늘도 일본이 대마도를 현실적으로 지배하고 있지만, 본 논문에서는 한국과 일본의 古地図와 歷史的으로나 地理的으로 고찰해 볼 때 明白한 韓国 영토임에 틀림없다고 반박했다. 対馬島와 独島는 1145년에 김부식이 쓴 『三国史記』와 朝鮮世宗 14년(1432)에 편찬한 『世

宗実録地理志』나 16세기 조선 조정에서 펴낸『東国与地勝覧』(권23)에는 '대마도는 경상도 계림에 속해 있었는데 언제 왜인들의 소굴이 되었는지 알 수 없다.'라고 적고 있으며,『朝鮮王祖実録』등의 여러 가지 歴史書는 물론이고, 1530년에 관찬한『신증동국여지승람』권1의 첫머리에 있는 「팔도총도(동람도)」에는 울릉도와 우산도 및 대마도까지 잘 표시하여 조선 영토에 포함되어 있으며, 1557-1578년인 조선명종 때 제작되어 국보248호로 지정되어있는 「朝鮮方域地図」외에도 「海東八道烽火山岳地図」, 「천하대총일람도」, 1737년 프랑스 광빌의 「朝鮮王国全図」, 「海東図」 등에도 대마도가 조선의 영토로 되어있고, 18세기 중반에 제작된 「海東地図」에서는 "우리영토는 白頭山이 머리가 되고, 태백산맥이 척추가 되며, 영남의 対馬와 호남의 耽羅를 나라를 지지하는 양대 다리로 삼는다."라고 명기하고 제주도와 대마도를 소개하고 있다.1822(순조 22년)에 제작한 「海左全図」에는 우산도가 울릉도 오른쪽인 동쪽에 표기되어 있고, 부산의 東萊에서 対馬島까지 水路470里라고 표시하고, 대마도에 관한 역사적 사실을 적어 지리와 역사를 관련지역에 연결시키고 있음이 특징이며, 1899년에 발행한 「大韓全図」에도 대마도가 한국의 영토 임을 분명히 표시하고 있다.

19세기 후반에 김정호가 제작한 「大東与地図」등의 조선시대 간행된 우리나라의 地図 뿐만 아니라 現在 일본국립공문서관에 소장되어 있는 임진왜란 당시 豊臣秀吉이 조선 침략에 대비하여 부하 九鬼喜降에게 명령해서 1592에 일본에서 만든『朝鮮国地理図』속의 「八道総図」에는 울릉도, 독도 뿐 아니라 対馬島가 조선의 領土로 표기 되어있다.

이와 같이 일본국가의 古地図에서도 독도와 울릉도, 대마도는 우리나라 영토로 확실하게 표시되어 있는 것이 많은 것은, 일본도 対馬島를 일본 땅으로 여기지 않고 朝鮮의 領土로 인정했다는 확실한 증거이다.

古地図 속의 対馬島와 朝鮮의 関係에 관한 자세한 이해를 돕기 위해 (표2) 지도 속의 독도, 울릉도, 대마도의 역사를 참고로 정리해 보면 다음과 같다.

〈표 2〉 지도 속의 독도, 울릉도, 대마도의 역사

시대	지도 속의 내용분석
1462 (세조 8년)	동국지도(左)와 동국여지승람(右) 속의 팔도총도(동람도)에는 **울릉도와 우산도 및 대마도까지 잘 표시하여 조선영토에 포함**되어 있으며, 이들 지도는 우산도가 울릉도 서쪽에 그려져 있고, 뒤에 제작된 동국지도에서 우산도가 울릉도와 독도 사이의 거리까지 정확하게 나타나 있다.
1530 (중종 25년)	1530년(중종 25년)에 완성된 조선의 대표적인 지리서 『신증 동국 여지승람』에 실려있는 八道総図에도 欝陵島 안쪽에 于山島(독도)가 그려져 있고, 東海로 표기되어 있고, 対馬島도 조선의 영토임을 분명히 나타내고 있다.
1785년 (정조 9년)	하야시 시헤이(林子平)가 만든 삼국접양지도(1785년)에는 국경과 영토를 나타내기 위해 나라별로 채색을 하였는데 조선국을 황색으로 일본국을 녹색으로 색칠하고, 울릉도와 독도를 정확한 위치에 그렸으며, 다케시마(竹島)'와 마쓰시마(松島)로 표기하고, 모두 조선국의 색깔인 황색으로 표시하여 울릉도와 독도가 조선의 소유(朝鮮の 持(も)之)라는 글씨까지 적어서 명백하게 구별하였다.
1821년	대일본 연해여지전도(左) 이노 다다타카(伊能忠敬)가 17년간 실제 측량하여 만든 이 지도에는 오키 섬과 쓰시마 섬을 명기 했지만, 울릉도와 독도는 일본영토에서 제외되어 있다 특히, 1893발행되어 소학교에서 사용한 **소학필휴 일본전도**(右)에는 북방4개섬과 쿠릴열도까지 일본영토로 표시했지만 독도는 없다.
1822 (순조 22년)	1822(순조22년)에 제작한 해좌전도에는 우산도가 울릉도 오른쪽인 동쪽에 표기되어 있고, 부산의 東莱에서 対馬島까지 水路470里라고 표시하여 **대마도가 한국땅** 임을 분명히 표시하고 있다.

시대	지도 속의 내용분석	
1873년		1873년에 소메자끼 노부후사(梁岐延房)가 만든 조선국세견전도 에는 울릉도, 독도를 강원도와 같은 색으로 하여 조선 땅임을 명백히 표시하고 있다. (울릉도를 일본에서는 竹島라고 불렀으며 독도를 子山島라고 적고 있다.)
1870년		관판 실측일본지도는 이노 다다타카(伊能忠敬)가 만든 '대일본 연해여지전도'를 메이지정부의 병부성(兵部省) 호적지도계가 1870년에 관제지도로서 출판한 것으로, 메이지 정부에서도 사용되었고 많은 메이지 시대의 관제지도가 이 지도를 기초로 하여 작성되었다. 이 지도에도 오키 섬은 있지만 울릉도와 독도는 없다.
1878년		1878년 야마무라가 만든 대일본분견신도는 일본과 조선을 표기하고 있는데 일본과는 달리 조선은 노란단일색채로 표시하고 竹島(울릉도), 松島(독도)를 조선영토로, 대마도는 일본 것으로 나타내고 있다.
1882년		1882년 키무라가 만든 동판조선국전도는 일본을 빨강색으로 표시하고, 竹島(울릉도)와 松島(독도)를 조선영토와 같은 흰색으로 표시해서 울릉도와 독도가 조선의 영토로, 대마도는 일본 것으로 빨강색으로 나타내고 있다.
1886년		1886년 모리 킨세키가 만든 대일본해륙전도의 부분도인 朝鮮国全図에는 竹島(울릉도)와 松島(독도)의 위치가 정확하게 한국영토에 포함되어있다.

5. 結論

옛날부터 韓国과 人的, 物的 交流의 창구로 많은 史蹟과 文化遺物들이 많이 남아있는 対馬島는 본 섬 외에 109개 부속 섬으로 되어 있으며, 섬의 88%가 산악지대이고, 日本의 本土에서 볼 수 없는 많은 대륙계의 動·植物이 서식하고 있다.

최근 韓日兩国 関係는 일본의 歷史教科書 歪曲 問題와 対馬島와 独島의 領有権 主張問題로 韓日兩国間의 関係가 悪化 되어, 그 어느 때보다 갈등의 골이 깊어졌다.

일본정부는 政治, 経済, 軍事的으로 한국을 압박하고, 韓国의 領土인 独島를 자기 땅이라고 所有権을 主張하고 있으며, 2006년 3월 29일 高等学校 歷史, 地理, 公民 등의 教科書에 독도를 日本領土로 명기 할 것을 指示하고, 일본의 국내여론을 선동하고, 배타적 경제수역(EEZ) 내에서의 水路測量을 시도하여, 어느 때 보다 緊張이 고조되고 있는 실정이다.

対馬島가 우리 領土임을 알 수 있는 歷史的, 地理的인 資料는 三国史記(512년), 세종실록지리지(1454년), 신증동국여지승람의 팔도총도(1530년), 대일본연해여지전도(1821년), 대일본분견신도(1878년), 대일본해륙전도(1886년), 19세기 김정호의 대동여지도 등의 古地図는 많이 있다.

対馬島를 왜구소탕 및 근절을 목적으로 高麗 昌王 때와 朝鮮 太祖 때도 정벌한 적이 있고, 1389년(공양왕 1년) 2월에 박위가 대마도를 공격하여 고려의 민간인 남녀 포로들을 찾아왔으며, 1406년(태조 5년) 12월 五道兵馬処置使 김사형이 대마도를 정벌하고, 1419년(세종 1년) 三軍都体察使 이종무가 대마도를 정벌하였고, '受職倭人'제도와 '세견선 무역' 등의 체제하에서 대마도를 조선에 종속시켜 왔으나, 近代에 들어와서 조선시대에 관리를 소홀하게 하는 '空島政策' 때문에 잃어버린 땅이 되었다.

일본이 독도영유권을 주장하면서 제시하는 証拠보다는 대마도가 한국 땅임을 立証할 수 있는 史料가 훨씬 풍부하고, 독도에 대한 일본인의 歷史的 인식보다도 부산에서 보이는 대마도에 대한 한국인의 歷史文献이나, 地図 등의 인식이 훨씬 깊다.

대마도에는 百済 도래인들이 축성한 金田城, 기원전 3세기 新羅의 일족이 정착하면서 전파시킨 붉은 쌀(적토미) 뿐 아니라 仏教와 도자기문화도 伝来되었으며, 한일간의 문화교류지인 対馬島를 통해서 조선통신사는 일본으로 学術과 文化를 전파하였다.

1711년 8차 통신사를 접할 때에 「日本国大君」이라는 부분을 「日本国王」으로 하자는 復号問題와 통신사의 빙례개혁문제 등으로 正使조태억과 新井白石은 対立도하였다. 조선과의 善隣友好의 外交에 노력한 対馬島의 유학자 雨森芳州(1668-1755년)는 통신사접대의 경비절약과 처우변경 등에 반대하는 新井白石과 対立하고 論争한 사건은 너무나 유명하다.

壬辰倭乱이후 1607년(선조 40년)부터 1811년(순조 11년)까지 약 200여년 동안 12차례에 걸쳐 조선통신사는 관료와 학자, 문화인, 악대, 소동, 무인, 통역관 등 500여명의 사절단이 초청되어 江戸까지 왕복 6-7개월에 걸친 행사에 対馬島 島主는 통역과 실무를 맡아하였다. 뒤에 対馬島 島主의 간청으로 조선이 삼포(부산포·염포·제포)를 개항하였고, 対馬島는 江戸시대 末期까지 朝鮮貿易을 독점했다.

16세기 말에 일본의 전국시대를 통일한 豊臣秀吉이 壬辰倭乱 침략의 전진기지로 対馬島를 이용하였고, 임진왜란 때에는 일본 수군의 근거지가 되면서, 대마도는 조선의 영향력이 약화된 반면, 일본의 영향력은 강화되어 일본 땅으로 굳혀져 갔던 것이다.

최근 韓日兩国의 関係는 日本의 歷史教科書 歪曲 問題와 対馬島와 独島의 領有権 主張 問題로 韓日兩国間의 関係가 悪化 되어, 그 어느 때보다 갈등의 골이 깊다. 文化開放과는 상관없이, 韓·日間에는 여전히 過去의 歷史가 存在하고, 그것을 둘러싼 論争은 계속되고 있지만, 감정싸움으로 확산되어서는 안 될 것이며, 資料를 한층 더 보강하고, 日本大衆이 理解할 수 있도록 설득하고, 韓日親善交流를 통해 일본국민에게 事実과 真実을 알려야 할 것이다.

雨森芳洲는『交隣提醒』의 27항목에서 豊臣秀吉의 조선침략 전쟁은 대의명분이 없는 「無名의 戦争」이었다고 批判하고 있다. 「誠信의 交流」는『交隣提醒』의 54항목의 첫머리에 나온 '서로 속이지 않고, 싸우지 않으며, 真実로써 사귄다.'는 意味인「誠信의 交流」를 중시하면서 국제친선과 문화교류에 역할을 다해왔던 것이다.

雨森芳洲는 1703년부터 1705년 까지 부산의 倭館에서 3년 동안 한글을 공부하고 한국의 관습을 배웠으며, 조선의 일본어사전인『倭語類解』와 조선어회화 학습교과서인『交隣須知』를 편찬하였고, 1714년에『隣交始末物語』, 1728년에『交隣提醒』, 1735년에『治要管見』등의 책을 만들어 朝鮮語 학습과 연구를 하였으며, 対馬藩에서 8, 9차의 通信使를 接待하고 通信使와 江戸에 동행하여, 일본 측 외교책임자로 활약하고, 晩年에는 朝鮮語通訳養成을 위한 日本最初의 朝鮮語学校인「韓語司」를 1727년에 開設하고, 朝鮮語 教育을 하면서 誠実하게 韓日善隣友好의 外交를 할 것을 주장하면서 誠信至交를 実行하였다. 특히, 日本最初의 朝鮮語会話 学習書로 1703년에 雨森芳洲가 편찬한『交隣須知』는 조선의 일본어사전인『倭語類解』의 語彙와 관련이 많으며,『交隣須知』의 語彙는 アセガル(焦), イタミ(薬), イヤ(胞衣), エグル(土卵), スアリ(蟻) 등의 九州方言과 ニシアナジ(西北風), カツレタ(飢える), カ

ルウテ(担う), ナバ(茸), ヤマシ(山師), ヨマ(細紐) 등과 같이 対馬島方言및 音便形 등의 研究資料로 중요하다.

그러나, 16세기 말에 일본의 전국시대를 통일한 豊臣秀吉가 조선의 地理와 실정을 정확히 파악하기 위해 壬辰倭乱 침략의 전진기지로 対馬島를 이용하면서, 대마도는 조선의 영향력이 약화된 반면, 일본의 영향력은 강화되어 일본 땅으로 굳혀져 갔던 것이다.

그리고, 건국 직후인 1948년 8월에 対馬島의 返還을 要求하고, 9월에 다시 対馬島 속령에 관한 성명을 발표하였으며, 1949년 1월 8일 이승만 대통령은 신년 기자회견에서 대마도의 영유권을 주장하면서 일본에게 거듭 対馬島의 반환을 요구하였다. 그러나 일본 측의 항의와 미국의 맥아더 사령부에 의해 거부되었다.

対馬島 영유권문제를 확대시켜 나갈 中長期的인 전략을 수립하고 실행하여, 일본의 독도 영유권 주장이나 北方領土 요구와 같은 外交的인 문제로 만들 필요가 있으며, 지금부터라도 대마도에 관한 本格的인 研究와 国民的 関心을 쏟아야 돌려받을 수 있을 것이다.

앞으로의 韓日関係도 通信使와 雨森芳州의 '誠信의 交流'인 외교철학을 바탕으로 善隣外交를 통한 대등외교, 평등한 인적교류와 평화적 시대를 생각하고 韓·日間에 서로 노력해야 할 것이다.

일본의 천황가

배타적 경제수역(EEZ)과 독도문제[*]

● ● ● ●

.

1. 序論

韓日兩国은 地理的으로 가장 가깝고, 宿命的으로 聯関되어 있으며, 政治, 経済, 社会, 文化的으로 깊은 関係에 있고, 隣接国으로서 2002년에는 World Cup을 共同 主催하기도 한 서로에게 있어서 매우 重要한 이웃나라임에는 틀림이 없으나 최근 긴장이 고조되고 있다. 2000년 5월 9일 外務省이 発行한 '2000년판 외교청서'[1]와 日本外務省 사이트[2]의 竹島는 歴史的으로 나, 国際法上으로도 명확하게 日本固有의 領土라는 주장 및 9월 17일 모리 요시로(森喜朗) 日本首相의 独島에 관한 일본의 立場은 一貫되어 있다는 発言 등으로, 独島領有権問題는 韓日関係의 重大하고 심각한 상황인데, 2006년 4월 18일에는 아직 한일간에서 합의가 안 된 배타적 경제수역(EEZ)에서 無断水路測量을 강행하려는 일본 해상보안청 소속의 수로측량선 18척이 동경 항에서 출항하자, 한국정부는 停船, 検索, 拿捕 등을 宣布하여 武力衝突의 戦争 直前까지 가는 極에 달하여, 지금 한일관계는 準戦時状態인 最悪의 状況이다.

---

[*] 본 논문은 2003학년도 조선대학교 교내 학술연구비 지원에 의해 연구되었음
이 논문은 동아시아일본학회『日本文化研究』제21집에 수록됨.

1 2000년 5월 10일 동아일보
2 http://www.mofa.go.jp/mofaj/area/takeshima/일본외무성 사이트(竹島問題)

특히, 独島領有権 論争의 発端이 되고 있는 問題는 1998년 11월 28일 署名하여 1999년 1월 22일 부터 발효하게 된, 새로운 「韓日漁業協定」[3]과 관련해서 独島를 한일중간수역으로 설정한 문제 및 개정의 방향 등, 한일관계의 最大과제인 独島論争의 問題点과 韓日漁業協定의 問題点, 排他的 経済水域의 問題点 등에 대해 考察해보고 解決方案을 연구하는데 本論文의 目的과 意義가 있다.

사실, 日本은 지금까지 독도 영유권을 가지고 우리나라와 자주 論争을 일으켜 왔는데, 1905년 2월 22일 시마네현이 다케시마라는 이름으로 독도를 日本 領土에 편입시킨 100주년 기념으로, 시마네현(島根県) 議会가 2005년 2월 22일을 '竹島의 日'로 정하는 조례[4] 안을 可決하자, 3월 24일 노무현대통령은 '韓日関係 관련 国民에게 드리는 글'을 청와대 홈페이지에 띄우고, 무력으로 독도를 강탈한 것이라고 비난하는 한국정부와 시민단체의 강력한 항의에도 불구하고 일본정부는 地方自治体가 추진하고 있는 일을 中央政府가 개입하기 어렵다는 입장을 고수하고 있어, 2005年 韓日友情의 해에는 両国間의 関係가 最悪으로 冷却되고 悪化 되었다.

한편, 島根県教育委員会에서는 小中高校에서 「竹島의 日」 意義와 趣旨에 대해 授業 등에서 가르치도록 通知하였지만, 松江商業高는 韓国의 高校와의 交流나 両国間의 생각의 차이 등을 配慮하여 특별한 취급은 없었고, 安来高도 県民의 사이에서도 意見이 나누어져 指導에 따르지 않고, 口頭로 간단히 説明하였으며, 教員중에는 在日韓国・朝鮮人의 先生도 있고, 微妙한 問題이고, 어설픈 知識으로 가르칠 수 없다. 라는 소리도 있고, 各 学校에서는 対応이 서로 달랐다고 한다.[5]

独島는 地理的인 古地図의 실증이나, 1877년 3월 29일 明治政府가 인정한 태정관지령문 등의 歴史的인 사실이나, 現実的으로 지배하고 있는 明明白白한 韓国의 領土를, 日本政府와 文部科学省에서는 2006년 3월 29일 고등학교 歴史, 地理, 公民 등의 교과서에 독도를 日本領土로 명기 할 것을 指示하고, 자민당의 선거공약으로 국내여론을 선동하면서 韓国을 無視하고, 国際社会의 大義에 역행하면서, 고립을 자초하는 일본의 軍国主義의 発想과 右傾化行歩는 큰 문제가 아닐 수 없다.

日本 国粋主義의 극우파들의 継続된 挑発的인 妄言과 歴史的인 事実을 歪曲하고 隠蔽하는 言動이, 韓国国民의 感情을 격화시키고 분노하게 하고 있으니 문제이다.

3 1998년 11월 28일 체결한 신한일어업협정
4 2005년 2월 22일 島根県議会에서는 条例로 「竹島의 日」을 定함
5 2005년 2월 22일 朝日新聞

日本의 独島에 대한 野慾이 더욱 노골적이 되어가고 있는 理由는 軍事的으로, 経済的으로 동북아시아의 覇権을 주도하기 위해서 러시아와는 북방영토문제로, 중국과는 釣魚島의 문제로, 한국과는 独島의 領有権問題로 첨예하게 対応하고 있는 것이다.

우리는 独島가 지리적으로나 歴史的으로, 国際法上으로도 명확하게 우리의 領土라는 확실한 증거를 提示하면서 正当性에 대해서 계속 主張하고 있지만, 国力이 強한 일본이 우리의 영토를 無視하고 계속 억지주장을 하면서 挑発하고 있으니, 우리 立場에서는 사실 분노하지 않을 수 없고, 크게 우려하지 않을 수 없다.

政府는 独島 領有権論争에 대한 日本 側의 主張과 그 虚構性을 국제사회에 정확히 밝히고, 앞으로 우리가 対応해야 할 方案에 대해서 研究하고, 独島개발과 対応策을 재검토하여, 일본의 挑発行為를 더 이상 放置해서는 안 될 것이다.

独島問題와 教科書 歪曲問題, 慰安婦問題와 야스쿠니 神社의 参拝問題 등으로 韓日, 中日의 頂上会談을 하지 않는 非正常的인 外交로 相互不信이 커지고 한국정부는 自主独立의 역사와 주권수호의 차원에서 正面対応을 하고 있는 심각한 状況이지만, 日本의 態度는 조금도 변함이 없으니 이웃나라로서 참으로 遺憾스럽지만, 당당하고 冷静하게 対応해야 한다.

2. 本論

1) 獨島 論爭에 對한 問題點과 解決方案

最近 韓日間에 독도문제로 軍事的인 武力衝突 直前까지 가는 危機가 高潮되고 있는 가운데, 한국정부는 2006년 4월 4일 独島 보전을 위해 5년간에 345억원을 投入하여, 독도 접안시설을 확충하고, 환경조사 및 생태계 復元, 해양광물자원 조사, 관광사업 등의 독도보전 기본계획이 확정되었고, 2006년 10월 6일 경북도의회는 2007년 1월 1일부터 시행되는 条例를 만들어 독도에 상주하는 민간인 1세대 당 월 70만원의 生計費와 1인당 30만원의 추가비용을 지원한다는 내용이 통과되어 西島에서 살고 있는 김성도, 김신열씨 부부는 월 100만원의 生計費를 지원받게 되었다.[6]

6 2006년 10월 4일 한겨레신문

独島의 地政学的, 歷史的인 根拠로는 独島는 2000년 4월 1일 행정구역상으로는 경상북도 울릉군 울릉읍 독도리 산 1～37번지이며, 독도는 울릉도에서 동남쪽으로 약 90km(49해리)(1해리=1.852km) 지점에 있고, 일본에서는 시마네현(島根県)의 오끼섬(隱岐島)에서 약 160km(86해리) 떨어져 있는 섬이다.[7]

독도의 면적은 18만 6천 평방미터(약 5만평)이고, 독도는 크게 동도(東島)와 서도(西島) 두개의 섬으로 구성되어 있으며, 주변에 36개의 암초가 分包되어있는 小列島이다. 동도의 높이는 99m이고, 서도의 높이는 174m이다.

한편, 우리나라 東海岸의 섬 가운데 本土에서 가장 멀리 떨어진 독도는 안개가 심하지만, 날씨가 좋은날은 欝陵島에서 눈으로 1년에 약 60일정도 보이는 곳임으로, 地政学的으로 볼 때, 누가 보아도 가까운 大韓民国의 領土에 당연히 包含되어야 함에는 틀림없는 사실이고, 日本人 歷史学者 야마베 캔타로(山邊健太郎)씨도 論文에서 그렇게 主張하고 있다.[8]

특히, 독도의 내력은 일찍부터 기록에 오르내린 울릉도와 관련지어 살펴보아야 한다.

本土의 유민들에 의해서 세워진 欝陵島의 于山国이 新羅에 倂合하여 帰属된 것은 6세기 初인 512年이며, 이때부터 韓国固有의 領土가 되었다는 사실은 역사적으로 증명된다.

이 사실은 김부식이 1145년에 쓴『三国史記』의 신라본기 지증왕 13년(512)조와 열전 이사부(理斯夫)조에서 우산국을 정복하여, 6월에 于山国이 新羅에 귀속되었다는 記録에서도 확실하게 立証되고 있다.[9]

현재까지 울릉도에서 발굴·출토되고 있는 유적·유물들은 한반도 본토 문화의 유입을 보여주고 있다. 이와 같이 독도는 일찍이 우산국의 일부였다가 지증왕 13년(512년)에 울릉도와 더불어 新羅에 의해 영유화 되어 울릉도의 부속도서로서 한반도의 역사와 문화권에 편입되어, 우리의 고유영토로 존재해 왔던 증거인 것이다. 이후 울릉도라는 명칭이 정착됨에 따라 그 부속 도서인 独島로 于山이라는 명칭이 이동하게 되었다. 조선세종 14년(1432)과 1454년에 편찬한『世宗実録』地理志의 강원도 울진현조를 보면, 于山·武陵二島 在県正東海中 二島相距不遠 風日清明 則可望見 新羅時 称于山国이라 하여, 우산, 무릉 두 섬이 울진현 정농 바다 한가운데 있으며, 날씨가 맑은 날은 무릉도(울릉도)에서 우산도(독도) 가 보인다고 表現하여, 동해상에 무릉과 우산의 두 섬이 있다는 것을 더욱 분명히 하였다. 중종 26년(1531)에 편찬된 조선영토에 대한 규정과 해설서인『신증동국여지승람』강원도 울진현조에

7 2005년 3월 18일 동아일보, 2005년 3월 17일 東京新聞, 신용하(2004)『신용하의 독도이야기』살림, p.3 참조
8 야마베 캔타로(山邊健太郎)(1965)「独島 問題の 歷史的考察」『コリア評論』
9 신용하, 상게서, p.9, 김병렬(2005)『독도논쟁 독도가 우리땅인 이유』다다미디어, p.86

도 "우산도와 울릉도가 현의 정동 바다 한가운데 있다"하여 『世宗実録』地理志의 기록을 이미 15세기에 명확하게 証明하고 있다.

그러나, 実効的支配의 명확한 証拠가 없다면서 일본정부가 억지 主張을 펴는 것은 일본의 국수주의적이고 軍国主義的인 우경화의 발상이다. 1694년 삼척청사 장한상이 울릉도의 300여리 근처에 울릉도의 3분의 1 크기의 섬을 발견한 기록을 담은 『울릉도 사적기』를 펴냈다.[10] 이것은 한국 문헌에 나오는 울릉과 于山(独島) 의 지명은 모두 울릉도를 가리키는 말이라는 日本의 主張에 대해 欝陵島와 그 부근에 있던 독도를 우리가 17세기에 이미 알고 있었다는 사실을 명확히 입증하는 것이다. 위의 資料로 세종실록지리지에 표시된 '于山'이라는 섬은 독도가 확실하다는 것을 알 수 있다. 또한 17세기부터 古地図에 표시된 울릉도 이외의 또 하나의 섬이 지금의 독도(于山島)임을 확인할 수 있다. 18세기에 나온 1700년경 정상익의 〈동국지도〉에 이르러서는 울릉도와 우산도의 위치와 크기가 정확하게 표시되었으며, 조선 후기의 지도에는 欝陵島 옆에 于山島 또는 子山島를 표기하고 있으며, 1721년 〈朝鮮全図〉에는 울릉도 왼쪽에 독도가 千山島로 표기되어있는데, 1846년에 김대건 신부가 작성한 〈조선전도〉에는 欝陵島 오른쪽에 독도가 于山島로 정확하게 표기되어 있다. 현재, 울릉도에서 독도를 육안으로 볼 수 있는 날은 약60일에 정도인데, 최근의 독도사진에서 증명되는 바와 같이 〈世宗実録 地理志〉에 欝陵島와 독도의 두 섬이 서로 거리가 멀지 아니하여 날씨가 清明하면 가히 바라볼 수 있다고 한 것은 정확한 記録이고, 두 섬이 모두 신라시대에는 우산국이었다는 기록도 정확한 것이다. 그 증거로 '신경북일보' 1999년 12월 11일자에는 울릉도에서 독도가 보일 때 写真을 찍어서 게재하였고, 2005년 3월 19일 한국외대 독도연구회에서는 독도모습을 인터넷사이트에 올려놓았다.[11] 조선대종 3년(1403)에 백성들을 보호하기 위하여 행정력이 미치지 않는 섬에 空島政策[12]을 시행하는 과정에서 울릉도와 독도 근해에 일본 어민들의 출어가 잦아지자, 1693년 安龍福은 일본으로 건너가 울릉도와 독도가 우리 땅임을 확인 받고 일본 어부의 어로 활동을 금지토록 하였다. 한편, 일본에서는 울릉도를 다케시마(竹島) 또는 마쓰시마(松島)라고 혼동하여 불렀는데 1667년에 편찬된 『隠州視聴合記』[13]에 竹島(울릉도)와 松島(독도)라는 表現이 처음으로 나오지만, 그 후 1870년대 말까지는 그대로 호칭하였고, 朝鮮의 領土로 표기되어 있다. 見高麗猶雲州望隠州라는 문구가 있다, 즉, 竹島(울릉도)와 松島(독도)의 두 섬에서 高麗를 바라보는 것이 雲州(이즈모(出雲) 시마네현

10 양태진(2004) 『한국독립의 상징 독도』, 백산출판사, p.120
11 호사카 유지(保坂祐二)(2005), 『일본 古地図에도 독도 없다』, 자음과 모음, p.14
12 김병렬(2005) 상게서, p.108
13 김화홍(2005) 『독도는 우리 땅』, 인간과 자연사, p.88

(島根県)동부)에서 隱州(은기도(隱岐島 오키섬))를 보는 것과 같다. 라고 언급이 되어 있으며, 일본의 북서쪽 경계는 이 隱州(오키섬)를 한계로 한다. 는 내용이 있으며, 1779년에 나카쿠보세키스이(長久保赤水)가 제작한 경위도가 나와 있는 〈日本輿地路程全図〉[14]에도 독도는 일본 땅으로 표시되어 있지 않고, 見高麗猶雲州望隱州라는 문구가 있는 것도 울릉도와 독도가 조선의 영토라고 입증하는 것임으로, 일본외무성의 주장을 반박하는 좋은 자료이다. 중요한 것은, 일본에서 섬을 주로 표현하는 것은 隱州(오키섬) 밖에 없다는 사실이고, 더욱 확실한 것은 1531년도에 조선에서 발행된 〈팔도총도〉라는 지도에는 울릉도와 독도(于山島)의 위치가 거꾸로 되어 있지만, 이미 인지하여 확실하게 표기되어 있으며, 당시 발행된 일본 地図들에는 독도나 울릉도가 표시되어 있지 않는 사실이 중요한 증거이다. 즉, 현재 존재가 확인된 江戸시대와 明治시대에 일본에서 작성된 官製(관인, 공인) 일본 古地図에는 독도가 들어있지 않다.[15] 또한 1696년 1월 일본 도쿠가와(德川)에도막부(江戸幕府) 관백은 울릉도 행 금지를 돗토리(鳥取)번에 전달하였으므로 江戸幕府와 明治政府가 울릉도와 독도를 함께 조선영토로 認定했다는 사실을 확실히 증명해준 것이라고 호사카 유지(保坂祐二)교수는 주장하면서, 1935년 4월에 발행된 일본 시마네현의 지도를 공개하고, 독도 표시가 없다고 밝히고 있으며, 최근 발견 한 〈実測日清韓軍用精図〉[16]는 일본군부가 10여 년 동안 조사한 내용을 요시쿠라 세이지로(吉倉清次郎)가 1895년 明治시대에 편집한 지도인데, 울릉도(竹島)와 독도(松島)가 정확하게 한국영토로 표시되어 있고, 일본이 독도를 시마네현(島根県)에 편입시킨 1905년 2월 22일 이전의 정확한 지도이므로, 이것은 독도는 歴史的으로나, 国際法上으로도 명백한 일본의 固有領土이므로, 한국이 독도를 実効的으로 지배하고 있었다는 사실을 보여주는 明確한 証拠를 提示하라.라고 주장하고 있는 현재 日本政府의 독도영유권 주장이 모두 거짓임을 증명해 주는 확실한 資料임에 틀림없다고 생각한다. 1869년 일본 外務省 고관들이 편찬한 〈조선국교제시말내탐서〉, 1877년 3월 29일 일본 내무성에서 만든 울릉도와 독도는 일본과 관계없다는 내용의 太政官이 결정한 공문서, 1876년 일본 해군성이 작성한 〈朝鮮東海岸図〉, 1905년 동경박물관에서 펴낸 〈日本戦争実記〉, 1936년 일본육군참모본부에서 나온 〈地図区域一覧図〉 등의 사료에서 독도가 한국의 영도임을 일본 스스로가 잘 밝혀 주고 있는 자료들이다.

1899년(광무 3년)에 당시 중등과정 신식교육기관에서 활용됐던 〈대한지지〉 제 1권에 삽입

---

14 이진명(2005) 『독도지리상의 재발견』 삼인, p.107, 호사카 유지(保坂祐二), 상게서, p.28
15 호사카 유지(保坂祐二), 상게서, p.22, 2005년 4월 14일 동아일보
16 2006년 10월 25일 동아일보

되어 있는 〈大韓全図〉에는 울릉도 옆에 '于山'이라는 표기와 함께 섬이 그려져 있으며 좌측 상단에는 '光武 3年 12月 15日 学部 編輯局 刊'이라는 표시가 선명히 적혀져 있다.

강원도 울진현에 속해 있던 독도를 1900년 10월 25일자 高宗皇帝의 大韓帝国 勅令 41号 第2条에는 '울릉군의 구역은 欝陵島 전도(全島)와 竹島, 石島를 관할한다.'라고 되어 있어, 독도를 石島라는 이름으로 울릉군의 한 부속도서로서 공식적으로 강원도에 편입하여 실효 적으로 지배하고 영유하여 왔다는 사실을 보여주는 명확한 証拠이며, 시모조마사오(下条正 男)와 일본정부 외무성사이트의 거짓주장을 해명하고 반박하는 중요한 자료이다.

한편, 1905년 2월 22일 시마네현이 다케시마라는 이름으로 독도를 편입시키고, 1906년 9 월에 한국에 알려왔는데, 이 때는 이미 을사보호조약(1905년 11월 5일)에 의해 대한제국이 외교권을 박탈당해 있던 시절에 영토로 선언한 것이며, 이것은 1905년 法이 1877년에 発表 된 일본 政府의 公文書를 無視한 행위로 実效性이 없으며, 1900년 고종황제의 대한제국 칙 령 41호는 일본 측이 주장하는 것보다 한국이 5년이나 앞선 것으로 일본의 독도 영유권 주장 사실을 뒤엎을 수 있는 귀중한 자료로 평가되고 있다.

최근 일본은 1618년 德川幕府가 일본 어업인 오오다니징기찌(大谷甚吉)와 무라카와이찌 베에(村川市兵衛) 두 家門에게 내어준 竹島渡海免許와 1661년에 내준 松島渡海免許를 영 유권 주장의 根拠로 내세우고 있으나, 일본을 지배한 江戸幕府가 1618년~1696년까지 78년 간 "다케시마 (울릉도)와 마츠시마(독도)는 조선영토라고 인정하여 왔으므로, 일본의 幕府 時代와 江戸時代(1603~1867), 明治時代(1868~1912)의 地図들과 資料, 文献 등에는 독도 와 울릉도가 들어 있지 않고, 지도에는 한국의 領土로 표시되어있어 누구라도 알 수 있는 事 実的인 증거인데, 일본이 독도를 領有했다는 억지 主張은 근거 없는 거짓임이 명백히 밝혀 졌다.

그런데, 오늘도 일본정부는 외무성 사이트를 통해 1696년 1월 28일에는 울릉도 주변 어업 을 둘러싼 한일간의 교섭 결과 에도막부는 일본인들이 울릉도에의 도항을 금지했지만, 「竹 島一件」 竹島로의 도항은 금지 하지는 않았다. 라고 울릉도와 독도를 구별하는 억지주장을 하고 있지만, 그 당시 幕府가 각 藩에 命令하여 지역별 지도를 받아 그대로 통합해 만든 1655년 발간한 〈쇼호 일본지도〉와 1700년에 제작한 〈日本興地図〉와 1779년에 제작된 〈일본 여지노정전도〉에도 독도는 일본 땅으로 표시되어 있지 않고, 실제로 17년간 측량을 해서 1821년에 만든 지도 〈대일본연해여지전도〉에도 독도에 대해서는 기록이 없으므로 일본의 주장은 전혀 맞지 않음을 확실하게 알 수 있다.

즉, 1291년에 제작한 〈大日本国図〉와, 1305년 발간한 〈일본변계도〉에도 독도는 빠져있는

것을 보면, 일본이 13~19세기에는 독도를 자국영토에 포함시키지 않았음을 잘 알 수 있다.[17]

특히, 1881년에 일본의 지리국이 편찬한 〈大日本国全図〉에도, 독도는 일본영토로 표시되어 있지 않는데 어떻게 독도를 일본 땅이라고 주장하는지 참으로 이해 할 수 없다.

중요한 것은 幕府時代와 江戸時代(1603~1867), 明治時代(1868~1912)의 地図와 資料들인데, 이 시대의 文献과 地図는 일본의 독도 領有権 主張을 부정하는 확실한 証拠를 제시하고 있는 것으로, 그동안 일본 측의 독도영유권 주장을 완전히 무효화 하고 있는 자료들이다.

1877년 3월 29일 당시의 내각인 '太政官'이 내무성에 공문을 보내고 내무서은 1877년 4월 9일 시마네현에 공문을 보내어, 울릉도와 독도는 일본과 관계없다고 선언한 사실이 있는데도, 지금도 일본정부와 독도를 자기 영토라고 주장하는 대표적인 두 사람 가와카미 겐조(川上健三), 시모조 마사오(下条正男)는 사실을 은폐하고 있으며, 明治時代의 일본 官人地図에도 독도는 일본영토로 나타나지 않는다는 사실을 결코 말하지 않고 왜곡하고 있다는 사실을 한국과 일본의 독도연구자들은 모두 알고 있다.

그리고, 『日本地図の楽しい読み方』[18]라는 책에는 日本人들은 다케시마(독도)에 대해서 言論報道를 보고 들었을 때, 그런 섬이 있었던가? 라고 놀라는 일본사람도 많을 것이라고 표현하고 있으며, 日本地図의 基本으로 되어있는 国土地理院 発行의 地図 시리지에는 왠지 다케시마(독도)가 기록되어 있지 않는 것은 韓国과의 摩擦을 피하기위해서 인가. 단지 岩礁로서 취급했던 것인가는 확실하지 않지만, 国土地理院의 地図를 만든 사람은 다케시마를 日本領土로는 생각하지 않았었다.라고 적고 있는 것처럼 최근의 일본 정부 산하의 国土地理院에서 발행한 1952년 이후 1975년의 〈국토기본도작성지역일람도〉[19]까지의 일본지도에도 독도가 일본의 영토로 표시되지 않은 것은 한국의 영토임을 일본 정부 산하의 国土地理院에서 인정하고 확인 해주는 重要한 証拠資料이며, 현재 일본의 TV의 일기예보지도에도 독도가 없는 것은 독도를 한국의 영토로 인정하고 있는 것과 같다.

이와 같이 일본이 13~19세기에 만든 일본의 古地図에는 울릉도와 독도가 포함되어 있지 않는 중요한 증거로 연세대 김우준교수는 휴 코타지 전 주일영국대사가 수집해 제작한 『日本古地図集』을 공개했다.[20]

간단히 말해, 幕府時代나 明治時代의 古地図 뿐만 아니라 小学校 教科書 및 모든 官製地図에는 을사늑약이 강제로 체결된 1905년 以前에는 독도가 전혀 일본지도에 나타나지 않았

17 2005년 3월 23일 동아일보
18 Rom-International, 『日本地図を楽しい読み方』, 河出書房新社, 1998, p.38
19 호사카 유지(保坂祐二), 전게서, p.46
20 2005년 3월 23일 동아일보

다는 사실 한 가지만으로도 일본이 독도를 실효 지배했다고 일본의 일부 우익 政治家들과 国粹主義 학자들이 한국의 영토인 독도를 과거에 일본영토였다고 억지 주장을 하면서, 領有權을 거론해 오고 있는 것은 言語道斷으로 주장이 근거 없는 일임으로, 한국정부와 학자들은 이와 같은 자료를 가지고 国際的으로 홍보하고, 客觀的으로 정확하게 철저히 論理的으로 비판해서 일본의 주장을 국제적으로 완전히 잠재워야 할 책임이 있다고 생각한다.

최근, 청주시청 공무원 남요섭(55)씨가 수집해 20년 동안 보관하고 있는 독도가 우리 영토로 기록된 일제시대 朝鮮総督府가 일제 강점기인 1934년 소화 9년에 직접 저작하고 교과서로 발행한『초중지리서 부도』에는 독도가 죽도로 표기되어 중부 조선지방에 수록돼 있는 공식 教科書로 일본이 독도를 우리영토로 인정하고 수록해 우리 국민을 교육한 교과서가 발견되어 화제이다.[21]

그리고, 독도는 조선 땅이라고 시인한 일본 책을 발견한 한일 고대교류사 연구자인 박병식은 일본이 1621년과 1883년에도 독도 領有權을 주장했다가 조선과의 협상과정에서 자국민들에게 독도에 상륙하는 것을 禁止했다는 내용이 기술된 책자로 독도영유권을 주장하다 조선 땅임을 시인한 내용이 기술된 일본에서 발행한『大日本地名辭書』라는 책을 공개하였다. 일본의 저명한 사학자가 지은 것으로 독도가 한국 땅임을 분명히 하고 있다는 점에서 의의가 있다며, 최근 독도 영유권 분쟁이 또 다시 불거져 公開하게 됐다고 밝혔다.『大日本地名辭書』는 3권 434~435쪽에서 '다케시마'를 별도 소제목으로 소개하고, 한일간 독도 영유권 다툼이 2차례 벌어졌으며 일본이 그때마다 독도가 조선 땅 임을 시인했다는 내용을 담고 있는, 이 책자는 明治 33년(1900년) 3월 31일 초판 인쇄됐으며 당시 일본 제일의 史学者로 평가받는 요시다 토고(吉田東伍)가 저술했고, 제1권 서두에 당시 일본 내각 관료들이 '훌륭하다'는 찬사를 보냈다고 기술돼 있다한다.

이 책자에 따르면 1621년 무라가와 마사가쯔라는 사람이 독도에 가서 조선인 2명을 생포한 뒤 조선정부에 다케시마 왕래를 공인해 줄 것을 호소했으나 조선정부는 1623년 요나고(현재의 도토리현) 사람들이 다케시마에 왕래하는 것을 禁止하자, 일본 江戸幕府는 대마도 영주인 소(宗)에게 조선정부에 담판 짓도록 지시했다.

그러나 예조는 "그 섬(울릉도)이 조선에 속한다는 것은 문헌을 보나 우리나라와 거리를 보나 너무나 명백한데 소유 건을 주장하다니 그 것은 오해임이 분명하다"고 단호히 거절했다.

江戸幕府는 이후 조선에 굴복해 화해했고 1696년 1월 드디어 일본인이 독도와 울릉도의

도해면허를 취소하여 그곳에 가는 것 을 금지한 것으로 기록되어있다.[22]

또, 이 책자는 明治 16년, 1883년에도 韓·日 두 나라가 다시 한차례 독도 영유권다툼을 벌인 것으로 기록하고 있다. 당시 일본 정부는 조선과 협상에서 독도에 건너간 일본 배를 모두 철수시키고 다시는 그 곳에 가지 않도록 명령해 독도가 조선 땅임을 명백히 했다.

이와 같이 独島는 歴史的으로 韓国이 実效的 支配를 하고 있으며, 地理的으로 봐도 地政学的인 根拠로는 울릉도에서 보이는 가까운 섬으로, 누가 봐도 独島는 地政学的으로 가까운 大韓民国 固有의 領土임은 너무나 明若観火한 사실이며, 日本의 良心的인 多数의 学者들도 그렇게 主張하고 또 立証하고 있다.[23]

즉, 古地図나 歴史的으로 볼 때 韓国이 日本보다 絶対的으로 有利하다는 것은 사실이지만, 国際社会에서 政治, 経済, 軍事的으로는 日本에 밀리고 있는 実情이니 問題이다.

独島 領有権 問題에 대해서 歴史的인 사실의 根拠와 国際法上으로도 명확하게 우리나라의 固有 領土라는 것을 우리 政府가 一貫된 입장에서 強硬한 対応을 하지 않고, 애매한 態度로 일본과 正面으로 부딪치는 것을 回避하고, 無対応이 上策이란 생각으로 조용히 있는 동안에 日本은 독도를 紛争地域으로 宣伝하여, 벌써 미국, 등 서방국가들은 독도를 韓日間의 紛争地域으로 보고 있고, 世界地図의 여러 곳에서 東海와 独島가 日本海와 다케시마(竹島)로 表記되고, 파 이스턴 이코노믹 리뷰(Far Eastern Economic Reviev)지가 실시한 여론조사에 의하면 말레이시아와 대만인은 66.7%가 호주인은 58.8%가, 인도네시아인은 55.6%가, 필리핀인은 54.5%가 독도는 일본 땅인데 한국이 억지를 부리고 있는 것으로 생각하고 있다.[24]고 하니 이처럼 잘못 認識되어가는 것이 가장 큰 問題이며, 안타까운 現実이다.

일본인이 제작한 지도는 나가쿠보세키수이가 1779년에 제작한 〈일본여지노정전도〉, 1873년의 〈조선국세견전도〉 및 1878년의 〈대일본분견신도〉와 1882년의 〈동판조선국전도〉 1889년의 〈대일본해륙전도〉 외에도 独島는 한국의 땅으로 표시된 古地図가 얼마든지 많이 있기 때문이다.

특히, 일본의 유명한 지리학자인 하야시 시헤이가 1785년에 만든 〈삼양접양지도〉에는 조선국을 황색으로 일본국을 녹색으로 국경과 영토를 구별하여 채색 하였는데, 울릉도와 独島를 정확한 위치에 그렸으며, 다케시마(竹島 울릉도)와 오른쪽에 표기된 섬은 마쓰시마(松島)

22 2005년 3월 4일, 동아일보, 신용하, 상게서, p.41
23 야마베 캔타로(山邊健太郎)의 独島 問題의 歴史的 考察 『コリア評論』1965, 카지무라 히데기(오 村秀樹)의 竹島 = 独島 問題と日本国家 『朝鮮研究』182号, 1978, 호리 카즈오(堀和生)의 1905年の日本の竹島領土編入 『朝鮮史研究会論文集』24号, 1987, 나이토 세이추(内藤正中)竹島は日本固有領土か 『世界』2005年 6月号
24 김병렬(2005) 『독도논쟁 독도가 우리 땅인 이유』 다다미디어, 머리말

이다.[25] 모두 조선국의 색깔인 황색으로 표시하고, 울릉도와 독도가 조선의 소유(朝鮮の 持之)라는 글씨까지 적어서 확실하게 구별하고, 울릉도와 그 부속도서를 모두 한국의 땅으로 확실하게 표시하고 있다.

다케시마(竹島울릉도)와 오른쪽에 섬이 마쓰시마(松島독도)로 확신 하는 이유는, 하야시 시헤이가 1785년에 〈삼양접양지도〉를 만들 때 참고로 한 지도는 나가쿠보세키수이가 1779년에 제작한 〈일본여지노정전도〉였는데, 〈일본여지노정전도〉에는 확실하게 다케시마(竹島울릉도)와 마쓰시마(松島)가 표기되어있다.

옛날부터 일본인은 人名이나 地名을 만들 때, 漢字의 意味를 重要視해서 만들었으므로 대나무와 소나무가 무성한 울릉도를 다케시마(竹嶋)와 마쓰시마(松島)로 표기하고 불렀다는 것은 자연스럽고 당연 한 이름으로 이해가 되지만, 일본인들이 대나무와 소나무가 전혀 없는 독섬인 独島를 마쓰시마(松島)와 다케시마(竹嶋)로 불렀다는 주장은 근거도 없는 억지주장으로 독도를 인지하고 있었던 것처럼 꾸민 것에 불과하다. 이론적으로 전혀 맞지 않으며, 이해 할 수도 없는 일이고, 어불성설의 억지주장이다.

일본의 센다이(仙台) 근처에 있는 소나무가 많은 섬인 마쓰시마(松島)와 큐슈(九州) 밑에 있는 대나무가 무성한 다케시마(竹島)를 가지고 다투는 것은 아닌지 많은 일본인들과 같이 필자역시 의문스러울 뿐이다.

지금 일본인들이 주장하고 한일간에 논쟁하고 있는 독도를 다케시마(竹島) 곳은 1905년 이후의 명칭이다.

앞으로 어떻게 독도문제를 対応할까 対応方法이 아주 중요한 것 같다.

우선 독도의 지정학적이고 역사적인 사실과 국제법상으로의 영유권을 政府와 学者, 専門家들이 意見을 모아 対策을 수립해야 한다.

定期的으로 学者들이 国際的인 심포지엄을 開催하고, 弘報사이트의 운영, 専門書籍의 발행, 홍보책자 및 안내서 발행 등을 통해서 国際社会와 日本社会에 積極 弘報해야 한다.

특히, 정부는 主権守護의 차원에서 강력히 대응해야하고, 일본의 民間 交流 団体나 学術交流団体와도 積極的이고 多様한 交流가 필요하다. 일본은 민주국가이므로 정부각료의 주장과 国民의 생각은 서로 다를 수 있으므로, 다양한 国民들을 향해 관심을 갖도록 합리적인 노력을 해야 한다.

즉, 한국은 대일 관계에 있어서 일본이라는 나라를 상대할 때와 일반 대중을 상대할 때 분명히 구분해야 한다. 일본의 国民 중에는 양심적으로 한국의 편에 서는 사람들이 많으므로,

---

25 호사카 유지(保坂祐二)(2006)『林子平図와 독도』일어일문학연구 제58집 2권, p.235

무조건 反日 이전에 일반 国民大衆과 양심적인 학자들을 소중하게 생각하면서 한국의 研究
資料와 주장하는 論理가 국제사회와 일본에서 인정받도록 해야 한다.

2) 排他的 經濟水域의 問題點과 解決方案

일본정부는 排他的 経済水域(EEZ) 200해리 법안이 UN에 의해 발표되고, 1994년 유엔해양법
협약이 선포되자 갑자기 독도 영유권 문제에 대한 주장을 강화하며, 우익 정치가들과 国粹主義
学者들이 강력하게 주장하고 일본국민을 선동하고 있는 것은 理解하기 어려운 잘못 된 발상이다.

일본은 1996년 6월 14일 각각 200해리 배타적 경제수역을 선포했고, 한국은 1996년 8월 8
일 일본의 조치에 대응하여 EEZ를 선포했다.

일본은 200해리 EEZ를 도입했음에도 불구하고, 동해는 400해리가 되지 않는데 독도에 대
해 일본이 領有権을 주장하고 있어 한일간의 분쟁이 우려됨으로 이 법을 적용할 수 없다.

일본은 1996년 4월 독도기점 EEZ설정을 주장하면서 200해리의 EEZ설정과 관련하여 독도
의 인근수역을 공동관리수역으로 독도-울릉도, 독도-오키도의 중간선으로 하는 방안을 한
국에 제시하고 要求하였다.

1994년 발효된 유엔해양법협약에 따라 전 세계가 바다의 경계선을 긋기 위한 작업(EEZ)
에 들어갔고 한·일양국도 그 예외가 아니기 때문이다.

1996년 2월 한국과 일본은 EEZ 설정방침을 발표하고, 8월에 첫 회담을 하였으며, 일본이
제안한 草案에다가 한국이 제시한 'EEZ 설정 유보와 영토문제 제외'라는 조건을 수용하여
새로운 韓日漁業協定은 1998년 11월 28일 署名하고, 1999년 1월 22일 부터 발효하게 되었으
며, 새로운 한일어업협정의 체결을 통해 EEZ에 겹치는 부분이 일부 포함된 '한일중간수역'
설정을 발표하였으나, 독도를 기점으로 하지 아니한 EEZ의 경계가 커다란 問題点이었으며,
한국의 수역은 좁아져서 엄청난 손실을 초래하였다.

즉, 독도를 中間水域으로 설정한 것은 일본이 주장하는 독도의 영유권을 묵인 하는 것이
므로, 빠른 시일 안에 재협상이 필요하며, 독도문제는 분명한 결론을 짓고 한일 同伴者 관계
로 가야 한다.

현재, 韓日漁業協定의 問題点과 解決方案이 중요한 문제이다. 일본 정부가 独島주변 해
역 海底水路 탐사를 推進하고 있어 한.일간 긴장의 파고가 다시 높아지고 非常事態의 危機
状況에까지 와있는 現実이다.[26]

---

26 2006년 4월 15일 동아일보

1982년 유엔 해양법 협약이 채택되고 1994년 排他的 經濟水域 200해리가 實效되면서 '독도 영유권 문제'는 양국 간에 더욱 민감한 사안이 되었다. 국가간의 해양 거리가 400해리가 넘는 국가에서는 이 협약이 문제시되지 않으나 韓-中-日의 경우에는 국가간의 해양 거리가 400해리가 되지 않기 때문에 漁業協定은 불가피한 것이었다.

한국과 일본간의 어업협정을 체결하고 排他的 經濟水域을 宣布하는데 있어 独島의 영유권 与否는 얼마만큼의 영해를 排他的으로 더 所有할 수 있느냐의 사안이 걸려있는 문제이기 때문에 협의지역인 독도를 분쟁지역으로 키워가고 国際司法裁判所까지 이끌고 가겠다는 日本의 独島에 대한 침탈야욕을 저지해야 할 것이다. 独島는 新羅 지증왕 13년(512년) 이래 계속해서 合法的으로 大韓民国의 領土이다.

그러나 일본은 日露戰爭 기간동안인 1905년 1월 28일 내각 회의에서 의결하여, 独島를 編入하기로 決定하고, 시마네현(島根県)에 지시하여 1905년 2월 22일 시마네현(島根県) 告示 第 40号로써 일본에 編入을 시킨 것에 대해, 호리 카즈오(堀和生) 교수는 主権侵害나 侵略과 같은 성질의 찬탈이라고 指摘하고 있다.[27]

사실상 外交権을 行事할 수 없었던 韓国은 日本에 대해 어떤 対応도 할 수 없는 状況이었으므로 不法的이고 強制的인 것으로 原因無効인 것이다. 1945년 8월 일본이 패망 후, 연합국 최고 사령부 훈령 제677호는 1946년 1월 29일 '약간의 주변 地域을 政治行政上 일본으로부터 分離하는데 관한 覚書' 즉, SCAPIN 677조를 일본 정부에 지령하게 되는데, 이는 포츠담선언에서 확인한 내용을 집행하기 위하여 '일본의 주권 행사 범위'인 領土를 確定한 것으로, 한국의 主権을 부여하고, 일본이 한국을 占領하고 있던 모든 領土를 한국에 返還토록 한 規定이었다.

독도가 한국으로 반환된 이후에도 일본인들이 계속 마찰을 일으키게 되자 연합국 최고사령부는 1946년 6월 22일자로 지령 제 1003호를 추가로 발령하여 독도 근해에서 일본인들의 어로 활동을 금지하였다.

그러나, 일본정부는 샌프란시스코 대일강화조약에 의도적으로 독도를 누락시키고서는 'SCAPIN 제 677조에는 독도가 일본의 領土로부터 제외되어 있지만 이것은 暫定的인 것이고, 최종적인 것이라고 할 수 있는 샌프란시스코 대일강화조약에서는 독도가 누락되었기 때문에 독도는 일본령으로 잔류하는 것이다'라고 억지 주장을 하고 있다.

당시에 한일간의 분명한 영해를 규정하는 맥아더라인을 긋게 되지만, 일본인들의 독도뿐만 아니라 한국 영해에 대한 침범이 계속되자 대한민국 정부는 1952년 1월 18일 国務院 告

---

27 호리 카즈오(堀和生)(1987)「1905年の日本の竹島領土編入」『朝鮮史研究会論文集』24号

示 제 14호로 '大韓民国 인접 海洋의 主權에 대한 大統領 宣言(平和線)'을 宣布하게 된다. 일본은 이에 대해 이승만대통령이 一方的으로 평화선을 宣布하였을 뿐만 아니라 그 안에 독도를 포함시켰다는 이유로 1954년 9월 일본은 국제 사법재판소에 재소를 하자고 제의하였고, 韓国政府에 抗議를 지금까지도 계속하고 있는 独島 領有權 論争의 시작인 것이다.

그러나, 한국은 당연히 이를 거부하였다. 즉, 한국은 독도를 포함한 서기 512년에 우산국을 新羅에 귀속시키고, 1900년에는 울릉군 부속도서로 되어 있었으며 실제 실효적 지배 하에 있었기 때문에 별도의 국제 사법재판에 따를 이유가 없으므로 상대할 가치성이 없다고 판단했던 것이다.

이에 불만을 가진 일본은 계속해서 漁業協定의 협상을 촉구해왔고 결국 1965년 6월 22일 韓日国交 正常化를 위한 条約과 韓日漁業協定을 함께 締結하였으나, 이는 평화선을 사실상 포기하는 식으로 명백히 한국 측에 불리하게 적용되는 協定이었다.

한일양국은 독도 영유권문제 때문에 EEZ획정의 不可能함을 認識하고 暫定的인 조치로 먼저 漁業協定을 締結하고 EEZ획정에 관해서는 계속 노력하기로 합의했던 것이다.

1996년 5월 제1차 어업협정이 시작되어 1965년의 한일어업협정을 개정하기로 합의했다. 1996년 6월, 일본은 한국정부에 대해 200해리를 선포한 1주년이 되는 1997년 7월 20일까지 漁業協定이 결정되지 않을 경우에는 一方的으로 1965년 어업협정을 폐기하겠다고 통보하고는, 1997년 6월 일방적으로 직선기선을 선포하여 한국어선을 나포하기 시작했으며, 한일 외무부장관은 1997년 11월 26일 제7차 협상을 개시하여 잠정합의수역 방안을 논의했으나, 일본은 어업협정의 改定交渉이 일본의 의도대로 진행되지 않자, 김영삼 정권 말기의 불안전한 시기와 국면을 적절하게 이용하여, 1998년 1월 23일 일본정부는 1965년에 締結한 韓日漁業協定을 一方的으로 파기하고 終了通告를 宣言했던 것이다.[28]

한일 어업협정에는 어느 일방국이 일방적으로 어업협정을 포기하면 1년 후에 종료 되도록 되어 있으므로, 그 기한은 1999년 1월 23일이고, 그 이후에는 동해상에 어업질서에 관한 법 규범이 존재하지 않아 한일양국간에 어업 분쟁이 야기될 우려가 있었다.

1998년 2월 25일 출발한 김대중 정부는 対日関係를 重視히였으며, IMF외환위기 속에서 대일어업협정을 타결하여, 양국관계를 회복하고 경제위기를 극복하겠다는 생각으로 정부는 독도를 한국의 EEZ에 포함하는 '共同管理水域'이라면 수용한다는 입장을 밝혔으나, 日本은 韓国의 提案을 拒絶했다.

그러나, 韓国의 立場은 有人島로서 독도를 기점으로 하는 EEZ설정은 포기하고 있는 큰

---

28 1998년 1월 23일 朝日新聞

問題点을 안고 있었으나, 일본이 提示한 案에 대부분 同意하여 새로운 韓日漁業協定은 1998년 11월 28일 署名하고, 1999년 1월 22일부터 발효하게 되어 한국 측의 피해로 연결되었다.

일본이 제안한 초안에다가 한국이 제시한 'EEZ 설정 유보와 영토문제 제외'라는 조건을 수용하여 어업협정의 형태로 '잠정합의 수역'안을 타결하여, 1965년 어업협정의 종료에 의한 공해체제의 어업협정은 EEZ체제로 대체되었다.[29]

이번 韓日漁業協定을 체결하는 과정에 있어서도 일본의 시안에 동의를 요구하는 굴욕적인 외교협상이었다는데 큰 문제가 있다고 하겠다.

일본의 입장을 보면, 그동안 일본은 독도문제에 대해 외교문서나 국제사법재판소에 회부제의 등 주로 외교적 방식으로 대응을 하고 있다.

이승만정부는 1952년 1월 18일 '대한민국 인접해양의 주권에 관한 대통령선언'을 발표하면서 이른바 '평화선'안에 독도를 포함시키자, 일본정부는 10일 뒤인 1월 28일에 평화선이 국제법원칙에 위반된다고 항의하는 외교문서를 우리 정부에 보내오면서 일본이 독도의 영유권을 주장함으로써 한국과 일본과의 독도문제가 처음으로 외교쟁점화 되었다.[30]

1998년 11월 28일 체결한 신한일어업협약은 독도영유권의 훼손과 조업구역의 제한으로 한국에 피해가 큼으로, 有效期間이 3년으로 되어있는 이 협정을 빨리 파기선언 해야 하고 앞으로 새로운 외교 협약을 할 때에는 반드시 독도를 기점으로 하는 체계적인 외교협상을 해야 할 것이다.

한국의 研究 資料와 주장하는 논리가 세계에서 인정받도록 國際社會의 규칙에 따라 홍보활동을 꾸준히 진행하고, 다양한 研究와 對応策을 계속 강구해야 할 것이다.

흔히 말하는 排他的 經済水域(EEZ: Exlusive Economic Zone)은 그 수역 안에서 모든 경제적인 활동을 배타적(독점적)으로 할 수 있는 수역을 가리킨다.

이 수역은 領海와 公海의 중간에 자리 잡는 '제3의 수역'이다. 이 수역의 성격은 경제 활동 면에서는 영해와 같고, 선박이나 비행기의 통과와 국제 통신 등에 있어서는 공해와 같다. 國際海洋法協約 제56조 제1항에는 EEZ의 주인이 되는 연안국이 排他的으로 누릴 수 있는 권리는 다음과 같다.

(1) 해저 및 상부수역의 생물 또는 비생물 자연자원을 탐사, 이용, 개발 및 보존과 관리

29 최장근(2002)「어업협정과 독도 및 EEZ와의 관련성」『일본학보』제50집, 한국일본학회, p.451
30 김명기(2001)『독도특수연구』독도조사. 연구학회, 법서출판사. p.383

(2) 해수 해류 및 수력, 조력, 풍력 발전을 비롯한 경제적 탐사와 개발권리

(3) 인공 섬, 시설 및 구조물을 설치 사용하는 권리

(4) 해양 환경의 보호및 보존에 대한 관할권

(5) 해양에 대한 과학적 조사권의 권리 및 의무를 가진다.

이상과 같은 특성 때문에, 이 수역을 '資源 領海'라고 부르기도 한다. 하지만, 이 수역에서 다른 나라들의 모든 權利가 박탈되는 것은 아니다. 다른 나라들은 이 水域에서 선박 항해 및 비행기상공 비행의 자유와 해저 전선 파이프라인 부설 등의 자유를 포함한다.

앞으로의 협상추이에 따라서는 독도문제가 국제해양법재판소등의 심판대상이 될 可能性도 배제할 수 없다. 그러나, 한국정부는 이런 상황이 오면, 일본 측의 논리를 제압할 수 있는 각종 歷史的 資料와 地図들을 충분히 확보하고 있다고 자신하고 있다.

1996년 유엔해양법협약의 발효로 독도문제에 대한 일본 측의 접근은 더욱 다양하고 과격한 양상을 보이고 있다. 국가의 자존심을 자극하고 戰爭을 연상케 하는 선동적인 주장들이 독도의 영유권 문제로만 끝나지 않고, 국익이 손상되고, 국가의 존립 위기로 이어진다고 생각된다.

한국 측 배타적 경제수역(EEZ)에서 許可 없이 일본해양 探査船이 독도 인근해역에 무단 진입하여 水路 測量을 실시하겠다는[31] 일본 정부의 계획은 궁극적으로 독도를 국제적인 영토 분쟁지역으로 삼아 보겠다는 意図的인 計算된 挑発에서 비롯된 것임이 분명하다.

일본이 2006년 4월 14일 제시한 水路測量水域은 울릉도 동쪽 30~40해리 지점으로 독도와 매우 가까운 해역까지 포함한다. 이 문제가 韓日関係에 심각한 악영향을 미칠 수밖에 없는 이유가 바로 여기에 있다.

水路測量을 강행하면 사태는 심각하며, 일본이 이 같은 계획을 밝힌 것만으로도 한일관계는 심각한 狀況이다. 한일 간에 EEZ 경계선 협정이 마무리되지 않은 상태이긴 하지만 일본이 '울릉도와 독도의 중간선이 양국 간의 EEZ 경계선'이라는 주장을 기정사실화하면서 한국 측 EEZ를 침범하려는 의도가 분명하기 때문이다.

이 사실이 알려지자 정부는 대책회의를 열어 신속하고 강력한 반응을 보였다. 만일 일본 측이 수로 측량을 무단으로 강행할 경우 사태는 걷잡을 수 없이 악화될 것이며, 그러면 정부는 해양과학조사법에 규정된 정선, 검색, 나포 등을 포함한 실력 저지를 불사할 것이라고 발표하였다.

---

31 2006년 4월 17일 조선일보

한일 양국 정부가 날카로운 공방을 하고, 아베 신조(安倍晋三) 일본 관방장관은 한국 정부가 일본 측에 강력히 항의했다는 소식이 알려진 이날 오후 기자회견을 열어 水路測量 대상 지역이 일본 측의 EEZ 구역이라는 점을 강조하면서 "한국 측이 무언가 조치를 취하는 것은 받아들일 수 없다"고 말하자, 한국 외교통상부는 대변인 논평을 내고 "아베 장관의 발언은 국제법을 자의적으로 歪曲하고 있는 것으로 일고의 가치도 없다"며 "일본은 不法的 計劃을 즉각 撤回해야 하며 이에 따른 責任은 全的으로 일본에 있음을 분명히 한다"고 반박했다.

한국 정부는 이번 사태를 한일간의 3대 악재인 야스쿠니(靖国)신사 참배, 歷史歪曲 교과서 문제, 독도 領有權 분쟁과 유기적으로 연관된 일본 보수우경화 경향과 관련된 문제로 파악하고 대처하고 있다.

실제로 이번 독도 주변 탐사계획은 3월 말 일본 文部科学省이 내년도 고교 교과서에 독도를 일본 영토로 명기하라고 지시한 데 이어 나온 것이며, 일본 시마네현(島根県)은 2005년 2월 22일을 '다케시마(竹島·독도의 일본식 이름)의 날' 条例를 제정한 바 있고, 이번 水路測量 계획은 그 연장선상에서 치밀하게 준비된 것으로 보인다.

이와 관련해 일본 총리가 된 아베 관방장관이 핵심적 역할을 하면서 자민당의 보수우경화 의원들과 재계, 일본 국민의 정서를 자극한 정치적 계산이 작용한 것으로, 앞으로 일본 측의 움직임을 주시 할 필요가 있다.

일본도 수로측량 계획에 독도 주변 12해리 영해는 제외하는 등 한국과의 정면 對決로 비치는 데는 부담을 느끼는 측면도 있어 향후 태도가 주목된다.

아베 장관은 "일본과 한국 간에는 서로가 주장하는 EEZ가 重複되는 해역이 존재하고, 이번에 해상보안청이 수로 통보를 행한 구역은 그 해역의 일부를 포함하고 있다"고 말했다.

한국의 여야 政治權은 일본의 독도탐사 즉각 철회를 요구하며, 일본정부의 독도주변해역 탐사계획을 한목소리로 규탄하고, 이에 대한 정부의 단호한 대처를 촉구했다.

열린우리당 우상호(禹相虎) 대변인은 2006년 4월 15일 연합뉴스와의 통화에서 "일본이 수로탐사라는 명분으로 한국의 경제수역을 침범하려는 계획에 대해 강력히 규탄한다"면서 "이는 제2의 침략행위로 규정할 수 있는 사안"이라고 비판했다. 우 대변인은 "일본은 한국의 배타적 경제수역(EEZ) 침범 계획을 즉각 철회해야한다"며 "그럼에도 불구하고 도발이 일어난다면, 정부 여당은 모든 수단을 동원해서라도 강력히 대처할 것"이라고 밝혔다.

일본이 동해상 한국측 배타적경제수역(EEZ)에서 무단 해저 水路探査 계획을 추진하여, 양국간 갈등이 고조되고 있는 가운데 배타적경제수역에서 불법조업을 한 외국선박에 대한 처벌 조항을 담은 법안이 한국의 국회에 제출됐다.

〈그림 1〉 한일간의 EEZ 및 중간수역[32]

즉, 排他的 經濟水域에서 불법조업이 의심되는 외국선박에 대해 사법경찰관이 정선명령을 할 수 있도록 하는 내용의 '排他的 經濟水域에서의 외국인 어업 등에 대한 주권적 권리의 행사에 관한 법률' 개정안을 제출했다.

일본 정부가 해상보안청 소속 해양탐사선을 동원해 동해상의 한국 측 배타적 경제수역(EEZ)에서 무단으로 수로 測量을 실시할 계획이며, 측량 대상 해역은 독도 주변 12해리 영해와 인접해 있다. 이에 정부는 한국 측의 許可 없는 수로 측량을 불법으로 규정하고 이를 저지하기 위한 대책을 마련하여 단호하게 대처하겠다고 밝혔다. 일본 정부의 무단 측량 방침은 독도를 分爭地域化하려는 의도에서 비롯된 것으로 한일관계에 파장을 일으키고 있다.

외교통상부 관계자는 이날 "国際法에 따르면 다른 나라의 EEZ 내에서 수로 측량을 하려면 연안국의 許可를 받아야 하는데 일본 해상보안청은 국제수로기구(IHO)에 수로측량 계획을 통보하면서 한국 측 EEZ를 무단으로 포함시켰다"고 밝혔다. 일본 정부가 IHO에 통보한 수로 測量 기간은 2006년 4월 14일부터 6월 30일까지이다.

일본 정부는 한국 정부의 강력한 항의에도 불구하고, 예정대로 探査를 실시한다는 계획을 발표하여, 한일관계는 독도문제와 教科書 問題, 고이즈미(小泉) 총리의 야스쿠니(靖国)신사참배 강행 등으로 이미 크게 악화된 상태에서 한.일간 긴장의 파고가 非常事態의 危機狀況에 까지 갔다.

---

32 2006년 4월 15일 동아일보

일본이 탐사를 강행하고 한국이 탐사선을 나포하는 경우 이번 사태가 어떤 식으로 전개되었을지 예측조차 어려운 비상사태의 상황이었다.

일본 해상보안청 등에 따르면, 탐사계획은 올해 초 외무성을 비롯한 관계부처에 통보됐다. 해상보안청은 "4월 14일부터 6월 30일까지 다케시마(독도의 일본식 이름)해역에서 조사를 실시한다"는 내용의 '水路計劃'을 14일 홈페이지에 게재했다. 일본 정부는 같은 날 한국을 비롯한 관계국에 탐사계획을 우편으로 통보한 것으로 전해졌다.

고이즈미 준이치로(小泉純一郎) 일본 총리는 한국 정부의 항의소식이 전해진 후 "일본의 배타적 경제수역(EEZ)이라고 들었다"면서 "서로 냉정하게 대처하는게 좋다"고 말했다.

정부대변인인 아베 신조(安倍晋三) 관방장관은 "한.일이 서로 EEZ라고 주장하는 수역"이라면서 "양국 EEZ 경계가 확정되지 않아 양측 주장이 겹치는 해역이 있다"고 말했다. 그는 일본측의 이번 탐사는 "국제법상 아무런 문제가 없다"면서 "한국이 어떤 조치를 취하는 것을 받아들일 수 없다"고 말했다. 일본 해상보안청에 따르면 독도주변에 대한 이번 조사는 30년만의 대규모 조사이고, 바다 밑으로 음파를 쏘아 수심과 지형 등을 파악하는 것으로 문제는 일본이 왜 이 시점에서 조사에 나섰느냐는 점이다.

한.일관계는 가뜩이나 악화돼 있고, 중국과는 야스쿠니문제로, 러시아와는 북방4개 섬의 문제로 외교마찰을 하고 있다.

야당은 '외교고립'과 '근린외교 실패'로 몰아붙이고 있지만, 일본정부가 한일의 마찰을 각오하고 탐사를 추진키로 한 것은 지명(地名)을 둘러싼 주도권싸움의 일환이라는 해석이 유력하다. 日本經濟新聞은 6월에 독일에서 海底 地名을 논의하는 국제회의가 열리는 사실을 염두에 둔 것이라고 풀이했다. 회의 개막전에 독도 주변 해역 해저수로에 일본이름을 붙여서 선수를 친다는 것이다. 영토주장의 근거를 마련해 독도를 분쟁지역화하려는 속셈인 셈이다.

일본 외무성 간부도 해저지명을 논의하는 국제회의 전에 측량을 하겠다고 말하고, 시마네(島根)현의 '다케시마의 날' 조례 제정과 고교 교과서에 독도 영토명기지시 등 독도를 둘러싼 일련의 움직임은 근거를 축적, 영토주장의 수위를 높이려는 치밀한 계획에 따른 것으로 한국의 강력한 대응과 폭풍 등의 기상이변으로 일본은 수로 측량은 중지하였지만, 좌충우돌식의 일본의 팽창주의 외교는 갈수록 격화되어 정면충돌의 가능성이 높아지고 있다.

양국은 1996년부터 2000년까지 4차례에 걸쳐 EEZ 경계 획정을 위한 협상을 벌였지만 결론을 내리지 못했다. 독도 영유권과 연관된 EEZ의 기선(출발선)을 놓고 의견차를 좁히지 못했기 때문이다.

한국정부는 1996년 2월 EEZ 설정 방침을 발표하면서 독도를 EEZ의 기선으로 삼는다고 명시적으로 밝히지 않았다. 당시 정부는 독도를 놓고 일본과 영유권 분쟁을 벌이지 않으면서 EEZ 경계를 획정하려 했던 것이다.

한일 양국은 1999년 1월 22일 발효된 어업협정을 통해 EEZ가 겹치는 부분의 일부가 포함된 '中間水域'을 설정했다. 독도를 중심으로 주변 12해리는 한국의 영해이지만, 그 주변은 중간 수역에 들어가게 된 것. 한국은 '中間水域'을 '단순히 한국과 일본의 중간에 있는 수역'으로 해석한다.

그러나 일본은 EEZ의 경계선을 독도와 울릉도 사이로, '중간 수역'을 '소유가 명확하지 않은 잠정 수역'으로 규정하면서 계속 독도에 대한 영유권을 주장하고 있다. 이 경우 일본이 추진 중인 해양탐사선의 수로 측량 지역은 일본의 EEZ에 포함된다.

반면, 한국은 독도에서 동쪽으로 157km가량 떨어진 일본 오키(隱岐) 섬과 울릉도 사이의 중간선 또는 독도와 오키 섬 사이의 중간선을 EEZ의 경계로 본다. 두 경우 모두 이번에 일본이 밝힌 수로 측량 지역 중 일부는 한국의 EEZ에 포함되는 것이다.

즉, 독도 해양과학기지를 통해 독도주변해역의 해양상태를 명확하게 파악하여 정확한 기상예보가 가능함은 물론, 지구환경 연구, 해양산업활동 지원과 해양오염방지에 효율적으로 대처할 수 있다.

실제 1993년 10월에 북한 청진항 동쪽 300km 해상에서 러시아가 핵 폐기물을 투기한 행위가 한국 및 일본을 극도로 자극하였으며, 이후 동해 내에 투기된 오염물질의 이동, 확산, 분해, 해저 침적과정 등을 과학적으로 검토하고, 2006년 10월9일, 북한의 지하 핵실험이후에는 東海上에서 韓日共同으로 방사능오염을 공동 조사하고 있으며, 보건, 환경적 측면에서 과학적인 연구조사의 필요성은 있다.

현재까지 양국이 발굴한 자료에 의하면 독도는 한국영토라는 것을 일본의 관심 있는 학자들도 이를 잘 알고 있다. 한국은 독도와 정신대처럼 주권에 관련된 문제에 대해서는 단호하고 강경하게 대응해야 한다. 특히 일본의 신제국주의 외교정책과 팽창주의정책에 대응해서 심각한 무역 불균형을 시정하고, 저질문화의 침투를 방지하는 노력을 해야 한다.

일본은 최소한의 영도주장을 계속적으로 반복함으로써 일본의 주장을 보편화, 관례화시키고, 독도문제를 군사력과 힘을 바탕으로 공세적인 행동에 나설 것이 분명하다.

다카노 도시유키(高野紀元) 주한일본대사가 2005년 2월 23일 오후, 서울 프레스센터에서 열린 외신기자클럽 초청 기자간담회 자리에서 "한일협정의 재협상은 적절치 않다"면서, "다케시마(竹島) 문제는 한일간에 분명한 시각차가 있다. 하지만 역사적으로 법적으로 다케시마가 명백한 일본 땅이다"라고 억지 주장을 하고 있다.

한국이 국제사회와 일본 내에서 독도는 우리 땅이라는 것을 인정받는 방법은, 우리가 정치, 경제의 힘을 길러서 독도를 우리 땅으로 만들 수 있는 방법은 국제사법재판소에서 재판을 해서 이기는 방법이지만, 가장 중요한 것은 역사적인 문제도, 힘의 강약도 아닌 누가 얼마나 오랜 기간 동안 실제 소유하였나 하는 점이다. 우리나라는 최근 50년 동안 독도를 실제 소유해 오고 있고, 사법재판소에 상정되기 전에 최대한 오랫동안 분쟁지역이 아닌 실제 소유의 영토로 유지할 필요가 있다. 한국이 함께 맞대응해도 일본으로서는 손해가 없으므로 일본은 계속 문제를 제기하여 독도를 분쟁지역화 하고자 한다.

 結論

韓日兩国 関係는 일본의 歷史教科書 歪曲 問題와 独島의 領有権 主張問題로 韓日兩国 間의 関係가 悪化 되어, 그 어느 때보다 갈등의 골이 깊어졌지만, 日本政府와 一般国民을 区別해서 대하는 것이 重要한 것 같다.

일본정부는 1967년 佐藤栄作총리가 핵을 갖지도, 만들지도, 들어오지도 않는다. 라고 비핵화 3원칙을 선언 하고 있으면서도 1960년에 미국과 비밀협약을 하여, 수 천발의 핵폭탄을 만들 수 있는 플루토늄과 우라늄을 프랑스와 유럽에서 그동안 50톤 이상을 구입하여 가지고 있으면서 정치, 경제, 군사적으로 한국을 압박하고, 韓国의 領土인 独島를 日本政府가 자기 땅이라고 所有権을 主張하고 軍国主義化 하고 있다.

2000년에는 일본 自衛隊가 독도 탈환작전훈련을 하면서, 数年 前부터는 国際社会에서 独島와 東海를 日本式으로 竹島와 日本海로 表記하고 宣伝하더니, 島根県議会에서는 条例로 2005年 2月 22日을 「竹島의 日」로 定하여, 1905년 일본이 조선을 협박하여 강제적으로 체결한 을사늑약의 100주년을 기념하였고, 日本政府와 文部科学省에서는 2006년 3월 29일 高等学校 歷史, 地理, 公民 등의 教科書에 독도를 日本領土로 명기 할 것을 指示하고, 일본의 국내여론을 선동하고, 최근에는 배타적 경제수역(EEZ) 내에서의 水路測量을 시도하여, 物理的 衝突로 戦争이 일어날 可能性이 있어 緊張이 고조되고 있는 실정이다.

필자는 오늘도 일본정부가 外務省 사이트를 통해 독도를 日本領土로 억지주장을 하고 있지만, 일본의 古文書와 古地図및 現代地図 등을 통해 일본의 주장은 전혀 맞지 않다는 반론을 제기하였고, 独島는 歷史的으로나 地理的으로 국제법적으로 봐도 明白한 韓国 땅 임에 틀림없다고 반박했다.

아직 해결되지 않은 역사왜곡문제를 비롯하여 많은 문제점을 안고 있는 일본정부와 우익 정치가, 国粹主義 학자들이 歪曲된 독도 관련 資料를 가지고 독도에 대한 領有権을 계속 주장하므로, 우리도 정확한 資料와 論理로 대응하지 않으면 안 된다. 독도의 영토문제나 과거의 역사적인 문제는 그 문제의 틀 속에서 論理的이고 事実的으로 해결을 해야 되며, 그 문제를 다른 분야까지 전가시킬 필요도 없고, 国民感情으로 확대시켜서도 안 된다.

최근, 시마네 현과 대구광역시의 絶縁과 대마도의 날 제정은 한국국민의 엄청난 울분을 표현하고 있지만, 일본의 일반적인 보통국민들은 무관심한 분위기가 흐르고 있으므로, 해결방안은 우리나라도 韓日関係에 있어서 좀더 냉정한 자세가 필요하지만, 시마네현의 다케시마의 날 撤回와 일본정부의 독도에 대한 領有権 포기만이 韓日兩国의 友好増進과 発展에의 길임을 다시 한번 촉구하면서, 독도문제에 대한 대한민국의 입장은 地政学的 根拠로 가까운 대한민국에 당연히 포함되어야 한다고 판단한다.

일본정부는 1618년 徳川幕府가 일본 어업가 오오다니(大谷)와 무라가와(村川) 두 家門에게 내어준 竹島渡海免許와 1661년에 내준 松島渡海免許를 영유권 주장의 根拠로 내세우면서, 독도의 소유권을 일본이 가지고 있었다고 억지 主張하고, 독도영유권에 대한 根拠로 일본 어선들의 어업경영을 하였던 실적을 제시하고 있는 것은 영유권의 資料가 될 수 없다. 이 渡海免許는 외국에 건너갈 때 필요한 許可狀을 발급한 것이므로 분명히 한국 땅임을 立証하는 것이다. 일본의 소유라던 다케시마(竹島)와 마츠시마(松島)에의 항해에 '渡海免許'를 허락 받을 이유가 없으며, 다케시마(竹島)와 마츠시마(松島)를 한국 땅으로 인식하고 있었으므로 '도해면허'를 신청하고 또 발급했던 것이며, 1698년1월에는 徳川幕府가 조선 영토인 울릉도시마(竹島)와 독도(松島)에의 항해를 금지 시켰다.[33]

歷史的 根拠로도 독도는 신라시대에 울릉도와 더불어 우산국을 형성하였으며, 우산국은 신라 지증왕 13년(512년) 신라에 귀속하여 왔다. 그 이후 계속 고려와 조선을 거쳐 현재까지도 우리나라의 실효적섬유와 관리하에 있는데도 일본은 신점설에 의한 독도영유권을 주장하면서 국제법상 주인이 없는 땅은 먼저 점유하는 나라가 그 땅의 소유국이 된다면서 독도역사의 뿌리마저 무시하고 힘의 논리를 주장하고 있는 실정이다.

일본이 1905년 2월 22일 시마네현 고시 40호로 독도를 일본령으로 행정조치를 취한 것은 독도가 일본의 고유영토가 아님을 실증하는 것이며, 그 때까지 독도가 주인이 없는 땅이었

---

33 신용하(2004) 『신용하의 독도이야기』, 살림, p.41

다는 일본의 주장은 국제법상으로 무주지역이며, 실효적인 점유와 선점에 의한 영토 취득을 인정받으려는 조건에도 맞지 않는다.

독도가 우리영토 임을 알 수 있는 歷史的인 資料를 찾아본다면, 삼국사기(512년), 세종실록지리지(1454년), 팔도총도(1530년), 일본여지노정전도(1779년), 삼국접양지도(1785년), 대일본연해여지전도(1821년), 대일본분견신도(1878년), 대일본해륙전도(1886년), 실측일청한군용정도(1895), 일본의 고지도나 태정관문서, 외교문서, 등 얼마든지 많이 있다.

시마네현은 일본의 지방자치단체에 불과하고 이 지방자치단체의 告示를 국가적 대외적 의사표시로 볼 수 없으며, 무엇보다도 독도는 1900년(칙령 제41호)에 이미 한국 정부의 行政 区域 개편을 통해 한국정부 관할 하에 있었으며, 1905년 2월22일 시마네현 고시 40호 역시 일제침략기에 해당하는 시기의 領土侵奪이므로 이 또한 독도를 일본의 영토로 인정 할 수 없는 이유 이다.

특히, 1905년에 단행된 일본의 독도영토편입에는 당시 외무성의 야마다 엔지로 정무국장, 농상무성의 마키 보쿠신 수산국장, 해군성의 키모쓰케 가네유키 수로부장 등 3명이 중심이 되어 독도가 조선의 영토임을 인지하고 있던 이들이 1904년 9월 조선 쪽에 독도이용청원(대하원)을 하려던 나카이 요사부로(中井 養三郎)를 유인하여 영토편입 및 대하원으로 바꿔 일본정부에 내도록 하여 독도영토편입을 주도했다고 일본의 독도문제실증연구의 최고권위자인 나이토 세이추 (内藤正中)시마네 대학 교수는 주장하였다.[34]

반면에 한국은 6세기 이래, 항상 독도를 실효적으로 지배해 왔고, 현재에도 대한민국의 경찰이 독도에 실제로 주둔하며 관리하고 있으며, 주민 김성도씨가 살고 있다.

국제법상의 근거는, '카이로선언'을 보면 폭력과 강요에 의해 취득한 모든 영토를 돌려준다는 규정이 있으며, 일본은 포츠담선언을 통해 카이로선언을 전적으로 수용한다는 것을 선언하였으므로, 폭력과 강요에 의해 빼앗겼던 독도를 일본은 당연히 포기해야 한다. 독도가 歷史的으로나 国際法上으로 대한민국의 領土라는 한국의 입장은 확고하다.

그러나, 일본이 독도에 대한 영유권을 계속주장하고 나올 경우, 우리도 같이 영유권을 주장하는 적극적인 정면대응이 필요하여, 노무현 정부는 2006년 4월 25일 독도문제로 대통령 특별담화[35]를 발표하여 일본의 실력행사에도 정당하게 대응할 것임을 국내외에 천명하면서, 적극적인 방어외교정책을 하여 일본의 수로측량을 저지 하였다.

현재, 독도보전을 위해 환경을 보존하고 자원을 합리적으로 이용하는 국가계획이 마련되

---

34 2006년 10월 28일 한겨레신문
35 2006년 4월 25일 동아일보

었으며, 접안시설 공사를 추진하고, 생태계의 복원 및 해양광물조사에 착수하기로 하는 등, 정부의 기본계획이 확정되었다.

우선 독도문제를 해결하기 위해서는 유효기간 3년이고 당사국들이 신한일어업협정을 파기할 수 있으므로, 독도를 기점으로 하는 재 협정을 해야 한다.

지금까지 독도문제에 대한 잘못된 정책도 국민의 責任이며, 경제적, 軍事的 가치가 있는 중요한 독도를 우리 영토로 지켜 내려면 국민의 적극적인 관심과 참여가 없으면 안 된다.

반일감정이 아니고, 정확한 조사와 증거를 제시하면서 일본의 국민들을 설득하는 것이 중요하다. 일본을 폄하하고 무시하면서 우월의식을 강조하는 민족주의적 배타의식과 피해의식에서 벗어나지 않으면 안 된다.

文化開放과는 상관없이, 한일간에는 여전히 過去의 歷史가 存在하고, 그것을 둘러싼 論爭은 계속되고 있지만, 감정싸움으로 확산되어서는 안 된다.

일본을 무조건 卑下하기보다는 보통사람으로 살아가는 일본인들과 連帶하여 올바른 方向으로 개선하는 것이 중요하므로 体系的이고 合理的인 신중한 접근방법이 必要하다.

일본의 독도영유권 主張을 철저하게 論駁하고 제압하기 위해서는 현재 확보하고 있는 우리의 資料를 한층 더 보강하고, 日本大衆이 理解할 수 있도록, 일본어로 쓰인 자료를 대량 만들어 배포하고, 한일친선교류를 통해 일본국민에게 事実과 真実을 알려야한다.

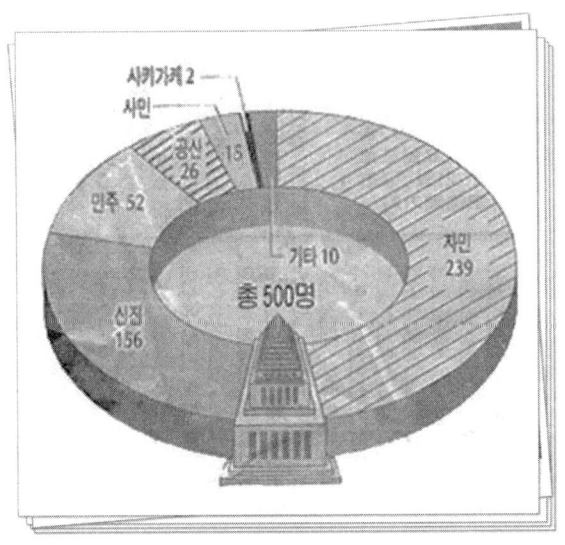

중의원선거 당선자 수

🌸 排他的 經濟水域(EEZ)と 獨島問題

　竹島問題に関する日本外務省のサイトでは、竹島は、歴史的事実に照らしても、かつ国際法上も明らかに我が国固有の領土である。と言うが、独島は地理的で、歴史的で、国際法の上にも 明明白白な 韓国固有の 領土である。

　朝鮮世宗 14年(1432)に編纂した『世宗実録地理志』は、于山·武陵二島在県正東海中二島相距不遠風日清明則可望見新羅時称于山国として、欝陵島から目で1年に約60日ぐらい見える所として、地政学的で見るとき、大韓民国の領土に含まれていたことを、日本人歴史学者である山邊健太郎も論文で主張している。

　韓国側からは、日本が竹島を実効的に支配し、領有権を確立した以前に、韓国が同島を実効的に支配していたことを示す明確な根拠としていろいろな古地図が提示されている。

　日本が韓国固有の領土である独島に対する韓国による管理について、不法占拠が続いている状況の中であり、韓国の領有権を認めたとの誤解をしていると言うが、この点につき、歴史的事実に照らして、韓国が遅くとも6世紀から実効的支配に基づき独島の領有権を確立していたと考えられ、1900年以降も高宗皇帝の大韓帝国勅令41号第2条には、欝陵島全島と石島(竹島)を管轄する。として独島を領有する意志を再確認した上で、独島を実効的に支配してきたことを、明確な証拠として明記しており、1946年1月29日連合軍総司令部覚書第677号が、日本が竹島に対して政治上又は行政上の権力を行使すること及び行使しようと企てることを禁止したこと、1946年6月22日連合軍総司令部覚書第1033号が日本漁船の操業区域を規定したマッカーサーラインの設置にあたり、独島に対する韓国による管理においたことに関する文書は、いずれもその文書の中で独島を韓国の領有権を認めたことを明記しており、竹島を日本の領土から除外したものではないということは明白なそである。

　また、もとより韓国の固有の領土である独島は、1943年のカイロ宣言にある「日本は、暴力及び貪欲により略取したる他の一切の地域より駆逐せらるべし」の「暴力及び貪欲により略取した」地域に当たるものであるから返還しなければならない。

　独島は韓国固有の領土である。

오늘의 한국과 일본의 이해

제2부

한국과 일본의 정치문제

오늘의 한국과 일본의 이해

한국과 일본의 정치외교문제

• • • • •

급변하는 오늘날의 국제관계 속에서 신일본 패권주의와 한일관계를 통해 아시아의 지배를 꿈꾸는 신일본의 한반도 전략에 맞추어 한일관계 진단을 살펴보았다. 일본이라는 나라에 대하여 우리 국민들이 가지는 일반적인 생각은 가깝고도 먼 나라이다.

'정복당할 것인가, 정복할 것인가. 역사는 되풀이 될 수도 있다.'라는 말처럼, 인류의 역사가 필연적으로 지배와 피지배의 계급적 관계로 정철되어 왔다. 오늘날 국제관계는 완전히 주권을 박탈하는 제국주의 (식민주의)는 피상적으로 보이지 않는다. 거기에서도 반드시 강자와 약자의 논리가 필연적으로 생겨난다.

첫째는 동남아시아를 일본의 생산기지로 정착시키는 것이며, 둘째는 경제성장의 결과 국민소득이 선진국에 접근해가고 구매력도 높아지고 있는NIES를 일본 공업 제품의 상품시장으로 만드는 것이다. 다시 말해 일본의 대외 경제정책의 핵심의 하나는 아시아의 일본 경제권화로 관찰된다. 이는 다단계 전략으로서 일차적으로 동남아를 일본 경제권에 편입시켜 생산기지화하고 한국과 중국 등은 제2단계로 일본 경제권에 편입시켜 일본상품 시장화를 추구하는 것이다. 제3단계는 서남아시아와 중동의 일본 경제권화 일 것이라고 본다.

경계해야할 일본의 대 한반도 정책들 중에서 주로 우리가 경계해야 할 점을 지적하면 다음과 같다.

첫째, 일본의 아시아 패권 장악 정책이다.

일본이 추구하는 일본권은 경제적 일본권에 끝나지 않고 이 지역에 일본의 문화적 침투도 병행하며 군사대국화한 일본이 필요하면 아시아 각 분쟁 지역에 일본군을 파병 하면서 국제 정치적 패권도 장악하여 일본이 아시아의 패권국가, 국제경찰 국가로서의 강대국 역할을 하려는 것이다.

둘째, 일본의 한국과 한반도에 대한 종속화 정책이다.

한국이 자주적 고도성장을 계속하면 아시아에서 일본은 한반도의 통일을 결코 원치 않는다. 더 나아가 일본는 한반도의 통일을 지연시키는데 최선을 다해야 할 것이다. 한반도의 분단 상황은 일본의 최선의 국익과 일치 한다. 이것이 일본의 한반도정책에 관한 집약적 요약이다.

일본은 TV나 세계 언론매채를 통해 한반도의 평화적 통일을 운운하지만 알만한 사람이면 이것은 분명한 거짓말임을 모두 안다. 그러므로 우리 국민은 PKO 협력법 통과와 해외파병 활동개시를 전기로 일본의 대 한반도 정책은 한국 민족의 민족통일에 매우 불리하고 부정적인 것임을 명료하게 인식할 필요가 절실하다.

경제적인 면에서 대일무역의 적자와 그와 함께 중요한 일본의 저급 기술, 사양 기술이 기술이전의 명목 하에 이전되고 있으며, 정치적 면에서는 일본의 아시아 패권 장악정책 한국과 한반도에 대한 종속화정책 남북 분단의 고착화정책이 대표적이고, 문화적면에서는 서양 문화의 일본식 재탕 수입과 신친일파 오렌지 족과 일본식 청소년 문화는 아주 심각하게 받아들여 져야한다.

오늘날의 국제관계는 과거 군사력이 아닌 경제적 의존도 문화적 파급성 등이 중요한 목적을 차지하고 있다.

우리와 일본의 관계도 과거 일본의 잘못된 역사를 그들 스스로가 일회성이 아닌 진실한 반성으로 지난닐은 칭산하고 21세기를 위한 한일양국간의 긴밀한 우호관계가 모든 방면에서 다양하게 이루어지기를 기대한다.

오늘현재 한일관계는 조금은 굴절되고 포장되어있다는 생각을 해본다. 이제 한일관계는 종전 우리가 일본에 가졌던 패배의식과 경쟁의식에서 벗어나 참다운 동반자로서의 가깝고도 가까운 이웃사촌의 나라가 되어야할 것이다.

세계 최대의 핵 재처리 공장을 짓고 있는 일본이 톤 단위의 플로토늄을 들려오고 있어 핵폭탄 1천발을 만들 수 있다는 신문 보도가 오늘도 계속된다.

미국이 한반도 어딘가에 핵무기를 배치해 두었을지 대해서는 자신도 아는바 없다는 대통령의 대국민 선언이 있었다. 그리고 마침내 세계사에 유래가 없는 '비핵화 선언'이 강대국의 강권에 의해 발표하면서, 2016년 4월에는 최신 무기인 스텔스기를 개발하였다고 발표하여, 세계를 겁주고 있는 것이다.

일본의 신패권주의 때문에 한일관계가 흔들리고 있다.

일본경제의 강점인 장인정신의 나라이며, 일본은 신뢰를 바탕으로 100년 이상 된 제조업의 강국이다.

최근 자동차 연비 조작으로 일본이 신용이 무너지고 있다. 미쓰비시 자동차, 스즈키, 닛산 등이 부적절한 방법으로 연비를 조작하여 측정해왔음을 인정했기 때문이다.

자동차업계 전문가들은 일본 정부가 이번 사건을 계기로 자동차산업 재편을 시도하고 있어 향후 일본 자동차시장이 재편을 마칠 경우 다시 기술력과 경쟁력 확보가 예상된다.

지금 우리의 모습은 어떠한가? 한국경제의 문제점은 강성 노조로 원가경쟁력 확보에 노사갈등의 한계가 있다.

장기적으로 봤을 때 우리나라 산업에 부담이 될 수 있는 노사갈등을 하루빨리 해결하고 원가절감 등, 경쟁력 확보에 힘을 기울여야 할 것이다.

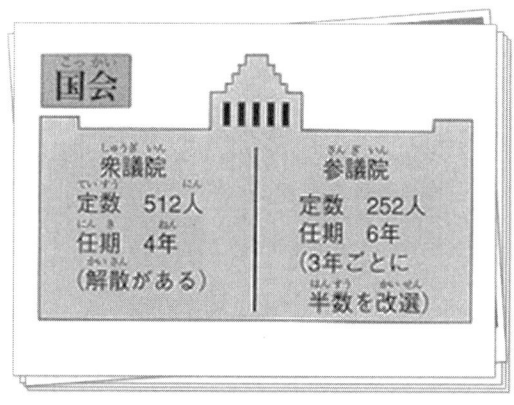

현대일본의 정치(現代日本の政治)

1) 日本国憲法の基本原則

　日本の政治の現状を紹介するてがかりとして、まずはじめに、政治の基本をさだめた基礎法である憲法について説明しておきたいと思います。

　現行の日本国憲法は1946年11月に明治憲法の改正案として可決・公布され、翌1947年5月から施行されたものです。この憲法の制定は形式的手続きのうえでは明治憲法の改正ということで行われましたが、実質的には連合国軍の占領政策の基本方針、すなわち、日本における軍国主義の除去、民主主義的傾向の夏活・強化などという考え方にそって、まったく新しく書きかえられたもので、その内容は民主主義の諸原則によってつらぬかれています。それは、前文と11章、103条からなりたっていますが、いま明治憲法とくらべその特色をから、次の3点に要約できると思います。

　すなわち、国民主権の原則、基本的人権の尊重および永久平和主義どいうことになります。

2) 日本国憲法の制定

　以上の民主的緒改革の方向は、明治時代に制定された憲法の改正を必然的なものとしました。憲法改正の最終草案は．1946年10月に若干の字句修正を加え、帝国議会で可決されたのち、11月3日に公布、明くる1947年5月3日に施行されています。

　新憲法は主権在民と平和主義および基本的人権の尊重を基調とし、天皇は日本国民の統合の象徴とされ、また全国民を代表する議員の国会は国権の最高機関となり、衆議院と参議院の両院によって構成されることになりました。国民の基本的人権

は、永久不可侵の権利として保障され、確立されることになりました。

　さらに憲法は、その第9条で戦争放棄を定め、平和主義の原則を宣言しています。

3) 日本政治の現状と課題

　民主政治とは、「国民主権のもと、何か国民のためであるかを、国民みずからの参加によってきめて行く政治のやり方」のことです。国民の政治への参加の仕方にはさまざまな方式がありますが、その中でいちばん重要なものが選挙です。選挙によって国民はみずからの代表者をえらび、その代表者をつうじて、政策の決定と執行にかかわるのです。日本国憲法も、その前文で、「日本国民は、正当に選挙された国会における代表者を通じて行動」するとのべており、代表者=議員の選挙が民主政治の欠くことのできない前提となっています。

　こうしたことから、日本国憲法は、新しい体制のもとで、かずかずの選挙の機会を国民に保障しました。国会議員である①衆議院議員と②参議院議員の選挙、地方公共団体の長である③都道府県の知事の選挙および④市町村の長の選挙、地方議会の議員である⑤都道府県議会の選挙ならびに⑥市町村議会の議員の選挙。これら中央、地方にわたる六つの種類の選挙の権利が、20歳以上のすべての男女に与えられたのです。このほか、最高裁判所の裁判官にたいする国民審査、憲法改正のための最終手続きとしての国民投票、地方公共団体における直接請求なども選挙と同じ意味あいのものと言えましょう。

　さて、こうした選挙が、国民の政治参加のしくみとして有効にその役割をはたすためには、少なくとも二つの条件が必要であると思われます。第一は、国民=選挙民が、政治にたいして十分な関心と理解力をもち、自主的にものごとを判断し、その判断にもとづいて積極的、能動的に選挙に参加するということです。第二の条件は、選

挙の制度が適正にしくまれており、選挙が公正に行われるということです。これら二つの条件の観点から、日本の選挙について、その現状と若干の課題についてのべておきたいと思います。

　現在の日本は教育が普及し、経済生活は向上し、余暇も増大しました。それとともに、新聞、ラジオ、テレビ、雑誌などマス・メディアもいちじるしく発達し、国内外の情報が多量に提供されています。こうした状況のなかで、国民は、とうぜん、政治にたいする知識や理解力を増し、時とともに選挙の経験もつみかさね、政治的にも熟してきました。けれども、投票行動の実際を総体として分析してみると、必ずしも十分なものとはいえません。民主主義の先進諸国にくらべると、いまだ棄権率が相対的に高いのです。衆議院議員選挙のばあいは、30パーセント前後、参議院選挙では、35パーセントから40パーセント前後の棄権率をしめしています。

　棄権するということは、みずから政治にたいする権利を放棄することを意味します。

4) 日本政治の基礎知識

　現代の日本国は、第二次世界大戦後の1946年、日本国憲法の公布により始まった。

　日本国は、日本国憲法のもと、国会を国権の最高機関とし、天皇を日本国統合の象徴とする民主主義国家である。

　主権は国民にあり、国民から選ばれた議員からなる国会が中心となって、議会政治をおこなう。国会の制定する法(憲法と法律)により日本国は統治され、国家権力は立法・行政・司法の三権に分立されている。立法をおこなう機関は、唯一の立法機関と定められる国会であり、行政をおこなう機関は内閣であり、司法をおこなう機関は裁判所である。

　国会は、衆議院と参議院からなり、議員は国民の直接選挙で選ばれる。

　内閣の下に、実際に行政事務をおこなう府・省・庁・委員会といった1府12省庁の行政機構がおかれ、総理大臣はこれら行政機関のすべてを指揮監督する。総理大臣は、実質的に日本のリーダーである。憲法第9条によって、日本は戦争をしないが、自衛のため、自衛隊をもつ。

　地方には、1つの都・1つの道・2つの府・43の県からなる47の地方公共団体(地方政府)があり、さらにその下には、区・市・町・村の地方公共団体がある。それぞれの首長と議会の議員は住民の選挙で選ばれ、地方自治をおこなっている。

5) 議院内閣制と大統領制

　議院内閣制は、イギリスで発達し、完成された制度である。
　三権分立の原理により、議会の信任に基づいて内閣は成立し、内閣は議会に対し連帯して責任を負う(責任内閣制)。責任内閣制のもとでは、議会の多数党が政権を担当するため、原則として政党内閣制をとる。
　総選挙(下院の選挙)の結果、下院で多くの議席を獲得した政党の党首が、内閣総理大臣(首相)に選ばれ、内閣を組織する。原則として、首相は閣僚を下院議員から指名する。もし、下院が内閣の不信任案を決議すると、内閣は総辞職するか、下院を解散して総選挙をおこない、国民に信を問う(内閣を指示するかどうかを問う)。

일본의 사회보장제도

• • • •

　1993년, 일본의 사회보장 비용의 총액은 56조 8,000억 엔이며, 국민소득의 15%, 국민1인당 45만 5,000엔이 되었다. 이 비용은 1955년부터의 37년간으로, 국민소득 향상의 2.5배의 속도이다. 이것은 개인에 대한 급부의 향상과 고령화의 진전에 의한 것이다. 특히 일본은 세계 제1의 장수국이므로 사회의 고령화의 영향은 현저하게 크다. 1995년 현재 65살 이상의 사람의 전 인구에 대한 비율은 15%였으나 2015년까지는 24%에 달할 것으로 예상된다. 이러한 상황에서 제도와 급부수준의 개선과 함께 비용 부담이 논의의 초점이 되고 있다.

　일본의 사회보장은 사회보험·공적부조 프로그램, 그 외의 공적 서비스로 크게 분류된다.

1) 사회 보험

　ⓐ 건강 보험 : 1992년, 일본의 국민 의료비는 23조 4,780억 엔에 달했다. 이것은 「국민 전체 보험」이 실시되기 시작한 1961년 당시의 약 48배가 된다. 그 88%가 보험 제도에 의한 책임이고 나머지가 환자 책임이다. 표준적 기업 노동자를 예를 들면, 본인의 상병에 대해서는 비용의 90%, 가족의 경우는 70%가 지급된다. 보험료는 본인과 회사가 절반씩 부담하고 있다.

　ⓑ 연금 보험 : 「국민 전체 연금」을 1961년부터 실시되고 있다. 그 후, 수 차례의 제도 개정을 거쳐 전 국민 공통의 「기초 연금」 설정과 급부의 평준화, 급부의 물가 계산책 제도가 실현되었다. 연금 수급 개시 연령은 실질적으로 60세이다. 표준적 기업 노동자의 모델 급여액은

월 22만엔이다.

ⓒ **고용 보험** : 이 보험은 노동자가 실직한 경우 실업전의 급여의 60~80%를 3개월 내지 10개월간 급여하는 것이다. 본인이 보수의 0.45%, 회사가 0.80%의 보험료를 부담한다.

ⓓ **노동자 재해 보상 보험** : 업무상의 재해에 대한 노동자에의 보상 프로그램이다. 예를 들어, 사망하면 유족에 대해 사망 노동자 급여의 42-67%의 연금이 지급된다. 보험료는, 사업 종류에 따라 정해진 비율에 의해 회사가 부담한다.

2) 공적 부조·공적 서비스

ⓐ **공적 부조** : 공적 부조의 대부분은 생활 공급자에 대한 생활 보호이다. 헌법에 보장된 「건강하고 문화적인 생활 수준」의 보장에 필요한 최저 생활비를 국가가 부담한다. 단지 수급 대상자는 1984년 이후 해마다 감소하고 있다.

ⓑ **공적 서비스** : 급속한 고령화와 함께 고령자의 의료, 간호, 시설, 삶의 대책 등의 필요성이 점점 커지고 있다. 이러한 것들에 관해서 1990년에 복지 관계 8법의 개정과 고령자 보건 복지 추진 10개년 전략(Gold plan)을 설정했다. 골드플랜은 1994년에 다시 재검토되었다.

한편, 아이들이 건강하게 태어나 자라게 하기 위한 대책으로서, 일하는 부모에 대한 육아 휴업, 수급 자격을 갖는 부모에게의 아동 수당 등의 제도가 설치되어 있다. 또, 심신 장애자는 연금·교육서비스·취업지원·간호 등을 받고 있다. 더욱이 이 분야에서는 민간 서비스도 활발화 되고 여러 가지 서비스를 받을 수 있도록 되어 있다.

1. 日本人の生活

今でも一緒に飲んだり食べたりすることを日本人はとても大切にします。サラリーマンは仕事が終わってから、会社の人と一緒によくお酒を飲みに行きます。また、政治やビジネスの世界でも、公式の会議をする前に、相手を食事に招待することがよくあります。食べたり飲んだりしながら話し合うと、会議がしやすくなるからです。

手紙も日本人の生活の中で大切な役割を果たしています。7月とお正月には、特別用事がなくても、親しい人、お世話になった人に葉書を送ります。7月は梅雨があけ、暑い夏に入る時なので、「大変暑いですが、お元気ですか」という葉書を送ります。これを「暑中見舞い」といいます。また、お正月には、新しい年を祝う「年賀状」を送ります。郵便局では、暑中見舞い・年賀常用の特別の葉書が売り出されます。また、年賀状は、多くの人が自分で絵を描いたり版画を刷ったりして、楽しみながらつくります。ひとりで何百枚も送る人もいます。

結婚・出産・入学・成人などのお祝いや、病気・火事などのお見舞いに、親しい人には品物やお金を贈ります。

また「お盆」(7月13日〜16日・祖先の霊をまつる日)の前と年末に、いつもお世話になっている人に感謝の気持をこめて物を贈ります。7月の贈り物を「お中元」、12月の贈り物を「お歳暮」といいます。お中元やお歳暮の季節になると、どこのデパートも買物客でいっぱいになります。では、日本人はどんな物を贈るのでしょうか。現在は食料品、日用品などいろいろな物を贈ります。

昔は主に食べ物を贈りました。 昔は うれしい時、悲しい時、よく集まって一緒に食事をしました。そうして、喜びを分かち合い、悲しんでいる人を励ましたのです。食べ物を贈る習慣もここから生まれてきました。

※ 新入社員

毎年9月十日になると、日本全国の大学に求人票が張り出されます。翌年3月に卒業する学生たちは、自分が就職したいと思うところの求人票を見て、給与や仕事の内容を知ります。多くの学生が希望する就職先は大企業や官公庁ですが、その理由は「安定性」にあります。

最近の傾向としては自分の郷里へ帰って地方公務員になりたいという人がふえている点があげられます。これを「Uターン現象」と言います。

入社式には新入社員に対する社長の訓示があります。たとえば、「うそをつくな、一度言っ

たことをうそにするな。事務はするな、仕事をせよ。なになに屋と言われるな、ゼネラリストを
めざせ。」と言ったような内容です。デパートなどに就職すると新入社員はまず接客用語を覚
えさせられます。ことばには「日ごろ使いやすいことば」、「社内で好ましいことば」、「お客様
に話すときの好ましいことば」があるとして次の例をあげているデパートもあります。「だれです
か」→「どなたですか」→「どなたさまでいらっしゃいますか」。「どうですか」→「いかがですか」
→「いかがでございましょうか」。

　就職すると男は全員背広を着ます。背広を着るのは、正式の服装をして相手の人にきち
んとした印象を与えたいからだと言われています。

2. 日本の 家庭 生活

1) 結婚

　1980年代までは男女の平均結婚年令は男性が28才、女性が25才ほどでしたが、最近の
結婚年齢はかなり高くなっています。また、1950年代までは見合い結婚が普通でしたが最近
ではほとんどが恋愛結婚です。

　見合い結婚というのは、親が親類や知人に頼んで、娘や息子に適当な人を紹介してもら
い結婚させる事です。その紹介された相手にはじめて合うことを「お見合い」といいます。

　40～50年ぐらい前までは親が結婚相手を決めていました。そのころは女性は無口でおとな
しい方が良いとされていましたので、見合いをしても、ひと言も話さないまま、結婚した夫婦
もあるそうです。

　当時は、結婚が人間としての男女の結びつきよりも家と家との結びつきとして考えられてい
た時代だったので、男女が恋愛をし、親の反対を押しきって結婚すると、親、兄弟、親類ば

かりでなく、土地の人々からも非難されました。

現在は恋愛結婚の方が見合い結婚よりもずっと多くなっています。また、この見合いも昔とはちがい、紹介された後で、好きになれるかどうか何回も合って確かめることができます。

もし好きになれなかったら、そのときは断ります。このように自分の意思で自由に「結婚する、しない」を決めるように成ったのは日本では最近のことです。

ところで、最近のアメリカでは、結婚した男女の半数以上が離婚するそうです。日本でも43秒にひと組が結婚し、3分にひと組が離婚していることになります。離婚の原因としては、「性格が合わない」というのが第1位。どこの国でも、年々離婚の数が増えています。

❀ 결혼

일본인의 평균 결혼연령은 평균 초혼 연령은 남자는 29세, 여자는 27세이다. 1945년까지는 남편과 아내는 4살 차이가 보통이었지만, 그 이후에는 연령차가 가까워져 2~3살 차이가 보통이다.

1990년 이후 일본에서는 85%가 「연애결혼」이고, 나머지는 중매결혼이다. 중매결혼의 경우는 두 사람 사이를 중개하는 소개자(중매인)가 결혼을 희망하는 남자와 여자를 소개한다. 맞선을 통해 둘은 서로를 관찰하여 결혼 상대로서 마음에 드는지 판단한다. 이때 쌍방의 부모가 참석하는 경우가 많다. 그 후 잠시 교제하고 나서 결혼할지 어떨지를 정한다.

중매인은 이것을 직업으로 하고 있는 것이 아니라 호의에 의해 또는 봉사로서 하고 있으며, 남의 일을 잘 돌봐 주는 연배자(年配者)가 많다. 맞선을 보고 결혼에 동의하면 약혼을 한다. 약혼의 정표로 남자는 여자 집으로 노시(색종이 속에 전복을 넣은 것), 쥘부채, 다시마, 말린 오징어, 버드나무통, 금포, 結納金(납폐금, 남자 월급의 2~3배)등을 보낸다. 여자 집에서는 이를 받아 집안(도코노마)에 장식하고, 중매쟁이를 통해 남자 집으로 결납금(남자가 보낸 금액의 반액 정도)을 보낸다.

중매결혼의 장점으로서는, 인생 경험이 풍부한 중매자가 쌍방의 조건을 확인하여 서로에게 결혼 상대로서 적당하다고 판단되는 사람을 짝지어, 결혼 후에도 상담상대가 되는 것 등을 들 수 있다. 연애결혼의 경우, 상대는 같은 학교, 같은 직장, 지역활동·취미·서클 등의 친구, 선배나 후배 또는 그 형제, 자매 등 여러 가지이다.

2) 장례식

일본에서 사람이 죽은 밤에는 오츠야(お通夜)라 하여 밤샘을 한다. 가족이나 친척, 친했던 친구들만이 모여서 밤을 샌다. 집에는 현관에 발을 치고 忌中이라는 표찰을 붙인다. 죽은 사람에게는 스님에게 부탁하여 계명을 지어 받는다. 장례식은 대다수가 불교식으로 행한다. 일반사람들은 다음날이나 다다음날 행하는 고별식에 참가한다. 고별식에 참여하는 사람들은 분향하고 유족에게 위로의 말을 하고 향전(고인에게 바치는 노자돈)을 한다. 돈 대신에 제단에 바치는 물건이나 조화를 보내는 사람도 있다. 고별식에 참가하지 못하는 사람은 조전을 보낸다. 공양은 7일, 35일, 49일의 3회에 걸쳐 하는 것이 보통이다. 가타미와케라 하여 고인의 의복과 소지품을 친족이 나누어 가지는 것도 49일째에 행한다.

 매스컴

일본은 인구 1인당 일간신문의 발행 부수가 세계에서 가장 많은 5,260만 부이며, 한 세대당 1.2부이다(1994년). 일본 신문의 특징은, 전국지가 몇 개 있다는 것이다. 전국지는 아사히(朝日), 마이니치(毎日), 요미우리(読売), 산케이(産経) 등이 있다. 발행 부수가 세계 1위인 요미우리 신문으로, 전국에서 조간 1,012만부, 석간 446만부를 발행하고 있다(1994년 11월). 일본 국내의 영자 신문은, 조간 4종류와, 석간 1종류가 발행되고 있다. 일본 방송 협회(NHK)는 공공 방송이며, 전국 각지에 많은 민간 방송이 있다.

일본바로알기

일본의 중앙성청(日本の中央省庁[にほんちゅうおうしょうちょう])

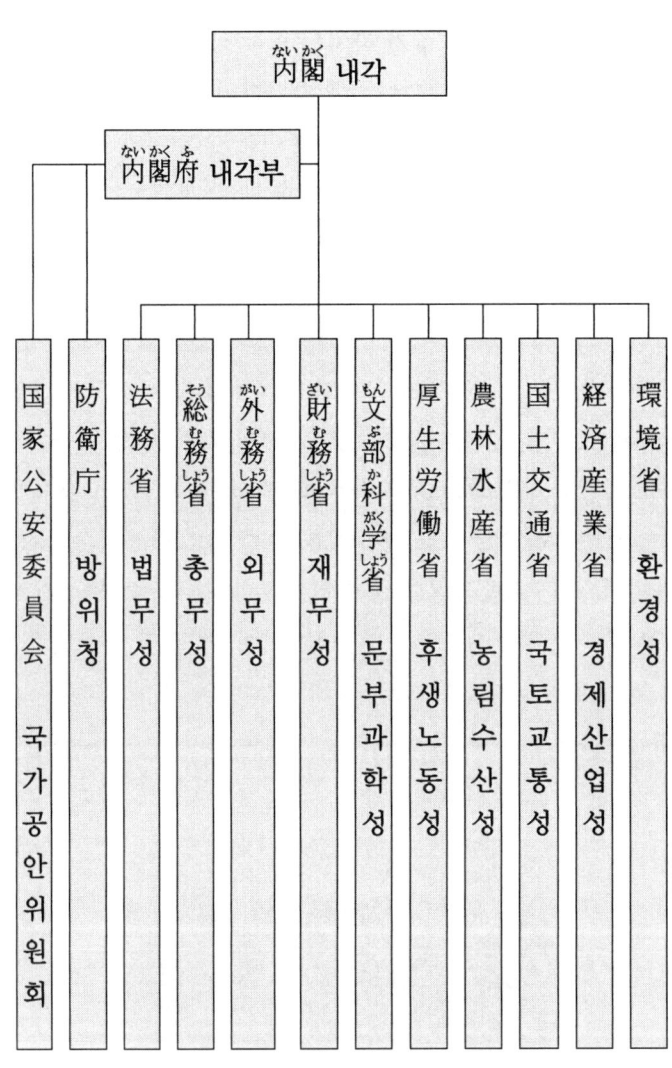

- 内閣[ないかく] 내각
  - 内閣府[ないかくふ] 내각부
    - 国家公安委員会 국가공안위원회
    - 防衛庁 방위청
    - 法務省 법무성
    - 総務省[そうむしょう] 총무성
    - 外務省[がいむしょう] 외무성
    - 財務省[ざいむしょう] 재무성
    - 文部科学省[もんぶかがくしょう] 문부과학성
    - 厚生労働省 후생노동성
    - 農林水産省 농림수산성
    - 国土交通省 국토교통성
    - 経済産業省 경제산업성
    - 環境省 환경성

제3장

한국과 일본의 독도교육문제

• • • •

1. 머리말

독도는 지리적으로, 역사적으로, 국제법상으로도 한국고유의 영토임에 틀림없는데도, 일본정부와 문부과학성에서는 학습지도요령 해설서에서 교과서에 독도를 일본영토로 명기할 것을 지시하고, 정치가들이 선거공약으로 국내여론을 선동하고 있다.

본 논문은 오늘날 한일관계의 최대과제인 독도논쟁의 문제점과 일본외무성 사이트의 주장을 고찰 해보고 독도의 역사와 지리에 관한 한국과 일본의 독도교육문제를 중심으로 연구하는데 목적과 의의가 있다.

한국과 일본은 지리적으로 가장 가깝고, 역사적으로도 숙명적으로 연관되어 있으며, 정치, 경제, 사회, 문화적으로 깊은 관계에 있는 인접국으로서 매우 중요한 이웃나라이다. 독도(独島)의 영유권문제와 교과서 왜곡문제, 위안부문제와 야스쿠니 신사(靖国神社)의 참배문제 등으로 한일양국은 상호불신이 커지는 심각한 상황이지만, 일본의 태도는 조금도 변함이 없으니 이웃나라로서 참으로 유감스럽지만, 냉정하고도 강력하게 대응해야 할 것이다.

2000년 5월 9일 일본외무성이 발행한 2000년판 외교청서[1]와 일본외무성 웹사이트[2]에서 다케시마 (竹島)는 역사적으로나, 국제법상으로도 일본의 영토라고 주장하여, 독도영유권 문제는 한일관계의 중대하고 심각한 상황의 문제가 되고 있다.

한편, 시마네현 교육위원회에서는 2005년에 소, 중, 고교에서 「다케시마 (竹島)의 날」 의 의와 취지에 대해 수업하고 가르치도록 통지하였지만 , 한국의 고교와의 교류나 양국간의 생각의 차이, 시민의 사이에서도 의견이 나누어져 있고, 교원 중에는 재일한국·조선인의 선생님도 있어서, 미묘한 문제이고 어설픈 지식으로 가르칠 수 없어, 각 학교에서는 대응이 서로 달랐다고 한다.[3]

그러나, '일본 문부과학성이 2011년 3월 30일 중학교 교과서 검정 결과를 발표했고, 이번에 검정을 통과한 18종의 교과서에서 독도와 관련된 내용이 모두 악화됐으며, 역사적 지리적 국제법적으로 우리 영토인 독도를 '한국이 불법 점거하고 있다'고 왜곡한 교과서가 그동안 1개에서 4개로 늘었다.'[4]고 말하고 있다.

1905년 2월 22일 일본의 시마네현(島根県)이 다케시마 라는 이름으로 독도를 일본 영토에 편입시킨 100주년 기념으로, 2005년 3월 16일 시마네현 의회가 2005년 2월 22일을 '다케시마의 날'로 정하는 조례[5]안을 가결하자 , 한국은 2005년 3월 23일부터 독도를 일반에게 개방하여 출입이 자유화 되었고, 3월 24일 노무현대통령은 '한일관계 관련 국민에게 드리는 글'을 청와대 홈페이지에 띄우고, 무력으로 독도를 강탈한 것이라고 비난하는 한국정부와 시민단체의 강력한 항의에도 불구하고 일본정부는 지방자치체가 추진하고 있는 일을 중앙정부가 개입하기 어렵다는 입장을 고수하고 있어서, 2005년 한일우정의 해에는 양국간의 관계가 최악으로 냉각되고 악화 되어 일촉즉발의 전운이 감돌기도 했었다.

특히, 독도영유권 논쟁이 악화되고 있는 문제는 1998년 11월 28일 서명하여 1999년 1월 22일 부터 발효하게 된, 새로운 「한일어업협정」[6]과 독도를 '한일중간수역'으로 설정한 문제 및 개정의 방향 등, 한일관계의 최대과제인 독도논쟁의 문제점과 한일어업협정의 문제점, 배타적 경제수역의 문제점 등에 대해 고찰하면서 한국과 일본의 독도교육문제를 중심으로 연구

---

* 본 논문은 2009학년도 조선대학교 교내 학술연구비 지원에 의해 연구되었음
  이 논문은 한국일본어교육학회 『日本語教育』제56집에 수록됨.
1 2000년5월10일 동아일보
2 http://www.mofa.go.jp/mofaj/area/takeshima/ 일본외무성 웹사이트
3 2005년 2월 22일 朝日新聞
4 2011년 3월 31일 동아일보 사설
5 2005년2월22일 島根県議会에서는 条例로「竹島의 日」을 定함
6 1998년 11월 28일 체결한 韓日漁業協定

하는데 의의가 있다.

2006년 4월 18일에는 배타적 경제수역(EEZ)에서 무단수로측량을 강행하려는 일본정부의 선박에 한국정부는 정선, 검색, 나포 등의 초강경책을 선포하여 한일양국이 무력충돌의 전쟁 일보직전까지 가는 준전시상태인 최악의 상황도 있었다.

우리 정부가 일관된 입장에서 '무대응이 상책'이란 생각으로 그동안 가능한 강경한 대응을 하지 않는 동안에 일본은 독도문제와 교과서 왜곡문제, 야스쿠니신사의 참배문제로 한·일 외교가 악화되어 갈등을 겪고 있는 것이다.

 2. 독도의 역사·지리교육과 영유권문제

독도는 행정구역상으로는 경상북도 울릉군 울릉읍 독도리 산 1~96번지이며, 동경 131°52′ ~131°51′, 북위 37°14′26″~37°14′30″에 위치한 섬이다.

독도(独島)는 울릉도에서 동남쪽으로 약 87.4km(49해리)(1해리=1.852km) 지점에 있지만, 일본 시마네현(島根県)의 오끼섬(隠岐島)에서는 약 157.5km(86해리나) 떨어져 있는 섬이다. 독도의 면적은 0.187평방km로 약 5만평의 면적(16만6천 평방미터)이며, 동도(東島)와 서도(西島) 두개의 섬으로 구성되어 있으며. 주변에 89개의 암초가 분포되어있다. 동도의 면적은 73,297평방 미터(19,605평)이고, 높이는 99m, 서도의 면적은 88,740 평방미터(27,800평)이고, 높이는 168m이다.

독도의 내력은 일찍부터 기록에 오르내린 울릉도와 관련지어 살펴보아야 한다. 독도는 우리나라 동해안의 섬 가운데 본토에서 가장 멀리 떨어진 섬으로 안개가 심하지만 날씨가 좋은 날은 울릉도(欝陵島)에서 약 87.4km로 눈으로 1년에 약60일정도 보이는 곳이고, 오끼섬(隠岐島)에서는 약 157.5km 정도 멀리 떨어져 있어서 지정학적으로 볼 때, 누가 봐도 67km나 가까운 대한민국의 영토에 당연히 포함되어야 함에는 틀림없는 사실이다.

그러나, 일본의 양식있는 지식인들과 양심적인 많은 학자들은 일본인이지만 독도는 한국 땅이라고 주장하고 있다. 이들은 오로지 사실적인 연구와 학자적 양심만으로 독도가 일본영토가 될 수 없는 이유를 사료 검증과 분석을 통해 밝히고 있다[7].

---

7 2008년 7월 19일 동아일보

일본인 역사학자 야마베 겐타로(山邊健太郎·1905~1977)는 한국병합사가 전공인데 그는 한일수교 협상에서 독도문제가 쟁점이 된 1965년 시사월간지 『코리아평론』에 '독도 문제의 역사적 고찰'이란 제목의 논문[8]에서 "독도 문제는 1905년 일본의 영토 편입이 정당한 것이었는지를 문제시하는 데서 시작하지 않으면 안되며, 1904년 한일의정서를 통해 사실상 대한제국의 외교권을 빼앗은 뒤에 독도를 일본에 편입 한 것은 정당성이 결여됐다고 지적하면서, 당시 일본이 폭력과 탐욕에 의해 독도를 빼앗았다는 점은 청일전쟁 이후 일관된 일본의 제국주의 정책을 보면 명백하다"고 주장했다.

가나가와대학 교수인 가지무라 히데키(梶村秀樹)는 1978년 '조선연구'의 논문에서 "국제법적으로 봐도 한국은 일제강점기 공백 기간이 있었지만, 여건이 갖춰졌을 때는 독도를 방치한 일이 없었다."며 한국의 것임을 지적했다.

시마네대학 나이토 세이추(内藤正中) 명예교수는 '시마네 현의 100년' 등 지방사 연구를 바탕으로 10년 넘게 일본의 독도 영유권 주장의 허구성을 규명해 왔다.

시마네 현이 2005년 2월 22일 독도의 날을 선포하는 소란 속에서도 '독도는 한국 땅'임을 주장하는 칼럼을 쓰고 신문에 2005년 3월 17일에 '도쿄신문'에 기고하기도 했다. 그는 "제2차 세계대전 이전 일본 기록에는 독도가 한국 땅임을 뒷받침하는 자료가 숱하며 에도(江戸)시대의 어민들도 독도를 조선 땅으로 인식했다"고 지적했다. 2006년 출판한 저서 '사적 검증 다케시마·독도'(공저)에서도 1905년 일본의 독도 편입 과정의 문제점을 상세히 기술했다.

일본의 독도 편입은 1904년 9월 어민 나카이 요사부로(中井養三郎)가 독도 근해에서의 강치잡이 어업권을 독점할 목적으로 독도 임대를 청원하려 했으나 일본 정부가 이를 '무주지(無主地) 영토 편입 청원'으로 바꾸게 함으로써 이뤄졌다는 것이다.

호리 가즈오(堀和生) 교토대학 교수는 1987년에 '1905년 일본의 독도 영토 편입'이란 논문을 통해 일본이 독도 영유권을 주장하는 근거를 조목조목 반박하면서 "조선 문헌에 독도가 등장하는 것이 일본 측보다 200년 정도 빠르며, 그 문헌이 조선의 정사(正史) 지리지라는 것 자체가 독도에 대한 국가(조선)의 영유 의식을 보인 것"이라고 지적했다.

특히, 1696년 조일(朝日) 양국 정부의 교섭에 따라 에도 막부가 울릉도가 조선령임을 정식 승인했으며, 1877년 3월 29일 당시 일본 메이지(明治) 정부의 최고 국가기관인 태정관이 '울릉도와 독도는 일본과는 관계없는 섬'이라고 내린 공문서도 발견되었으며, 또 1894년과 1899년판 일본 해군의 '조선수로지' 등 일본측 자료를 볼 때도 일본 영토설은 근거가 없다고 밝혔다. "1905년 독도 편입은 당시 황금어장 독점을 노렸던 시마네 어민들과 전략적 요충지

---

8 야마베 캔타로(山邊健太郎)(1965) 「独島 問題の 歴史的考察」 『コリア評論』

를 확보하려는 일본 정부의 이해관계가 맞아떨어져 조선 점령에 앞선 전주곡의 형태로 이뤄졌다"고 주장했다.

또한 이케우치 사토시(池内敏) 나고야대학 교수는 에도 시대 역사를 통해 '(독도의) 일본의 고유 영토설'을 뒤집는 연구를 진행 중이며, 국제관계학을 전공한 쓰다주쿠대학 다카사키 소지(高岐宗司) 교수는 "독도는 한국에 넘기는 게 바람직하다"는 주장을 하고 있다.

한편, 호리 교수는 2008년 7월 17일 동아일보와의 전화 인터뷰에서 "논문 발표 이래 관련 연구를 계속하고 있으며, 학자적 견해는 변함이 없고 오히려 강화되고 있다"면서 "요즘 일본 내 일련의 움직임은 막다른 골목에 다다른 느낌에 정치 주도세력이 다급해졌기 때문"이라고 분석했다.

일본 정치가 새로운 국면을 열지 못하고 폐쇄감에 휩싸인 가운데 독도 관련 교육 문제라도 건드려서 분위기를 쇄신하고 국민의 관심을 끌어보려 한다는 것이다.

그는 "이런 흐름을 주도하는 것은 외무성과 문부과학성 관료들인데 생각이 얕고 시야가 좁은 사람들이 일본을 이끌고 있어 걱정"이라고 말했다[9].

2005년 3월 17일 일본 도쿄신문은 독도 관련 특집기사에서 '한국 주장에도 일리 있다'는 일본인 학자의 인터뷰 기사를 일본 측 논리와 나란히 중립적 보도를 게재해 주목을 끌었다고, 독도가 오키(隠岐) 섬에서 160km, 울릉도에서는 90km 떨어진 곳에 있다며 '울릉도'를 표시한 지도를 곁들인 것 또한 이례적이었다고 2005년3월18일 동아일보는 지적하고 있다.

나이토 세이추(内藤正中) 시마네대학 명예교수는 도쿄 신문과의 인터뷰에서 "17세기 중반까지 막부(幕府)가 바다를 건너는 도해(渡海)허가를 내주는 등, 실효 지배해 왔다는 게 일본 정부 주장이나 매우 조잡한 설명에 그쳐 일본의 고유 영토론은 근거가 희박한 것이 사실"이라고 말했다.

나이토 교수에 따르면 일본의 막부는 1696년 울릉도 도해를 금지했는데 이는 독도를 영토로 간주할 영유(領有)의사가 없음을 뜻하며, 이에 따라 독도에 가는 일본인도 없어졌으며, 이런 정황으로 미루어 당시 일본에서는 독도가 조선의 영토로 인식되고 있었다는 설명이다. 그는 또 일본 정부가 1876년 민간인이 울릉도 개발을 신청한 데 대해 다음 해인 1877년 3월 29일 명치정부의 최고 국가기관인 태정관(太政官)을 통해 "울릉도와 기타 한 개 섬(독도)은 본국과는 관계없다"며 거부한 사실을 지적했다. 결국 일본은 독도에 대해 영토가 아니라고 말한 적은 두 번 있지만 영유 의사를 주장한 적은 한 번도 없었다는 것이다[10].

---

9 2008년 7월 19일 동아일보
10 内藤正中저, 곽진오, 김현수 역『한일간독도·죽도논쟁의 실체』, 책사랑, p.17

그는 이어 시마네 현 편입 고시보다 5년 앞서 대한제국이 1900년 칙령을 통해 울릉도와 부속 석도(石島:독도)를 영토로 선언해 이미 독도의 영유국이 정해졌다는 점도 확실히 언급했다. 한편 교토(京都)대학 호리 가즈오(堀和生) 교수도 1987년 발표한 논문을 통해 1905년 독도를 일본에 편입시킨 것은 일본이 조선 각지에서 저지른 주권 침해나 침략과 같은 성질의 찬탈이라고 지적한 바 있다.

일본이 독도 영유권 주장을 지금도 계속하고 있으나 일본 사학자들도 객관적인 연구를 통해 과거부터 한국의 영토임을 인정하고 있다.

2011년 4월20일 뉴스 보도에 의하면, '독도 못 넘보게 울릉도에 차기호위함 배치를 검토하고, 정부가 울릉도에 군함이 정박할 수 있는 시설을 건설할 계획인 것으로 알려졌다.

일본의 독도 영유권 주장 등으로 향후 야기될 수 있는 각종 위협에 적극 대비하기 위한 것이라는 관측도 있다.

그러나, 주한일본대사관 공보문화원의 홈페이지에는 '다케시마(竹島)문제'라는 섬뜩한 제목으로, 한국의 독도(独島)의 일본이름인 다케시마(竹島) 영유권에 관한 일본의 입장을 여러 번 개정하면서 2008년 2월부터는 다음과 같이 표현하고 있다.

(1) 다케시마는 역사적 사실에 입각해 봐도, 국제법상으로도 명백한 일본 고유의 영토이다.라고 주장하면서도 역사적 사실에 기초한 증명은 아무 것도 없다.

(2) 한국에 의한 다케시마 점거는 국제법상 아무런 근거 없이 이루어지고 있는 불법 점거이며 한국이 이런 불법 점거에 의거하며 다케시마에서 행하는 어떤 조치도 법적인 정당성이 있는 것은 아니다. 한국측으로 부터 일본이 다케시마를 실효적으로 지배하고 영유권을 확립하기 이전에 한국이 이 섬을 실효적으로 지배하고 있었다는 사실을 보여주는 근거가 제시되지 않고 있다면서, 영유권을 주장하면서, 독도의 지도 위치를 다음과 같이 제시하고 있다.

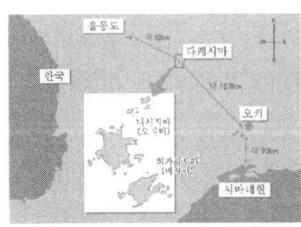

〈그림 1〉 주한일본대사관 공보문화원 홈페이지에서

그러나, 한국에서 말하는 독도를 "일본에서는 메이지(明治) 시대 초까지는 '마쓰시마'(松島)라는 이름으로 불렀으며, 당시 '다케시마(竹島)'로 불리던 것은 현재의 울릉도로, 반대로 불렸다. 섬 이름에 혼란이 야기되었으나, 1905년(明治38년) '마쓰시마(松島)'를 시마네현에 편입할 때, 현재의 '다케시마(竹島)'로 명명했다."라는 변명을 하고, 나가쿠보 세키스이(長

久保赤水)의 '개정일본여지노정전도'(改正日本興地路程全図)(1779년) 외에도, 울릉도와 다케시마를 한반도와 오키제도 사이에 정확하게 기재하고 있는 지도는 다수 존재한다고 말하면서도 증거는 하나도 제시하지 못하고 있다. 일본과 조선 조정간에 울릉도(다케시마 竹島) 영유권을 둘러싼 교섭을 하여, 최종적으로 에도막부는 1696년 1월, 울릉도에의 도해를 금지키로 했다. 이른바 '다케시마 잇켄'(竹島一件)이다. 다만, '마쓰시마'(松島 독도)의 도항은 금하지 않았다는 억지 주장은 증거제시부터가 부정확하고 부족한 언어도단에 불과하다. 먼 바다로 나가는 것을 금지하는 에도막부는 1696년 1월, 울릉도에의 도해를 금지령에 독도는 당연히 포함되는 것이다.

안용복은 숙종 19년(1693년) 울릉도에서 어업을 하던 중 이곳을 침입한 일본 어민과 다투다가 일본으로 잡혀갔을 때, 조선 팔도지도를 보이면서 울릉도와 자산도(子山島, 현 독도)가 조선의 땅임을 주장했다. 안용복은 1696년 다시 일본을 항의 방문하여 영유권 주장하고, 일본인 어부들의 울릉도와 독도의 도해금지를 요구하였다.

안용복 사건은 울릉도와 독도가 일본인에게 조선의 영토임을 인정받게 하는 결정적 계기가 되었으며, 조선 정부는 장한상(張漢相) 등 수토사를 보내 울릉도와 독도의 영유권을 분명히 했다. 한편 일본의 에도막부는 '죽도도해금지령'을 내림으로서 울릉도와 독도가 조선 땅임을 인정했다.

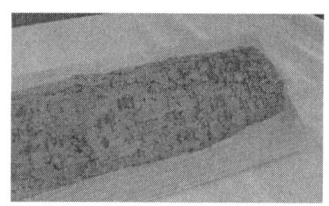

〈그림 2〉 현재 시마네현에 보관중인 '죽도도해금지' 경고판

1837년, 에도막부는 조선 땅 울릉도에 다녀온 하치에몬을 처형했다. 그리고 전국 해안가에 모든 해외로의 도해를 금지한다는 경고문을 내걸었다. 당시 재판과정을 기록한 '죽도도해일건기'(1836)에 따르면 하치에몬은 해마다 영주에게 울릉도와 독도에 대해 도해허가를 요청했으나 거절당했다는 기록이 있다. 특히 하치에몬의 재판기록에 첨부된 지도에는 한반도와 울릉도, 독도는 붉은색이고 오키섬과 일본열도는 노란색으로 확연히 영토가 구분되어 있다. 당시 일본인들에게 울릉도와 독도는 절대로 넘을 수 없는 금단의 땅이었던 것이다.

〈그림 3〉 하치에몬 재판 기록에 첨부된 지도

1877년 3월29일 메이지 정부 최고의 의사결정기관인 太政官은 태정관지령서(1877)에서 '竹島外一島(울릉도와 독도)本邦(일본의 영토)와 関係無(관계없음)'을 결정하여, 일

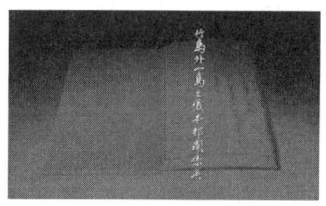

〈그림 4〉竹島外一島俵 本邦關係無 ―태정관지령서(1877)

본은 역사적으로 "독도는 조선 땅"이라는 것을 공식 인정하였던 것이다.

한국본토의 유민들에 의해서 세워진 울릉도의 우산국(于山國)이 신라에 병합하여 귀속된 것은 6세기 초인 512년이며, 이때부터 한국고유의 영토가 되었다. 이 사실은 김부식이 쓴 『삼국사기(三國史記)』 신라본기 지증왕 13년(512)에 이찬 벼슬에 있는 이사부(理斯夫)로 하여금 우산국을 정복하여 신라에 귀속했다고 기록하고 있다.

현재까지 울릉도에서 발굴·출토되고 있는 유적·유물들은 한반도 본토 문화의 활발한 유입을 보여주고 있다. 이와 같이 독도는 일찍이 우산국의 일부였다가 지증왕 13년(512년)에 울릉도와 더불어 신라에 귀속되어 울릉도의 부속도서로서 한반도의 역사와 문화권에 편입되어, 우리의 고유영토로 존재해 왔다. 이후 울릉도라는 명칭이 정착됨에 따라 그 부속 도서인 독도로 우산(于山)이라는 명칭이 이동하게 되었다. 조선세종 14년(1432)과 1454년에 편찬한 『세종실록지리지』 강원도 울진현조의 기록에는, '于山·武陵二島 在縣正東海中 二島相距不遠 風日淸明 則可望見 新羅時 稱于山國'이다. 즉, '우산, 무릉 두 섬이 울진현 정동 바다 한가운데 있으며, 날씨가 맑은 날은 우산도(울릉도)에서 무릉도(독도)가 보인다.'라고 표현하여 동해상에 무릉과 우산의 두 섬이 있다는 것을 더욱 분명히 하였다. 중종 26년 (1531)에 편찬된 『신증동국여지승람』 강원도 울진현조에도 "우산도와 울릉도가 현의 정동 바다 한가운데 있다"하여 『세종실록지리지』의 기록을 증명하고 있다. 울릉도에 사는 어부들이 옛날부터 독도를 인지하고 근처에 가서 어업을 한 것은 너무나 당연한 일이며, 많은 문헌이나 지도 등에 의해서도 한국 땅이 명백하므로 일본의 주장은 잘못된 것이다. 1694년 삼척첨사 장한상의 『울릉도 사적기』에는 '세종실록지리지'에 표시된 '우산'이라는 섬은 독도가 확실하다는 것을 알 수 있다. 울릉과 우산(독도)의 지명은 모두 울릉도를 가리키는 말이라는 일본의 주장에 대해 울릉도와 그 부근에 있던 독도를 우리가 17세기에 이미 알고 있었다는 사실을 확실하게 입증하는 것이다. 18세기에 나온 정상익의 〈동국지도〉에서는 울릉도와 우산도의 위치와 크기가 정확하게 표시되었으며, 조선 후기의 지도첩에는 울릉도 옆에 우산도(于山島) 또는 자산도(子山島)를 표기하고 있다. 1807년에 다카하시 카게야시(高橋景保)기 만든 '日本邊界略図'는 동해를 朝鮮海로, 독도를 于山島로 표기하였다. 조선이 '세종실록 지리지'에 독도에 대한 영유권을 밝힌 이래, 1696년 안용복의 사건 이후 에도막부가 공식적으로 울릉도와 독도를 조선 땅이라고 인정했으며, 1877년 메이지정부는 태정관지령문을 통해 독도가 조선 땅이라는 것을 인정했다. 1900년 대한제국은 칙령 제41호를 통

〈그림 5〉 1900년 대한제국의 칙령 제41호

해 독도가 우리나라의 영토임을 전 세계에 공표하고, 울릉도를 울도군으로 승격시키고 울도군수의 관할 구역으로 석도(石島＝현재의 독도)를 명시했다.

이와 같은 역사적 진실 속에서도 일본 시마네 현에서는 2005년 2월 22일을 '다케시마(독도)의 날'로 정하는 등, 독도 영유권 논쟁은 지금까지 계속되고 있다.

이처럼 한국이 울릉도와 독도를 실효적으로 지배하고 있었다는 사실을 보여주는『신증동국여지승람』,『세종실록지리지』같은 명확한 근거도 많고, 예로부터 독도를 이처럼 인식하고 있었다는 근거가 많은데도 없다고 말하는 일본의 억지주장은 전혀 맞지 않다. 독도는 512년에 울릉도와 함께 신라에 귀속되었으며, 고려에서는 행정 구역에 편입시키고 백성을 옮겨 살게 하는 등 울릉도와 독도 경영에 적극적인 관심을 나타내었다. 조선은 1882년이후 한때 백성들을 보호하기 위하여 행정력이 미치지 않는 모든 섬에 공도정책(空島政策)을 펴는 과정에서 울릉도와 독도 근해에 일본어민들의 출어가 잦아지자, 안용복은 1693년과 1696년 두 차례에 걸쳐서 일본으로 건너가 울릉도와 독도가 우리 땅임을 주장하여 일본 어부들의 울릉도 도해 금지를 요구하고 어로활동을 금지토록 요구하여 막부로부터 확인 받았다.

한편, 일본에서는 울릉도를 다케시마(竹島)또는 마쓰시마(松島)라고 혼동하여 부르다가 1667년에 편찬된『隱州視聽合記』에 竹島(울릉도)와 松島(독도)라는 표현이 처음으로 나오지만, 이는 조선의 영토로 표기되어 있고, 운주(雲州, 시마네현(島根県))와 은주(隱州, 은기도(隱岐島))에 대한 언급이 되어 있는데, 일본의 북서쪽 경계는 이 隱州(오키섬)를 한계로 한다는 내용이 있다. 더욱 확실한 것은 1531년도에 조선에서 발행된 '팔도총도'라는 지도에는 이미 인지하여 확실하게 표기되어 있는 데, 당시 발행된 일본 지도들에는 독도나 울릉도가 전혀 표시되어 있지 않다. 즉, 현재 존재가 확인된 에도(江戸)시대와 메이지(明治)시대에 일본에서 작성된 관제(관인, 공인)일본 고지도(古地図)에는 독도가 들어있지 않다. 또한 1696년 일본 도쿠가와(徳川)에도막부(江戸幕府)는 울릉도해 금지를 돗토리(鳥取)번에 전달하였으므로 에도막부와 메이지정부가 울릉도와 독도를 함께 조선영토로 인정했다는 사실을 확실히 증명해준 것이라고 호사카 유지(保坂祐二)교수는 주장하고, 1935년 4월에 발행된 일본 시마네현의 지도를 공개하면서 독도 표시가 없다고 밝히고 있으며,[11] 2006년 10월 25일 동아일보에 울릉도와 독도가 한국의 국경선 안에 포함된 19세기 말 일본군용 실측지도를 공개했다. 호사카 유지(保坂祐二) 교수가 최근 발견한 '실측일청한군용정도(実測日清韓軍用精図)'[12]는 일본군부가 10여년 동안 조사한 내용을 바탕으로 민간인 요시쿠라 세이지로(吉

---

11 호사카 유지(保坂祐二)(2004)『일본 古 지도에도 독도 없다』, 자음과 모음, p.22
12 2006년 10월 25일 동아일보

倉清次郎)가 1895년 편집한 이 지도는 조선, 청나라, 일본과 러시아 일부가 나와 있으며 울릉도(죽도·竹島로 표기)와 독도(송도·松島로 표기)가 조선 영해에 위치해 있다. 호사카 교수는 "뚜렷하게 그어진 조선 국경선 안에 독도가 포함된 지도는 이번에 처음 공개된 것"이라며 "일본이 독도를 시마네(島根) 현에 편입시킨 1905년 이전의 정확한 지도가 공개돼 현재 일본 정부의 주장이 거짓임을 보여 주고 있다"고 덧붙였다. 특히, '개정 일본여지노정전도(1779년)'의 울릉도와 독도는 조선 본토와 함께 채색되지 않은 상태로 경위도선 밖에 그려져 단순히 나타나 있기만 할 뿐 일본의 영토라고 확실하게 표기 돼 있지 않는 것은, 그 두 섬이 당시에 일본의 영토라고는 생각을 하지 않았던 것이다. 일본의 경세 사상가이자 일본의 가장 저명한 지리학자 하야시시헤이(林子平: 1738~1793)가 '개정일본여지노정전도'와 '조선팔도전도' 등을 토대로 1785년에 제작한 '삼국통람도설(三国通覧図説)'의 부속 지도인 '삼국접양지도(三国接壌地図)'는 조선과 일본, 중국동북지방 등을 그린 지도인데. 국경과 영토를 나타내기 위해 나라별로 채색을 하면서 조선국을 황색으로 일본국을 녹색으로 채색했는데, 울릉도와 독도를 정확한 위치에 그렸으며, 각각 '다케시마(竹島)'와 '마쓰시마(松島)'로 표기하고, 모두 조선국의 색깔인 황색으로 표시하여 울릉도와 독도가 조선 영토임을 뚜렷하게 표시하였다. 그리고 울릉도와 독도의 두 섬 옆에다 조선의 것이라는 '朝鮮ノ持ツ'(조선의 소유) 글자를 적어 넣어 울릉도와 독도가 확실하게 조선의 영토임을 명명백백하게 잘 나타내고 있다. 2004년 8월 19일 동아일보에 의하면, 이 지도는 1993년 11월 4일 국립중앙도서관에서 발견되어 독도 영유권을 둘러싼 일본의 억지 주장에 확실하고 명확한 증거를 보여주고 있다.

〈표 1〉 지도 속의 독도 역사

시대	지도 속의 내용분석	
1785년 (정조 9년)		하야시 시헤이(林子平)가 만든 **삼국접양지도**(1785년)에는 국경과 영토를 나타내기 위해 나라별로 채색을 하였는데 조선국을 황색으로 일본국을 녹색으로 색칠하고, 울릉도와 독도를 정확한 위치에 그렸으며, '다케시마(竹島)'와 마쓰시마(松島)'로 표기하고, 모두 조선국의 색깔인 황색으로 표시하여 울릉도와 독도가 조선의 소유 (朝鮮の 持(も)之)라는 글씨까지 적어서 뚜렷하게 구별하였다

시대	지도 속의 내용분석
1842 (헌종 8년)	김대건이 제작한 **조선전도**에도 우산도가 울릉도의 동쪽에 잘 표기되어 있다.
1878년	**대일본분견신도** 1878년 야마무라가 만든 이 지도는 일본열도와 한반도를 표기하고 있는데 일본과는 달리 조선은 단일색채로 표시하고 죽도(울릉도), 송도(독도)를 조선영토로 표시 했다.
1882년	**동판조선국전도** 1882년에 기무라가 만든 이 지도에는 죽도(竹島-울릉도)와 송도(松島-독도)를 조선영토와 같은 색으로 표시해서 독도가 조선의 영토임을 표현하고 있다.
1894년	**신찬조선국전도(新撰朝鮮国全図)** 1894년 독도를 한반도와 같은 색깔로 칠해 조선의 영토임을 표시하고있다.

시대	지도 속의 내용분석
1903년	일본 제국육해측량부에서 편찬한 '**일로청한 명세신도**(日露淸韓明細新図)'는 아시아와 유럽, 아프리카까지 정확한 척도로 세밀하게 그렸고, 죽도(竹島.울릉도)와 송도(松島.독도)를 조선계(朝鮮界.조선의 영토)에 속하는 것으로 표시했다. 독도와 오키(隱岐)섬을 중심으로 같은 거리에 한.일 양국의 국경선을 그어 당시 일본 정부가 독도를 대한제국의 동쪽 끝으로 인정했음을 나타냈다.
1936년	육지측량부에서 발행한 **지도구역일람도**는 일본에서 가장 권위있는 지도로 구역을 조선, 일본, 북해도, 대만 등으로 나누었는데 울릉도와 죽도(독도)를 조선의 영토로 표기하였다.

독도의 진실 (http://www.truthofdokdo.or.kr/explorer.html)자료실에서 '삼국접양지도', '총회도' 등에 관련된 일본지도를 볼 수 있으며, 이외에도 일본에서 1852년에 만든 '조선세도'(朝鮮細図)와 1873년에 만든 '조선국세견전도'(朝鮮国細見全図)라는 지도에도 독도가 '우산도'로 나타나 있으며, 독도를 조선 영토로 표기하였다.

1905년 이후에 만들어진 지도에서도 다음과 같이 독도가 한국령 임을 표기해 놓은 지도들이 많이 있다. 1905년 7월 31일자 부산주재 일본영사관의 '울릉도 현황' 보고서, 1910년에 박애관에서 발간한 '조선전도', 일본 해군성 수로부에서 발간한 '일본수로지' 제6권, 1920년에 발간한 동 수로지 제10권 (상), 동 수로부에서 1923년과 1933년에 각각 발간한 '조선연안 수로지', 1933년에 발간된 시바구즈모리의 '신편일본시지도' 색인 등이 있다. 이와 같이 한국이 예로부터 '울릉도' 나 '독도'를 숙지하고 있었음은 많은 문헌과 정확하게 기재하고 있는 많은 지도의 존재로 명백히 알 수 있다.

1945년 일본 패망 후, 연합국 최고 사령부는 1946년 1월 29일 '약간의 주변 지역을 정치상, 행정상 일본으로부터 분리하는 데 대한 각서'를 일본 정부에 지령했다. 이는 포츠담선언에서 확인한 내용을 집행하기 위하여 '일본의 주권 행사 범위'인 영토를 획정한 것이다. 여기에는 일본이 점령하고 있던 모든 한국 영토를 한국에 반환토록 한 규정이 포함되어 있다.

연합국 최고 사령부의 각서 677조에는 명시적으로 규정되어 있지 않은 백령도나 거제도 등의 모든 섬도 한국으로 환원시키고, 독도는 아예 명시적으로 이를 규정하여 반환토록 하였다. 이로써 독도를 포함한 모든 한국 영토는 일본으로부터 완전히 분리되었다. 독도가 한국으로 반환된 이후에도 일본인들이 계속 마찰을 일으키자, 연합국 최고사령부는 1946년 6월 22일자로 지령 제1003호를 추가로 발령하여, 독도 근해에서 일본인들의 어로 활동을 금지하게 하였다. 연합국 최고 사령부 각서(SCAPIN) 제677호(1946)···· and excluding (a) Utsuryo (Ullung) Islands, Liancourt Rocks(Takesima Island) and Quelpart(Saishu or Cheju) Island

(정치상으로나 행정상으로 일본 영유권으로 부터 분리하는 지역에 리앙쿠르 열암 (독도)를 포함시킴) 후에 일본은 샌프란시스코 대일강화조약에 의도적으로 독도를 누락시키고서는 처럼 'SCAPIN 제677조에는 독도가 일본의 영토로부터 제외되어 있지만 이것은 잠정적인 것이고, 최종적인 것이라고 할 수 있는 강화조약에서는 독도가 누락되었기 때문에 독도는 일본령으로 잔류하는 것이다'라고 주장한다.

그러나 조항에 명시적으로 '독도를 제외 한다'라는 규정이 되어 있지 않을 뿐만 아니라, 독도가 누락되었기 때문에 독도가 일본의 영토라는 논리대로라면, 홍도나 강화도나 마라도처럼 조약에 포함되지 않은 모든 섬은 일본의 영토로부터 분리되지 않았다는 논리 밖에는 성립되지 않는다.

특히, 1951년 6월 6일 공포한 '총리부령 24호'와 1951년 2월 13일 공포한 '대장성령 4호'에서도 독도를 일본의 부속도서에서 제외했다는 사실이 최근에 밝혀졌다[13].

독도표기 고지도 담은 책을 재출간한 이진명(李鎭明) 교수는 프랑스 리옹3대학과 파리7대학에서 한국어를 가르치면서, 10년 전부터 고지도와 고문서에서 독도에 관한 자료를 발굴해 꾸준히 논문을 쓰고 책을 펴내고 있다'[14].

1550~1600년 제작된 것으로 추정되는 '조선전도'에는 독도가 울릉도의 왼쪽에 있고 두 섬이 한반도에 바짝 붙어 있다. 이 교수는 "독도의 위치 표시에 착오가 있었던 것 같다"면서도 "독도가 육지와 울릉도 사이에 있다는 점, 두 섬이 육지와 가깝다는 점은 이 섬들이 한국의 영토임을 표시하는 것"이라고 설명했다.

17세기 후반에 제작된 것으로 추정되는 '여지도'(輿地図)는 울릉도와 독도의 위치를 바르게 표시한 가장 오래된 지도로 꼽힌다. 이 교수는 이 밖에 'Tok Do'라는 명칭이 사용된 프랑

---

13 2009년 1월 5일 한겨레
14 2005년 8월 24일 동아일보, 『독도, 지리상의 재발견』, 삼인출판사, 2005, p.107

스의 '세계 지도책'(1959년·라루스 출판사)과 내셔널지오그래픽 지도 가운데 최초로 'Tok Do'라는 이름이 붙은 1971년판 지도를 소개했다.

18세기까지의 서양 지도를 보면 3분의 2가 '한국해'로 표기돼 있다가 19세기부터 갑자기 '일본해'로 표기가 바뀐 사실을 발견한 이 교수는 "국력이 약했기 때문"이라고 진단하고 그러나 2000년대 들어서는 한국의 학계와 정부가 이전보다 적극적으로 대응한 덕에 오류가 바로잡혀 가고 있는 중이라고 설명했다.

그는 내셔널지오그래픽 2005년판 세계 지도를 좋은 사례로 들었다. 이 지도에는 일본해와 동해가 함께 기재돼 있다. 이미 세계에서 '일본해'라고 굳어져 버린 상황이라면 '병기(倂記) 로비'라도 펼쳐야 한다는 것이다[15].

호사카 유지(保坂祐二) 교수는 일본 간토(関東)지방의 한 현립(県立) 지도센터에 요청해 17~19세기 일본 고지도 11장의 영상자료를 입수했다. 이 지도들은 1696년부터 1881년까지의 것들로 일본 영토에 쓰시마(対馬)와 시마네(島根) 현의 오키(隠岐) 섬은 표시돼 있지만 독도는 빠져 있는 고지도를 공개했다.

1870년 이노 다다타카(伊能忠敬)라는 저명한 지도학자가 작성한 '관판실측일본지도(官板実測日本地図)'는 일본 전역을 상세히 표기하고 있으나 오키(隠岐)섬만 있을 뿐 독도는 보이지 않는다. 1881년 작성된 '대일본전도(大日本全図)'에도 쓰시마와 오키 섬은 보이지만 울릉도와 독도가 빠져 있다는 것은 1877년 일본 정부가 울릉도와 독도를 사실상 조선 영토로 인정한다는 발표를 했고, 이를 반영해 1881년 만들어졌기 때문이다. 호사카 교수는 1894년 독도를 한반도와 같은 색깔로 칠한 '신찬 조선국전도(新撰 朝鮮国全図)'와 '일청한 삼국대조 조선변란상세지도(日清韓 三国対照 朝鮮変乱詳細地図)'를 공개했다.[16] 1814년 일본에서 발간된 고서에 실린 '조선국략도'의 일부분. 독도를 울릉도보다 한반도에 더 가깝게 그려 조선의 영토임을 분명히 나타냈다. 붉은 원 안 위쪽이 울릉도, 아래는 독도가 표시되어 있다.

2008년 5월 2일 동아일보 의하면, 일본이 19세기 미국과 오가사와라 군도를 두고 다투면서 독도가 조선 땅이라고 명시된 지도를 제시해 영유권을 획득했던 사실이 뒤늦게 공개됐다. 이는 일본이 오가사와라 군도가 일본 영토임을 국제법적으로 판가름하면서 동시에 독도가 한국 영토임을 국제법적으로 인정했다는 의미로 해석돼 학계의 비상한 관심을 끌고 있다. 호사카 유지 교수는 1854년 일본과 미국이 오가사와라(小笠原) 군도에 대한 영유권 논쟁을 벌일 때에도 막부의 공식 지도인 삼국접양지도(三国接壤之図)를 제시해 미국의 주장을 꺾었다는 내용을 공개했다.

일본은 도쿠가와 이에야스가 오가사와라 군도의 이름을 '小笠原'으로 명명했다는 고문서(1691년)와 하야시 시헤이(林子平)가 작성한 삼국접양지도(1786년)를 내놓았으나 미국은 '일본어로 쓰인 문서는 국제법상 증거능력이 없다'며 무시했다. 이에 일본은 불어로 번역된 삼국접양지도를 제시해 미국의 주장을 꺾고 오가사와라를 국제법상 일본령으로 확정했다.

불어판 삼국접양지도에는 독도와 울릉도에 '조선에 속한다(a La Coree)'라는 문구가 분명히 새겨져 있고 일어판에도 두 섬에 '조선의 소유(朝鮮の持也)'라고 명기돼 있다. 호사카 교수는 "하야시의 지도와 저서는 영토 분쟁 때 공식자료로 활용됐다"며, "그렇다면 지도에 조선령으로 명시된 독도는 일본이 하야시의 지도를 공식 자료로 삼은 시점에서 이미 조선령으로 확정됐다고 봐야 한다"고 말했다[17].

일본 중학교 교과서의 독도 관련 기술은 한층 대담해졌다. 종전까지만 해도 독도에 대한 구체적 기술은 피하고 지도상에서 일본 영토로 표기하거나 배타적 경제수역(EEZ)에 포함시키는 데 그쳤지만, 새 교과서는 구체적인 기술은 물론이고 사진과 지도까지 실어가며 노골적으로 영유권을 주장하고 있다.

일본이 1차 어업협정을 일방적으로 파기시키고, 신한일어업협정, 즉 2차 어업협정을 맺게 된 직접적 계기는 1994년 11월 발효된 유엔 해양법 협약이다.

한일 양국은 원래 1965년 1차 한일어업협정을 맺고 연안 12해리를 어업전관수역(배타적 권리를 갖는 곳)으로 정했으나 새 협약에 따라 새로운 어업협정이 필요해졌다.

유엔 해양법 협약에 따르면 연안 200해리까지를 배타적 경제수역(EEZ)으로 지정할 수 있으나 양국이 마주 보는 동해와 남해의 폭은 모두 400해리 미만이어서 어느 쪽도 일방적으로 200해리 관할권을 주장할 수 없었기 때문이다.

일본은 한국이 외환위기로 휘청거리고 있던 1998년 1월에 1차 어업협정의 파기를 일방적으로 선언했고 이에 따라 양국 정부는 협정 개정에 나서게 됐다.

정부 당국자들은 1998년 10월 7일로 예정된 김대중대통령의 일본 국빈방문 전에 마무리하기 위해 서울과 도쿄(東京)를 오가며 7차례에 걸쳐 실무교섭을 벌였다. 양국이 막판 절충을 거듭한 끝에 2차 어업협정은 9월 25일 타결됐고 이듬해인 1999년 1월 발효됐다. 신한일어업협정은 체결 당시부터 논란의 대상이었다. 한국의 EEZ 기점을 울릉도로 설정하고 독도를 이른바 '중간수역'에 두는 것으로 합의됐기 때문이다. 당시 정부는 독도 기점을 관철할 수 없

---

17 2008년 5월 2일 서울=연합뉴스

는 이유로 무인도의 경우 대륙붕이나 200해리 EEZ를 설정할 수 없다는 유엔해양법 조항을 내세웠다.

2008년 8월 2일 동아일보에 의하면, 이후 일본의 독도 도발이 있을 때마다 독도를 중간수역에 포함시킨 2차 어업협정은 '독도 영유권 훼손의 빌미'라는 지적을 받았으나 정부 당국자들은 "신한일어업협정은 독도 영유권과 무관하다"는 주장을 하고 있다.

3. 한국과 일본의 교과서 속의 독도문제

2011년 3월 31일 동아일보는 사설에서, '일본 문부과학성이 2011년 3월 30일 중학교 교과서 검정 결과를 발표했고, 오늘 7~8월부터 교육위원회에 의해 교과서 채택여부가 결정되고 내년 4월부터 일선 학교에서 사용될 예정이다. 일본의 독도(独島) 영유권 주장을 기술한 중학교 교과서 검정을 통과한 18종은 독도와 관련된 내용이 모두 악화됐으며, 역사적 지리적 국제법적으로 우리 영토인 독도를 '한국이 불법 점거하고 있다'고 왜곡한 교과서가 그동안 1개에서 4개로 늘었다.'고 말하고 있다.

11종의 지리와 공민 교과서에는 모두 독도를 일본 땅이라고 우기는 내용이 들어 있어 일본 중학생들은 내년부터 예외 없이 거짓말을 배우게 되었다고 지적하고 있다.

2006년 3월 29일 고등학교 역사, 지리, 공민 등의 교과서에 독도를 일본영토로 명기 할 것을 지시하고, 자민당의 선거공약으로 국내여론을 선동하면서, 과거에는 극우 성향의 일부 출판사가 독도 및 역사 왜곡에 나섰지만, 이번에는 일본 정부가 앞장섰다.

새 교과서들은 2008년 일본 문부과학성이 개정한 '교과서 가이드라인'인 중학교 학습지도요령 해설서에 근거해 집필되었으며, 지난해 8월 한일강제병합 100년을 맞아 간 나오토 일본 총리는 사과 담화에서 "한국인들은 그 뜻에 반하여 이뤄진 식민지 지배에 의해 국가와 문화를 빼앗기고 민족의 자긍심에 깊은 상처를 입었다"고 말했다. 이번 교과서 왜곡을 보면 '반성'이 진심이라고 믿기 어렵다. 민주당 자민당을 가릴 것 없이 집권하면 독도를 일본 땅이라고 우기는 게 일본 정치인들의 속성인 모양이다고 지적하면서, 일본의 '독도 야욕'은 다음 달 외교청서, 7월 또는 9월에 나올 방위백서에 또 등장할 것이다. 내년 4월에 발표될 고교 교과서 검정 결과도 이번과 다르지 않을 게 분명하다. 정부는 외교적 항의에 그치지 말고 행동을 통해 압박해야 한다. 해양과학기지 건설을 포함한 실효적 지배를 강화하고, 국가지도자들의 독도 방문도 적극 추진할 필요가 있으며, 냉정하고 강력한 대처 방법이 필요하다.

2011년 3월 30일 일본 문부과학성의 검정을 통과한 중학교 사회교과서(공민 지리 역사)는 독도(일본명 다케시마·竹島)는 물론이고 고대사와 근현대사 기술에서도 크게 개악됐다. 한국의 독도 점유를 '불법'이라고 규정한 교과서도 4종에 이른다. 또 강제병합 및 강제동원 등과 관련한 역사적 기술에 대해서도 객관성을 잃은 표현이 곳곳에 드러났다고 2011년 3월 31일 동아일보는 "일본교과서 독도왜곡 파문"이라는 기사로 지적하였다.

지리교과서 4종 가운데 종전까지 독도에 대해 기술한 교과서는 제국서원뿐이었다. 내용도 '일본에는 다케시마와 센카쿠 제도 등 외딴섬이 있다'는 수준이었다. 하지만 이번의 검정 통과본은 모두 '다케시마가 일본의 고유 영토'라고 명시돼 있으며 교육출판의 경우 '한국 정부가 1952년 이후 불법 점거하고 있다'고까지 주장했다.

공민교과서 7종 역시 종전에는 독도에 관한 기술이 없는 교과서가 2종이었지만, 이번의 검정 통과본은 모두 독도에 대해 상세히 언급하고 있다. 교과서 점유율이 가장 높은 도쿄서적은 '한국이 불법점거하고 있어 일본은 계속 항의하고 있다'고 서술했다.

또 우익 성향의 이쿠호샤(育鵬社)와 지유샤(自由社)는 각각 '국제법상 근거 없는 불법점거' '역사적 국제법적으로 (일본의) 고유 영토이나 한국이 불법 점거'라고 표현하고 두 교과서 모두 '국제사법재판소에 (중재를) 부탁할 것을 제안했으나 한국이 수용하지 않고 있다'고 기술했다.

검정 통과본 역사교과서는 한반도와 관련된 고대사와 근현대사 관련 역사서술에서도 왜곡된 표현이 많다. 지유샤와 이쿠호샤, 도쿄서적은 삼국시대를 설명하면서 검증되지 않은 임나일본부설을 주장했다. 임나일본부설은 일본의 야마토(大和)왜가 한반도 남부지역에 진출해 가야지방에 '일본부(日本府)'라는 기관을 두고 직접 지배했다는 왜곡된 주장이다.

지유샤(自由社)도 강제동원과 관련해 종전에는 '조선과 타이완'이라고 구체적으로 적시했으나 이번의 검정 통과본에서는 이를 삭제했다. 이와 함께 교육출판사는 일본군 위안부에 대해 '많은 조선인 여성 등도 공장 등에 보내졌다'며 일본군으로부터 성(性)적 피해를 당한 위안부를 군수공장에 징용된 정신근로대와 뒤섞어 애매하게 표현했다. 그러나 지유샤와 이쿠호샤는 위안부에 대한 기술이 전혀 나와 있지 않다.

일본 중학교 교과서가 이처럼 일거에 우익적 색채를 띠게 된 것은 2008년 개정된 중학교 학습지도요령과 학습지도요령 해설서 때문이다. 교과서를 만드는 출판사들은 4년마다 교과서로 적합한지를 검정 받는다. 내년부터 쓰일 새 교과서는 2008년 개정된 학습지도요령 등을 따라야 한다. 새 학습지도요령은 러시아와 분쟁중인 북방영토와 마찬가지로 독도에 대해서도 영토권을 강력히 주장할 것을 권고하고 있다.

이번에 개악된 사회과 교과서는 지난해 4월 각 출판사가 일본 정부에 검정 신청을 한 이후 1년 동안 검정조사심의회의 심사를 받아 왔다. 30명으로 구성되는 심의회에는 과거엔 정부 관계자도 참여했으나 이번부터 모두 민간인으로 채우도록 규정이 바뀌었다. 또 심의위원의 실명과 심의과정을 향후 모두 공개하도록 함으로써 정부의 '협조 개입' 여지를 없앴다는 게 일본 정부 측의 설명이다. .

일본의 '왜곡 교과서'는 2017년까지 매년 나온다. 올해 중학교 교과서의 검정 결과를 발표한 데 이어 2012년과 2013년에는 2개년에 걸쳐 고등학교 사회과 교과서의 검정 결과가 나온다. 2010년 3월에는 초등학교 교과서의 검정 결과를 발표했다. 이어 2014년에는 다시 초등학교 교과서의 검정 결과가 다시 발표되고 2015년 중학교, 2016~2017년 고등학교 교과서도 새로 검정을 받는다. 2018년부터는 통상 10년 주기로 개정하는 '학습지도요령 해설서'가 새로 만들어질 예정이어서 일본 정부의 태도 변화가 없는 한 거의 매년 일본의 '왜곡 교과서' 파동을 겪을 것으로 전망된다.

2011년 3월 30일 검정을 통과한 교과서는 5월경 일반에 공개되고 8월 지역별 교육위원회와 일선 학교 채택과정을 거쳐 내년 4월부터 4년 동안 학교에서 교과서로 사용된다.

국립과 사립학교는 학교장이, 공립학교는 지역별 교육위원회가 채택권을 갖고 있다. 검정을 통과했더라도 채택을 못 받으면 교과서로서의 생명을 잃기 때문에 각 출판사는 사활을 걸고 채택 경쟁을 벌인다. '양심적' 시민단체가 우익교과서 불채택 운동을 벌이는 시기도 4~8월이다.

2009년 11월 현재 사용중인 사회과 교과서 점유율은 극우 성향의 후소샤(扶桑社)와 지유샤(自由社)는 채택률이 하위권이다. 역사교과서의 경우 지유샤는 1.1%, 후소샤는 0.6%에 불과하다. 후소샤의 공민 교과서도 0.4%로 꼴찌다. 후소샤 교과서는 황국사관에 의거해 일본 제국주의를 미화하는 '새로운 역사교과서를 만드는 모임(새역모)'이 집필했으나 저조한 채택률에 따른 내부 갈등과 저작권 대립 등으로 2007년 갈라섰다. 이번에 후소샤는 자회사인 이쿠호샤(育鵬社)를 내세워 교과서 검정을 통과했고, 지유샤는 새역모와 손잡았다. 2011년 3월 4일 동아일보에 의하면, 우리나라도 새 학기부터 전국 초중고교가 독도를 전보다 자세하고 체계적으로 가르치게 된다고 한다.

초등은 중요성 알기… 중학은 우리 영토의 근거… 고교는 바람직한 역사관 등......

교육과학기술부는 정규 수업시간과 체험활동 시간을 활용해 독도에 대해 가르치는 '독도

교육 내용체계 안내 및 활용협조' 공문을 지난달 28일 시도교육청에 보냈다고 3일 밝혔다. 독도 교육과 관련한 정부 지침은 이번이 처음이다.

외형적으로는 협조를 요청하는 형식이지만 정규 교육과정과 비슷하다. 교육과정은 국가 교육과정, 시도 편성·운영 지침, 학교 교육과정으로 세분되는데 이번 공문은 일선 학교의 교육과정에 담을 독도 교육의 목적과 목표, 학습 내용을 구체적으로 제시했다

예를 들어 초등학교는 교육목표를 '독도의 중요성 알기'로 정했다. 학생들이 독도에 관심과 애정을 갖도록 자연 환경과 지리적 특성을 중심으로 가르쳐야 한다.

중학교에서는 독도가 역사적 지리적 국제법적으로 우리 영토인 근거를 정확하게 이해시키다는 방향을 세웠다. 삼국사기, 세종실록지리지, 대한제국 칙령 제41호, 시마네 현 고시 제40호 등 관련 문헌과 지도를 통해 일본 주장의 허구성을 파악하도록 만든다. 고등학교 과정에서는 한일 갈등이 더 악화되지 않고 발전적인 관계로 진전되도록 바람직한 영토관과 역사관을 심어주는 데 역점을 두기로 했다.

독도 수호 의지를 높이고 지방자치단체나 시민단체의 활동에 적극 참여하도록 유도하되 미래 지향적인 한일 협력관계에 대한 내용을 명시해 일방적이고 배타적인 방향으로 흘러가지 않도록 구성했다.

교육과학기술부는 도덕이나 사회 등 정규수업이나 체험활동 시간에 독도 관련 교육을 하면서 그리기, 글짓기, 퀴즈대회 등 다양한 방법으로 관심을 높이도록 요청했다.

이번 지침은 2010년 8월 전국 시도 부교육감 회의에서 교육청별 교육과정 편성·운영지침에 독도 관련 교육을 명기하도록 권장한 데 따른 후속조치의 성격을 갖는다.

일본 정부가 이달 말 교과서 검정에서 '다케시마(竹島·독도의 일본명)' 영유권을 주장하는 사회과 교과서를 대거 통과시킬 것으로 예상돼 정부가 본격 대응에 나섰다는 분석도 있다. 2011년 3월 4일 동아일보에 의하면, 새 학기부터는 독도 관련 서술이 한층 강화된 한국사 교과서가 고교에 보급된다. 내년 발간될 중학교 역사 교과서에도 독도에 대한 내용이 더욱 자세하게 실린다. 교과부 관계자는 "일본에서 독도를 일본 땅으로 표기하는 역사 교과서 왜곡 문제가 끊이지 않아 국내에서도 독도의 역사와 지리교육 을 강화하는 방안을 마련했다"고 설명했다.

독도의 위치와 세부 지명 등을 잘못 표기한 중학교 2종·고교 7종의 중고교 검정 교과서 내용이 수정된다. 교육과학기술부는 독도 관련 내용 중 독도의 위치와 세부 지명 등을 잘못 표기한 오류가 인정된 중학교 교과서 2종과 고교 교과서 7종을 내년도 사용분부터 수정하기로 했다고 2011년 5월 5일 밝혔다. 수정 대상 교과서는 사회 3종, 지리부도와 사회과부도 각 2종, 한국사와 국어 교과서 각 1종씩이며 오류 내용은 시민단체인 독도수호대가 독도의 지리정보가 잘못됐다고 지적한 것들이다[18].

금성출판사가 펴낸 고교 지리부도는 대한봉, 일출봉 등 표준 지명이 아닌 독도의 봉우리 명칭을 사용했고, 지도에서 울릉도 독도의 해안선이 누락됐다. 비상교육의 고교 사회 교과서는 독도 서도 면적이 잘못 표기됐고, 유웨이중앙교육의 고교 국어 교과서와 미래엔컬처 그룹의 고교 한국사 교과서는 독도의 위치가 잘못됐거나 누락돼 지적을 받았다.

 4. 결론

독도(独島)는 지리적인 고지도(古地図)의 실증이나, 에도(江戸)막부는 1696년 1월, 울릉도에의 도해를 금지키로 했고, 1877년 3월 29일 메이지(明治) 정부가 인정한 태정관의 지령문 등의 역사적인 사실이나, 현실적으로 지배하고 있고, 국제법상으로도 명백한 한국고유의 영토를 일본정부가 억지 주장하고 있다.

2011년 3월 30일, 일본의 독도 영유권 주장을 담은 중학교 교과서가 문부성 검정을 통과했으며, 오늘 7~8월부터 교육위원회에 의해 교과서 채택여부가 결정되고 내년 4월부터 일선 학교에서 사용될 예정이다.

독도를 둘러싼 일본의 끊임없는 독도 영유권을 주장과 교과서 왜곡, 독도논쟁의 역사와 진실을 고찰해 보았다. 우리 영토인 독도를 '한국이 불법 점거하고 있다'고 왜곡한 교과서가 늘었고, 11종의 지리와 공민 교과서에는 모두 독도를 일본 땅이라고 주장하는 내용이 들어 있다. 과거에는 극우 성향의 일부 출판사가 독도 및 역사 왜곡에 나섰지만, 이번에는 일본 정부가 앞장섰다. 새 교과서들은 2008년 일본 문부과학성이 개정한 '교과서 가이드라인'인 중학교 학습지도요령 해설서에 근거해 집필되었다.

---

18 2011년 5월 5일 한국일보

일본의 '독도 야욕'은 다음 달 외교청서, 7월 또는 9월에 나올 방위백서에 또 등장할 것이다. 내년 4월에 발표될 고교 교과서 검정 결과도 이번과 다르지 않을 게 분명하다. 정부는 판에 박힌 외교적 항의에 그치지 말고 독도가 우리의 영토임을 확인하는 행동을 통해 압박해야 한다. 해양과학기지 건설을 포함한 실효적 지배를 강화하고 국가지도자들의 독도 방문도 적극 추진하면서 강력하게 대응 할 필요가 있다.

2011년 3월 30일 일본 문부과학성의 검정을 통과한 중학교 사회교과서(공민 지리 역사)는 독도(일본명 다케시마·竹島)는 물론이고 고대사와 근현대사 기술에서도 크게 개악됐다. 한국의 독도 점유를 '불법'이라고 규정한 교과서도 4종에 이른다. 또 강제병합 및 강제동원 등과 관련한 역사적 기술에 대해서도 객관성을 잃은 표현이 많다.

일본의 독도에 대한 야욕이 정치적, 군사적 , 경제적으로 동북아시아의 패권을 주도하기 위해서 러시아와는 북방영토문제로, 중국과는 조어도(釣漁島)의 문제로, 한국과는 독도의 영유권문제로 첨예하게 대응하고 있는 것이다.

일본 국수주의 극우파들의 계속된 도발적인 망언과 역사적인 사실을 왜곡하고 은폐하는 언동이, 한국국민의 감정을 격화시키고 분노하게 하고 있다.

사실, 독도는 삼국사기와 세종실록지리지 등 여러 가지 역사서는 물론이며, 고대 우리나라의 지도뿐만 아니라 13~20세기의 일본의 고대 지도에는 물론이고, 막부시대와 명치시대 발행의 모든 일본지도에도 확실하게 한국의 땅으로 명시되어 있고, 특히, 최근에 일본지도의 기본으로 되어있는 일본정부의 국토지리원에서 발행한 모든 일본지도시리지에도 독도는 표기되어 있지 않다는 것은 사실 일본이 그동안 독도를 한국의 영토로 인정하였다는 가장 확실한 증거인 것이다.

그러나, 일본정부와 국수주의 학자들이 독도, 북방영토, 조어도 등이 일본영토라고 억지주장을 펴고 있는 것은 군국주의의 부활이 우려되지만, 역사교과서 왜곡의 논쟁과 야스쿠니 신사의 참배문제 등, 위험한 극우현상의 저류가 나타나기 시작한 것을 경계해야 할 것이다.

독도는 역사적으로나 지리적으로 봐도 명백한 한국 땅 임에 틀림없으나 아직 해결되지 않은 역사 왜곡문제를 비롯하여 많은 문제점을 안고 있는 일본정부와 우익정치가와 일부국수주의 학자들이 타당하지도 않은 왜곡된 독도 관련 자료를 가지고 독도에 대한 영유권을 주장하는 행위는 동북아시아의 분노를 살 수 밖에 없다. 국제사회에서 일본의 국익과 이미지를 훼손하는 자해 행위임에도 틀림이 없지만, 우리도 정확한 자료와 논리로 보다 침착하게 대응하지 않으면 안 된다. 독도문제나 역사문제는 그 문제의 틀 속에서 논쟁으로 해결을 해야 되며, 그 문제를 다른 분야까지 전가시킬 필요도 없고, 확대시켜서도 안 된다.

　　1982년 유엔 해양법 협약이 채택되고 1994년 배타적 경제수역 200해리가 실효되면서 '독도 영유권 문제'는 양국 간에 더욱 민감한 사안이 되었다. 한, 중, 일의 경우에는 국가간의 해양 거리가 400해리가 되지 않기 때문에 어업협정은 불가피한 것이었다. 한국과 일본간의 어업협정을 체결하고 배타적 경제수역을 선포하는데 있어 독도의 영유권 여부는 얼마만큼의 영해를 배타적으로 더 소유할 수 있느냐의 사안이 걸려있는 문제이기에 일본의 독도에 대한 야욕은 더욱 노골적이 되어갔다. 협의지역인 독도를 분쟁지역으로 키워가고 국제 사법재판소까지 이끌고 가겠다는 그들의 생각이 우리의 관심 밖이 되어서는 안 될 것이다.

　　1998년11월28일 체결한 신한일어업협약은 독도영유권의 훼손과 조업구역의 제한으로 한국에 피해가 큼으로, 유효기간이 3년으로 되어있는 이 협정을 빨리 파기선언하고 앞으로의 새로운 외교 협약을 할 때에는 반드시 독도를 기점으로 하는 체계적인 외교협상을 해야 할 것이다. 울릉도와 독도는 일본의 영토가 아니다. 라는 자료와 역사적인 사실을 일본정부는 은폐하고 왜곡함으로, 한국은 연구자료와 체계적인 논리가 세계에서 인정받도록 국제사회의 규칙에 따라 홍보활동을 꾸준히 진행하고, 동해도 한국해로 이름을 바꾸어 일본해에 대처할 필요도 있고, 학자들의 다양한 심포지엄과 연구 등으로 확실한 대응책을 계속 강구해야 할 것이다. 울릉도와 독도를 해상국립공원으로 지정하여 유네스코 세계지질공원 및 세계자연유산 등재에 노력해야한다.

독도는 한국의 울릉도에서 동남쪽으로 약 90km(49해리) 지점에 있고,
일본 시마네현(島根縣)의 오끼섬(隱岐島)에서 약 160km(86해리) 떨어져 있는 섬이다.

제3부

한국과 일본의 경제사회

오늘의 한국과 일본의 이해

제1장

한국과 일본의 사회문제

• • • •

　일본에서 외국인 등에 대한 혐오 시위나 발언 등을 막기 위한 반 헤이트스피치 법이 2016년 4월 중의원에서 제정되었다. 이 법은 일본인외에 일본에 거주하고 있는 특정 인종이나 외국인 등에 대한 부당하거나 차별적 대우를 용인하지 않는다는 내용을 골자로 한다. 재특회 등 재일 한국인 등에 대한 차별적 발언을 서슴치 않았던 '혐한(嫌韓) 시위' 등 국적·인종차별을 부추기는 '헤이트스피치'를 억제할 수 있는 법적 근거가 마련된 것이다.

　한일 양국은 독도 문제, 역사 교과서 문제, 과거사 문제 등 외교적 차원에서는 종종 미묘한 대립 관계를 보이는 반면, 양국의 경제, 문화 등 민간 부문은 긴밀한 협력을 유지하고 있다. 먼 옛날 한반도와 일본열도는 육지로 연결되어 있었듯이 디지털시대의 오늘날, 온라인 속에서 두 나라의 국경은 이미 무너지고 있다. 문화적으로 같은 뿌리를 가진 양국이 더 많은 교류를 통해 상호간에 신뢰하는 21세기가 되기를 간절히 바란다.

1. 한국과 일본의 문학트랜드

2016년5월 한국에서는 한 강 작가의 소설 〈채식주의자〉가 맨부커상 수상으로 침체되었던 문학계가 떠들썩하다. 맨부커상은 노벨문학상과 프랑스의 공쿠르상과 더불어 세계 3대 문학상으로 불려지는 영국 연방 최고권위의 문학상이다. 소설가 한강 씨가 받은 맨부커인터내셔널상은 영국연방국가 외의 작가가 출간한 작품 중에 문학성과 대중성을 고루 갖춘 최고의 작품에 주어지는 상이다. 이번 수상은 세계문단에 큰 파장을 일으킬 것으로 보고, 한국 문단에 번역에 대한 관심을 높여주고 있다.

일본에서는 노벨문학상 수상자가 1968년에 가와바타 야스나리와 1994년에 오오에 겐자부로가 있다. 해마다 노벨상후보에 오르고 있는 무라카미 하루키도 있다.

일본은 정책적으로 문학 뿐 아니라 애니매이션, 음악, 건축 등에서도 스타 작가 만들기에 많은 노력을 하는 나라다.

안도 다다오나 반 시게루, 단조 겐조등 상당히 많은 일본 건축가들이 국제적으로 높은 명성을 얻는 이유는 일본이 정책적으로 이끌어주고 있기 때문이다.

최근 급속한 고령화 사회로 접어들고 있는 한국, 일본에서는 은퇴 후 인간의 내면을 잘 그려낼 고령의 작가들이 글을 쓰기 시작하는 인구가 늘고 있다고 한다.

문학이란 인간의 내면과 삶을 글로 표현하는 예술이다.

제2장

오늘의 일본경제

• • • •

1. 産業革命と資本主義

　資本主義経済とは、①生活に必要なものを生産する工場・機械設備・原材料、あるいは土地などの生産手段を私有する制度(私有財産制) ②利潤追求の自由 ③自由競争 ④市場で価格が決定する市場経済 ⑤労働力の商品化などを特徴とする。

　資本家が労働者を雇って企業を経営する。その企業は、市場で自由競争をおこない、経営の合理化や大量生産などによって生産コストの引き下げにつとめる。

　市場での企業が利潤を求める自由な経済活動によって、社会全体の経済が発展する。

　このような資本主義社会は、18世紀後半から19世紀前半にかけ、進んだ産業革命によって、イギリスで初めて成立した。

2. バブル経済の崩壊

　大きな貿易黒字によって生じた余剰資金などで、多くの企業は、土地や株式を買った。

　この動きがブームとなり、地価と株価が上昇し続け、1980年代の末ころにはバブル経済と呼ばれる好景気になった。一方政府は、政府開発援助を拡充し、発展途上国への援助を増やした。このため、韓国・台湾・香港・シンガポールなどのアジア諸国は、1970年代から急速に経済発展をとげた。

　しかし、1991年に入ると日本経済はゆきづまり、不況へと転じた(バブル経済の崩壊)。

일본경제의 기초(日本経済の基礎)

1) 日本的な経営の形成

現在でも日本は西ドイツと並んで労働争議(春闘)が少なく、また西ドイツも異なって失業率も低いことが注目されています。なぜそうなのかという問いに対する答えの一つは日本には長い歴史的伝統をもつ日本的経営ともいわれる経営の特徴が存在するからであるといわれております。

通常日本的経営という場合には①終身雇用制 ②年功序列型賃金 ③経営家族主義という緒特徴が指摘されます。そしてこれらの特長は第一次世界大戦から戦後恐慌にかけての時期に形成されてきたといわれております。

企業は必要な人材を長く経営内に維持しておくために、優秀な新規学卒者を採用し、これに必要な企業内教育を施して熟練度を高め、定年までこうした人材を確保するため終身雇用制度ができあがっていきました。そしてこうした人材の賃金は年齢に応じて必要となる制月日に対応する生活給的な年功序列型という形態をとるようになります。このような雇用関係に対応して経営者は経営があたかも家族のように親近感をもった集団的秩序の下にあるものと意識し、被雇用者もこうした集団に帰属して全体のために奉仕しようという意識をもつようになります。これが経営家族主義とよばれる日本の独特な経営理念であります。こうした特長のある経営が戦前の経済の発展に一定の役割を果たしたといえましょう。

2) 経済発展

映画は戦後、日本人の大きな娯楽の一つであった。特にアメリカ映画の中には冷蔵庫、洗濯機、テレビ、車などの便利な品物がたくさん出てきた。そのころの日本人

は貧しかったので、映画の中の生活は夢のようだった。

　ところが、今ではこのような品物は少しも珍しくなくなってしまった。どうしてこうなったのか。それは日本人の所得が増えたからである。

　しかし、それだけではない。もう一つ重要なことは、大量生産ができるようになり、品物の値段が安く安くなったからである。

　統計によると、昭和30年代初めのころは14インチの白黒テレビの値段はサラリーマンの平均給与の数か月分だった。給与が10倍以上になった現在、14インチのカラーテレビは当時の白黒テレビの半分ぐらいの値段で買うことができる。

　つまり、所得とくらべて品物の値段がずっと安くなったのである。

　工業化が進んだ国では生産の効率が上がり、製品の値段が安くなる。だが、発展途上国では労働賃金は安いのに、技術や生産効率が低いため製品の値段がなかなか安くならない。例えば、ある発展途上国の自動車生産コストは日本の何倍もかかっているそうである。

일본경제의 개요

　메이지유신(明治維新 1868년) 이후 일본의 근대화와 더불어 제 1차 세계대전과 제 2차 세계대전을 거쳐 한국전쟁(1950)과 1960년의 불황의 위기를 극복하면서 일본은 고도의 경제성장에 의해서 경제대국으로 1980년 말에는 최고 성장기에 달했지만, 1990년 초 버블경제에 의한 경기의 후퇴는 매년 1천억 달러 이상의 무역흑자로 인해 외국과의 경제마찰, 엔고, 산업구조의 변화 등의 문제에 걸쳐서 이것을 해결해야만 하는 상황에 있다.

　특히 1992년부터 버블 경제에 의한 경기의 후퇴와 더불어 1992년 경제심의회의에서는 주민생활의 복지에 중점을 둔 "생활대국 5개년 계획" 안의 제출은 연간 노동시간 1800시간 이하로 하고, 대도시 거주자의 주택구입비를 5배로 낮추는 계획이 수립되어 일본인의 생활향상을 위해 노력하고 있다.

　1973년 일본의 엔화의 변동환율제 채택 후 일본 엔화의 상승으로 인한 일본의 경제는 시련에 직면해 오고 있다. 특히 일본의 수출은 많은데 비하여 수입은 적어서 외국과의 경제마찰을 불러 일으키고 있고, 그 중에서도 미국의 불만을 해소하기 위해서는 오로지 국내 수요의 확대속에 수출입의 균형을 유지하는 길만이 외국과의 경제마찰을 해소할 수 있을 것이다.

　또한 종신고용제 종말과 더불어 경영의 합리화 방안이 절실히 필요한 상황에 직면해 있다. 수출입의 균형을 유지하고, 21세기의 정보화시대에 있어서 일본의 향방은 경제대국 일본에 있어서 꼭 넘어야 할 커다란 과제이기도 하다.

　아시아 및 한국의 금융위기는 특히 1997년 불어닥친 금융개혁 등에 의한 IMF의 아시아의 경제위기와 더불어 일본에 있어서도 커다란 경제위기를 몰고 오고 있다. 이것은 서양의 합리주의와 동양의 윤리주의 사상과의 새로운 이데올로기 경제 전쟁이다.

　특히, 일본의 엔화가 강세화자, 기업은 현지 투자 확대 등, 엔고의 저항력을 키우고 있으며, 업무실적과 업무성격이나 근무지에 따라 임금체계를 달리하는 등, 기업의 대대적인 산업구조개혁을 추진하는 등, 일본은 경제 초강대국으로써 움직임을 보이고 있다.

제3장

일본경제의 발전과정

• • • •

1. 전후(戰後) 일본 경제의 동향

일본경제는 제 2차 세계대전 이후 1960년대 초기부터 발전하여 지금에 이르렀다. 전전(戰前) 수준으로의 회복기, 철강, 자동차 등의 중화학 공업을 견인력으로 한 고도 성장기, 석유 위기를 거친 후의 기술집약산업 주도에 의한 안정 성장기이다. 최근에는 내수 주도형 경제로 전환하면서 경이적인 경제발전으로 풍요로운 국민생활의 실현을 추구하고 있다.

1) 전전(戰前)수준으로의 회복기(패전 후~1950년대 전반)

패전 직후, 일본의 광공업 생산은 전쟁 발발 당시(1941년) 수준의 7분의 1로 감소하고 국민은 심각한 식량 위기와 인플레이션에 시달리고 있었다. 일본을 점령한 연합군은 일본경제의 민주화를 위한 3대 기본정책을 실시했다. 그것은 첫째 재벌의 해체, 둘째 농지제도의 개혁, 셋째 노동권의 확립이었다.

전후 일본 경제발전의 커다란 틀이 된 것은 바로 이 세 가지 정책이었다.

일본정부는 산업의 기초인 석탄과 철강을 위해 자재·자금·노동력을 중점적으로 투입하는 이른바 경사(傾斜)생산 방식을 실시했다.

일본경제는 1948년부터 회복되기 시작했다. 그러나 인플레는 오히려 가속되었다. 1949년에는 미국의 도지(Dodge)특사의 권고에 의해 엄격한 긴축정책이 실시되었다. 이 프로그램(Dodge Line)에 의해 인플레는 일단 수습되었지만, 경제는 심각한 불안에 빠졌다. 그러나 1950년에 일어난 한국전쟁은 일본경제의 회복에 있어 결정적인 요인이 되었다. 한국전쟁에 참가한 재일 미군을 향한 자재·서비스의 공급을 통해 일본경제는 회복되기 시작하였다(이를 두고 일본에서는"朝鮮特需"라고 부른다). 결과적으로 일본은 1950년대 중반까지 거의 모든 경제지표가 전쟁 전 수준으로 회복되었다. 한국전쟁과 월남전쟁의 특수경기가 일본경제 발전에 큰 역할을 하였다.

戰後 日本의 경제는 패전으로 부터의 부흥- 제2차 세계대전에 의한 일본의 상실 ; 253만명의 인적 피해, 35%의 영토 면적 축소, 공업 생산 시설의 대부분 소실, 광공업 및 농업 생산력 감소 등 국부의 1/4이 감소하였다.

- 사업 기초의 원자재 생산 총력 ; 석탄, 철강, 비료의 집중 생산
- 한반도 전쟁 발발(1950년 6월 25일) ; 긴급 특수에 의한 불황 탈출로 국민 총생산, 공업 수준, 1인당 소비, 소득 수준의 각 지표가 戰前 수준을 초과하여 새로운 첨단 설비로 교환 가능하게 됨. 이로 인해 자동차, 전력, 해운, 석유화학, 전기, 전자, 고분자 화학 등의 기간 산업의 활발한 기술 도입 촉진으로 중화학 공업화의 진전
- 중화학 공업의 발달로 고도 성장 이룩 ; 1954~55년-数量景気, 1956~57년-진무(神武)경기, 1959~61년-이와토景気로 년평균 10.6% 경제 성장
- 1960년 이케다 정부의 "소득 배중 계획"-10년후 일본 경제의 소득을 배로 증가 하겠다는 계획 으로 미래 청사진과 자신감을 일본 국민에게 줌- 1960년대 일본의 중화학 공업율 60%
- 1965년경~1970년경-더 한층의 근대화, 합리화를 자극함. 고도 성장의 지속- 풍요로운 개인 소득, 고급 패턴의 소비 붐, 특히 내구 소비재의 보급, 즉 칼라TV, 승용차, 에어콘 등 소위 3C의 보급율이 크게 향상됨.
- 오일 쇼크- 1973년 제4차 중동 전쟁- 원유가 4배 상승으로 제1차 오일쇼크-일본 경제의 고도 성장에 종지부- 1979년 제2차 오일쇼크로 경제 성장율 1/3로 감소
- 일본의 농업- 1947년 농지개혁에 의한 봉건적 지주제 폐지 ; 자작농의 증가, 생산 의욕 향상, 생산성 향상
- 1950년대 중반 중화학 공업 중심의 일본 경제 ; 농촌 인구의 감소(1950년 45.2%에서

1983년 9.8%로 감소)
- 농업의 중요성이 경시되고 해외로부터의 농산품 수입이 늘면서 식량 자급율 저하.
- 일본의 중소기업(제조업의 경우)- 일본은 전체 사업장 수의 98%이상, 종업원 수는 70%, 생산액으로는 50%가 중소기업이 차지 - 특히 전체 사업장의 67%가 1~9명의 영세기업임.
- 하청 및 외주에 의해 대기업과 중소기업에 물려 있음.

2) 고도 성장기 (1950년대 후반~1960년대)

1950년대 중반에 이르러 일본은 "이제 더 이상 전후(戰後)가 아니다"라는 말을 쓰기 시작했다. 그 후 1960년대 말까지 일본 경제는 몇 번의 짧은 경기 후퇴기에 직면하면서도 국민총생산(GNP)은 연평균 10%의 높은 성장을 보였다. 이때 일본의 산업은 중화학공업의 비약적인 발전에 의해 생산규모와 생산성을 크게 향상시키는 기반을 굳혔다. 또한 이 시기에는 국제 경쟁력 강화를 위한 대형 합병이 이루어졌다. 또한 일본은 수입과 환율의 자유화를 진전시키고, 국제경제에의 적응을 한층 꾀했다. 1962년에는 수입 자유화율이 88%에 달하였고, 64년에는 IMF 8조국에 가입했다(환율 제한의 원칙 철폐). 또 자본의 자유화도 진행시켰다. 1960년대 후반에는 수출이 확대되고 국제수지도 흑자기조로 바뀌었다. 한편, 이 시기에는 고도성장의 그늘이라고 할 수 있는 인플레문제와 공해문제가 발생하기도 했다. 1968년 GNP(국민총생산)는 미국 다음으로 세계 제2위였으나, 1985년에 미국을 앞섰다.

3) 안전성장으로 전환 (1970년대~1980년대 전반)

일본은 1970년 6개월 동안 세계 만국박람회인 "EXPO70"으로 경제 부흥을 완수하였으나, 1970년대에 접어들자 고도경제성장에도 그늘이 나타나기 시작했다. 국외에서도 국제통화 위기가 발생했다. 1999년에는 1달러 100엔 대에 달했다. 1973년의 숭농전쟁으로 제 1자 석유위기는 세계경제의 동시 불황을 초래했지만, 그 충격은 일본 같은 자원 수입국에는 특히 통렬한 것이었다. 또 성장둔화와 엔고(円高)에 대처하기 위한 적극적 재정·금융정책을 도입하려고 했다. 따라서 경제는 인플레기조에 부딪쳤다. 거기에 석유위기가 더해지면서 격심한 인플레가 발생했다. 물가급등은 정부의 총 수요억제에 의해 1976년에는 진정되었다. 그러나, 석유위기 후의 세계적인 경제후퇴 속에 일본경제는 5년여에 걸쳐 계속 침체했다. 1979년 중동전쟁으로 제 2차 석유위기로 세계경제는 커다란 혼란에 빠지게 되었다. 이러한 위기를 벗어나기 위해 일본의 각 산업은 에너지 절약 기술과 자동화 기술의 개발·도입을 추진했다. 또 일본경제는 산업구조를 중후장대형(重厚長大型)에서 경박단소형(輕薄短小型)으로의 전환하기 시작했다. 미국의 고금리에 의한 달러 고(高), 엔 저(低)를 배경으로 늘어난 수출은 일본경제의 견인차 역할을 했다. 그 결과 80년대 전반의 일본경제는 연평균 4~5%의 안정성장을 유지 할 수 있었다. 기업은 에너지 절약과 감량경영으로 안정성장을 도모하였다.

4) 거품경기와 엔고 (1980년대 후반~1990년대 초반)

수출이 증가하여 일본은 무역흑자가 계속 늘어났고, 이에 대한 외국의 대일 비판은 강해졌다. 구미제국과 경제마찰을 해소하기 위해 1988년부터 각종 규제를 완화 철폐하여 민간활력에 의한 내수확대노선이 추진되었다. 이 정책은 기업의 요청에 따른 것으로 경제는 상당히 활성화되었다. 예를 들어 민간설비투자가 3년 연속 두 자리 숫자의 성장률을 보였다. 주가와 지가는 멈출 줄을 모르고 계속 상승했다. 이와 같은 거품경기에 대처하기 위해 89년 중반부터 일본은 경기대책을 긴축금융정책으로 전환했다. 이 때문에 일거에 90년 초부터 주가가 폭락하기 시작했다. 91년 4월을 최고로 경기는 하강하기 시작했고, 주식은 최고치의 반 이하로 급락했으며, 토지거래도 급속히 줄어들고 지가도 하락했다. 거품이 빠진 것이다. 이 때문에 발생한 대량의 불량 자산처리를 위해 경기의 회복 속도는 매우 느렸다. 이 거품경기의 불황은 93년 10월까지 30개월 동안 계속되었다. 93년에는 엔이 급등하면서 무역흑자는 점차 감소해 갔고 경기 회복속도는 느렸으며 거품경기의 휴유증에서 쉽게 탈피하지 못했다.

93년 이후 엔고 상태가 계속 유지되면서 일본의 기업들은 첨단기술의 개발과 자동화하였으며, 생산비 절감 또는 경영의 합리화라는 처방만으로는 국면을 타개 할 수 없다는 인식 아래 생산구조의 전환을 서둘렀다.

즉, 생산공장의 해외이전, 현지생산, 내수전환, 수입품의 활용 등에 적극적으로 나섰다. 해외이전의 대표적인 예는 유럽지역으로 자동차 거점 이동과 동남아시아 지역으로 가전업의 이전을 들 수 있다. 이처럼 일본의 기업들은 지금의 엔고 속의 불황을 벗어나고자 사업구조의 재구축에 노력하고 있다. 편의점의 확대, 여행서비스업, 파트타임이 늘어나고 있다.

2. 일본 경제의 성공 요인

일본은 제 2차 세계대전 이후 기적에 가까운 고도성장을 달성해 왔다. 그 과정에서 석유위기와 급격한 엔고(円高)현상을 극복하는 등 기술혁신과 생산능력을 확대하여 현재 경제대국으로써 성장하였다.

1) 전후(戰後) 일본경제의 고도성장 요인

- 첫째, 교육수준이 높고 근면한 인적자원이 있었다.
- 둘째, 정부가 적극적으로 최신의 설비와 기술을 투자하였다.
- 셋째, 자유무역 체제 아래서 원자재를 세계 각국으로 부터 자유롭게 수입할 수 있었고, 특히 미국이 일본의 상품을 자유롭게 받아들여 주는 등 수출시장을 매우 넓혔다.
- 넷째, 기업과 노동조합이 유럽이나 미국을 따라잡는다는 공통의 목적을 가지고 먼저 경제적인 이득을 크게 하기 위해 협력했다. 나(私)보다는 공(公)을 존중하는 협동정신.
- 다섯째, 국민의 저축성향이 높고 값싼 이자로 금융기관이 적극적인 융자를 지원했기 때문에 투자를 위한 자금이 충분히 공급되었다.
- 여섯째, 중립평화 국가의 길을 선택했기 때문에 군사비 지출이 적었고, 자금이나 인재를 경제활동에 집중시킬 수 있었다. 방위비의 지출을 줄여, 사회 자본을 확대하였다. 일본의 고도 성장에는 일본국민 모두가 일치 단결하여 노력하였다는 사실 외에도 미국을 중심으로 한 자유무역 체제의 존재 등 외적 조건의 기여 또한 중요한 요인이었다.

1985년 일본은 1945년 패전 후 40년 만에 미국을 제치고 세계최대의 채권국으로 부상했고 미국은 세계최대의 채무국으로 전락한 역사의 해였다. 일본인들은 미국의 부동산과 영화사들 사들었나. 미국기업은 "일본을 배우자"며 앞다투어 소니와 도요다의 공장을 시찰했다. 그러나 일본경제는 1990년부터 거품이 빠지기 시작하면서 10년간 정체상태를 보이고 있다. 이런 분석은 사실 일본을 모방한 한국에서도 시사점이 많다. 그러나 일본은 곧 다시 자신의 시대가 올 것이라고 기대하고 있다. 이미 세계최고의 상품제조기술을 가지고 있고 디지털경제가 성숙된 게임의 법칙이 확립되면 안정된 환경에서는 효율성이 가장 뛰어난 일본기업이 다시 세계를 제패할 수 있기 때문이다. 워크맨은 전세계적인 히트상품으로 떠올랐다. 다른 가

전회사들도 허겁지겁 워크맨을 만들어 시장에 내놓기 시작했다. 이후 워크맨은 1998년까지 1억6000여만대가 팔리는 대히트상품이 되었으며, 30여개국에서 만들어 내고 300여종에 달하는 헤드폰 스테레오는 전세계적으로 매년 4000만대(소니 워크맨 250만대)팔려 나가고 있다.

2) 1970년대의 석유 위기와 엔고의 극복 요인

첫째, 신기술의 개발과 그 실용화를 향한 과감한 투자에 의해 에너지 소비를 대폭 삭감했다(예를들면 철강업이나 화학공업에서는 제품 단위당 에너지 소비량이 73년 이후 10년간에 약 20%정도 저하했다).

둘째, 공장의 자동화나 컴퓨터를 활용한 관리기법의 도입에 의해 생산효율과 품질향상을 실현했다.

셋째, "重厚 長大"에서 "軽薄 短小"의 산업구조에로의 전환이 성공적으로 이루어졌다. 즉 물품산업에서 서비스산업으로, 또 물품산업 중에서도 중공업에서 전자산업 등 고부가가치 산업으로의 이행이 진행되었다.

넷째, 엔고는 일본이 대량으로 수입하는 원자재의 단가를 낮추어 줌으로써 수출에의 억제 효과를 가져왔다.

다섯째, 인플레의 조기극복에 성공했다. 여기에는 노동조합이 생산성 향상의 한도내에서 임금상승 요구를 행한 것이 크게 기여했다. 이것은 제 2차 석유위기 때에 특히 현저했다.

 1983년 이후의 엔고현상에 대한 대응노력은 다음과 같다.

첫째, 1970년대부터의 산업자동화가 이 시기에는 더욱 철저하게 이루어져, 생산효율이 높아졌다(94년 현재, 세계 산업용 로봇의 62%가 일본에서 가동되고 있다).

둘째, 컴퓨터를 활용한 다품종 소량생산 시스템의 개발로 다양화된 시장의 요청에 적응하는 등 제품의 고급화와 고부가가치화를 달성했다.

셋째, 전자학의 응용에 의한 정보·통신 시스템을 광범위하게 활용하여, 관리업무, 수송·재고관리 등 여러 분야에서 생산비 삭감과 서비스의 질적 개선을 실현했다.

제4장

재일 한국인의 문제

. . . .

 1. **재일 한국인의 수**

중국은 전 세계에 퍼져있는 5천만 명의 화교들이 '화교 네트워크'를 만들어 중국에 투자하고 중국 상품의 세계시장 개척에 첨병 역할을 하고 있다.

재일 한국인의 역사를 살펴보면 다음의 두 가지 측면에서 볼 수 있다.

하나는 식민지 통치하에서 일자리를 찾아 일본으로 건너간 경우이다. 1876년 일본과 강화도 조약이 체결되어 1910년 한일합방이 강제로 이루어지기까지의 시기에는 탄광이나 철도공사의 현장 노동자로 도일한 사람들이 대부분이었다. 그 후 식민지 통치하에서 토지를 박탈당한 농민들의 생활은 대단히 빈곤해 졌다. 당시에 생활기반이 없는 많은 사람들이 만주와 일본으로 일자리를 찾아 나섰다.

누 번째는 일본이 독일 이탈리아와 동맹을 맺어 제2차 세계대진을 일으기면시 강제 연행과 강제 징용을 통해 7백만 명의 한국인을 일본으로 데리고 갔다.

이렇게 하여 일본에서 생활하고 있던 한국인들은 해방을 맞이하면서 대부분이 귀국을 하였지만 약 60만 명 정도가 일본에 잔류하게 되었다. 이들 가운데는 스스로 일자리를 찾아 일본에 와서 생활기반을 마련한 사람들이 많았고, 또 강제로 연행되어 온 사람들로서 귀국의 의사를 갖고 있으면서도 해방된 조국이 돌연 분단되고, 6.25 전쟁으로 인해 조국의 혼란상태가 계속되자 귀국을 늦추고 있던 사람들이 그 사이에 일본에서 경제적 기반을 쌓아올려 귀국이 멀어지고 일본에서의 정착이 이루어져 현재의 재일 한국인100만 명 시대를 만들었다.

현재 일본에는 외국인 등록의 46.4%에 이른 657,159명(1996년)의 재일 한국인(북한계도 포함, 그러나 귀화해서 일본 국적을 가진 자는 제외)이 살고 있다. 또 귀화인, 한일혼열, 게다가 수십만 명이라고 일컬어지는 한국인으로부터의 밀입국자를 합치면 그 수는 100만 명에 이른다고 한다.

오오사카(재일 한국인 전체인구의 30%)를 위시하여 대도시인 도쿄, 효오고, 교토, 가나가와, 후쿠오카에 살고 있는 재일 한국인의 수가 전체의 74%가 된다고 한다.

현재는 2세, 3세가 해마다 계속 증가해 1988년도에는 전체 90% 가까이 달해 80년대에는 세대교체가 완전히 끝날 것으로 예측된다.

한국국적과 조선국적의 비율은 1971년 1월에 한·일 법적 지위협정에 의한 협정 영주권의 신청이 마감되어 한국 국적 취득자가 급증하여 현재 한국국적 68%, 조선국적32%이다.

출신지역은 경상남도 38.6%, 경상북도 24.8%, 제주도 15.9%, 전라남도 9.6%, 전라북도 1.9%, 충청남도 2.0%, 충청북도 1.8%, 경기도 0.9%, 서울1.5%, 강원도 0.8%로 남한 출신이 전체의 98%를 차지하고 있다.

그러나 지금 재일 한국인의 대부분이 일본 태생이기 때문에 고향이라고 말하면 자기들이 태어난 일본의 어떤 지역이 쉽게 생각나는 것은 보통이다.

2. 재일 한국인의 조직

재일 한국인 사회에는 대한민국을 지지하는 재일본 대한민국 거류민단과 북한을 지지하는 재일본 조선인 총연합회의 2대 조직이 있고, 또 다른 여러가지 조직은 거의 이 2대 조직의 산하단체라고 할 수 있다. 그리고 한 때 민단 반주류파를 중심으로 한국 군사독재 정권에 반대하는 한국민주회복 통일촉진국민회의 일본본부의 활동도 일본의 대한반도정책에 꽤 많은 영향을 그쳤지만 현재 그 세력은 약해져 있다.

1945년 8월 15일 일본 패전의 날은 한민족에 있어서는 해방의 날이었다. 해방민족이 된 재일 한국인은 조국과 마찬가지로 옥중에서 해방된 독립운동가, 민족주의자, 노동운동가를 영합하여 1945년 9월 15일 재빨리 재일본조신인연맹(조총련)을 결성했다. 그러나 이 조직은 공산주의의 세력하에 놓여져 일본 공산당의 하부조직적인 역할도 수행했기 때문에 1946년 2월 15일 박열(천황 암살미수죄로 체포, 해방후 석방귀국, 6.25때 북한으로 납치됨)을 위원장으로 하여 신조선 건설동맹(민단)을 결성했다.

민단은 도쿄에 중앙본부를 두고, 49개 지방본부와 약 400개의 지부가 있다. 산하단체로서는 재일 대한부인회, 재일본 대한민국재향군인회, 재일본 대한체육회가 있고, 계열사업으로는 재일 한국인 신용조합협회, 재일 한국인 상공회 등이 있다. 전에는 재일 한국청년동맹, 재일 한국학생동맹이 청년조직이었지만 한민통과 행동을 함께 했기 때문에 조직으로부터 배제되어 일시적으로 민단에는 청년조직이 없게 되었다. 후에 대한민국 청년회가 조직되었지만 아직 조직력은 약하다. 기관지로서는 〈한국신문〉을 발행하고 있다.

민단은 〈대한민국의 국시를 엄수한다〉라고 강령에 명시되어 있는 것처럼 한국의 체제를 따라서 반공민주자세를 견지하고 있다. 원래는 한국국적 재일한국민의 자치기관이였지만 현재는 본국정부와 밀접한 관계를 갖고 행동하고 있다. 주일 한국대표부의 영사 사무의 일부를 대행하고, 한국정부의 창구적 성격도 띄고 있다. 〈새마을 봉사단〉, 방위성금의 모금운동 등을 활발하게 행하여 본국의 발달에 기여하고 있고 또 요사이 재류권보장 등 일상활동에도 힘을 쏟고 있다.

조총련은 도쿄에 본부를 두고 전국에 49개의 지방본부, 그 밑에 약 300개의 지부, 2,000개의 분회를 갖고 재일본 조선민주여성동맹, 재일본조선청년동맹, 조선유학생동맹, 재일조선인 신용조합협회, 재일본조선인상공회연합회, 조선신문사를 위시로 하는 신문 통신, 출판사 외에 민족 예술의 〈금강산 가극단〉, 조일무역의 주일 창구적 역할을 갖는 〈조일수출입상사〉등이 있다.

그 운동 방침은 〈김일성에 대한 절대 충성〉이고 북한의 지도하에 조직 강화를 꾀해 왔지만 김일성-김정일 후계자 문제에 얽혀 내분이 증대하고 있다.

 ## 3. 재일 한국인의 생활

1948년 12월 10일의 UN 제 3차 총회에서 채택된 〈세계 인권선언〉은 그 제 2조 1항에서 〈어떠한 사람이나 인종, 피부색, 성, 언어, 정치상 혹은 다른 의견, 국민적 혹은 사회적 출신, 재산, 문벌 또는 다른 지위의 어떠한 종류의 차별을 받는 것 없이, 이 선언에 열거되어져 있는 모든 권리와 자유를 향유할 권리를 갖는다〉라고 명시하고 있다.

그리고 또 동 2조항은 〈개인이 속하는 나라 또는 지역이 독립지역이든지, 신탁통치지역이든지, 비자치지역이든지, 그 외 어떠한 주권제한 하에 있든지를 묻지 않고 그 나라 또는 지역의 정치상, 관할상 또는 국제상의 지위에 기인하는 어떠한 차별도 제정해서는 안된다.〉라고 하고 있다. 그러나 재일 한국인의 생활은 이 세계 인권선언에서 동떨어져 있고, 일본에서의 재일 한국인의 행동에 많은 제한이 있고, 또 많은 차별이 가해지고 있다. 그리고 일본은 세계 인권 선언의 비준을 현재까지도 계속 거부하고 있다. 이것은 많은 재일 한국인을 안은 국내 문제 때문이라고도 말하여지고 있다. 재일 한국인의 생활이 어떠한 상황에 있는 지를 아는 가장 손쉬운 방법은 그 직업 형태를 보는 일이다.

해방 40년이 지난 오늘에 와서는 한국인에 대한 차별과 멸시는 사라진 것처럼 보인다.

그러나 그것은 표면상이며, 사태는 조금도 개선되지 않았다. 그 가장 좋은 예가 재일 한국인 취직이다. 조선인이라는 이유 때문에 채용을 거부하는 기업이 대부분이다. 재일 한국인의 청소년이 일본 사회에서 가장 큰 차별을 체험하는 것이 취직할 때라고도 말할 수 있다.

전쟁 전 재일 한국인의 직업은 공업과 영세 마을 공장의 경영이 약 50%, 광업, 상업이 각각 10% 안팎이었다. 그러나 일본의 패전과 함께 재일 한국인의 직업에도 큰 변화가 일어났다. 식민지나 전지에 나와 있던 일본인이 귀환해 옴으로써 일본인 노동인구의 급증과 전화에 의한 기업활동의 정지상태에서 생긴 격심한 취직난으로 재일 한국인을 전쟁중에 집중 동원되어 있던 산업부분에서 일제히 추방되었다. 전재와 패전의 마비 상태가 된 산업계와 대량의 일본인 실업자 틈바구니에서 단순한 육체노동만의 미숙한 노동자가 많았던 한국인 노동자는 어떤 하층 노동에라도 끼어들 여지조차 없었다. 그래서 사활의 방법으로 생겨난 것이 패전국 특유의 소매상이란 암거래였다. 일본의 모든 직장에서 재일 한국인은 소생산이나 소매상 또는 암거래상을 하든지, 이런 일에 종사하는 동포 경영자에게 고용될 수 밖에 없었다.

한국동란을 계기로 일본 경제의 회복과 함께, 암거래와 같은 직업은 구축되어 갔지만 이 시기의 재일 한국인의 생활을 지탱한 〈영세기업의 경영이나 또는 그런 종류의 동포기업 하에서의 취직〉이라는 패턴은 현재에 이르기까지도 기본적 성격으로 남아있다. 재일 한국인의 밀집지대 오사카시 이쿠노구에서 볼 수 있는 종업원 5, 6명의 소영세기업에 의한 비닐샌들 만들기, 자질구레한 플라스틱 제품가공, 핸드백에 부착하는 쇠붙이 제조, 안경의 렌즈깍기, 철제 의사, 책상의 하청이란 형태가 그 전형이라고 할 수 있다.

전후, 일본의 모든 산업부문에서 내쫓기어진 재일 한국인의 대부분이 겨우 쌓아올릴 수 있었던 생활기반은 일본경제의 밑바닥에 위치하는 영세공업, 판매업, 서비스업 그 밖의 잡업이었다.

최근에 일부 대도시의 재일 한국인이 많이 사는 지역에서는 재일 한국인의 운동에 의해 하급 공무원이나 약간의 교사 채용이 인정되었지만, 채용되더라도 주위의 일본인에 의한 차별대우 때문에 나중에 그 직장을 떠나는 경우가 많다. 요즘에는 각자의 재능을 살려 작가, 디자이너, 예술가, 스포츠인 등 자유 업종에 진출하여 두각을 나타내는 사람도 적지 않다.

4. 재일 한국인의 민족교육

민족학교로서는 조총련계의 학교 교육이 일찍부터 행하여져 도쿄의 고다이라시(小平市)의 조선대학교를 정점으로 소, 중, 고 대학교의 일관된 교육체계가 구축되어 있으며, 그 수는 29도도부현(都道府県)에 153교를 헤아리고 학생수는 약 4만명에 달해, 양적으로 민단의 교육기관을 능가하고 있다. 그 교육방침은 〈김일성에 대한 절대적인 충성〉이다. 모두 우리말로 수업을 진행하고, 북한에서의 교육교재를 그대로 일본으로 가지고 들어오기 때문에 일본사회에 적용할 수 있는 생활능력을 양성하는 교육이 완전히 행해지지 않는다. 이 때문에 학교를 나와도 일본사회에 대한 일반상식이 부족하고 일본사회에 적응할 수 있는 능력이 배양되지 않는 다는 이유로 매년 학생 수는 감소추세에 있다.

한편 민단계의 교육기관은 도쿄 한국학원(소, 중, 고등학교), 교토 한국학원(중, 고), 금강학원 오사카 한국학교(고등학교 : 한국 문교부가 인정한 유일한 학교), 오사카시에 있는 백두학원 건국학교(소, 중, 고 : 일본 문부성이 인정한 유일한 학교)등 4개교이다. 교육방침은 한국 국민으로서의 긍지를 갖도록 함과 농시에 반공 애국성신을 기르는 것이나. 또 일본사회에 적응할 수 있는 생활능력을 양성하는 교육 방침도 채택되어 있고, 수업은 주로 일본어로 행해지고 있다. 그러나 학생 수는 2,000명 정도 밖에 되지 않는다. 따라서 민단 내부에서는 재일 한국인에 대한 충실한 민족교육의 실시가 재삼 강조되기도 한다.

그러나 민족학교를 졸업하더라도 오사카의 건국고교 이외는 일본의 문부성이 허가한 학교가 아니기 때문에 일본대학으로 진학은 어렵기 때문에 대부분의 재일 한국인들이 일본학교를 다니고 있다.

우리의 해외동포는 중국에 200만명, 미국에 160만명, 일본에 80만명, 러시아에 50만명 등, 약 500만명이 해외에서 거주하면서 활동하고 있다. 교포들이 열등감을 버리고 자존심을 살려 자신의 역량을 최대한으로 발휘하여 한국과 그 나라의 우호협력과 관계개선에 밑거름이 된다면 얼마나 좋은 일인가?

지금 일본에 살고 있는 우리 교포들은 약 80만명이 있지만, 아직 정치가는 없고, 자유업 종사자가 대부분이나 교수, 변호사, 의사도 많고 지방자치이므로 지역에 따라서 공무원, 교사들도 있지만, 일본사회는 아직 폐쇄적이어서 외국인들은 선거권도 없고 공무원도 될 수 없게 법이 있어 많이 일본인으로 귀화하고 있다.

현재 일본에서 살고 있는 재일교포 중에 한국국적을 가진 사람이 약 50만명이고, 이북국적을 가진 사람이 약 30만명 있다.

재일교포인 정동필씨가 나까지마(中島)로 귀화하였지만, 지금 일본에서 제일부자로 활약하고 있으며, 빠징고 오락실의 대부로 알려져 있고, 김달수씨, 이회성씨 등은 작가로써 활동하고 있으며, 교토의 MK택시 사장 유봉식씨는 일본에서 제일 친절한 사람으로 알려져 있지 않은가? 악전고투 끝에 1991년에는 재일교포 6명이 1995년에는 700명 모집에 3명이나 사법시험에 합격하여 수십 명이 일본의 법조계에서 변호사로 활동하고, 400년전 임진왜란 때 끌려가서 규슈(九州)의 가고시마에서 도자기로 소문난 미야마지역의 사쓰마야끼의 14대손 심수관과 아리타지역의 영웅 이삼평 등은 세계적으로 유명한 도예가 들이다. 의사들도 300명 이상이 활동하고 있다. 롯데재벌의 총수인 신격호씨 외에도 불고기집, 김치집, 술집 등을 경영하는 교포들이 많으며, 주로 상업을 하고 있다.

일본의 온갖 규제와 차별대우 속에서도 꿋꿋이 일어나서 더욱더 활동을 잘하고 있는 장한 재일교포들도 많으나, 대부분이 자격지심에 얽매어 있으며, 한국인이라는 것조차 숨기면서 김치도 안먹고, 한국말도 안쓰고, 조국을 한번도 방문 않고 살아가는 사람이 많이 있어 문제이다. 일본사회에서 멸시 당하고, 인권유린과 편견으로 일본에서 태어난 2세, 3세의 교포들이 일본에서 극심한 인종차별을 받고 살아가고 있는 것을 보면, 일본인들의 폐쇄적인 소인근성과 일본사회는 아직 진정한 국제사회가 아니다는 것을 엿볼 수 있었다.정치가와 공무원은 할 수도 없고, 선거권도 없으며, 외국인등록증에 지문날인을 하여 항상 휴대해야 하는 등, 너무 인종차별이 심했다.

일본정부는 하루 빨리 수백만 외국인들이 일본에서 마음놓고 안정된 생활을 할 수 있도록 억압적인 법적, 제도적 조치를 즉각 개선하여야 할 것이다. 일본의 양심적인 지성인들에게 기대해 보며, 우리 재일교포들도 더욱 분발해서, 일본인교포 후지모리씨가 페루의 대통령이 된 후 3선 출마를 준비하는 것처럼 일본에서 무언가를 보여 주어야 할 때라고 생각한다.

대부분이 일본인으로 귀화하고 교포 2세들이 한글도 모르고, 안 배우고, 또 김치도 안 먹는다 하니, 우리의 주체의식과 민족정신 의식이 너무 결여 되어 있는 것만 같아 부끄러웠다.

세계 각국에서 살고 있는 해외교포 500만명이 한민족의 자존심을 가지고, 로마에 가면 로마법을 따르듯이 어떠한 억압과 박해에도 참고 일어서는 강한 의지력을 발휘하여 생활한다면 성공할 수 있을 것이다. 과거의 일본문화에 영향을 준 한국문화와 한국인도 많지 않는가?

도쿄의 고마진자(高麗神社)와 나라(奈良)의 호오류지(法隆寺)에는 담징의 금당벽화와 백제관음상이 있고, 교토의 고류지(広隆寺)에 있는 일본국보1호인 미륵보살 반가사유상, 교토박물관에 소장되어 있는 원효와 의상의 자화상, 황거에 있는 백제교, 하카타(博多)의 다이자이후 유적, 나라(奈良)의 도다이지(東大寺)와 같이 일본 속에는 한국인과 한국 문화재가 아직도 너무 많이 남아 있다.

한·일 양국이 겸허한 자세로 서로를 폭넓게 이해하고 가까운 이웃으로 인정하여, 상호교류의 폭을 넓혀서 귀중한 문화재는 돌려주고, "배울 것은 배우고, 가르쳐 줄 것은 가르쳐 주는 좋은 이웃"으로 서로 도우며 어떠한 어려움도 극복해 나가야 할 것이다

1592년 임진왜란이 일어난지 어언 405년의 세월이 흘렀다. 임진왜란과 정유재란 때는 한국인 전사자의 코와 귀를 베어다 묻어 둔 미미츠카(耳塚)는 교토에서 오늘도 비참한 역사를 말해 주고 있으며, 일본에 강제로 포로로 끌려간 800여명의 유명한 조선의 도공들이 많았으며, 400년 동안 이삼평이나 심수관은 선조의 대를 이어 일본에서 세계적으로 유명한 도자기를 만들어 내고 있지 않는가!

제2차 세계대전 중에 홋카이도(北海道)에 강제징용 되어간 노무자는 200만명이고, 끌려간 한국인 징용자 34만명 중에서 5만명이 심한 학대와 사고로 목숨을 잃었고, 삿포로 평화공원에 "한국인 수난자 위령비"를 세워 그의 원혼을 달래고 있지만......

태평양전쟁 당시 히로시마에 강제징용되어 끌려간 10만명중에 2만명이 1945년 8월 6일 원자폭탄 투하시에 희생되어 목숨을 잃었다. 그늘의 넋을 날래기 위해 히로시나 평화공원 밖에 "한국인 원폭피해자 위령비"가 세워져 있는데, 이북의 조총련계에서는 "한국인"보다는 "조선인"으로 비명을 고쳐야 된다고 야단 법석이고, 가끔 누군가 천마리의 종이학을 바치지만, 고얀 녀석들이 매년 위령비에 불을 지르고 있어 더욱 섭섭하고 가슴 아팠다.

현재 일본에 살고 있는 한국교포 80만명이 한국과 일본의 장점만을 배워서 한일양국의 훌륭한 다리 역할을 하면 좋을 텐데.....

가슴속엔 한국과 일본에 불만만 품고, 일본인도 아니고 한국인도 아닌 우리 교포들이 어찌 보면 너무나 불쌍한 생각도 든다.

그러나 중요한 것은 마음가짐과 언동이다. 한국과 일본에서 무시당하지 않고 존경받을 수 있는 언동을 하면 언제 어디서도 인간은 대우받고 인정받게 된다. 일본인이나 화교들이 한국에서 잘 버티고, 봉사활동하고, 장사해서 돈 벌고, 미운 오리새끼 대우 안받는 것처럼 일본사회라고 예외 일 수는 없다.

일본이 비열하고 폐쇄적이라지만, 한편, 일본만큼 자유롭고 개방적이고 창조적인 나라도 드문 건 사실이다.

재일동포 중에는 자랑 스런 한국인이 너무 많다.

이쓰키히로시, 미조라히바리 등의 가수들도 일본 가요계를 주름잡고 있으며, 더구나 일본 최고의 부자도 한국교포 아닌가?

민방TV 아사히의 최대 주주로서 자본참여를 결정한 재일한국인 3세인 손정의(41)는 소프트뱅크사를 설립하여 "일본의 빌 게이츠"로 불리고 21세기 일본의 경제를 리더 할 기업인 1위로 뽑혔지 않는가. 재일교포도 자신에게 주어진 환경을 최대한 이용하면 성공할 수 있다.

"로마에 가면 로마법을 따르라"는 명언처럼 일본에 살면 일본법을 지키고 따르면서, 더욱 분발해서 사회활동과 봉사활동도 하면서 외국인 등록법도 지키면서 적응하여 대화로 그의 폐단을 논하고 건의하는 선에서 그쳐야지, 일본법의 폐지를 주장하고 거부하여 징역가고 일본에서 멸시받고 쫓겨나는 무모한 언동은 자제해야 한다. 일본인들도 폐쇄성과 차별주의를 하루빨리 시정해야 할 것이다.

미국의 로스엔젤레스에서 흑인들이 폭동을 일으켰을 때, 중국타운이나 일본타운은 피해가 없고, 한국타운만 엄청난 피해를 입었다는 것은 우리에게 많은 교훈을 준다. 그 지역사회 속에 잘 융합하지 못한 일부 한국교포들은 지금 세계 각처에서 거만하고 협조정신이 없다고 미운 오리새끼로 비난을 받고 있다.

1923년 관동대지진 때 "조선인이 불을 지르고 우물에다 독약을 넣고 있다."는 소문을 퍼뜨려, 자경단을 만들어 우리 교포들을 약 7천명이나 죽창으로 찌르고, 때려 죽였던, 비열한 일본인들이 지금 세계 일등국민이라 하니 웃지 못할 일이지만, 그들은 이처럼 집단주의 변신을 식은 죽먹듯이하므로 일본인은 세계로부터 조소당하고 있는 것 아닌가? 일본인들은 재일한국인의 법적지위를 보장해 주고, 인간 차별을 더이상 해서는 안될 것이며, 한국인은 더럽고 추하며, 북한 사람은 가난하고 무섭다는 식의 나쁜 선입관념을 이제는 버리고 동반자로서 이웃나라의 좋은 친구로 대하는 인간미가 절실히 필요한 시대임을 자각해야 한다.

(재일교포의 서러움)

우리의 해외동포는 중국에 200만명, 미국에 160만명, 일본에 80만명, 러시아에 50만명 등, 약 500만명이 해외에서 거주하면서 활동하고 있다. 교포들이 열등감을 버리고 자존심을 살려 자신의 역량을 최대한으로 발휘하여 한국과 그 나라의 우호협력과 관계개선에 밑거름이 된다면 얼마나 좋은 일인가?

지금 일본에 살고 있는 우리 교포들은 약 80만명이 있지만, 아직 정치가는 없고, 자유업 종사자가 대부분이나 교수, 변호사, 의사도 많고 지방자치이므로 지역에 따라서 공무원, 교사들도 있지만, 일본사회는 아직 폐쇄적이어서 외국인들은 선거권도 없고 공무원도 될 수 없게 법이 있어 많이 일본인으로 귀화하고 있다.

현재 일본에서 살고 있는 재일교포 중에 한국국적을 가진 사람이 약 50만명이고, 이북국적을 가진 사람이 약 30만명 있다.

재일교포인 정동필씨가 나까지마(中島)로 귀화하였지만, 지금 일본에서 제일부자로 활약하고 있으며, 빠징고 오락실의 대부로 알려져 있고, 김달수씨, 이회성씨 등은 작가로써 활동하고 있으며, 교토의 MK택시 사장 유봉식씨는 일본에서 제일 친절한 사람으로 알려져 있지 않은가? 악전고투 끝에 1991년에는 재일교포 6명이 1995년에는 700명 모집에 3명이나 사법시험에 합격하여 수십 명이 일본의 법조계에서 변호사로 활동하고, 400년전 임진왜란 때 끌려가서 규슈(九州)의 가고시마에서 도자기로 소문난 미야마지역의 사쓰마야끼의 14대손 심수관과 아리타지역의 영웅 이삼평 등은 세계적으로 유명한 도예가 들이다. 의사들도 300명 이상이 활동하고 있다. 롯데재벌의 총수인 신격호씨 외에도 불고기집, 김치집, 술집 등을 경영하는 교포들이 많으며, 주로 상업을 하고 있다.

일본의 온갖 규제와 차별대우 속에서도 꿋꿋이 일어나서 더욱더 활동을 잘하고 있는 장한 재일교포들도 많으나, 대부분이 자격지심에 얽매어 있으며, 한국인이라는 것조차 숨기면서 김치도 안먹고, 한국말도 안쓰고, 조국을 한번도 방문 않고 살아가는 사람이 많이 있어 문제이다. 일본사회에서 멸시 당하고, 인권유린과 편견으로 일본에서 태어난 2세, 3세의 교포들이 일본에서 극심한 인종차별을 받고 살아가고 있는 것을 보면, 일본인들의 폐쇄적인 소인근성과 일본사회는 아직 진정한 국제사회가 아니다는 것을 엿볼 수 있었다.

정치가와 공무원은 할 수도 없고, 선거권도 없으며, 외국인등록증에 지문날인을 하여 항상 휴대해야 하는 등, 너무 인종차별이 심했다.

일본정부는 하루 빨리 수백만 외국인들이 일본에서 마음놓고 안정된 생활을 할 수 있도록 억압적인 법적, 제도적 조치를 즉각 개선하여야 할 것이다. 일본의 양심적인 지성인들에게 기대해 보며, 우리 재일교포들도 더욱 분발해서, 일본인교포 후지모리 씨가 페루의 대통령이 된 후 3선까지 하는 것처럼 일본에서 무언가를 보여 주어야 할 때라고 생각한다.

대부분이 일본인으로 귀화하고 교포 2세들이 한글도 모르고, 안 배우고, 또 김치도 안 먹는다 하니, 우리의 주체의식과 민족정신 의식이 너무 결어 되어 있는 것만 같아 부끄러웠다.

세계 각국에서 살고 있는 해외교포 500만명이 한민족의 자존심을 가지고, 로마에 가면 로마법을 따르듯이 어떠한 억압과 박해에도 참고 일어서는 강한 의지력을 발휘하여 생활한다면 성공할 수 있을 것이다. 과거의 일본문화에 영향을 준 한국문화와 한국인도 많지 않는가?

도쿄의 고마진자(高麗神社)와 나라의 호오류지(法隆寺)에는 담징의 금당벽화와 백제관음상이 있고, 교토의 고류지(広隆寺)에 있는 일본국보1호인 미륵보살 반가사유상, 교토박물관에 소장되어 있는 원효와 의상의 자화상, 황거에 있는 백제교, 하카타(博多)의 다이자이후 유적, 나라(奈良)의 도다이지(東大寺)와 같이 일본 속에는 한국인과 한국 문화재가 아직도 너무 많이 남아 있다.

한·일 양국이 겸허한 자세로 서로를 폭넓게 이해하고 가까운 이웃으로 인정하여, 상호교류의 폭을 넓혀서 귀중한 문화재는 돌려주고, "배울 것은 배우고, 가르쳐 줄 것은 가르쳐 주는 좋은 이웃"으로 서로 도우며 어떠한 어려움도 극복해 나가야 할 것이다.

1592년 임진왜란이 일어난지 어언 405년의 세월이 흘렀다. 임진왜란과 정유재란 때는 한국인 전사자의 코와 귀를 베어다 묻어 둔 미미츠카(耳塚)는 교토에 묻혀 비참한 역사를 말해 주고 있으며, 일본에 강제로 포로로 끌려간 800여명의 유명한 조선의 도공들이 많았으며, 400년 동안 이삼평이나 심수관은 선조의 대를 이어 일본에서 세계적으로 유명한 도자기를 만들어 내고 있지 않는가!

제2차 세계대전 중에 홋카이도(北海道)에 강제징용 되어간 노무자는 200만명이고,

끌려간 한국인 징용자 34만명 중에서 5만명이 심한 학대와 사고로 목숨을 잃었고, 삿포로 평화공원에 "한국인 수난자 위령비"를 세워 그의 원혼을 달래고 있고, 태평양전쟁 당시 히로시마에 강제징용되어 끌려간 10만명중에 2만명이 1945년 8월 6일 원자폭탄 투하시에 희생되어 목숨을 잃었다. 그들의 넋을 달래기 위해 히로시마 평화공원 밖에 "한국인 원폭피해자 위령비"가 세워져 있는데, 이북의 조총련계에서는 "한국인"보다는 "조선인"으로 비명을 고쳐야 된다고 야단 법석이지만, 현재 일본에 살고 있는 재일동포 65만명이 한국과 일본의 장점만을 배워서 한일양국의 훌륭한 다리 역할을 하면 좋을 텐데.....

가슴속엔 한국과 일본에 불만만 품고, 일본인도 아니고 한국인도 아닌 우리 교포들이 어찌 보면 너무나 불쌍한 생각도 든다.

그러나 중요한 것은 마음가짐과 언동이다. 한국과 일본에서 무시당하지 않고 존경받을 수 있는 언동을 하면 언제 어디서도 인간은 대우받고 인정받게 된다. 일본인이나 화교들이 한국에서 잘 버티고, 봉사활동하고, 장사해서 돈 벌고, 미운 오리새끼 대우 안받는 것처럼 일본사회라고 예외 일 수는 없다. 일본이 비열하고 폐쇄적이라지만, 한편, 일본만큼 자유롭고 개방적이고 창조적인 나라도 드문 건 사실이다.

재일동포중에는 자랑스런 한국인이 너무 많다.

이쓰키히로시, 미조라히바리 등의 가수들도 일본 가요계를 주름잡고 있으며, 더구나 일본 최고의 부자도 한국교포 아닌가?

민방TV아사히의 최대 주주로서 자본참여를 결정한 재일한국인 3세인 손정의(41)는 소프트뱅크사를 설립하여 "일본의 빌케이츠"로 불리고 21세기 일본의 경제를 리더할 기업인 1위로 뽑혔지 않는가.자신에게 주어진 환경을 최대한 이용하면 성공할 수 있다.

"로마에 가면 로마법을 따르라"는 명언처럼 일본에 살면 일본법을 지키고 따르면서, 더욱 분발해서 사회활동과 봉사활동도 하면서 외국인 등록법도 지키면서 적응하여 대화로 그의 폐단을 논하고 건의하여 개정하해아지, 일본법의 폐지를 주장하고 거부하여 징역가고 일본에서 멸시받고 쫓겨나는 무모한 언동은 자제해야 한다.

일본인들도 폐쇄성과 차별주의를 하루빨리 시정해야 할 것이다.

미국의 로스엔젤레스에서 흑인들이 폭동을 일으켰을 때, 중국타운이나 일본타운은 피해가 없고, 한국타운만 엄청난 피해를 입었다는 것은 우리에게 많은 교훈을 준다. 그 지역사회 속에 잘 융합하지 못한 일부 한국교포들은 지금 세계 각처에서 거만하고 협조정신이 없다고 미운 오리새끼로 비난을 받고 있다.

일본인들은 재일한국인의 법적지위를 보장해 주고, 인간 차별을 더이상 해서는 안될 것이며, 한국인은 더럽고 추하며, 북한 사람은 가난하고 무섭다는 식의 나쁜 선입관념을 이제는 버리고 동반자로서 이웃나라의 좋은 친구로 대하는 인간미가 절실히 필요한 시대임을 자각해야 한다.

우리 교포들도 일본인과 어깨를 나란히 할 수 있는 힘을 길러서 한국인의 슬기로운 긍지와 지혜로 웃으며 어려움을 극복하고 일어서려는 의지와 사명감이 필요하다.

현실의 불평불만보다는 개방화, 세계화에 적응해서 우리 동포들이 한국과 일본의 다리역할을 할 수 있는 국제신사로서 연대의식을 가지고 한·일관계 개선과 한·일이해에 앞장설 수 있도록 자신의 힘을 기르는 것이 급선무인 것 같다.

모두들 일본인으로 이름만 귀화한다고 해결될 성질의 문제는 아니다. 이제 세계는 한 지구가족이다. 세계인이 되어 언제 어디서나 화합하고 단결하여 대우받고 살아가야 한다.

재일동포 2·3세들이 한민족의 긍지와 자부심을 가지고 떳떳이 살아갈 수 있도록 재일동포 1세들은 우리 민족의 자존심을 가르쳐 주고, 삶의 향기를 심어 주는 정신적 가치관을 보여 주어야 할 때이다.

물론 지금도 사회 저명인사로써 일본사회를 주름잡는 재일동포도 많고, 재단법인「조선장학회」 같은 데서는, 우리말과 한글을 모르는 2·3세들에게 한글을 가르치고 함께 어울려 한민족의 긍지와 자부심을 심어 주고, 장학금도 매년 5백명에게 주고 있어 흐뭇하지만, 동포들의 소식과 조국의 소식을 담은 「삼천리」가 폐간되고, 재일한국인학교들이 점점 폐교되어 줄어가고 있으니 슬픈 일 아닌가?

일본인들도 선입관을 가지고 더 이상 외국인들을 무시해서는 안된다. 일본은 본의 아니게 끌려온 재일동포들을 불법체류자 다루듯 하지 말고, 하루빨리 영주권과 선거권을 주어야 할 것이다. 선진국 일본·일본인들의 언동을 밖에서 보면 어쩐지 여간 불안하고, 역겨울 때가 너무나 많다. 국제화란 무엇인가? 세계가 서로 배우고 배푸는 것이다.

일본·일본인은 세계와 세계인을 향해 둥글게 보다 인간답게 언동하면서 살아야 될 것 같다. 일본은 7세기에 견수사(遣隋使), 8세기에 견당사(遣唐使)를 파견하고, 에도 시대에는 조선의 사절단인 신사유람단과 조선통신사를 초청하여 배우고, 명치시대에는 구미사절단(欧美使節団)을 파견하여 배워왔다.

한일간의 선린우호 관계의 발전을 위한 다리가 되어줄것을 바란다. 이어 동포들의 선거권 획득, 즉 지방 참정권 운동이 큰 결실을 거두기를 기대한다. 과거 일본과 우리 나라의 우호관계를 상징하는 조선통신사 행렬도에 관심있는 사람들은 통신사의 교류가 우수한 조선문화를 받아들이기위해 시작했음을 기억하면서 과거사 문제 등으로 인한 현재의 다소 껄끄러운 관계가 하루빨리 청산되기를 희망한다.

"재일동포들은 이미 영주권 제도를 통해 법적지위를 확보한 상태에서 보다 높은 차원의 정치적 권리인 참정권을 요구하고 있다."

일본정부는 조선인 노무자의 미불임금을 즉각 지불하고 재일동포의 참정권과 피선거권을 보장하고 사할린 과 중국, 소련의 이산가족 귀환과 생계비를 지원하라.

재일동포의 참정권과 법적지위문제

• • • •

1. 서론

현재 재일동포 사회에서는 일본 지방자치체 선거에의 참정권을 요구하는 운동이 활발히 전개되고 있다. 따라서 본 논문에서는 재일동포의 지방참정권를 중심으로 재일동포의 차별의 현상 등의 문제점을 고찰하였다.

2001년 5월 9일 KBS 방송뉴스에 의하면 재일동포가 귀화할 때 국적취득의 방법이 허가제에서 신고제로 바뀌고, 한국의 성씨를 그대로 등록할 수 있도록 자민, 연립, 보수연합으로 법률안을 국회에 제출하여 통과가 전망되지만, 재일동포의 지방선거 참정권은 공명당이 2년 전 국회에 제출했지만 자민당의 반대로 폐기될 가능성이 크다고 한다.

즉, 재일 동포의 지방참정권 부여가 늦어질 것으로 보인다. 재일 동포의 지방참정권 부여 법안 처리가 사실상 불가능해졌다고 말할 수 있으며, 고이즈미 준이치로의 현정부에서도 처리 여부가 불투명한 것으로 전망된다.

그동안 각 정당이 협상에서 재일동포의 지방참정권문제를 논의해 왔으며, 오부치 게이조 전 총리가 이끌었던 자민, 자유, 공명 3당 연정은 지방참정권 부여를 정책 합의사항중 하나로 포함시켰으며, 그 뒤의 모리 요시로 총리의 자민, 공명, 보수 연정도 기존의 정책합의를 계속 유지하였다.

2. **재일동포의 법적지위 운동**

1) 재일동포의 법적지위 역사

제2차 세계대전이 끝난후 패전국으로 연합국의 점령하에 놓인 일본은 무정부상태가 계속되어, 일본에 남게 된 200만명의 동포들은 법적 보장면에서 매우 불안한 위치에 놓이게 되었다. 연합국사령부는 처음에는 재일동포를 '해방국민'으로 대우하였으나, 1948년 6월부터는 특수지위의 국민으로 규정하여 법적지위를 확보하기위한 교섭과 투쟁이 시작되었다.

평화조약 체결까지는 종전과 같이 일본이과 동등한 지위를 갖는다는 입장을 취하던 일본당국도 1947년 5월에 실시한 외국인등록에서 이들을 일제히 '외국인'으로 등록하였다. 이에 샌프란시스코 대일평화조약이 발효 (1952년 4월 28일)되자 재일동포의 법적지위문제가 제1차 한일회담개최의 중요한 동기의 하나로 부상하게 되어 이후7차에 걸친 한일회담을 추진하기에 이르렀다. 1~7차 회담의 수 차례에 걸친 회담을 통해서도 진전을 보지 못했다.

1965년 6월 22일 한일국교정상화에 따른 '대한민국 국민이 일본의 사회질서 하에서 안정된 생활을 영위 할 수 있도록 하는 것이 양국간의 우호증진에 기여한다'라고 협정의 기본정신을 명시하고 국교정상화에 따른 '대한민국과 일본국간의 일본국에 거주하는 대한민국 국민의 법적지위와 대우에 관한 협정'으로 재일동포 사회에 커다란 변화를 초래하였다.

그러나 이 협정의 제4조에는 재일한국인의 의무교육, 생활보호, 국민건강보험등 3항목이 명기되어 있으나 실제로 협정체결이후 일본국민에 대한 복지제도가 충실화된 가운데서도 재일동포의 법적지위협정은 형식화하여 재일동포의 기본적권익이 지켜지지 않고 있다.

일본정부는 200개항목 가까이 늘어난 복지제노에 국석조항을 만들어 재일동포에 대해서는 협정조약에 없다는 이유를 구실로 사회복지제도도 적용대상에서 완전히 배제하였던 것이다

3. 외국인의 참정권과 차별의 현상

1) 재일동포 참정권의 연혁

한·일 합병시에는 재일동포들도 일본인과 같은 선거법의 적용을 받아 동등한 자격으로 선거에 참여하는 권리를 가졌었다. 일본은 1889년 최초로 중의원의원선거권을 제정하여, 납세요건 등의 유무로 선거에 참여하는 권리를 가졌으며, 모든 일본인에게 선거권이 인정된 것은 아니었다. 그러나 1925년 보통선거법 성립에 따라 25세 이상의 제국신민인 모든 남자는 일정한 결격요건에 해당하지 않는 한 선거권을 인정받았으며, 이 제국신민의 범위에는 재일동포도 포함되었다. 1926년에는 府県制, 市制, 町村制등이 개정되어 府県 의회와 市町村 의회등의 지방 선거에도 납세요건이 폐지되고 25세이상 성인 남자의 보통선거가 실시되었다. 재일동포 최초의 입후보자는 1929년 1월 20일 堺市 의회 의원에 입후보하였던 黃承元이었다. 1932년 2월 중의원선거에서는 재일동포 투표자가 16,170명이었으며, 그 중 2,647표는 한글투표를 하였다. 1932년과 1937년 총선거에서는 동경 제4구에서 친일인사인 朴春琴이 중의원 의원으로 두 번이나 당선되기도 하였다. 일제기간 중 市会 의원으로는 연 30명, 区会 의원으로는 2명, 町会 의원으로는 연 22명이 당선된 바 있다.

일본이 제2차대전에서 패전하여 연합국의 통치를 받게 되자, 당시 일본정부는 공식적으로는 재일동포의 국적이 일본이라고 주장하면서도 법개정을 통하여 기존의 참정권은 상실시키었다. 즉, 1945년 중의원의원 선거법, 1947년 참의원의원 선거권, 1947년 지방자치법, 1950년 공직선거법 등은 모두 부칙에 호적법의 적용을 받지 않는 자는 선거권 및 피선거권을 당분간 정지한다고 규정하여, 합병기간 중 일본 호적법이 아닌 조선호적법의 적용을 받던 재일동포의 참정권을 부인하였다. 그 후 일본정부는 샌프란시스코 대일평화조약 발효일을 기하여 재일동포의 일본국적은 상실되었다는 입장을 취하여 오늘에 이르고 있다.

현재 일본에서의 선거참여에 관한 국내법 내용은 다음과 같다. 일본헌법은 전문과 제1조에서 국민주권원리를 규정하고, 제15조 1항에서는 공무원을 선정하고 그를 파면하는 것은 국민 고유의 권리라고 규정하고, 제93조 2항에서는 지방공공단체의 長, 그 의회의 의원 및 법률로 정한 직원은 그 지방 공공단체의 주민이 직접 이를 선출한다고 규정하고 있다. 이에 따른 공직선거법 제9조 1항은 "일본국민"만이 중의원, 참의원 및 각지방공공단체 의원 및 長의 피선거권을 갖는다고 규정하고 있다. 또한 지방자치법 제11조, 18조, 19조는 일본국민인 주민만이 지방공공단체 선거에서 선거권과 피선거권을 향유한다고 규정하고 있다.

즉, 헌법에서는 참정권의 주체를 단순히 국민이라고만 표현하고 있으나, 하위법률에서는 일본 국민만이 선거권과 피선거권을 갖는다고 명기하고 있다. 이에 따라 일본에서 외국인은 모든 선거의 참여가 배제되어 왔다.

2) 재일 외국인의 지방참정권 문제

① 영국 : 민주주의의 산실이라고 불리는 영국의 경우에도 노동자들의 참정권은 1920년대에 비로소 보장되었다. 여성들의 참정권 투쟁도 19세기 중엽에 미국에서 시작되어 유럽으로 확산되었으나, 여성 참정권의 보장은 20세기에 들어서 이루어졌다. 영국은 영국시민과 아일랜드인에게 모든 선거에서의 선거권을 인정하고 있다.

② 미국 : 20세기 초반까지 외국인의 선거권이 부분적으로 인정되어왔다. 미국사회가 안정화되고 체제가 정비된 19세기 후반에서 20세기 초엽을 지날 무렵 외국인 선거권은 잠차 사라졌다. 미국의 선거에서 외국인의 투표권이 완전히 배제된 것은 1928년 선거가 최초였다.

③ 소련 : 노동자 계급에게는 국적에 관계없이 참정권이 인정되었다. 그러나 1924년 헌법 이후에는 외국인 노동자의 참정권 인정조항이 사라졌다.

④ 일본 : 아직도 재일동포들에게 참정권이 주어지지 않고 있다. 재일동포들은 세금을 내지만, 정치적 권리는 주어지지 않는다는 점에서 영국의 부르주아지와 같은 처지에 놓여있다.

⑤ 네덜란드 : 1983년 2월 17일에 공포된 네덜란드 개정헌법에 따라 외국인에게도 (피)선거권이 인정될 수 있게 되었다. 1986년의 지방선거에서는 7명의 터키인을 포함한 14명의 외국인이 당선되었다.

⑥ 독일 : 독일에서는 통일 이전인 1989년 서독의 2개 지방자치단체가 외국인의 (피)선거권을 인정하는 법을 제정하였다. 또한 Schleswig-Holstein주 역시 5년 이상 거주하고 본인이 신청하는 경우 (피)선거권을 주는 법을 1989년 2월 1일로 가결하였다. 그러나 독일에서의 이러한 법들에 대하여 1990년 10월 31일 연방헌법재판소는 전원일치로 위헌판결을 내렸다.

⑦ 한국 : 모든 외국인은 체제 기간에 관계없이 투표권을 갖지 못하고 있다.

우리나라의 각종 선거관계 법률은 외국인의 선거권을 일체 부인하고 있다. 공직선거

및 선거부정방지법 제15조, 제17조는 국민만이 대통령, 국회의원, 지방의회 의원, 지방자치단체의 장의 선거권이 있다고 규정하고 있다. 국내의 헌법학자들은 이때의 국민이란 한국국적자만을 가리킨다고 해석하고 있다. 한편 지방자치법은 자치체 주민이라는 개념에 구적을 전제로 하고 있지 않으며, 외국인에게도 주민으로서의 권리향유를 인정하고 있다(제12조, 13조 1항). 그러나 (피)선거권만은 특별히 국민인 주민에게만 유보시키고 있다.

4. 결론

일본의 서양에 대한 열등감에서 아시아제국에 대한 우월감으로의 전환은 일본의 근대화의 과정에 있어서 재일동포에 대한 차별의식에 영향을 주었다고 할 수 있다

자민·자유·공명 연립정권 발족할 때에 참정권 부여는 3당합의의 의원입법으로 성립될 전망이었다. 그러나 최근에는 연립정권의 협조체제가 흔들리고 정체상태가 이어지면서 법안상정의 일정조차 공표되지 않는 형편이다.

이에 비해 한국은 이미 2002년 지자체선거까지 정주외국인에게 지방참정권을 부여한다는 방침을 밝히고 있다. 상호주의를 이유로 난색을 표해온 일본측도 한국정부의 적극적인 조치로 구체적인 방침을 내놓지 않을 수 없게 돼 겨우 3당 합의에 도달했음에도 또다시 정체상태가 계속되고 있는 것이다. 일본의 정주외국인의 참정권에 대한 학설과 판례를 보면,

일본의 경우는 정주외국인의 지방선거권부여에 관한 연구의 이유가 재일 한국인의 일본에서의 지방선거권인정을 일본정부에 요구하기 위한 준비작업이며, 특히 이러한 요구를 위해서는 상대적으로 우리나라에서도 국내에 정주하는 외국인등에 대해서 지방선거권을 부여해 주어야 하고, 이에 대한 법제적 대비를 하여야 하기 때문이다.

헌법상 외국인의 참정권이 금지되는가, 허용되는가, 아니면 오히려 요청되는가 하는 문제이다. 이에 관한 일본의 학설은 부정설, 허용설(입법정책설), 요청설 등으로 정리된다.

외국인의 참정권을 전혀 인정하지 않는 종래의 통설을 승인설이라 하고, 지방참정권만을 인정하는 최근의 유력설을 부분적 승인설, 지방차원 및 국정 차원의 참정권을 승인하는 학설을 전면적 승인설로 구분하는 견해가 있다. 첫 번째의 논점과 두 번째 논점을 종합하여 상

정가능한 학설을 정비해 보면 다음과 같다.

① **전면금지설** : 국정 및 지방에서 외국인의 참정권이 부정되는 것은 헌법이 이를 금지하고 있기 때문이라고 생각하는 견해이다.

② **전면허용설** : 국정 및 지방에서 외국인의 참정권이 헌법상 보장되고 있다고는 할 수 없지만, 헌법상 금지되어 있는 것은 아니고 입법정책의 문제로서 허용될 수 있다는 입장이다.

③ **전면요청설** : 국정 및 지방에서의 외국인이 참정권이 긍정되는 것을 헌법이 이를 요청하고 있기 때문이라고 생각하는 견해이다.

④ **국정금지지방허용설** : 국정차원에서의 외국인의 참정권은 헌법상 금지되어 있지만, 지방 차원에서의 참정권은 입법정책의 문제로서 허용될 수 있다는 입장이다.

⑤ **국정금지지방요청설** : 국정 차원에서의 외국인의 참정권은 헌법상 금지되어 있지만, 지방 차원에서의 참정권은 헌법상 요청되어 있다고 이해하는 견해이다.

⑥ **국정허용지방요청설** : 국정차원에서의 외국인의 참정권은 헌법상 허용됨, 즉 헌법정책상 인정될 수 있는 정도이지만, 지방 차원에서의 외국인의 참정권은 헌법상 요청되어 있다고 인정하는 입장이다.

이러한 논점에 따라 일본에서 제기되고 있는 학설을 정리하면 다음과 같다.

첫째로 아직까지 전통이론은 ①의 전면금지설의 입장이라고 생각된다. 이 이론의 근거는 과거의 통설을 대표하는 宮沢俊義에 따르면 국민주권원리를 근거로 삼고 있다.

일본헌법 제15조의 공무원의 선정파면권은 "국민고유"의 권리라고 하여 다른 규정에서는 볼수 없는 특수한 문언을 사용하고 있다.

참정권을 국민으로부터 박탈하는 것이 아니라면 정주외국인에게도 참정권을 인정하는 것이 이 문언의 해석상으로도 불가능한 것은 아니다.

정주외국인의 선거권에 관한 일본의 대표판례인 事件의 槪要을 보면 다음과 같다.

원고는 한국국적을 가지고 있으며, 일본에서 출생하여 일본에 사회생활의 본거를 두고 있는 소위 정주외국인으로 평성2년(1990)9월 2일 거주하고 있는 大阪市 선거인 명부에 자신이 등록되어 있지 않으므로, 소위 '정주외국인'은 헌법상 지방자치단체에서 선거권을 보장받아야 한다는 취지로 大阪市 各区 선거관리위원회에 선거인 명부에 등록을 요구하는 이의를 신청하였으나, 각하되어 이 각하결정의 취소를 구하는 소송을 제기하였다. 원심(大阪地判平成5.6.29) 判夕 825号 p.134.)은 일본국적을 가지고 있지 아니한 정주외국인에 대해서 선거권을 인정하는 것은 헌법상 보장되어 있다고 인정할 수 없다고 하여 원고의 청구를 기각하였다. 이에 원고는 공직선거법 제25조 제3항에 따라 최고 재판소에 상고하였으나, 기각되었다.

오늘의 한국과 일본의 이해

제4부

한국과 일본문화의 이해

오늘의 한국과 일본의 이해

한국과 일본문화의 개관

    고대 한일관계사에서는 불교문화 외에도 한국이 일본에 많은 영향을 주었음을 알 수 있지만, 일본문화는 동양의 문화이면서도 매우 특색이 있는 것으로 알려지고 있다. 대체로 일본문화는 외면적인 화려함보다는 내면적인 우아함과 아름다움을 희구하는 경향이 강하다.

    그런데, 근대에 들어와서부터 일본은 서구의 물질문명, 기계문명을 섭취하여 외래문화를 국풍화하면서 세계를 탐구하려는 일본인의 독자적인 미의식이 외래문명을 받아들여 소화해 가면서 전통문화로 융화시켜 특색 있는 것을 창조했기 때문이다.

    말하자면, 일본문화는 일본민족의 미의식과 더불어 이질(異質)문화에 대해 유연했던 국민성이 외래문화에다 정신적인 뒷받침을 해 가면서 국풍화(国風化)해 왔다고 볼 수 있겠다.

    21세기는 문화의 세기이다. 국제 경쟁력을 배양하기 위해 일본은 개방적인 국제교류협력의 문화 개방정책을 서두르고 있다.

한국여행과 일본여행, 연수, 유학

국제화·정보화시대의 물결을 타고 매년1000만 여명이 해외로 출국하고 있다. 젊은이들의 해외유학, 어학연수, 해외여행이 자율화되어 방학을 이용하여 가깝고도 먼 나라 일본에도 문화체험과 경험의 지식을 얻고 자신의 미래를 준비하기 위해 가고 있다.

교통비와 물가가 비싼 일본에 여행을 하려면, 값싼 유스호텔(1박 3만원 정도)등의 숙박 장소와 음식점, 관광명소, 교통요금, 경비 등에 대해서 사전에 계획을 철저히 충분히 세워 예비지식을 가지고, 여유있는 마음으로 출발해야 후회 없는 즐거운 여행을 할 수 있을 것이다.

도쿄 시내(皇居, 国会, 明治神宮, 東京탑, 銀座, 靖国神社, 新宿, 秋葉原, 上野, 東京大学)의 1일 관광여행은 도쿄 역에 있는 하토 버스(10만원 정도)를 이용하면 좋다. 짐을 꾸릴 때는 상비약과 김치, 멸치, 고추장, 김 등의 밑반찬을 꼭 챙기고 가면 좋다.

일본 전국을 일주일 정도 여행하려면 한국의 여행사에서 팔고 있는 신간선(新幹線)일주일 정기권인 J. R패스(27만원)를 구입하면 교통비용이 싸게 들고 아주 편리하다.

특히, 부산항과 일본의 시모노세끼(下関)항에서 매일 오후 5시에 출항하여 다음날 오전 8시에 한국과 일본에 각각 도착하는 패리를 이용(왕복 10만원)해도 좋은 추억의 여행이 될 것이다. 도쿄의 날씨는 부산의 날씨 정도로 생각하면 된다.

일반적인 여행 코스로는 東京의 富士山↔大阪의 城↔京都의 二溪城↔奈良의 法隆寺와 東大寺↔広島와 宮島↔福岡의 大宰府↔九州의 활화산인 아소산(阿蘇山)등을 구경하고 別府에서 온천을 즐기는 것도 여행의 멋이 아닐까?

일본에 유학이나 어학연수를 계획하는 사람은 확고한 신념과 목포를 세우고 어학실력과 생활에 필요한 경비, 진학에 필요한 정보와 자료를 선후배, 지도교수와 상담하는 것이 무엇보다 중요하다.

한국에서 대학을 졸업하고, 대학원에 진학할 사람은 유명한 동경 6대학이나 지방 국립대학을 선정하여, 그 대학에서 연구생(청강생) 제도(6개월~2년 코스)를 활용하는 것이 좋다. 일본은 학비와 물가가 서울 생활과 비슷하여 1개월 어학연수는 약 150만원, 3개월에는 약 500만원, 1년에 약1000만원 정도가 필요하다.

일본의 대학원에 유학할 경우는 1년에 국립은 학비가 700만원, 사립은 1,000만원 이상이 들고, 생활비가 700만원 정도 들어 적어도 1년에 1,500만원 이상이 필요하다.

아르바이트를 매일 다섯 시간씩 한다면 생활비는 가능하지만, 학업에 열중하기 힘들며, 어학실력이 있어야 장학생 선발에 유리하다.

따라서 외국어, 과학, 기술 등의 국비유학생·연수생 등을 대폭 확대하는 정부의 유학정책과 지원이 아쉽기만 하다. 아직도 우리는 해외유학, 해외연수가 부족하고 빈약하다. 일본인은 1년에 15만명이 미국에 유학을 가고, 4천만명 이상이 해외여행을 가고 있으며, 일본의 중·고교 5백개교 정도가 매년 한국으로 수학여행을 오고 있는데 우리는 어떠한가? 일본탐방, 세계연구, 국제화에 적응하기 위해서는 우리 젊은이들의 해외연수, 유학, 해외여행의 기회를 대폭 늘려 주어야 할 것 같다.

열번 듣는 것 보다 자신의 눈으로 직접 보고 확인하는 것이 중요하다. 국제정세의 판단 능력을 기르고, 세계의 흐름을 읽을 수 있는 힘을 길러, 세계무대에서 마음껏 활동 할 수 있도록 노력해야 한다. 우리 젊은이들이 현실의 낭만에만 안주하지 말고 어렵고 힘든 일에도 도전하여 극복하고, 자신감을 가지고 세계로 나가서 선진학문과 선진기술을 배우고 익혀야 훗날 국가발전과 세계평화에 공헌 할 수 있다. 동양과 서양의 문물이 혼재해 있고, 다양한 분야에서 최첨단을 달리고 있는 일본의 모습을 직접 보고, 느끼는 것은 자신의 삶에 큰 도움이 될 것이다. 1980년 8월 수영선수 조오련은 부산에서 대마도까지 55Km를 13시간에 헤엄쳐서 도착했다. 가깝고도 먼 나라가 일본이다.

오늘날 무한경쟁의 세계화·개방화시대에 우리 모두가 지혜롭게 대처하여 대외 경쟁력을 기른다면 한국의 내일은 밝을 것이다.

제1장

일본문화의 이해와 교육문제

• • • •

1. 서론

한국과 일본은 지리적으로 동북아시아에 속하는 이웃나라로 정치, 경제, 사회, 문화적으로 숙명적인 복잡한 관계를 갖고 있다. 즉, 독도영유권문제와 어업협정문제, 종군위안부 문제 등으로 오늘도 한·일 양국의 관계는 갈등과 긴장의 연속이며, 야스쿠니신사참배와 역사교과서의 과거사에 대한 왜곡과 미화, 재일 동포의 참정권 문제, 일본의 헌법개정 문제와 자위대 파병문제로 한국인에게 불신을 주었고, 1998년 한일어업협정문제에서 일본의 이중적 태도는 중대한 외교문제로 확대되어, 서로를 감정적으로 평가절하하고 있으니 큰 문제이다.

1965년 6월 22일 한·일 국교 정상화 이후 일본어교육이 본격적으로 시작되어 1973년에 고등학교의 외국어 과목으로 선택되어 학습자 수가 많아졌다.

21세기는 문화예술의 시대이다. 우리는 2002년에 일본과 함께 세계인의 잔치인 월드컵대회를 도쿄와 서울에서 개최한다. 앞으로 한·일간의 문화를 이해하여 악재를 줄이고 심리적 거리감을 좁혀서 서로 호감을 갖도록 노력해야 할 것이다.

그러나, 최근 한국에서는 일본의 역사교과서 왜곡문제로 일본제품의 불매운동을 하고, 일본의 문화를 왜색문화로 취급하고 있지만, 일본의 문화가 어떤 것인지 알아야 극일 할 수 있다. 일본을 좀더 정확히 연구하고, 이성적으로 냉정하게 대처해야 21세기에 일본을 따라잡을 수 있을 것이다. 앞으로 21세기의 새로운 한·일 관계를 구축하는데 오늘의 현실을 직시하고 일본문화교육의 문제점과 일본문화의 수용방안을 연구하는 것은 의의가 크다고 할 수 있다.

일본의 문화 교육을 통해서 일본어에 대한 학습 의욕 및 흥미를 유발시켜 언어적, 문화적, 학습 동기를 일으킬 수 있도록 하는데 일본문화의 이해가 필요하다. 학습자들의 언어 능력을 향상시키는 것은 다양한 방법이 있지만 학습의욕을 고취시키는 데는 외국 문화를 소개하고 이해하는 교육과 교재 개발을 하여 활용하는 데 목표가 있으며, 외국어 교육에서 문화 교육은 필수적으로 다루어져야 할 과제이다. 언어적 표현의 사고 및 지식의 폭을 넓혀 주고 학습자 자신의 문화와 비교 대조를 하여, 좀 더 원어민에 가까운 사고에서 언어 표현을 할 수 있게 하는데 연구의 의의와 목적이 있다.

 ## 2. 연구내용, 범위 및 방법

언어는 그 민족의 문화나 가치체계와 사고방식에 깊은 관련을 가지고 있다.

따라서 일본문화·일본사회의 빙산의 일각을 보지말고, 일본 전체를 볼 수 있는 비판의 눈을 가지고 힘을 길러야 할 것이며, 시기상조라는 탁상공론이나 하고 있을 때가 아니다.

오늘날 세계화, 국제화시대에 이문화(異文化)를 이해하고 흡수하는 것은 중요하다.

"문화유산은 현대의 거울이다"는 말이 있듯이, 전통을 계승 발전시키고, 인간 사회에서는 문화인의 접촉이 많을수록 강하게 발전할 수 있다. 그 동안 우리도 외국 문물을 비판 없이 받아들여 문화 충격을 받기도 하였지만, 언제까지 구태의연한 사고 방식만으로는 세계를 앞서 갈 수는 없으며, 뿌리 없는 사회문화는 문화전쟁에 이길 수 없다. 적극적으로, 능동적으로, 미래지향적인 문화정책을 연구하여 일본어교육에 활용해야 할 것이다.

한국인의 보수화 습성의 영향도 문제이지만, 일본의 국수주의와 군국주의는 섬나라 근성과 개인주의적인 전통의 영향이 인도주의와 평화주의에 역행하는 행동이다. 서로가 편협한 배타성과 폐쇄성을 버리고 한일문화를 비교하여, 일본어 교재나 교과서에 반영해야 한다.

오늘날 한·일 양국의 현안문제로 떠오르고 있는 일본문화교육의 문제점과 일본문화의 수용방안을 연구하는 것은 중요하다. 제1장에서는 문화교육의 필요성. 제2장에서는 문화교육의 방법. 제3장에서는 현행고교 일본어 교과서의 문화교육의 내용분석을 고찰하여, 한·일

양국의 마찰을 해소하고 앞으로 좀더 나은 한·일 협력관계를 구축하는데 기여할 수 있는 기본자료를 제공하고 대안을 제시하는데 본 연구의 목표가 있다고 할 수 있다.

한·일 양국의 과거사가 청산되지 않아 2001年 4月 일본의 중학역사교과서 왜곡문제로 과거에 대한 사죄부족과 보상, 배상문제 등 역사인식이나, 7月 9日의 교과서 왜곡문제의 수정거부, 2002년4월에는 일본의 고교역사교과서 왜곡문제 등으로 아직도 한국인과 일본인은 심리적 거리감이 크다. 2002년의 월드컵 공동개최 문제, 경제위기와 중국의 견제 등, 한·일 공감대가 확산되고 있다. 일본 천황의 한국 방문문제와 일본의 대중문화 개방의 문제 등, 21세기에는 강력한 한·일 협력관계가 형성되리라 전망된다.

역사·문화적 인식의 차이가 한·일 관계의 커다란 걸림돌로 작용하지만, 국경 없는21세기의 경쟁시대에 문화의 일부분이 언어이기 때문에 일본어를 교육할 때 문화 교육을 도입하여 일본의 문화적 배경을 이해함으로써 원만한 언어 학습이 진행될 수 있다.

일본 문화의 소개와 이해를 통한 수업의 방법을 개발함으로써 학습에 대한 흥미와 자신감을 느끼게 하고, 우리 문화와의 차이에서 오는 문제점을 해결하여 문화 이해를 통한 국제 감각을 키우고 상호 문화에 대한 올바른 가치관을 갖게 한다. 일본의 풍습 및 생활 양식, 일본인의 사고 방식과 행동 양식 등, 문화 교육의 이론적 배경을 알아보고 현행 고교 일본어 교과서의 문화 교육 내용을 고찰하고 문화교육의 효과를 분석한다.

 ## 3. 연구와 교육의 연계관계

외국어교육의 활성화를 위해 기초적 의사소통 능력을 기르고, 학교생활, 취미, 오락, 운동, 여가선용, 문화재 등에 관한 일상생활과 관습의 문화를 올바로 이해하는 태도를 가진다.

질서는 문화인의 자랑이며, 선신국의 적도는 청결한 사회와 예의바른 국민으로 판단할 수 있다. 일본문화의 교육문제는 우리의 훌륭한 문화유산을 보존하고 세계의 다양한 문화를 이해하고 활용함으로써 새로운 문화를 창조할 수 있다. 정보문화 지식산업을 육성하고, 개발을 앞세운 문화재 파괴는 없어야 하며, 세계 각 국은 수 천년동안 서로 문물을 교류하여 왔다.

우리는 미국문화, 중국문화, 일본문화 등의 세계문화의 전통과 습관, 풍속 등의 장점을 배워야 할 것이며, 미국인, 중국인, 일본인의 특징도 알아야 한다.

한국의 전통문화는 흔히들 일제식민지 시대에 많이 없어졌다고 한탄하지만, 21세기의 국제경쟁사회에서는 전통문화의 뿌리 위에 외국문화를 접목 시켜야 만이 강한 잡종문화로써 살아 남을 수 있다. 일본문화의 교육문제는 개방은 하되 철저히 작품을 선별해야 한다.

무절제한 행동양식이 우리의 귀중한 안전문화와 미풍양속을 사라지게 하고 있다.

한국과 중국과 일본이 서로 다른 문화와 사고 의식과 문화의 차이를 가지고 있음을 알아야 하며, 일본이나 중국처럼 우리도 다양한 전통문화를 육성하자.

한국에서 전해졌다는 일본의 마쓰리 (축제) 할 때 어깨에 짊어지고 다니는 오미코시(가마)의 행렬은 일본인의 집단의식, 단결력을 불러일으키는 원동력으로 불경기일수록 더욱 오미꼬시 마쓰리를 마을마다 하면서 정신 통일을, 단결심을 더욱 기르고 있다.

일본의 전통예술인 가부키(歌舞伎), 분라쿠(文楽), 노(能) 등은 지금도 인기가 있다.

최근 도쿄의 민예관 소장의 한국유물 1천 5백점 등 일본속의 우리문화재 수만 점의 소재 파악을 한다니, 늦게나마 불행중 다행이며 시선을 끈다.

김달수씨가 쓴 "일본 속의 한국문화"에 잘 나와 있지만, 과거의 일본문화에 영향을 준 한국문화와 한국인은 너무 많다. 즉, 한일문화를 비교하는 수업이 중요하다.

특히, AD6세기경에는 백제의 왕인과 아직기가 일본에 건너가 한자를 전래하고, 백제 26대 성명왕은 538년 일본의 흠명천왕에게 불교를 전달하였다. 597년 위덕왕44년에 아좌태자가 일본에 가서 성덕태자상을 그렸다. 이처럼 옛날부터 일본과 한국은 불가분의 관계로 서로 우호 관계를 유지하여 왔고, 지금도 일본 속에 살아 있는 한국 문화와 한국인은 많지 않은가?

교토에 있는 다까야마지(高山寺)에선 화엄종의 조사(組師)인 원효대사와 의상 대사를 모시고 있으며, 도쿄(東京)의 근교에 있는 고마진자(高麗 神社)는 지금으로부터 1천2백여년전인 나라시대 때 고구려로부터 귀화한 약광(若光)을 모신 곳으로 이곳을 참배한 사람 중에서 일본의 수상(首相)이 6명이나 나와서 유명해졌다고들 한다.

그 외에도 담징의 벽화가 있는 607년에 창건한 호우류우지(法隆寺)에는 세계에서 최고로 오래된 13층목탑이 있고, 코류우지(広隆寺)에 있는 일본의 국보 제1호인 백제관음미륵보살상 등은 한국 것과 너무나 똑같다.

나라(奈良)의 도다이지(東大寺)에는 세계 최대의 청동불상인 대불(大仏)이 있는데, 목조건물 등은 한국계 도래인(귀화인)들에 의해 만들어 졌다고 한다.

지금도 일본의 전국엔 한국인을 신주로 모시는 진자(神社)가 많이 있으며, 미야지마의 이쓰구시마의 진자, 미야자키켄의 백제 마을(南郷村), 사이다마켄의 고려 마을(高麗村)등은 유명하다.

위성 TV를 통한, 일본문화의 전파로 한국은 일본의 오락, 일본인의 모습, 생활 태도를 배우고 급속히 닮아 가고, 서구의 모든 문물들이 일본을 통하여 들어오고 있다. 식사의 문화, 일상의 예의 등에 관한 일본사정의 정보와 전문지식의 교육하고, 우리 문화를 알리고 세계에 수출하자! "쥬라기공원"이라는 영화한편의 수입이 승용차150만대를 수출한 이익금과 같다한다. 퇴폐 향락적인 선정문화와 청소년에게 악영향 주는 폭력만화 등을 강력히 규제하면서, 서로가 감정을 버리고 상대방의 입장에 서서 배울 것은 배우면서 대응해야 할 때인 것 같다.

지금 일본에서는 "한국영화제"라 하여 '자유만세'부터 '영원한 제국', '아리랑' 까지 "한국영화 대표작80편"을 선정하여 상영하고 있어, 가깝고도 먼 나라인 한국을 올바로 이해하고, 한국의 참모습을 일본에 널리 알리는 계기가 되고 있다. 일본을 좀 더 알기 위해서는 우리도 서둘러 일본의 좋은 영화가 있다면 골라서 상영하는 것이 옳은 일 아닐까?

1997년의 부산국제영화제에서 상영했던 칸영화제 대상작품 「우나기(뱀장어)」, 97베니스영화제 대상작품 「하나비(불꽃놀이)」와 「라쇼몽」, 「하나비」, 「7인의 사무라이」가 상영되었다. 새로운 한·일 신시대를 위해서 자매교류와 민간외교가 더욱 더 필요한 것 같다. 서로가 양국을 오가며 번갈아 합동공연을 하고 노래로 한·일 문화교류를 촉진하는 순수한 민간단체의 아마추어 문화사절단이 필요하다. 한국에서 한자, 주판, 매운 김치, 은둔적인 소승불교를 받아 가지고, 일본식 한자와 일본어를 만들고, 일본식 주판, 안 매운 백김치를 만들고, 적극적인 대승불교로 재창조하고 개량하는 힘이 오늘의 일본을 만들고 있는 것이다.

 4. 결론

일본의 연중행사와 관혼상제는 민속적·불교적인 것이 많아 우리와 비슷하다.

정월 초하루인 元日(1월 1일) 은 신년의 출발을 축하하는 날(元旦)이다. 쇼오가츠(正月)는 신(新)을 맞이하는 행사로 집의 현관문에는 카토마츠(門松)라는 생명력이 강한 대나무와 소나무 가지를 장식하고 세워 두는 기간은 새해 첫날부터 7일까지(옛날은 15일까지)이며, 이 기간을 「마츠노우치(松の内)」라고 하며, 집안의 여기저기에 시메카자리(새끼금줄)를 쳐서 악귀를 쫓고 행운을 기원한다.1월 3일까지는 「산가니치(三が日)」 라고 해서 휴일이므로 신사나 절에 하츠모우테(참배) 하거나 지인(知人)의 집을 방문해서 신년인사를 하고, 술을 마

시며, 정월의 오세치요리를 먹으며 즐긴다.

5월 5일은 단오제를, 7월 7일은 칠석의 풍습이 있다. 8월 13일부터 8월 16일까지 오봉(추석)행사는 선조의 묘소를 참배하고 마쯔리(축제)를 한다. 11월 15일은 시찌고상(七五三)이라 하여 3살, 7살인 여자아이와 3살, 5살의 남자아이를 데리고 신사를 참배하여 건강하게 자라도록 기원하는 날이다.

한국과 일본의 음식 문화는 비슷하지만, 방법과 맛이 조금 다르다.

한국의 김밥과 일본의 노리마끼, 한국의 단무지와 일본의 다꾸왕, 한국의 배추김치와 일본의 기무치인 시오쓰깨(백김치), 한국의 두부와 된장, 일본의 도우후와 미소시루, 한국의 생선회와 일본의 사시미.....

오늘도 양국 국민의 상호감정이 악화되고 있다. 역사왜곡 교과서의 불채택 운동을 한 일본의 시민연대와 국민들과 한·일 양국의 장래를 위해 양국의 민간단체가 힘을 합하여 공동으로 대처해 나가야 하고, 청소년 교류와 민간교류를 더욱더 활성화시켜 나가야 할 것이다.

1998年 10月 22日 발표한 「한·일 공동선언 - 21세기를 향한 새로운 파트너쉽」은 한·일 관계를 과거지향에서 미래지향으로 전환하는 계기가 되었다. 한·일 민간교류 사업, 일본대중문화 개방, 청소년 교류의 확대, 산업사회 문화의 교류, 스포츠 교류 등의 촉진을 합의하였다.

앞으로 문화의 교육과 수용문제를 한·일 설문조사연구 및 한·일 합동 심포지움을 개최하여, 다양한 문화강좌로 새로운 교육자료를 개발하고 보급하는 것이 중요하다.

외국어 학습에서 문화 배경을 익히는 것은 필요하다. 언어 지식의 습득과 일본의 문화를 고찰하면서 학습에 함께 진행되도록 하는 것이 보다 바람직한 과정이라 할 수 있다. 최근 일본의 대중 문화 개방과 월드컵의 동시 개최 등은 우리 문화와 일본문화를 비교함으로써 학습 동기를 유발시킬 수 있는 기회이다. 일본의 사회 문화의 흥미 있는 단면을 소개하고 또한 풍습, 연중행사의 소개 등 타문화의 수용력을 길러 학생들의 학습의욕을 높이고, 문화 지식 및 교양을 넓히는 효과를 기대 할 수 있을 것이다.

외국문화의 안방 침투는 우리의 의식으로 취사 선택 분별해야 하고, 표절이나 모방을 벗어나 이젠 개발해야 할 것이다. 우리도 이제 세계속의 한국, 한국인으로 성장하기 위해서는 폐쇄된 사고방식을 버리고 국제적인 연대의식을 가지고 개방된 언동, 적극적인 사고행동으로 우리의 전통문화를 보존하고 발전시켜 문화 선진국의 세계화를 이룩해야 할 것이다.

문화의 정체성이 큰 문제이다. 외래문화를 배척하고, 계속 자기 것만 고집하는 국수주의는 문화쇄국으로 되어 민족문화의 발전 계승도 어렵다. 외국문화와 교류하면서 고유문화를 계승 발전시켜야 할 것이다.

제2장

조선통신사의 연구

• • • •

 1. 서론

일반적으로 통신사는 조선시대 일본의 막부장군(幕府将軍)에게 파견하였던 국가의 공식적인 외교사절을 말하는 것이다. 조선 건국후 태종 1403년(태종3) 조선이 명나라로부터 책봉을 받고, 이듬해 일본의 아시카정권(足利政権)도 책봉을 받아 조선·중국·일본간에 사대교린의 외교체제가 성립되었다.

이때 조선·일본 두 나라는 대등한 처지의 교린정책으로 조선국왕과 일본 막부장군은 양국의 최고통치권자로서 현안문제 해결을 위하여 양국의 사절을 파견하였다.

조선이 일본에 파견하는 사절을 통신사, 일본이 조선에 파견하는 사절을 일본국왕사(日本国王使)라고 하였다. 이때 통신이라는 용어는 외교관계를 가지는 두 나라가 서로 대등한 입상에서 신의를 통하여 교류한다는 뜻으로 썼다. 그러니 조선에서 일본으로 파견한 모든 사절이 통신사의 명칭을 띠었던 것은 아니다.

때에 따라서는 보빙사(報聘使)·회례사(回礼使)·회례관·통신사·통신관·경차관(敬差官) 등 다양하였다. 이들 모두가 조선국왕의 명에 의하여 서계(書契)와 예물을 지참하고 일본에 가서 막부장군을 접견하였고, 형식에 있어서는 막부도 이들을 국왕사로 접대하는 데 차이가 없었다. 다만, 파견되는 계기나 편성·호칭내용에 있어서 모두 일괄적으로 통신사라고 하기에는 다소 문제가 있다.

이러한 점에서 통신사로 규정할 수 있는 원칙을 들어보면 다음과 같다.

첫째 조선국왕으로부터 일본장군에게 파견되어야 한다.

둘째 일본장군에 대한 길흉조사, 또는 양국간의 긴급한 문제해결의 목적을 가지지만, 회례·보빙의 의미는 없어야 한다.

셋째 조선국왕으로부터 일본장군 앞으로 서계 및 예단을 가지고 간다. 넷째 사절단은 중앙관리 3인 이하로 편성한다. 다섯째 통신사 또는 그에 준하는 국왕사의 호칭을 써야 한다. 일본에 파견한 사절단에 통신사라는 명칭이 처음 쓰인 것은 1413년에 편성된 朴賁을 정사로 한 사절단이었지만, 이 사행은 중도에 정사가 병이나서 중지 되었다.

그 뒤 통신사의 파견이 실제로 시행된 것은 1428년(세종 10) 11월에 편성된 뒤 다음해 일본에 파견되어 임무를 수행하고 귀국하였던 정사 朴瑞生이하 사절단에 의한 것으로 최초의 통신사라 할 수 있다.

2. 파견내용과 목적

통신사의 파견이유에 따른 내용으로 성격에 있어서는 임진왜란을 전후하여 크게 구분할 수 있다. 즉 임진왜란 전의 경우, 일본에서 파견된 일본국왕사는 주로 경제적 이유 때문이었다. 그들은 銅을 가져와 대신 생필품인 쌀·콩·목면 특히 綿布를 가져갔다. 이어 일본 禪宗이 크게 부흥하자 조선의 대장경과 범종들을 구하여 갔다. 이에 반하여 조선의 사절은 대개 정치·외교적인 목적이 대부분이었다. 그 내용을 보면, 왜구의 금지 요청과 축소관계 수립이 주종을 이루었다. 이어 일본의 禁寇策에 대한 치하 및 犯寇者 처벌, 왜사의 귀환호송, 降倭의 배신에 대한 책유, 일본국왕사신의 보빙, 표류인의 호송에 대한 치사, 국왕·대장군·대마도주 등의 조위 경하 및 예물증여, 상역·어업표류민·피로인·세견선 등의 협의, 국내외정세의 탐사 등이었다.

한편, 조선 후기의 경우는 우선 임진왜란 직후 일본과의 전쟁상태 종결을 위한 강화, 수호체결, 피로인 쇄환, 대마번의 견제 및 일본국정 탐색, 막부장군의 습직축하 등 매우 다양하였다. 그런데 임진왜란 직후인 1607·1617·1624년에 파견된 사절단은 통신사라는 칭호 대한

'回答 兼 刷還使'라는 호칭이 사용되었다. 이 의미는 일본이 조선에 강화를 요청한 데 대하여 조선은 아직 도쿠카와막부를 정식의 정권 및 대등한 관계의 교린국으로 생각하지 않고 있다는 것이다. 이것은 조선이 강화조건으로 제시한 현안문제가 해결된 때까지 과도기적인 조처로 사용하였던 것이다. 그러나 일본에서 형식적이나마 성의를 다하여 이행조건을 실천하자 조선은 1636년의 사절단부터 통신사라는 명칭을 다시 사용하였다.

이러한 배경에는 동아시아의 국제정세의 변동을 담고 있다. 명나라에서 청나라로의 세력교체와 그에 따른 조선의 대중국정책 변화와 일본내의정치적 혼란(国書改作事件의 폭로) 등으로 명나라를 사대하는 종래의 책봉국 사이의 대등관계를 포기하였음을 알 수 있다. 반면, 대륙의 청나라를 조선과 일본이 견제한다는 연대의식과 두 나라는 서로 독립국으로 우호관계를 유지하기 위한 교린관계를 맺는다는 의미를 내포하고 있다. 따라서 중원을 지배하는 청나라의 중국을 중심으로 한 외교질서를 배제하고, 독자적인 대등외교 수립이라는 내용이 담겨져 있다. 그리고 이러한 양국의 정치환경 속에서 통신사의 목적과 서계·예단·여정 등 내용과 형식에 있어서 항례화된 것은 역시 이때부터라고 보아야 할 것이다. 통신사 펴견의 정례화 이후 그 파견목적은 대부분 표면적으로는 장군습직을 축하하였다. 그러나 내면적으로는 그 때마다 다른 목적과 이유를 가지 있었다.

예를 들면, 1643년은 청나라의 압력에 대한 견제와 兼帶의 제도 실시 이후 늘어나는 무역량의 축소요구, 일본의 解禁政策과 島原生変에 대한 일본국정의 탐사였다. 1719년은 외교의례 복귀에 대한 조선의 외교방침 전달 및 대마도에서의 조약체결 등 구체적인 양국의 현안문제에 있었다. 그러나 이후 대륙정세가 안정되고 양국의 정치적 안정이 이루어지면서 1748년과 1764년은 우호관계 유지를 위하여, 그리고 1811년은 전례가 없었지만 대마도에서의 易地通信을 통하여 형식적인 의례가 되었으며, 이후 정례화된 통신사는 단절되었다. 물론 그 뒤에도 도쿠가와막부에서는 장군이 습직할 때마다 '大阪易地通信'이 결정되었다가 번복되었지만 이미 양국은 통신사 파견에 대한 적극적인 의지가 없었다. 그 뒤 양국 모두 외교와 내정에 고민하면서 서로가 통신사 파견을 연기하는 사이에 동아시아의 국제정세는 변화되고, 또 일본도 막부체제가 붕괴된 뒤 메이지 유신이 단행되자 양국관계는 새로운 단계로 접어 들게 되었다.

3. 결론

우리가 통신사의 파견을 조선 전기·후기로 나누어 보는데 대해 일본에서의 학자들의 견해는 다르다. 여기서 일본인 학자 미야케 히데토시의 견해를 살펴보자.

통신사는 동아시에서 큰 전란(호란)이 일어나기 직전에 재개되었다. 도요토미정권은 두번에 걸친 조선 침략으로 인해 동아시아 사회로부터 배척당하여 소위 아시아의 고아가 되었다. 그들은 이러한 상황을 극복하고 국제사회에 복귀할 수 있기를 염원하였다. 조선도 당시 중국의 동요에 불안을 느껴 일본과의 복교가 긴급하다고 판단하였다. 따라서 일본의 침략에 의해 받은 피해에도 불구하고 국교를 재개하자는 요청에 응하였다. 그러므로 통신사는 동아시아 사회의 전개에서 없어서는 안될 중요한 것이었다.

재개된 통신사는 양국의 평화를 증진시켜 나갔다. 초기에는 양국의 정치적 필요에 의해 성립되었지만 왕래가 거듭되는 가운데 오히려 양국의 평화에 지속성을 갖기 시작하였다. 처음의 정치적·군사적 성격에서 문화적인 성격으로 변해갔다. 그 결과 文化性이 심화되어 초기의 긴장감은 완화되고 점점 항례화 또는 형식적으로 되었다. 막부의 자세는 삼사의 인견장에서 보는 바와 같이 서서히 교만한 태도로 변하였고, 조선측도 禮分意識이 강해져 趙과 같이 조선국왕이 일본의 신하인 도쿠가와 장군과 대등례를 나누는 것에 대한 비판의식이 일어나게 되었다.

이러한 상황에서 양국은 모두 농촌에 권력기반을 둔 관료국가로서 농촌의 불황에 의해 정치적 동요를 초래하게 되었다. 이와 같은 동일한 현상은 결국 '易地聘礼'라는 통신사의 간소화를 만들어 냈고, 마침내 통신사는 자연 소멸하였다. 양국은 긴장된 정치상황에서는 통신사에 의지하였지만 공통적으로 나타난 경제적 부담에 의해 통신사를 중지시켰다.

그렇지만 통신사를 맞이하는 제번은 모든 재정력을 기울여 응대하였으며 특히, 유학자·문인들은 학문의 질의, 시문의 응수에 의해 커다란 영향을 받았다. 통신사는 폐쇄된 문화적인 환경에서 그 이상의 흥분과 계발에 기여한 것이다.

서민간의 교류는 직접적으로 사소하였으나 현재에도 남아 있는 통신사를 모방한 축제와 춤을 보면 민중의 관심이 적지 않았음을 알 수 있다. 이것은 문헌사료와 민속학으로부터의 접근도 함께 되어 있어, 어느 시기에 어떠한 요소로부터 성립하고 민중의 문화와 어떻게 관련되어 왔는가를 다시 한 번 해명해야 할 필요가 있다.

이는 비교적 진보적인 학자의 의견이며 에도막부의 도쿠가와 장군이 최고통치자인 장군의 권위를 높이기 위하여 조선에 통신사 파견을 요청하고, 대등한 국가 사이에 이루어지는 誠信의 상징으로 조선이 통신사를 파견했음에도, 통신사는 에도시대 초기부터 '朝貢使節'로 둔갑하기도 하였다. 조선에 대한 멸시감과 대립감을 조장한 이 편견은 일본의 율령시대 이래 형성된 조선관에 기초한 것으로 조공사절관은 일본 내에서 국학이 발전하게 되는 18세기 중엽 이후 대두되었다. 이것이 解放論者와 侵韓論者들에게 계승되어 식민사관의 일환으로 자리를 잡아갔다. 제2차 세계대전후 이 논의는 주춤하였으나 최근 일부 연구자에 의해 다시 제기되고 있다. 통신사를 조공사절로 보는 주된 이유는, 일본의 막부장군이 바뀔 때 조선 국왕이 국서를 바치기 위해 통신사를 보냈다는 것과 통신사와 비견되는 일본의 사절이 파견되지 않았다는 것이다. 그러나 조선 후기 통신사의 파견과정과 일본의 접대방식 및 외교의례 등에 대한 언급 없이, 그리고 조선이 파견한 총65회 사절과 일본이 보낸 총 5,000여 회의 조선 전기 사절왕래를 도외시하고, 아울러 조선후기의 통신사를 비롯한 모든 사행의 왕래 및 성격에 대한 검토 없이, 통신사를 '조공사절'로 결론지어 말할 수는 없다.

조선은 일본의 파견요청에 따라 이웃 나라와의 예직관계와 평화를 유지하기 위해 통신사를 파견했다. 일본은 1,000여 명이 넘는 인원을 동원하여 통신사를 안내하였고, 매일 3,000명을 동원하여 접대를 준비하는 등, '장군 일대의 성대한 의식'으로 통신사를 맞이하였다. 통신사의 왕래를 더욱더 필요한 것은 조선이 아닌 일본이었던 것이다. 또한 조선 후기에 일본국왕사가 오지 않은 것은 조선측이 상격을 거부하였기 때문이다. 도요토미 히데요시가 일본 사절의 상경로를 통해 침략하였기 때문에 취해진, 전쟁 도발에 대한 응징책의 일환이었다.

상경 금지로 인해 조선국왕을 알현할 수 없게 되자 일본은 대마도로 하여금 大差倭를 보내 조선국왕의 즉위를 축하하도록 하였다. 1636년 이후 외교사행에 관한 제도가 개편된 뒤, 일본의 외교사행은 대마도에서 전담하여 파견하였고 그 횟수는 총 696회에 달한다. 이를 別差倭라 하며, 그 중 통신사와 장군의 경조사를 담당했던 대차왜는 102회 도항하였다. 반면 조선이 일본에 파견한 외교사행은 통신사 9회, 문위행 54회에 불과하다. 따라서 일본의 최고 통치자인 장군의 즉위를 축하했다는 표면적인 사명에 집착해서, 통신사가 '조공'했다고 평가해서는 안된다.

평화적인 나라와 나라 사이에는 수많은 사람들과 물자가 이동하게 되는데 평화의 균형을 유지하기 위해서는 상호 합의에 의해 체결된 조약의 준수가 무엇보다도 중요하다. 그리고 한 나라의 일방적 노력에 의해 국가간의 평화가 이루어지지는 않는다. 상호 보완적이고 상대적인 제반요소들이 고려되지 않을 경우, 외교관계에 대한 평가는 천박하고 편향적일 수밖에 없다. 善隣友好의 상징이었던 통신사의 역사성이 이제껏 일본인의 손에 의해서만 평가

되었다는 것 자체가 왜곡과 편향의 우려를 낳고 있다. 평가의 불균형은 곧 연구의 불균형에 기인한다. 따라서 통신사에 대한 역사적 평가를 바로잡기 위해서는 무엇보다도 연구자의 저변을 확대하는 것이 선행되어야 한다. 지금까지 일본 내에서 통신사에 대한 단일 주제로 발표된 논문은 100편이 넘고, 연구자는 전국에 걸쳐 분포되어 있다. 이에 비해 국내에는 통신사 전문 연구자가 없다. 연구 성과 역시 지극히 미미한 실정이고, 그나마 체면을 유지하고 있는 것은 재일 사학자들의 정력적인 연구뿐이다.

연구자의 증대를 통해 해결해야 할 과제는 많다. 국내 정세와 통신사 파견의 관계, 정치세력과의 연관성, 경제적 부담과 파급효과, 대 중국 외교정책과의 관련성, 선린우호의 이면에 놓인 외교적 충돌, 식민지 지배로의 이행에 관한 원인 규명 등, 연구풍토가 조성되어야 한다. 일본에 대한 이적관과 문화우월주의는 한국사의 발전과정을 설명하는데 결코 바람직하지 않을 뿐더러, 21세기 한일관계의 재정립을 저해할 뿐이다.

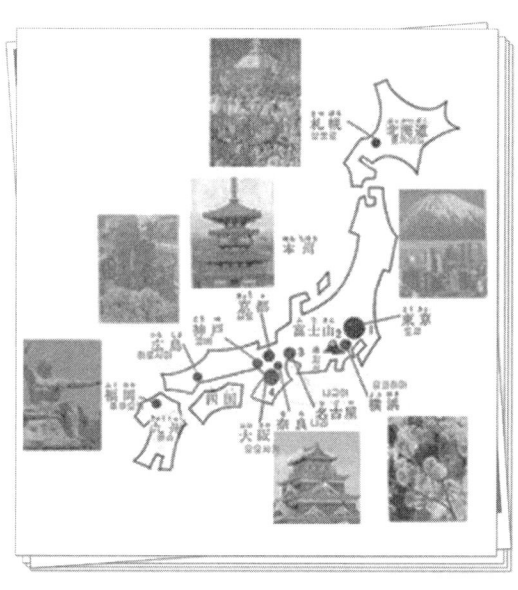

일본의 전통연극

일본의 연극은 긴 역사를 가지고 있지만, 과거의 것이 차츰 발전하고 변화하여 현재의 연극이 된 것은 아니다. 과거의 것은 과거 그대로의 형태로 전해지며 차츰차츰 새로운 것이 더해져 현재의 다종 다양한 연극이 공존하고 있는 것이다.

전통적인 연극으로서 14세기부터의 「노(能)」, 17세기부터의 「분라쿠(文楽)」·「가부키(歌舞伎)」가 알려져 있다. 이것들에는 현재 열성적인 애호자가 있으나, 일본인 전체로 해서 보면 극히 일부에 지나지 않는다.

한편, 전통적인 대중 예능으로서 「나니와부시(浪花節)」·「라쿠고(落語)」·「민요(民謠)」등이 있고, 오히려 이것들이 훨씬 많은 일본인들에게 애호되고 친숙해져있다. 전통적인 방악(邦楽)으로는 「소쿄쿠(箏曲)」·「나가우타(長唄)」·「고우타(小唄)」·「요쿄쿠(謠曲)」등이 있으며, 지금도 비교적 많은 애호가가 있다.

🌸 스모(相撲)

스모는 몽고에서 생겨서 한국의 씨름을 통해서 일본에 전래되었다. 한국의 씨름은 상시판이라는 3판승부인데, 일본의 스모는 단판승부이다. 매년 5일간의 정기대회를 여섯 차례 씩 하고 있다. 스모는 일본의 국기(国技)이며, 인기가 높다. 도효(씨름판)에서 밖으로 밀어내든지 넘어 뜨리면 이기는 것이다. 특징은 옷을 벗고 마와시(샅바)만을 두루고 시합을 한다. 한국의 '천하장사'를 '요코즈나'라고 하며, 시합하기 전에 정정당당히 대결하자는 뜻에서 소금을 뿌린다. 시합에 이긴 선수는 마음 심(心)자를 쓰면서 마음으로부터 감사의 뜻을 표시한다.

한국 속의 일본과 일본 속의 한국

• • • •

요즘 한국의 거리에는 국어순화 정책을 비웃기라도 한 듯, 야끼니꾸, 스끼야끼, 도리탕, 도쿄, 삿포로, 쿄또, 오오사카, 나고야 등의 일본식 이름으로 된 음식점이 대유행하고 있으며, 음식점의 장식도 일본풍으로 흉내내고 있다. 깨끗하고 철저한 위생시설을 갖추고 있으니, 좀 여유가 생긴 중상류 층의 많은 사람들이 여름에도 일식집에 가서 비싼 생선회를 맛있게 냠냠 먹고 있는 실정인데......

너무 더럽고 지저분하게 운영하는 한국의 생선 횟집은 여름에는 장사가 안되어 휴업을 하고 있는 실정이니, 음식문화에서도 일본의 힘은 유감없이 발휘되고 있는 것 같다.

한국과 일본의 음식 문화는 비슷하지만, 방법과 맛이 조금 다르다.

한국의 김밥과 일본의 노리마끼, 한국의 단무지와 일본의 다꾸왕, 한국의 배추김치와 일본의 기무치인 시오쓰깨(백김치), 한국의 두부와 된장, 일본의 도우후와 미소시루, 한국의 생선회와 일본의 사시미......

특히, 일본의 벤또(도시락)는 2000여종의 신토불이(身土不二)의 전통식품으로 시간과 돈을 절약시켜 경제대국의 힘을 기르는데 일익을 담당하고 있다.

세계에서 한국과 일본만이 지금도 생달걀을 밥에 비벼서 먹는다 한다. 밥, 국수, 라면은 거의 동일하지만 맛이 다르고 먹는 방법에 차이가 있다. 일본인은 밥을 공기에 담아서 왼손으로 들고, 입에다 대고 오른손의 나무 젓가락으로 긁어서 입에다 넣어 먹는다. 국은 국그릇을 두손으로 들고 입에다 대고 훌훌 소리내며 마신다. 일본인은 젓가락으로만 밥을 먹고, 숟가락과 포크는 거의 사용하지 않는다. 그런데도 숟가락과 포크, 칼등을 세계에 가장 많이 수출하고 있고, 한국의 김치도 직접 만들어 세계에 수출하고 있으니 무서운 사람들이 아닌가? 일본인은 국수와 라면 등을 먹을 땐 후룩후룩 소리를 내면서 면을 입으로 맛있게 빨아먹어야 하지만, 한국에선 양반의 격식 때문에 밥이나 국수를 후룩루룩 소리내어 먹으면 큰일 난다.

한·일 양국의 서로 다른 습관의 식사예절이며, 문화의 차이인 것 같다. 한국의 요리 방법이 무섭고도 묘하게 변하였다. 내가 일본에서 10여년 유학 생활을 마치고 온 사이에 요즘 고급식당에도 가끔 가보곤 하지만, 그때마다 비싼 가격과 언행, 팁 등에 놀라서 식욕이 떨어져 버리곤 한다.

전에는 반찬과 고기가 나오면 그만인데, 최근에는 종업원이 무시무시한 가위를 들고와서 김치를 싹둑싹둑 자르고 갔다가, 조금 후에 다시 국이 끓으면 또 커다란 집게와 무서운 가위를 들고와서 고기를 싹둑싹둑 자르고 간다. 이것은 한국 사회가 신용을 상실하여 믿을 수 없는 사회로 변했기 때문에 "먹던 김치, 먹던 고기가 아닙니다."하는 표시를 보여주기 위해서 그런다 하지만, 외국인들은 놀라서 눈알이 동글해져 식욕을 잃고, 이해할 수 없어 밥맛이 떨어지는 것은 당연할 것이다.김치와 고기를 새 것으로 적당히 주면 되었지, 꼭 손님의 앞에서 무심하게 칼, 집게, 가위 등을 종업원들이 들고 와서 인상쓰면서 자르고, 또 가지고 달려 다니는 웃지 못할 일을 계속해서 밥맛을 꼭 떨쳐야 속이 시원한지 한번쯤 짚고 넘어가야 할 일이 아닌가 생각한다.

이런 좋지 못한 음식문화는 예의바른 한국의 문화 속에 일찍이 없었는데 혹시 서양 것이 잘못 전달 된 것은 아닐는지?

이런 짓은 한국인의 이미지에도 좋지 못한 것 같다.

최근 도쿄의 민예관 소장의 한국유물 1천 5백점 등 일본속의 우리문화재 수만 점의 소재 파악을 한다니, 늦게나마 불행중 다행이며 시선을 끈다. 이 기회에 세계의 한국문화재를 되찾는 운동이 전개되었으면 더욱 좋을 것 같다. "귀중한 문화재는 약자의 것이 강자의 손으로 넘어간다"지만, 부끄럽게도 우리 문화재가 다른 나라에 더 많이 남아 있다는 것은 힘없는 우리 국가를 입증하고 있으며 우리의 문화 수준을 엿볼 수 있는 것 같다.

현재, 일본에 신라의 종이 6개, 고려의 종이 50개이상 있는데, 한국 내에는 신라의 종이 2개, 고려의 종이 20여개 있다 하니 부끄러운 일이다. 이제 정신 좀 차리고 국제적으로 크게 놀자. 즉, "밖에서 이기고 안에서 지자" 뉴욕이나 도쿄에서 뺨맞고 서울에 와서 화풀이하지 말고, 조그만 땅에서 일에 서로가 우월감을 가지고 우쭐거리고 으쓱대고 입에서 거품을 내면서 까지 서로 다툴 필요가 없지 않는가. 필요한 좋은 점만 골라서 배울 줄 아는 국민 수준이 중요한 것 같다.

너무 기죽을 것도 없고 너무 폼잡을 필요도 없다.

알몸으로 왔다가 옷 한번 얻어 입고 가는 인생이라면, 그저 사람답게 똑바로 판단하고, 올바로 행동하다 가면 될 것인데, 거만하고 몰상식한 놈들이 많아서 큰일이지만.....

김달수씨가 쓴 "일본 속의 조선문화"에 잘 나와 있지만, 과거의 일본문화에 영향을 준 한국문화와 한국인은 너무 많다.

특히, AD6세기경에는 백제의 왕인과 아직기가 일본에 건너가 논어와 천자문을 전래하고 응신천왕(応神天皇)의 아들을 가르치고 일본왕실의 기록을 맡았다고 니혼쇼기(日本 書記)와 고지기(古事記)에 기록되어 있다.

이를 계기로 일본에 가나 문자가 생겨났다. 또한, 백제 26대 성명왕은 538년 일본의 흠명천왕에게 불교를 전달하였다. 597년 위덕왕44년에 아좌태자가 일본에 가서 성덕태자상을 그렸다. 이처럼 옛날부터 일본과 한국은 불가분의 관계로 서로 우호관계를 유지하여 왔고, 지금도 일본 속에 살아 있는 한국 문화와 한국인은 너무 많지 않은가?

교토에 있는 다까야마지(高山寺)에선 화엄종의 조사(組師)인 원효대사와 의상 대사를 모시고 있으며, 도쿄(東京)의 근교에 있는 고마진자(高麗 神社)는 지금으로부터 1천2백여년전인 나라시대때 고구려로부터 귀화한 약광(苦光)을 모신 곳으로 이곳을 참배한 사람 중에서 일본의 수상(首相)이 6명이나 나와서 더욱 유명해졌다고들 하지만.....

그 외에도 담징의 벽화가 있는 607년에 창건한 호우류우지(法隆寺)에는 세계에서 최고로 오래된 13층목탑이 있고, 일본의 국보 제1호인 백제관음미륵보살상과 돌담장 등은 한국 것과 너무나 똑같아 놀랐다.

나라(奈良)의 도다이지(東大寺)에는 세계 최대의 청동불상인 대불(大仏)이 있는데, 목조건물 등은 한국계 도래인(귀화인)들에 의해 만들어 졌다고 한다.

과거엔 우리가 일본에 한자와 도자기 기술 등 모든 문물을 가르쳐 주었다지만, 지금은 일본에 한국식의 성(城)과 절이 있고 한국 문화재인 고려청자와 조선백자 등이 더 많이 남아 있으며, 한복을 기모노로, 소승불교를 대승불교로 만들고, 상여를 축제에 쓰는 미꼬시로, 씨름을 스모와 유도 등으로 계승 발전시키는 일본인의 장점은 배워야 할 것 같다.

한국이 낮의 문화라면 일본은 밤의 문화인 것 같다. 즉, 일본인은 밤늦게 까지 일한다. 술집도 5시 퇴근 시간에 문을 열어 밤 12시까지 영업하며, 한국처럼 새벽 해장국도 없고 대낮에 술취하여 비틀거리며, 고래고래 소리지르는 놈도 없다.

대중 목욕탕은 오후 4시부터 밤12까지 8시간만 영업을 하므로, 일본인은 낮에 출근하거나, 아르바이트로 땀흘린 몸을 저녁에 간단히 샤워하는 식으로 30분 정도 거의 매일 목욕하는 습관이 들어 있다. 센토라는 동네의 대중 목욕탕에 가면 주인 혼자서 남탕과 여탕을 동시에 드나들면서 관리하며, 목욕 요금은 380엔으로 시내버스요금 정도로 싸다.

지금도 온천 등에서는 남녀혼탕, 혼욕을 하고 있지만 질서정연하다. 한국의 대중 목욕탕은 새벽 4시부터 저녁 10시까지 물을 끓이고 있으니, 그 연료비는 일본의 두배나 들고 탕물도 하루종일 더럽게 되어 세균탕으로 위생에도 안 좋을 것 같다. 욕탕에 가서 서너 시간씩 살 빼느라 온종일 야단법석이며, 달리기를 하는 사람, 대중탕 속이나 사우나 실에서 때를 벗기고 면도하고, 아무데나 오줌싸고 있는 인간, 목에 힘주고 폼을 잡고 이리저리 가래침 뱉고 다니는 놈 등으로 각양각색이다. 개새끼들도 아니고 이거야 원 더러워서......

모두 개성이 너무 강하여 질서와 공중도덕이 잘 지켜지지 않는 것 같다. ₩한국인들은 왜 하필이면 목욕탕에서까지 인상 쓰고, 덤벙되고, 으스대며 다닐까? 깨 벗으면 인격도 품위도 없단 말인가. 군대 갔다 온 사람도 예비군복을 입혀 놓으면 개처럼 도로 길가에서 볼일을 함부로 보듯이, 얌체족들이 욕탕에서 옆 사람을 의식하지 못하고, 피해를 주고 있다.

일본 규슈(九州)의 한 온천 목욕탕에서는 에티켓 없는 한국인 여행자의 입욕을 금지하기도 했다. 목욕하는 것조차 아직 일본인을 못 따라 잡고 모욕을 당하고 다니니, 한심스럽기 짝이없다.

일본 대중탕에는 으스대고, 인상 쓰는 사람은커녕 옆사람에게 비눗물 튀길까 봐 쪼그리고 앉아서 조심조심, 조용조용, 살금살금 씻고, 서로 인사도 가볍게 나누면서, 즐겁게 콧노래 부르면서 여유 있게 휴식하고 가는 곳 같다. 일본에서는 상상할 수도 구경할 수도 없는 꼴불견들과 사회 무질서와 불결한 사회 환경을 한 번쯤 짚고 넘어가야 할 것 같다. 이처럼 문화 수준은 다르지만, 동서양의 세계 문화를 흡수하면서도 우리의 문화를 잃지 않고 주체성을 가지고 더욱 발전시켜 나가야 할 것이다.

일본인의 강점은 한국, 중국, 미국, 영국, 북한 할 것 없이 전세계를 돌아다니면서 모방의 천재답게 세계의 좋은 점을 배우고 익혀서, 새로운 것을 창조하고 개발하는 힘을 가지고 있나. 야나기무에요시(柳宗悅)는 「조신을 생각한다.」라는 책속에서 한국의 예술에 대해서 절찬하고 있다.

우리도 문화국민이라는 긍지를 가지고 힘차게 살아가야 한다. 일본에서는 골동품 장사는 안되고 중고 장사가 꽤나 잘 되는데, 한국에서는 반대 현상이 아닌가.

보통 일본인 가정에는 옛 물건이 그냥 쌓여 있다. 일본인들은 옛 것을 소중히 여겨 함부로 버리지 않고, 헌옷도 다시 고쳐서 재활용하는 경우가 많다. 1년에 서너 번씩 열고 있는 유학생들을 위한 바자회에 가보면 알 수 있듯이 쓰다가 버린 것, 못쓰는 것, 안 쓰는 물건 등이 거의 대부분인데도 이것을 싸게 사기 위해 후진국에서 일본에 유학 온 유학생들은 꼭두새벽부터 나와서 줄을 서는 등 야단법석이다.

일본의 물가고 때문만은 아니고 일본 제품과 공짜를 좋아하는 사람이 많아서 인 것 같다. 한국과 중국의 유학생은 물론이고 검둥이, 흰둥이, 코가 큰 학생까지 치열한 생존경쟁을 하곤 한다. 이들 대부분은 바자회를 준비하는 전시장을 전날부터 맴돌며 헌 물건에 눈독을 들이고 다니는 실정이니 우습기도 하고 좀 불쌍하기도 하지만.....

역사적으로 섬나라 국민성이 형성되었고 문화적으로 유교, 불교, 기독교의 변형인 신토(神道)를 정신적인 지주로 하여 서양의 민주주의와 일본의 집단주의 동양의 합리주의 등의 장단점을 잘 절충시켜 만든 독특한 일본인의 정신문화를 갖고 있기 때문이다.역사와 문화와 환경을 통하여 만들어진 일본 특유의 무서운 민족정신을 만들어 나간다. 우리도 우리 것을 지키고 아끼면서 일본에서 배울 것이 있으면 배우면서 내실을 튼튼히, 철저히 해야만이, 그들을 막을 수 있을 것이며, 정신차리지 않으면 또 당할 지도 모르겠다.

"상대를 알고 싸우면 백전 백승이라"는 손자병법의 명언대로 일본연구를 게을리 해선 안 될 것이다. 한국인은 과거에 너무 얽메이나, 일본인은 과거보다는 내일을 생각하며 산다고 말할 수 있다. 즉, 한국인이 지나온 과거의 추억이나 한(恨)에 얽매여 전전긍긍(戰戰兢兢) 하고 있을 때, 일본인은 오늘의 현실을 냉철히 비판하고, 절제하며, 기술 대국답게 내일을 위해 열심히 땀을 흘리고 있다.

우리도 과거비판에 국력을 너무 소비하지 말고 오늘에 충실하고 내일을 위해 국민의 힘을 모아서 새롭게 태어나야 할 때인 것 같다. 상대가 누구든 배울 점이 있으면 배우고, 또 충고할 점이 있으면 고쳐 주는 넓은 아량이 우리에게 필요한 것 같다. 정치, 경제, 사회의 안정과 발전을 위해서는 우리 국민 각자가 올바른 판단력과 지혜를 가지고, 불의에 항거하는 정신으로 일어서야 할 것이다.

오늘 최대의 시련과 기로에 서 있는 우리가 영원히 살아남기 위해서는 정신을 개조하여야 하며, 정신력으로 버티고 일어서야 할 것이다. 일본인의 질서와 단결을 집단이기주의라고 말하며, 비판하고 그들의 와리깡(각자부담)과 절약정신을 작게 노는 소심함이라고 논하면서 한국사회의 사치향락과 과소비를 너그럽고 여유로움이라고 말하고 한국인의 거만함과 허세 부림을 대륙적인 기질이고 솔직함이라고 논할 수 있겠는가?

무궁화와 사쿠라 - 벚꽃은 우리 꽃 -

오늘날 "일본인의 혈통은 백제계이다."라는 학설이 유력하고, 일본 문화의 원조는 우리 나라이지만, 특히 백제의 후손들이 일본에 많이 건너갔고, 왕인 과 아직기가 천 자문과 논어를 전달하고 성덕 태자의 스승이 되고, 한국인들이 일본에서 절을 짓고, 도자기를 굽고, 쌀밥에 두부, 된장국을 먹고, 차(茶)를 마시며, 분재를 가르쳐 주었던 것은 사실이다.

도쿄(東京)대학 에가미 나미오(江上 波夫)교수는 벼농사 문화도 한국에서 일본으로 전달되었다고 주장하고 있다. 그러나 오늘날 한자, 도자기기술, 차(茶)문화, 볍씨, 분재기술등이 우리보다 한수 앞서 있는 것은 어찌된 일인가? 그들의 정신력과 책임 감이 우리보다 강하고 부지런하기 때문일까? 한국의 국화는 은근과 끈기의 상징인 무궁화이고, 화끈하고 화려한 벚꽃은 일본의 국화라고 하여, 진해와 창경원의 벚꽃구 경을 꺼려하는 한국인이 많았다하니, 참으로 비극이 아닐 수 없다.

도쿄에서 나리다 (成田)공항으로 가는 도로에는 무궁화와 사쿠라가 만발해 있는데, 한국은 도로변에 벚꽃을 심는 것 조차 싫어한다니 우스운 일이다. 지금도 일본의 전국 엔 한국인을 신주로 모시는 진자(神社)가 많이 있으며, 미야지마의 이쓰구시마의 진 자, 미야자키켄의 백제 마을(南鄕村), 사이다마켄의 고려 마을(高麗村)등은 유명하다.

흔히들 김치와 닥광문화라 하지만, 한국인은 한국문화의 습관에서 온 크게, 둥글게 하는 습관이 있고, 일본인은 일본 문화의 습관에서 온 와리깡(각자 부담), 작고 치밀 하게 만드는 습성이 있는 것 같다. 위성 TV를 통한, 일본문화의 전파로 한국은 일본 의 오락, 일본인의 모습, 생활 태도를 배우고 급속히 닮아 가고, 서구의 모든 문물들이 일본을 통하여 마구 들어오고 있다. 아이러니컬하게도 벚꽃(사쿠라)의 원산지가 한 국의 제주도 힌라신이며, 힌국 전국의 산에 지연발생적으로 자생한다는 사실을 아는 사람은 드물다. 영국의 장미꽃과 스페인의 카네이션은 좋아하면서 우리가 벚꽃을 싫 어하는 이유는 복잡한 심정 때문일까? 무궁화와 사쿠라에 비유되는 양국민의 자세를 살펴보면, 오늘의 한국인은 너무 여유 없고 사쿠라처럼 좀 성급한 것 같다.

성숙한 시민정신이 필요한데, 남을 헐뜯고 욕을 잘하고, 새치기를 잘하고, 거리를 잘 횡단하고, 신호등을 무시하고 무식한 언동을 함부로 하는 한심스런 사람이 너무 많아 사회꼴이 이지경 아닌가? 아직도 허례허식보다는 인정많고 의리있고, 끈끈하고 소탈한 한국인도 많지만, 상대방을 무시하고 질투심이 강한 사람이 너무 많다.

일본인의 성격이랄까? 남을 함부로 해치기보다는 남에게서 무언가를 배워서 이기려고 노력한다. 멍청하리 만큼 규칙과 약속을 지켜서 신용을 쌓는다. 그러나 이기적이고, 소극적이며 남을 의심하고 경계하는 소시민도 많다. 한국인이 태평하고 텁털하여 적당주의를 좋아하는데 비하여 일본인은 새침한 완벽주의를 좋아하는 편이어서 결백성이 강하다고 할까? 일본인은 냉정하고 너무나 계산적인 면이 있어서 예스나 노우를 확실히 말하지 않으므로 남에게 쉽게 배반당하지는 않지만, 한국인과 교제하기는 성격과 사고방식의 차이, 생활습관의 차이 등으로 좀 맞지 않는 점이 없지 않다. 그러나 인간관계, 인간사회에서는 서로가 상대방을 이해하고, 상대방의 입장에 서서 대화로 풀어야 할 것이다. 우리는 자신의 주장을 고집하는 경향이지만, 일본인은 자기의 입장보다 집단의 결정에 순응하는 습성이 강하다.

한국인은 정의롭고 성격이 급하고 거칠어서, 주먹다짐을 일본인보다 잘하는 것일까? 정말 일본 TV와 일본문화는 배울 점이 없단 말인가? 무조건 배척아닌, 냉철한 비판자세가 필요한 것 같다.

일본의 신기술은 배우려고 하면서 왜 습관과 사고방식 등에 대해서는 거부 반응을 하는 것일까? 지금 세계의 선진국들이 일본으로부터 무엇인가 배우려고 안간힘을 다하고 있으며, 정치, 경제, 사회, 문화에서 첨단기술까지 오늘의 일본의 힘을 배워야 한다고 아우성들인데......

만약, 일본인의 국민성과 일본 사람의 사고정신력 등에, 좋은 점이 있다면 배워서 우리도 최고, 최선을 향해 노력해야 할 것이다.

세계 최고가 되기 위해서는 일본인처럼 동서양의 모든 것을 배우고 익혀서 새로운 우리 것을 창조해 내어야 될 텐데......

"무조건 일본은 별 볼일 없다. 한국이 최고다" 즉, 일본에 대한 극단논리보다는 일본인과 한국인의 차이점을 우리는 연구하고, 그들의 비판을 겸허하게 받아들여 잘못된 점은 과감히 고쳐 나가야 일등국민이 될 수 있다.

21세기는 정보전쟁 시대이다. 그들에게 대항할 만한 것이 없는 우리는 곧 엄청난 위기상황에 처하게 될 지도 모른다. 이러한 심각한 문제를 장기적으로 해결하기 위해서 우리는 빨리 서둘러 그들의 장점을 배우고 익혀서 그들과 노하우를 할 수 있는 힘을 길러야 할 것이다. 일본은 20년 전부터 국제화가 유행하여 이미 정착한지 오래이다.

우리는 이제 국제화, 개방화, 세계화를 요란하게 새삼스럽게 소리 높이 외치고 있지만, 미국과 일본, 서구 선진국들은 오래 전부터 우리의 실정을 연구하여 속까지 훤히 들여다보고 있는데, 아직 우리는 큰 힘이 없으니까, 그들이 우리를 우습게 보고 놀리고 있는 것이다. 우리는 당분간 우롱을 당할 수밖에 없는 형편이므로, 서럽지만 꾹 참고, 기술의 힘을 튼튼히 할 수밖에 없다. IMF구제금융시대이니 정신차려 자면서도 일하면서도 놀면서도 실력을 닦아야 할 것이다. 그들에게 우리도 언젠가는 목에 힘주고 베풀 수 있는 날이 올 때까지 말이다. 우리의 분열된 국민의 자세와 전통적 가치관을 빨리 가다듬어 사회에 만연하는 불신 풍조, 가정과 학교, 사회의 가치관이 무너져도 아무도 책임지고 나서지 않으니 큰일 아닌가? 나라의 힘은 국민의식과 가치에 달려 있다. 우리의 장점은 애국심, 민족주의, 따뜻한 정과 강인한 성취정신이었다. 거기에 근검절약의 정신, 협동 단결심, 책임과 신뢰를 중시하는 습성을 접목시키면 최고가 될 텐데....

세계화라는 대세 속에서 세계의 문화예술을 단계적으로 개방하여 흉내만 내지 말고 가라오케를 노래방으로 만든 것처럼, 우리 문화와 접목해서 일본및 세계에 역수출하면 될 것이다. 우리문화를 알리고 세계에 수출하자! "주라기공원"이라는 영화한편의 수입이 승용차150만대를 수출한 이익금과 같다한다. 우리도 서둘러 문화3류국을 탈피해야 한다. 이제 조금도 두려워할 것 없으며, 이미 들어와 버린 퇴폐향락적인 선진문화와 청소년에게 악영향 주는 세계의 선정, 폭력만화 등을 강력히 규제하면서, 서로가 감정을 버리고 상대방의 입장에 서서 배울 것은 배우면서 대응해야 할 때인 것 같다.

지금 일본에서는 "한국영화제"라 하여 '자유만세'부터 '영원한제국', '아리랑' 까지 "한국 영화 대표작80편"을 선정하여 상영하고 있어, 가깝고도 먼 나라인 한국을 올바로 이해하고, 한국의 참모습을 일본에 널리 알리는 계기가 되고 있다. 일본을 좀 더 알기 위해서는 우리도 서둘러 일본의 좋은 영화가 있다면 골라서 상영하는 것이 옳은 일 아닐까?

몇 년전 서울대학교에서 일본영화를 상영했고, 1997년의 부산국제영화제에서 상영했던 칸영화제 대상작품 「우나기(뱀장어)」, 97베니스영화제 대상작품 「하나비(불꽃놀이)」와 최근 광주YMCA대강당에서 "영화로 일본읽기", 청년글방의 주최로 15편의 일본영화 「라쇼몽」, 「하나비」, 「7인의 사무라이」가 상영되었다. 새로운 한·일 신시대를 위해서 자매교류와 민간외교가 더욱 더 필요한 것 같다. 서로가 양국을 오가며 번갈아 합동공연을 하고 노래로 한·일문화교류를 촉진하는 순수한 민간단체의 아마추어 문화사절단이 필요하다.

일본대중문화의 개방배경

• • • •

1. 일본대중문화 개방

일본대중문화 개방 이후 닥쳐올 파장과 문제점들을 충분히 검토하지 않고 개방에 착수하게 되었는가?

IMF로 일본의 경제적 협력이 필요하고, 2002 월드컵 공동개최에서 일본과의 긴밀한 협력관계를 유지해야 하고, 일본의 대중문화가 우리 사회에 깊숙이 침투되어 있는 현실과 일본대중문화 개방을 계기로 취약한 우리 문화산업을 적극적으로 육성해야겠다는 정부의 의지 및 국민여론이 비교적 긍정적인 방향으로 바뀌고 있어 정부는 국내의 일부 비판적 여론을 무릅쓰고 일본의 대중문화를 받아들였다.

우리 문화의 세계화 실현을 위해 정부의 새로운 문화정책이 21세기 한국문화산업의 바탕을 점검해보아야 할 때가 온 것이다.

1965년 한일 국교 정상화 이후 33년 만에 이루어진 일본대중문화 개방은 그동안 제한해온 양국의 문화교류가 이제 공식적으로 이뤄짐으로써 한·일 양국에 현실적으로 호혜·평등한 교류가 필요하다.

김대중 대통령은 마이니치신문과의 인터뷰에서 "일본문화의 유입을 막으면 좋은 문화는 오지 않고 폭력, 섹스 등 나쁜 문화가 침투된다."고 하면서 "일본문화에 대한 수요가 있으니 개방해야 한다."고 밝히고, 같은 달 나카소네 야스히로 전 일본총리의 예방을 받은 자리에서도 "일본과의 문화교류를 해야 한다. 문화쇄국주의는 상대에게도 우리 자신에게도 좋지 않다."는 견해를 피력하였다.

1) 1차 개방(1998년 10월 20일)

1차 개방에는 영화 및 비디오 산업과 출판 산업에서의 부분적인 개방이 이루어졌다. 영화 및 비디오 부문에서는 세계 4대 영화제(칸, 베를린, 베니스, 아카데미) 수상 영화, 한일공동 제작 영화(20%이상 출자 등 영화진흥법상 요건을 충족하는 경우와 한국 영화인이 감독이나 주연으로 참여한 경우)가 개방되었고, 한국 영화에 일본배우의 출연이 허용되었으며 한·일 영화주간 개최가 인정되었다. 또한 영화 개방에 따라 국내에서 상영된 일본영화의 비디오 출시가 가능해졌다. 이에 따라 구로사와 아키라 감독의 〈카게무샤〉, 이마무라 쇼헤이 감독의 〈우나기〉, 기타노 다케시 감독의 〈하나비〉, 한일 공동으로 제작된 박 철수 감독의 〈가족 시네마〉 등이 개방되었고, 출판 부문에서는 일본어판 출판만화와 만화잡지에 대한 개방이 이루어졌다.

2) 2차 개방(1999년 9월 10일)

1차 개방이 이루어진지 채 1년이 되지 않아 2차 개방이 이루어졌다. 2차 개방의 특징은 1차 개방에서 제한적으로 이루어졌던 영화 및 비디오 부문의 개방 폭을 확대하고 새롭게 일본 대중가요의 공연을 제한적이나마 허용한 데 있다.

영화 부문에서는 4대 국제영화제 수상작 이외에 유입 가능한 영화의 범위를 공인된 70여 개 영화제의 수상작으로 확대하였으며, 영상물 등급위원회가 '전체 관람 가'로 인정한 영화의 개봉도 가능하게 하였다. 다만, 극장용 애니메이션은 제외되었으며, 비디오 부문은 1차 개방과 마찬가지로 극장에서의 상영작만을 출시하여 영화부문과의 보폭을 유지하였디. 이에 따라 〈나라야마 부시코〉, 〈러브레터〉, 〈링〉, 〈소나티네〉, 〈철도원〉, 〈그림 속 나의 마을〉, 〈사무라이 픽션〉, 〈감각의 제국〉, 〈엑기〉, 〈4월 이야기〉, 〈쌍생아〉, 〈쉘 위 댄스〉, 그리고 한일 합작 애니메이션 〈건드렌스〉등이 개봉되었다.

새롭게 포함된 공연 부문은 2,000석 이하 규모의 실내공간에서 대중가요 공연이 허용되었다. 다만, 이러한 공연이 식품위생법령에 의한 식품접객업소, 휴게 음식점, 일반 음식점, 단란주점, 유흥주점에서 이루어지는 것은 허용하지 않았으며 공연 실황을 방송, 음반 및 비디오로 제작하여 판매하는 행위는 허용되지 않았다.

3) 3차 개방(2000년 6월 27일)

2000년 6월 27일 3차 개방을 통하여 상당히 포괄적인 개방을 시행하였다. 영화와 비디오 부문의 개방은 거의 완전 개방에 가까운 수준으로 '18세 이상 관람 가' 영화를 제외한 모든 영화의 상영과 비디오 출시가 허용되었고, 애니메이션은 국제영화제 수상작의 경우에만 극장용 애니메이션도 개봉이 가능하게 되었다.

대중가요 공연은 제한 없이 전면 개방되어 2000년 8월26일, 27일 양일간 서울 잠실 올림픽공원 내 체조경기장에서 CHAGE & ASKA의 콘서트가 열려 대성황을 이루었다. 이와 함께 극장용 애니메이션, 일본어 가창음반을 제외한 나머지 음반과 게임기용 비디오 게임물을 제외한 나머지 게임물이 개방에 포함되었고, 방송 부문에서도 매체의 구분 없이 스포츠, 다큐멘터리, 보도 프로그램의 방송이 허용되었다.   또한 지상파가 아닌 케이블TV, 위성방송 같은 '뉴미디어'에 한해서는 국내개봉 일본영화 가운데 '전체 관람 가' 영화와 국제영화제 수상작 애니메이션의 방영이 허용되었다. 결국 1, 2차 개방이 제한적인 부문의 개방이었다면 3차 개방은 포괄적인 개방정책으로의 변화를 의미하는 것이라고 할 수 있다.

3차 개방 직후 국내에는 일본대중문화 열풍이 불어 일본음반이나 잡지가 젊은이들 사이에 인기리에 판매되었다. 『동아일보』[1]에 의하면 "일본 영화 「러브레터」, 「철도원」 등은 이미 한국인이 좋아하는 영화목록에 올랐고, 구라모토 유키와 사카모토 류이치의 음반이 레코드점에서 인기리에 팔린다. 지하철에서는 스즈키 코지의 소설 『링』을 읽는 사람을 쉽게 찾을 수 있고, 일본어 학원에서는 「러브 제너레이션」, 「롱 버케이션」, 「뷰티풀」등 인기 TV드라마를 감상할 수 있다." 라고 하였다.

4) 개방 중단(2001년 7월 12일)

2002 한·일 월드컵 개최 등으로 한·일간 우호적인 분위기가 조성되어 보다 폭넓은 개방이 예상되었다. 한·일 문화 관계자들은 이렇게 매년 확대되어지는 개방 폭에 비추어 2002년 즈음에는 완전개방까지 예상하고 있었다. 그러나 일본 고이즈미 총리의 야스쿠니 신사참배, 일본

---

1 2000년 8월 11일 동아일보

우익의 역사교과서 왜곡 등으로 일본에 대한 국민의 부정적 여론이 높아져 일본 대중문화에 대한 추가개방이 취소되었다.

당시의 김한길 문화관광부 장관은 2001년 7월 12일 오후 긴급 기자회견을 갖고 추가로 개방하기로 한 일본어 가창음반, 오락 TV 방송 (쇼, 드라마), 18세 이상 성인용 비디오, 영화, 가정용 게임기, 애니메이션, 공중파 방송, 영화 방영 등의 개방일정 중단을 선언했다. 일련의 개방조치와 중단에 따른 일본대중문화 개방과 미 개방 현황을 정리해 보면 다음과 같다.

미 개방된 영역은 '18세 이상 관람 가 영화', '국제 영화제 비(非)수상 애니메이션', '국내 비(非)상영 영화 및 애니메이션 비디오', '성인용 비디오', '일본어 가창음반', '게임기용 비디오 게임', '오락용 방송 프로그램'이다.

결국 만화, 대중가요 공연은 전면 개방되었고, 영화는 성인용을 제외하고는 전면 개방된 것과 다름없다. 음반과 게임은 상당부문 개방되었으며, 상대적으로 방송 프로그램, 애니메이션, 비디오 부문에서 미 개방된 영역이 많다.

이와 같은 일본대중문화 개방의 중단조치에 대해서는 한국 내에서도 엇갈린 반응이 나왔다. 튜브 엔터테인먼트, AFDF, 대원C&A, 동아수출, 스타맥스, 하나미디어 등의 수입사들은 2002년 월드컵을 앞두고 완전개방이 이루어질 것으로 기대하고 수 십여 편의 판권을 확보해 왔으나 이러한 조치로 인해 일부 수입사는 심각한 타격을 입게 되었고, 이에 따라 개봉 시기를 고려해 왔던 수입사들은 일본의 역사교과서 왜곡 파문과 개방 중단 조치로 반일감정이 고조될 것으로 예상해 개봉을 연기할 예정이다.

한편 제작사에서는 3차 개방 이후 붐을 이루고 있는 한·일 합작 움직임이 주춤해질까봐 우려하고 있다. 이와 함께 '쉬리', '공동경비구역 JSA' 등으로 고조되고 있는 한국영화의 일본시장 진출에 부정적 영향이 있지 않겠느냐는 분석이 제기되고 있다. 그리고 영화, 비디오, 음반의 불법 유통이 극성을 부릴 것이라는 우려의 목소리도 높다. 정부차원의 개방중단 결정과 관계없이 민간 차원의 합작영화 제작과 방송교류는 지속적으로 이뤄져야 한다는 주장도 제기되고 있다.[2]

5) 4차 개방(2004년 1월 1일)

정부는 2003년 6월 한·일 정상회담에서 '일본대중문화 개방의 확대'를 표명한 후, 4차 개방 계획안을 마련하여 영화, 음반, 게임 부문은 전면 개방하고, 쇼, 오락 등 일부 방송 프로그

---

2 2001년 7월 16일 경향신문

램과 극장용 성인 애니메이션은 2년간의 유예기간을 거쳐 2006년에 전면 개방하기로 했다. 지상파 방송은 기존에 개방된 스포츠, 다큐멘터리, 보도 프로그램에 이어 생활정보 등 교양 프로그램을 추가로 개방하였으며, 드라마는 양국 공동 제작물만 방송 가능하고, 대중가요는 국내에서 열리는 일본가수의 공연을 중계하거나 일본가수가 국내방송에 출연해 부르는 노래만 가능하게 되었다.

한편 케이블 TV 및 위성방송의 경우에는 교양, 영화, 극장용 애니메이션, 일본어 가창을 전면 개방하였고, 드라마는 모든 연령, 7세 이상, 12세 이상 시청 가 등급 드라마와 한·일 공동제작 드라마 등 부분적으로 개방이 이루어졌다.

6) 5차 개방(2006년 1월 1일)

극장용 애니메이션이 전면개방 되었고, 방송은 확대개방 됨으로써 사실상 전면개방이 이루어졌다고 볼 수 있다.

〈표 1〉 일본대중문화 개방 현황

부 문	1차~3차 개방 범위	4차 개방범위	비 고
영화	○4대 국제영화제(칸·베니스·베를린·아카데미) 수상작, 한일공동제작영화, 한국영화에 일본배우출연 허용 및 한일영화주간 개최(1차 / '98년) ○공인된 국제영화제 수상작, 영상물등급위원회가 인정하는 "전체관람 가" 영화(2차 / '99년) ○영상물등급위원회가 인정하는 "12세 관람 가", "15세 관람 가" 영화(3차 / '00년)	○"18세 관람 가"(성인용 영화)	전면개방
극장용 애니메이션	○국제애니메이션영화제를 포함한 각종 국제영화제 수상작(3차)	○개방 유예	전면개방(2006. 1. 1)
비디오	○개방대상 일본 영화와 애니메이션 중 국내에서 상영된 작품의 비디오 ※ 1·2·3차 영화(애니메이션 포함) 개방시 비디오 연계 개방	○4차 개방 대상 일본 영화중 국내에서 상영된 작품의 비디오	※영화, 극장용 애니메이션 개방과 연동
대중가요 공연	○2000석 이하 규모 실내장소에서의 공연(2차) ○실내외 구분 없이 전면개방(3차)	전면개방	

부 문	1차~3차 개방 범위	4차 개방범위	비 고
음반	○ 일본어 가창 음반을 제외한 음반(3차) (연주음반, 제3국어 가창음반, 한국어 번 안음반 등)	○ 일본어 가창음반	전면개방
게임	○ 게임기용비디오게임물을 제외한 게임물 (3차) (PC게임물, 온라인게임물, 업소용 게임 물 등)	○ 게임기용비디오게임물 (플레이스테이션, 드림캐스트, 닌텐도 등)	전면개방
방송	○ 매체 구분 없이 스포츠, 다큐멘터리, 보도 프로그램의 방송 허용(3차)	○ 케이블TV·위성방송 - 교양, 영화, 극장용 애니메이 션, 일본어가창 : 전면 개방 - 드라마 : 부분 개방 - 기타 오락 : 미 개방 ○ 지상파방송 - 교양, 영화 : 전면개방 - 일본어가창, 드라마 : 부분 개방 - 극장용 애니메이션, 기타 오락 : 미 개방	확대개방
	○ 케이블 TV 및 위성방송의 경우 공인된 국제영화제 수상작과 전체 관람 가 영화 로서 국내 개봉작 방영 허용(3차)		
만화	○ 일본어판 출판만화, 만화잡지(1차)	전면개방	

자료 : 문화관광부3

 2. 영화

　일본대중문화 1차 개방조치 이후 2006년까지 개봉된 일본영화(극장용 애니메이션 포함)
는 총 170여 편이다. 1998년에 「하나비」를 시작으로 2편이 개봉되었으며, 1999년에 4편,
2000년에 24편, 2001년 24편, 2002년 13편, 2003년 18편, 2004년 28편, 2005년 25편, 2006년
35편이 개봉되었으며, 시장점유율(서울시장 기준)은 1999년 3.1%, 2000년 7.4%로 최고조에
달했으나 2001년 1.4%, 2002년 3.2%, 2003년 2.9%, 2004년 2.1%, 2005년 2%, 2006년 2.4%로
점점 감소하는 추세를 보이고 있다.

---

3 문화관광부(www.mct.go.kr) : 문화관광에 대한 사무를 관장하는 중앙행정기관

〈표 2〉 일본 영화 개봉 편 수 및 시장 점유율

년도	1999	2000	2001	2002	2003	2004	2005	2006
편 수	4	24	24	13	18	28	25	35
점유율	3.1%	7.4%	1.4%	3.2%	2.9%	2.1%	2%	2.4%

완전개방이 이루어진 이후에도 국내에서 크게 주목받는 일본영화는 거의 없다. 이처럼 일본영화의 개방은 한국영화시장을 잠식하지도 않았고, 한국영화시장을 확대시키지도 않은 것으로 보인다.

지금까지의 일본영화 흥행추이를 보면, 국내 흥행코드에 맞는 작품을 제외하고는 그다지 성공하지 못했다. 일본영화가 흥행에서 실패한 가장 큰 이유는 한국영화의 성공과 관련이 있는 듯하다. 일본영화개방 이후의 한국영화 점유율(전국관객기준)을 살펴보면 1998년 25.1%에서 1999년 39.7%, 2000년 35.1%, 2001년 50.1%, 2002년 48.3%, 2003년 53.5%, 2004년 59.3%, 2005년 58.7%, 2006년 63.8%에 이르는 등 점점 증가하는 추세를 보이고 있다. 이 때문에 당초 우려되었던 일본문화개방으로 인한 한국영화의 점유율 잠식은 한국 영화의 흥행 성공에 힘입어 무시할 수 있을 정도이며, 결국 일본영화의 개방으로 인해 잠식당한 부분은 한국영화가 아니라 주로 직배된 미국영화와 유럽, 홍콩 등 기타국가의 영화라고 볼 수 있다.

〈표 3〉 서울 관객 10만 이상의 일본영화

영화명	개봉일	관객 수(명)
러브레터	1999.11. 20	670,000
철도원	2000.02. 04	226,000
사무라이 픽션	2000. 02. 19	236,500
감각의 제국	2000. 04. 01	150,000
4월 이야기	2000. 04. 08	142,000
쉘위댄스	2000. 05. 13	265,000
춤추는 대수사선	2000. 07. 22	289,000
링2	2000. 07. 29	126,000
으랏차차 스모부	2000. 10. 14	154,000
웰컴미스터맥도날드	2000. 12. 02	141,900

영화명	개봉일	관객 수(명)
포켓몬스터-뮤즈의 역습	2000. 12. 23	186,800
이웃집 토토로	2001. 07. 28	128,900
센과 치히로의 행방불명	2002. 06. 28	937,459
비밀	2002. 10. 11	182,130
주온	2003. 06. 27	359,000
고양이의 보은	2003. 08. 08	243,220
주온2	2003. 09. 05	173,000
냉정과 열정사이	2003. 10. 10	129,723
착신아리	2004. 07. 09	116,144
세상의 중심에서 사랑을 외치다	2004. 10. 08	182,607
하울의 움직이는 성	2004. 12. 23	557,145
일본침몰	2006. 08. 31	245,740
데스노트	2006. 11. 02	205,035
데스노트-라스트네임	2007. 01. 11	150,881

자료 : 영화진흥위원회[4]

　　한편 영화 부문에서 주목할 만한 현상은 한국영화와 한·일 합작영화를 통한 일본 자본의 국내진출이다. 2000년 일본에서 개봉된 「쉬리」와 「공동경비구역 JSA」의 흥행성공을 계기로 한국영화와 합작영화에 대한 일본자본의 투자가 이루어지고 있다. 예를 들어 2001년 11월에 개봉된 「고 GO」의 경우 국내 〈스타맥스〉가 제작비 20%를 출자하였고, 일본 메이저 영화사인 〈도에이사〉가 나머지 전액을 투자하였다. 2002년에 개봉된 「서울」의 경우는 일본 메이저 영화사인 〈도호〉가 전액 출자하여 제작한 사례이며, 2003년 5월에 개봉된 「케이티 KT」는 〈씨네콰논사〉와 〈본엔터테인먼트사〉가 합작투자로 제작된 영화이다.

　　일본영화가 국내에 처음 개봉되기 시작한 것은 1998년 12월 5일로 그 첫 작품은 기타노 다케시 감독의 「하나비」이다. 기타노 감독이 극도의 절제된 대사와 깊은 통찰력으로 삶과 죽음, 절망과 희망, 사랑을 강조하고 있는 이 작품은 감독이 94년 죽음 직전까지 갔던 오토바이 사고 경험으로부터 영감을 얻어 만들었다. 「하나비」가 97년도 베니스 영화제에서 금사자상을 수상하기도 했지만 국내에서는 그다지 큰 호응을 얻지 못했다. '「하나비」 개봉 날 예상보다 한산'이라는 제목의 『조선일보』[5]기사에서 "개방 1호라는 프리미엄에, 감독 기타노 다케

---

4 영화진흥위원회(www.kofic.co.kr) : 한국영화와 영화산업의 진흥을 위한 기관

시의 인지도, 높은 작품성과 현대극이라는 이점이 겹쳐, 상당한 관객을 불러 모을 것이라던 예측은 빗나갔다." "종로 일대 극장가만 보아 「하나비」관객은 개봉 4주째인 한국영화 「약속」보다 적었다."고 했다.

그 다음해인 1999년 5월에 개봉된 작품이 이마무라 쇼헤이 감독의 「우나기」이다. 이 영화 또한 그다지 큰 호응을 얻지 못했다. 그러나 이처럼 일본영화에 대한 국내 팬들의 반응이 시원치 않은 가운데 개봉한 이와이 슌지 감독의 「러브레터」는 1999년 11월 20일 개봉 이후 그 다음해 까지 걸쳐 상영되면서 국내에서 개봉된 일본영화 중 최고의 흥행기록을 남기게 되었다.

감성적인 멜로가 연말의 감상적인 분위기와 맞물려 젊은 연인 관객들을 많이 확보하기도 했지만, 「일본영화 개방이후 여러 일본영화가 국내에 개봉되기 시작했지만 「러브레터」처럼 폭발적인 흥행성적을 올린 영화는 없었다. 이미 지난 6월 리서치 결과에서 일본영화중 '가장 보고 싶은 영화' 1위와 '다시 보고 싶은 영화' 1위로 나타났는데, 그것을 입증하듯 개봉 주말 서울에서 8만 5천명을 동원했고 27일 현재 30만 명을 돌파, 흥행가도를 질주하고 있다. 「러브레터」의 주 관객층은 10대와 20대 초반. 그 중 70%가 '봤지만 다시 한 번 극장에서 보고 싶어서' 라는 분석도 나왔다. 「하나비」, 「카게무샤」등 관심과 기대 속에 국내 개봉된 일본

〈그림 1〉「러브레터」

영화들의 흥행 저조와는 달리 「러브레터」는 일본영화의 흥행신화를 창조해가고 있다."고 했다.

그 후 2000년에는 관객들의 웃음을 자아내는 영화로 「Shall We Dance?」, 「으랏차차 스모부」, 「웰컴 미스터 맥도날드」 등이 개봉되어 인기를 끌었고, 2001년과 2002년에는 애니메이션에 밀려 잠시 주춤하다가 2003년에 개봉된 미스테리 호러영화「주온」과 「주온2」가 큰 인기를 모았다. 그 후로 2004년에는 「세상의 중심에서 사랑을 외치다」가 개봉되어 히라이 켄이 부른 주제곡 『瞳を閉じて』(눈을 감고)와 더불어 많은 사랑을 받았고, 2006년에는 「일본침몰」이, 2007년에는 「데스노트」가 서울관객 20만 명을 넘기면서 일본영화의 건재함을 보여주었다.

---

5 1998년 12월 6일 조선일보

3. **애니메이션**

『스포츠서울』[6]에서는 '일본 애니메이션이 드디어 온다.'의 특집에서 "제3차 일본대중문화 개방조치로 해외영화제 수상작에 한해 재패니메이션의 국내개봉이 가능해짐에 따라 세계 최고 수준을 자랑하는 일본 애니메이션들이 대거 국내 극장가에 진출, 관계자들을 바짝 긴장시키고 있다." "1년이 지난 일본영화 개방의 결과는 무려 10%대의 시장 점유율로 나타나고 있다. 이제 우리 영화계는 관객들의 무조건적인 애국심에 호소하기보다는 작품성과 흥행성으로 '진검승부'에 나서야 할 때다"라고 평했다.

일본의 애니메이션은 재패니메이션이라고 불릴 만큼 세계시장에서도 막강한 파워를 가지고 있다. 극장용 애니메이션의 경우 3차 개방조치 이후, 장편 25편이 수입되었는데 그 중에서도 특히 2004년에 개봉한 「하울의 움직이는 성」은 전국관객 300만 명을 동원하여 역대 일본영화 최고의 흥행기록을 세웠으며 2002년 개봉한 「센과 치히로의 행방불명」이 서울 기준 93만 명(전국 관객 200만 명)의 관객을 동원한 것을 비롯하여 2003년의 「고양이의 보은」이 24만 명, 「포켓몬스터」가 18만 명, 「이웃집 토토로」가 13만 명을 동원하는 등 일본 애니메이션의 영향력을 입증하였다. 그러나 국내에서도 상당한 마니아층을 형성하고 있는 『지브리 스튜디오』의 작품 중 「모노노케 히메」, 「붉은 돼지」, 「천공의 성 라퓨타」, 「폼포코 너구리 대작전」등은 일본대중문화 개방 이전에 이미 불법 유통된 비디오나 다운로드 등으로 많은 사람들이 보아서 인지 관객을 동원에 실패하였다.

〈표 4〉 일본 애니메이션 개봉 현황

제목	개봉일	등급	관객 수(서울)
무사쥬베이	2000. 09. 30	18세	12,000
인랑	2000. 12. 09	15세	29,000
포켓본스터-뮤즈의 역습	2000. 12. 23	전체	186,000
바람계곡의 나우시카	2000. 12. 30	전체	59,400
이웃집 토토로	2001. 07. 28	전체	128,900
포켓몬스터2	2001. 08. 11	전체	20,600
공각기동대	2002. 04. 12	12세	12,609

6 2000년 8월 18일 스포츠서울

센과 치히로의 행방불명	2002. 06. 28	전체	936,250
메트로폴리스	2003. 01. 17	전체	2,796
모노노케 히메	2003. 04. 25	전체	91,284
고양이의 보은	2003. 08. 08	전체	243,220
카우보이 비밥	2003. 10. 03	12세	3,976
붉은 돼지	2003. 12. 19	전체	26,341
천공의성 라퓨타	2004. 04. 30	전체	24,173
퍼펙트 블루	2004. 05. 26	18세	103
하울의 움직이는 성	2004. 12. 23	전체	557,145
유희왕	2005. 04. 01	전체	43,159
폼포코너구리 대작전	2006. 04. 28	전체	17,219
폭풍우 치는 밤에	2006. 02. 09	전체	70,865
개구리중사케로로 : 최종병기 키루루	2006. 05. 04	전체	10,846
포켓몬 레인저와 바다의 왕자 마나피	2006. 07. 20	전체	43,093
게드전기	2006. 08. 10	전체	86,991
원피스-기계태엽성의 메카리병	2006. 10. 26	전체	13,469

자료 : 영화진흥위원회

 4. 비디오

비디오 시장은 2000년 이후 일본비디오의 한국 내 점유율은 영화시장과 별 차이가 없다. 전체 48편의 극장 개봉작이 비디오로 출시되어 총판매량이 68만장, 매출액은 167억 9천만 원 정도였으며, 시장 점유율은 약 4%이다.

작품 당 평균 판매량은 1만 4천여 장이었으며, 애니메이션인 '센과 치히로의 행방불명'이 5만장, '이웃집 토토로'가 3만 5천장으로 가장 많이 판매되었다.

이 기간 동안 가장 높은 판매고를 올린 작품은 극장 흥행과 비슷하게 애니메이션 '센과 치히로의 행방불명', '이웃집 토토로', '포켓몬스터'등이었다. 극영화 가운데는 '춤추는 대수사선', '링2'등의 판매량이 많았다.

또한 3차 개방에서 애니메이션을 국제영화제 수상작에 한해 국한시킴으로써 비디오 시장도 그에 따라 성공할 만한 작품의 수량 자체가 적어질 수밖에 없는 것이다. 현실적으로 한국 비디오 시장에서 인기를 끌만한 일본작품은 미 개봉 애니메이션과 '18세 이상 관람 가'의 극 영화다.

최근 한국 비디오 시장규모는 1990년대 중반 이후 매년 20%정도 감소하고 있다. 극장 흥행에 성공한 영화 위주로 시장이 형성되고, 종전 대여시장의 고객들이 감소하는 현상이 이어지고 있기 때문이다.

 5. **대중음악**

제4차 일본대중문화 개방은 점진적 개방을 거쳐 온 일본 대중가요가 일본어 가창음반의 전면 허용으로 완전히 빗장을 제거하게 되었다는 점에서 큰 의미를 지닌다. 전국의 주요 레코드숍에서는 J-POP(일본 대중가요의 별칭)이라는 일본음반 특별코너를 마련해 일본어 재킷에 일본어 가사가 적힌 일본음반들을 진열하고 있다.

2004년 1월 1일 제4차 일본대중문화 개방을 축하하는 한·일 합동 콘서트를 펼쳤던 록밴드 튜브의 베스트 앨범을 시작으로 정상의 R&B 솔로가수 히라이 켄, 남성듀오 CHAGE & ASKA, 3인조 발라드 그룹 딘, 정상급 여가수 우타다 히카루와 미샤, 나카시마 미카, 아이돌 댄스 그룹 윈즈, 톱 여가수 아무로 나미에, 일본의 대표적 혼성그룹 dreams come true, 그룹 안전지대 등의 앨범이 잇따라 발매되었다.

현재는 일본가수가 국내방송에 출연해 일본어로 노래하거나 국내 공연 실황의 경우에 한해 지상파 방송이 가능하다. 그러나 전면 개방된 케이블 위성의 경우에는 J팝 전문 프로그램이 앞 다투어 신설되었다.

음반 산업협회에 따르면 1월 팝 차트 집계에서 20위권에 든 앨범은 11위인 아이돌 그룹 윈즈와 19위인 여가수 미샤의 싱글 컬렉션 등 단 두 장에 불과했다. 그러나 2월 집계에서는 컴필레이션 앨범인 'J팝 베스트 앨범'이 1만 장에 육박하면서 2위를 차지하는 등 조금씩 상황이 나아지고 있다.

음반사들의 집계에 따르면 1만장 이상 팔린 앨범은 나카시마 미카의 '러브', 'X-제팬 베스트' 등 40여 장의 앨범 중 10개가 채 되지 않는다. 그럼에도 일본 가수들의 음반 홍보 및 공연을 목적으로 한 내한도 활발히 이뤄지고 있는 가운데 관록의 록밴드 제이워크와 발라드 그룹 딘, 크로스 오버, 뉴에이지 프로젝트팀 이마주, 아카펠라 그룹 고스페라즈, 기타리스트 호테이 도모야스 등이 잇따라 내한했다. 톱 여가수 아무로 나미에의 첫 내한 공연은 막강한 자본과 첨단장비들을 동원한 초대형 공연이었으나 첫날은 객석의 2/3도 차지 않고 티켓이 헐값에 팔리는 등 생각보다 저조한 실적이었다.

하나는 앞에서 말 한 바와 같이 한국음반시장에서 가요의 비중이 매우 높다는데 있다. 2002년 말 기준으로 국내 음반시장은 전체 3,500억 원 규모이며, 이 가운데 가요가 차지하는 비중이 2,500억 원 이상이다. 가요시장은 〈도레미 레코드〉, 〈SM기획〉, 〈대영AV〉등 대규모 기획사들이 10대 취향의 아이돌스타를 배출하면서 성장세를 이어가고 있다.

다른 하나는 방송 프로그램이 개방되지 않아서 일본음반의 한국시장 진입이 다소 어렵다는 점이다. 현재 국내에는 후지TV 계열사인 〈포니캐넌 코리아〉를 비롯하여 일본 메이저 음반 기획사인 〈소니뮤직코리아〉, 〈AMUSE 코리아〉등이 진출해 있다. 또한 〈후지TV〉와 〈에이벡스〉 그리고 〈쟈니스〉의 국내진입이 가시화된 상황이다. 한편, 대중음악 공연의 구체적인 진입실태는 매우 미약한 정도이다.

2004년 1월 1일 4차 개방 이후 국내에서 발매된 일본음반 중 1만 장 이상의 판매고를 올린 음반들을 살펴보면 〈표 5〉와 같다.

〈표 5〉 국내에서 1만 장 이상 판매된 일본음반

앨범 타이틀	장 르	연주자	출시일	판매량
LOVE	J-POP	NAKASHIMA MIKA	2004.01.19	36,984
666	J-POP	HYDE	2004.01.19	12,510
BEST OF X	J-POP	X-JAPAN	2004.01.26	10,865
VALENTI	J-POP	보아	2004.02.24	17,958
LISTEN TO MY HEART	J-POP	보아	2004.03.03	13,189
LOVE&HONESTY	J-POP	보아	2004.04.06	19,830
하울의 움직이는 성	O.S.T	JOE HISAISHI	2004.12.15	24,147
OUTGROW	J-POP	보아	2005.02.15	14,757
BEST OF SOUL	J-POP	보아	2005.02.22	37,604
MUSIC	J-POP	NAKASHIMA MIKA	2005.03.14	11,656

앨범 타이틀	장 르	연주자	출시일	판매량
Stay With Me Tonight	J-POP	동방신기	2005.05.10	28,298
Somebody To Love	J-POP	동방신기	2005.07.13	24,413
My Destiny	J-POP	동방신기	2005.11.02	23,362
BEST ALBUM	J-POP	NAKASHIMA MIKA	2006.01.01	13,598
明日は来るから	J-POP	동방신기	2006.03.08	12,649
Heart, Mind and Soul	J-POP	동방신기	2006.03.31	19,025
WISH	J-POP	ARASHI	2006.07.20	13,286
Miss You	J-POP	동방신기	2007.01.12	11,189
Made In Twenty	J-POP	보아	2007.01.21	16,645
Step by Step	J-POP	동방신기	2007.02.01	12,895
Five in the Black	J-POP	동방신기	2007.03.29	26,210

자료 : 한국음악산업협회[7]

6. 방송(드라마)

일본 대중문화 4차 개방에서 단연 주목받는 분야는 방송 개방이었고, 그 중에서도 일본드라마의 안방 방영 허용이 관심의 초점이 됐다. 일본드라마 개방을 앞두고 방송계에서는 긍정적인 부분이든 부정적인 부분이든 엄청난 파장을 몰고 올 것이라는 기대와 우려가 교차했다. 그러나 막상 뚜껑을 열자 그런 기대나 우려가 맞았는지 구태여 검증할 필요조차 없을 정도로 영향은 미미한 수준이었다는 게 방송계의 대체적 평가이다.

지금까지 케이블·위성방송의 영화, 드라마, 오락채널을 통해 국내 안방에 소개됐거나 현재 방영중인 일본드라마는 모두 생각보다 저조한 시청률을 나타내고 있다. 2004년 1월에 첫 방송된 일본드라마 중에는 같은 시간대 이전 프로그램의 평균 시청률보다 높은 성적을 기록한 드라마가 MBC 드라마넷의「내사랑 사쿠라코」한 편에 불과했다. 가장 시청률이 높았던 같은 채널의「춤추는 대수사선」도 1%에도 미치지 못했다. 2월 들어서는 조금 양상이 달라질 기미를 보였다. 2월 11일 첫 방송을 내보낸 SBS 드라마 플러스의「고쿠센」은 이전 프

---

7 한국음악산업협회 (www.miak.or.kr) : 연도별 가요, 팝 음반판매량 집계 자료 제공

로그램 「골든볼」의 4배에 가까운 좋은 성적을 올리며 높은 시청률을 기록했으며, 2006년 1월에 방송된 「고쿠센2」에서도 높은 시청률을 기록했다. 이는 같은 시간대 지상파의 시청률에 견주어도 뒤지지 않는 수준. 이 드라마는 야쿠자 두목의 외손녀인 교사가 문제 학생을 순화시키는 과정을 담아 신선하다는 반응을 얻었다. 이 밖에도 초능력, 요리 등 다양한 소재의 작품들이 속속 등장해 마니아 시청자의 눈길을 유혹하고 있다. 그러나 기대와 우려에도 불구하고 일본드라마들의 초기반향은 그리 두드러지지 않았다. 후카다 쿄코나 다케노우치 유타카등 톱스타들의 인기도 미풍에 그치고 있고, 남자교사와 여고생이 교실에서 키스하는 장면(퍼스트 러브)이 잠시 논란을 불러일으켰다가 진정되었다.

〈표 6〉 일본드라마의 시청률

방영 시기	방송사	제목	시청률	비 고
2004년 1월	MBC드라마넷	춤추는 대수사선	0.694	오다유지, 후카츠에리
2004년 1월	MBC드라마넷	내사랑 사쿠라코	0.562	〈요조숙녀〉원작
2004년 2월	SBS드라마+	고쿠센	1.166	마츠모토 준
2004년 2월	OCN	트릭	0.649	나카마 유키에
2004년 2월	MBC무비스	반항하지마	0.503	인기만화원작
2004년 3월	MBC드라마넷	중매결혼	0.721	마츠다카코
2004년 4월	MBC드라마넷	101번째 프러포즈	0.721	트렌디드라마의전설
2004년 4월	OCN	케이조쿠	0.367	나카타니 미키
2004년 7월	투니버스	워터보이즈	0.689	츠마부키 사토시
2004년 7월	MBC드라마넷	너는 펫	0.582	마츠모토 준
2005년 1월	MBC드라마넷	김전일 소년의 사건부2	0.768	마츠모토준, 인기만화원작
2005년 3월	MBC드라마넷	프라이드	0.499	기무라타쿠야
2005년 3월	MBC무비스	러브 제너레이션	0.150	기무라타쿠야
2005년 5월	MBC드라마넷	스타의 사랑	0.409	구사나기츠요시
2005년 7월	OnStyle	비치보이스	0.105	다케노우치유타카
2005년 7월	MBC드라마넷	잠자는 숲	0.329	기무라타쿠야
2005년 8월	투니버스	워터보이즈2	0.662	인기시리즈2탄
2005년 10월	OnStyle	뉴스의 여자	0.112	후지와라노리카
2005년 11월	OnStyle	하쿠센 나가시	0.132	나가세토모야
2006년 1월	MBC무비스	여왕의 교실	0.210	당시최신화제작

방영 시기	방송사	제목	시청률	비 고
2006년 1월	MBC드라마넷	고쿠센2	1.173	나카마유키에
2006년 2월	OnStyle	전차남	0.203	인터넷화제작
2006년 2월	MBC무비스	서유기	0.122	카토리싱고
2006년 4월	OnStyle	데릴사위2003	0.168	나가세토모야
2006년 5월	MBC무비스	노부타 프로듀스	0.275	NEWS, KAT-TUN
2006년 6월	MBC무비스	꽃보다 남자	0.327	아라시, 인기만화 원작
2006년 6월	MBC무비스	드래곤 사쿠라	0.358	NEWS, 아베히로시
2006년 6월	OnStyle	부호형사	0.291	후카다쿄코
2006년 7월	OnStyle	하늘에서 내리는 일억 개의 별	0.163	기무라타쿠야
2006년 8월	MBC무비스	히어로	0.267	기무라타쿠야
2006년 8월	OnStyle	기프트	0.168	기무라타쿠야
2006년 10월	tvN	오렌지 데이즈	0.120	츠마부키사토시
2006년 10월	OnStyle	마녀의 조건	0.244	마츠시마나나코
2006년 11월	MBC무비스	시효경찰	0.220	오다기리죠
2006년 11월	OnStyle	스탠드업	0.399	아라시, NEWS
2007년 1월	tvN	맛있는 프러포즈	0.151	한국드라마와비슷
2007년 4월	MBC무비스	엔진	0.165	기무라타쿠야
2007년 5월	MBC무비스	프리마담	0.201	구로키히토미

자료 : 드라마틱

한국 드라마의 인기 : 한국 드라마의 인기가 충분하기에 대체제로서 딱히 일본드라마를 찾아서 보는 사람들이 아직은 별로 없다는 점이다. 불법 다운로드 문제 : 정치적 문제와 함께 가장 민감하고 중요한 이유가 국내에 만연해 있는 드라마 다운로드 문화다. 인터넷만 활용하면 바로바로 신작 드라마들을 고화질로 다운받아 볼 수 있는데, 구태여 추가로 돈을 내고 신청해서 일본드라마를 보거나 정해진 시간에 맞춰 볼 사람은 많지 않을 것이다.[8]

---

8 허유성 「일본드라마는 왜 한국 케이블 시장에서 실패하였는가?」, 『드라마틱』24호, pp.39-42

제5부

한국과 일본의 역사문제

오늘의 한국과 일본의 이해

한·일 50년사 연표

일본바로알기

1945년 8월 15일	광복
1948년 10월	이승만대통령 비공식방일
1949년 1월	주일대한민국대표부 설치
1949년 4월	한일통상협정 조인
1952년 2월	제 1 차 한일회담
1965년 6월 22일	한일회담타결. 한일기본조약 및 협정 서명
1965년 9월	주한일본정부사무소 설치
1966년 1월	일본, 한국문화재 2천 3백 28점 반환
1971년 6월	사토총리, 박정희대통령 취임식 참석차 방한
1973년 8월	김대중납치사건 발생
1973년 11월	김종필국무총리 방일
1975년 9월	조총련계동포 성묘단 모국 방문
1982년 7월	일본 역사교과서 왜곡, 외교문제로 비화
1983년 1월	나카소네총리 공식방한(일본총리의 최초 공식방한)
1984년 9월	전두환대통령 공식방일(한국대통령 최초의 공식방일)
1990년 9월	가네마루자민당부총재 등 3당대표 방북. 일-북수교원칙 합의
1991년 1월	가이후총리 방한
1992년 7월	일본정부, 종군위안부조사결과 발표. 정부관여 인정
1993년 11월	호소카와총리 방한
1994년 3월	김영삼대통령 방일
1996년 6월	김영삼대통령과 하시모토 류타로 일봉리의 제주정삼회담
1998년 10월	김대중대통령 일본 방문. 오부치 게이조총리와 정상회담. 아키히토(明仁)천황과 면담. -21세기 공동선언-

제1장

정한론과 탈아론의 모순

• • • •

　지금의 일본인과는 너무나 대조적인 독일의 슈미트 수상은 "우리들! 오늘날의 독일 사람들은 개인으로서는 죄가 없지만, 우리들은 죄를 지은 사람들의 정치적 유산을 짊어져야 합니다. 여기에 우리 독일인의 책임이 있는 것입니다."라고 말했다.

　일본은 19세기 막부(幕府)말기와 명치(明治)초기에 정한론(征韓論)를 주장하였다.1873년 10월 정변의 원인이 된 사이코우다가모리 등이 주장했다가 이와큐라, 오오쿠보, 키토 등이 우선 국내정치의 안정을 주장하여, 사이코우는 하야했고 토족반란이 일어나자, 명치정부도 대외 침략정책을 주장하여 1875년 대만을 침략했고, 1876년엔 강화도 사건을 일으키고 계속해서 조선에 대한 침략을 하였다. 정한론은 오래 전부터 있었으며, 고대 왜구의 침탈 이후엔 "임나일본부설을 날조하여 주장했고, 고구려의 광개토대왕의 비문을 조작하여 일본이 고대시대부터 한국을 정벌하여 지배하였다는 허무맹랑한 우월감과 침략론을 가지고 있으니 문제이다.

　최근에 일본의 양심적인 학자늘이 허위 사실인 임나일본부설이나 광개토대왕 비문의 조작설 등, 제국주의 사관에 의해 잘못된 사실을 해명하고 있어 천만다행인 것 같다. 정한론은 1592년 토요토미히데요시의 "정명가도(征明假道)의 허위 구실로, 즉, 명나라를 정복할 테니 조선은 길을 비켜 달라고 하면서 조선을 쳐들어 왔고, 1785년엔 하야시지헤이(林子平)가 등장했고, 메이지(明治)시대에는 1868년에 사이쿄우다카모리(西郷隆盛)가 정한론을 주장했고, 1870년엔 오오시마토모노죠우(大島友之允)가, 1871년엔 키도타카요시(木戸孝允)가,

1872년엔 하나부사요시타다(花房義質)가, 1876년 쿠로다키요타가(黑田清陸)등이 일본국 내의 혼란을 밖으로 끌어내어 해결하려는 의도에서 정한론이 고개를 들었으며, 조선의 침략을 주장했던, 이들 정한파들은 모두다 조선을 정벌해야 일본이 산다고 주장했던 것이다.

후쿠자와유키치(福沢諭吉)가 주장했던 탈아론(脱亜論)은 1885년 3월 16일의『시사신보』의 사설인데, 그의 내용은 "일본은 이웃나라의 개명을 기다려서 함께 아시아를 일으킬 시간적 여유가 없다.

중국, 조선이 개화되는 것을 기다리다가는 늦을 것이다. 일본이 독립을 달성하기 위해서는 서양문명을 도입하고, 아시아의 구습을 벗고, 서구 열강으로부터 일본의 존재를 인정받는 방법 이외는 없다면서 탈아입구(脱亜入欧)를 주장했다. 중국이나 조선은 동양의 전통에 빠져서 문명화를 꾀하지 않으므로 열강에 의한 분할을 피할 수 없을 것이다. 일본은 서양의 열강들이 중국이나 조선의 동류로 보지 않도록, 노력할 뿐만 아니라 열강에 의한 그들의 분할이 행해지는 경우에는 인접국이라고 해서 사양하지 말고, 분할에 가담해야 한다"는 내용이다. 즉, 세상은 약육강식의 제국주의 시대이다. 서구열강들이 아시아의 미개국에 진출하려 하니, 일본도 아시아에 진출해야 한다는 주장이다. 후쿠자와 유기치는 현재 일본의 1만엔짜리 화폐에 초상화 된 인물로 근대 일본의 계몽 사상가로 유명하지만, 한국에선 그를 비난하고 있다. 즉, 일본의 영웅(이또히로부미, 토요토미히데요시)은 한국의 적이고 , 한국의 영웅(안중근, 이순신)은 일본의 적인 것처럼.....

항상 실리를 쫓아 움직이는 일본인의 집단주의 의식은 많은 과오를 범하고 있다. 앞으로 양국이 극복해야 할 과제이지만, 서로 가까운 이웃으로 인식해야 할 것이며, 다시는 정한론과 탈아론이 나오지 않도록 우리는 국력을 키워야 한다.

여자 정신대(종군 위안부)의 문제

오늘도 일본은 한국과의 어업협정을 일방적으로 파괴하고 우리 어선을 강제로 납치해 가고 선원들을 구타하는 도전행위를 일삼고 있다.

1944년 일본정부는 나가노시 (長野市)에 마쓰시로(松代) 지하대본영이라는 전쟁본부를 만들면서 얼마나 많은 강제징용자들을 희생시켰는가! 일본국민과 일본정부는 듣고 보고 알고 있겠지?

힘없는 강제징용자들과 위안부들의 저 한맺힌 절규를! 피맺힌 울부짖음을! 1992년 1월 8일부터 시작하여 매주 수요일 서울 종로구 중학동 일본대사관 앞에서 보상을 요구하며 시위를 하던 할머니들 중 세명이 1994년 1월 25일 할복자살을 기도하여 병원에 입원했다.1996년 1월 24일, 4년 동안에 200회의 항의시위를 하였으나, 아직도 청산되지 않는 과거의 책임은 일본에게 있지만, 우리나라도 그동안 강력하게 적극적으로 문제 해결을 위해 노력하지 않은 문제도 크다.

최근 유엔인권소위원회에서 정신대 문제를「국가에 의한 폭력」으로 규정하여, 일본의 배상책임을 밝혔다. 독일은 전쟁피해를 입은 유태인에게 1989년까지만 도 400억달러를 배상했고, 2,000년까지는 500억달러(70조원)를 지불한다고 한다. 그러나 일본은 한국에게 경제원조로 1965년에 3억달러(3천억원)을 지불하고서 더이상의 도의적, 정치적인 책임을 회피하고 있으니 문제이다.

1990년 10월 12일, 미국의 레이건 대통령은 전후 미국에 끌려와 살아 있는 일본인 5만여명에게 사과문의 편지와 각각 2만 달러씩(3천만원)보상금을 지불하였다. 모두들 일본인히면 친절히고 근면, 성실함을 말하지만 이처럼 지독한 면도 있다는 것을 알아야 한다.

일본은 아직도 늦지 않았으니 하루 빨리 아시아의 피해자들에게 미국, 독일처럼은 못해 주더라도 양심과 성의의 표시로 사과하고, 보상을 해주어야 될 것이다. 일본내에도 양심있는 지성인, 학자, 국민들이 일본의 희생자와 정신대 위안부와 강제징용자 등의 깨끗한 명예회복과 손해배상을 정당히 해줄 것을 정부에 강력히 요구하고 있지 않는가? 이제부터 아시아와 일본이 협력하여 불행했던 과거를 청산하고 좋은 이웃이 되기위해서는 일본의 회개하고 반성하지 않으면 안된다. 지금 부끄러운 과거사를 논하고 싶지 않다. 일본이 독일처럼만 행동하면 될텐데 아쉽다. 독일법은 유태인학살 사실을 공공연히 부인할 경우 3년까지 징역에 처할 수 있다. 일본이 한국을 발전시켰다고 망언을 일삼는 자들이 많아서 부끄럽다. 한국인의 자존심을 상하게 하고, 부끄러움을 모르고, 사과와 반성조차 할 줄 모르는 엉뚱한 생각을 하는 자들이 아직도 일본에 많이 있어서 양국의 화합과 협력을 힘들게 하고 있다.

너무나 잔인하고 잔혹했던 일본국민은 태평양전쟁때 종군위안부로 일본군에 끌려다닌 인간노예들에게 하루 빨리 정신대 수십만 명에게 사죄하고 책임자처벌 피해자보상은 물론이고, 정부의 적극적인 배상요구와 사실규명과 개별적인 보상이 있어야 한다.

1998년 4월 27일, 일본 야마구치(山口)지방법원 시모노세키(下關)지부는 한국인 위안부 3명에게 각각 30만엔(300만원)씩 배상금을 지급하라고 판결하였지만, 일본의 잘못을 인정한데 의의가 있다. 5년 5개월동안 150개의 단체와 수천명의 일본인이 탄원서를 제출하여 지지하였던 결과가 고작 이것이며, 원고들은 다시 히로시마 고등법원에 항소하였다.

아직 실태조사 조차 하지 않는 한국과 일본정부의 무능함을 통탄한다. 1992년 2월, 충남 천안의 성화대학의 이동춘 부도서관장은 일본국회도서관에 있는 『朝鮮』1944년 9월호에 일본인이 강제로 12세~40세의 한국여성을 데려간 법적근거가 있다고 발표하였다.

1945년 광주시내 국민학교 여학생 33명이 13세~16세의 나이에 끌려가면서 그들은 힘없는 조국을 얼마나 원망 했을가?

우리의 힘이 있으면 일본은 이미 백번사죄하고 백번배상을 했을 것이다. 우리는 불행스럽게도 힘이 없어서, 아직 일본의 만행을 용서받지도 못하고 무시당하고 있는 실정이다. "이기려면 버려라"는 말처럼 버리고서도 이기는 방법, 삶의 지혜를 터득해야 될 것 같다.

1965년6월22일 한·일국교정상화조약체결 때 한국은 일본에서 3억엔의 돈을 받고 34년 11개월간의 식민지지배의 손해배상을 청산하는 굴욕적인 외교를 하였지만, 북한은 35년의 식민지지배와 전후 50년의 피해 등의 배상을 함께 요구하여 아직 타결을 보지 못하고 있다. 일본인은 강대국에는 굽실거리지만, 약소국은 무시하고 약탈하는 소인배의 기질을 가지고 있다는 사실을 우리는 알아야 한다.

태평양전쟁의 전범의 위패가 있는 도쿄의 야스쿠니진자를 수십만명의 일본인들이 참배하고 있다는 사실을 기억해야 할 것이다. 태평양전쟁 중에 한국인 종군위안부 (여자 정신대) 강제연행 책임자로 일했다는 요시다 세이찌(吉田政治, 71세)씨는 1992년 1월 기자회견을 하였고, 양심의 가책을 느껴 증언하고 진상규명과 사죄운동에 여생을 바치겠다고 말했다. "1943년, 야마구치겐 (山口県) 본부 동원부장으로 있을 때 한국인 징용자 5,000명, 종군위안부 1천명 이상을 직접 강제연행했다"고 말했다. "당시 조선인 강제징용자는 200만 명이었고 종군위안부도 20만 명이었으며, 모두 일본 군부의 명령에 따라 조선총독부와 경찰, 군 병력의 지원 아래 미혼여성과 젊은 주부들을 골라서 강제로 체포하는 노예사냥 이었다고 발표하였다.

종군위안부를 강제 연행한 곳은 주로, 경상남북도와 전라남북도에서 강제연행 했으며 제주도에서도 200여명 연행했다." "그때는 국가를 위한 일이라 생각했다. 국가가 명령한 일이니까 열심히 했다"고 말한 그는 이제 진상규명과 사죄운동에 노력하고 역사의 증언자로 결심했다니 일본인의 비합리성과 양면성을 다시 한번 볼 수 있어 무섭다.

나쁜 일도 일본인은 공인으로 일할 땐 공인(公人)으로 행동하고 사인(개인)으로 양심껏 행동하는데 일본인의 명분과 실리추구의 이중성, 두얼굴이 있다. 종군위안부 보상문제에 대해서 요시다는 "독일이 유태인 학살 보상에 7조엔(70조원)이상을 썼으니 일본도 최소한 1조엔 (10조원)은 보상해야 한다."고 주장하면서 한국인 정신대 출신들에게 "부끄러워 말고 떳떳이 증언하라"고 말하고 있다.

한편, 미야자와 키이찌(宮沢喜一)총리는 "당시 일본정부가 정신대 모집에 관여했었다"고 처음으로 인정하였다. 그 동안 일본정부는 강제 모집 사실조차 부인했으며, 일본정부는 잘못을 인정도 않고 사죄도 안했었다는 것은 한국정부의 나약함을 깨닫고 우리는 크게 반성해야 할 것이다. 종군위안부 국제공청회가 1992년 12월 9일 도쿄의 간다(神田)에서 열렸고, 한국, 북한, 중국, 대만, 필리핀, 네델란드 등 6개국에서 6명의 위안부 출신 여성들이 증언을 하였으며, 한국에서는 매주 수요일 일본대사관 앞에 가서 위안부 출신 할머니들은 데모를 하고 있다.

제2차 세계대전 당시 야마쿠찌갠에서 노무보국회 동원부장으로서 "자기가 지휘하여 강제 연행한 사람은 여자 정신 대원 950명을 포함해 6천명을 징용했다"고 요시다 세이찌(吉田政治, 71세)는 혼자서 사죄했다. 그는『조선인 위안부와 일본인』『나의 전쟁범죄』등의 책을 출판하였고, 그 책의 인지세로 한국 천안시에『사죄의 비』를 1983년

12월 23일 세웠다. 한편, 대한 적십자사의 조사에 의하면, 1939년부터 1945년까지 일본에 강제연행된 한국인은 약72만 여명이고, 여자정신대 명목으로 전선에 끌려간 위안부는 약7만 명이 넘는다 한다. 3분의 2는 전쟁때 죽었고, 현재 사할린에 4만3천명 정도가 남아 있다고 한다.

1994년 5월 17일자 일본의 교도(共同)통신에 의하면, 일본외무성에 보존되어 있는 「한국인 강제연행자 실태 보고서」라는 문서에는 약 1백66만8천명을 강제연행했다는 사실이 실려 있다고 한다. 강제연행은 중대한 국가범죄이므로 책임자를 처벌해야 한다.

1991년 1월 11일 아사히(朝日)신문에 일본의 역사학자 요시미요시아끼(吉田義明)교수(일본 중앙대)가 일본 국회도서관에서 종군위안부의 공식문서를 발견하여 최초로「종군위안부는 일본군이 전면적으로 관리했으니 정부는 책임을 면할 수 없다.」고 발표하였다. 한국인 강제연행과 여자정신대 문제는 남북한이 함께 대처해야 하고, 일본정부는 사죄하고 보상을 해야 할 것이다.

100만명의 정신대원 1인당 3천만엔(3억원)씩 약 25조엔(250조원)이상의 배상을 받아야 한다. 또한, 아이찌캔리쓰(愛知顯立)대학 다나까히로시(田中宏)교수는 「국가의 수뇌가 위안부 파견에 관여했고, 일본정부 주도로 행해졌다.」면서 진상규명과 피해자 보상을 요구했다. 최근 일본의 몇몇 양심적인 학자와 지성인들이 들고일어나서 밝혀진 종군위안부의 정체! 그 동안 우리 정부나 한국의 역사학자들은 무엇을 했는지 이런 것 하나 아무도 밝히지 못하였으니, 너무나 부끄러운 일 아닌가?

우리의 일을 일본인이 먼저 들고나서는 웃지 못할 기막히는 현실을 개탄한다. 일본의 시민단체에서는 국가보상과 책임자 처벌을 요구하는 서명운동에 6만2천명이 서명하고, 종군위안부들이 접수 신고되는데, 한국의 시민단체에는 신고 기피현상이라 하니 한심스럽다. 그 동안 개인의 창피와 수치심 때문에 정신대 문제로 법정에 제소한 사람이 100만 명중에 몇 명에 불과하다니 일본정부가 우습게 여길 것은 뻔한 사실 아닌가. 이제라도 우리 국민의식이 깨어나야 할 때인 것 같다. 자기주장도 못하고 자기 몫도 못 찾아 먹는 우둔한 국민이 되어서는 안될 것이다. 정부와 당사자, 개인은 물론이고 지성인, 역사가들이 앞장서서 일본과 정정당당히 맞서서 해결하기 위해선 좀더 철저히 진상을 밝혀 내야 할 것이다.

일본의 강제징용자와 정신대의 배상문제는 독일 나치스가 유태인(500만명)들에게 7조엔(70조원)이상을 배상했고 1990년 10월 12일 미국의 레이건 대통령은 일본인 징용자 5만명에 대해 1인당 2만달러(2,000만원)씩의 보상금을 지불하고, 기념패를 증정하고 사과를 하였다. 일본은 한국인 강제징용자 수백만 명과 종군위안부 약100만 명에게도 하루 빨리 배상과 사죄를 하고 한국정부와 일본정부는 관심을 가지고 이 사실의 진상을 밝혀야 한다.

일본은 자신들의 파렴치한 행동과 과거청산에 우유부단한 태도를 자성하고 부끄러워할 줄 알아야 할 것이다.

200만명을 강제연행했고, 800만명을 강제동원하여 수탈했던 과거를 사죄하고, 물심양면으로 그들의 정신적, 육체적 피해를 배상해 주어야 할 것이다. 일본인들은 자신들의 인권문제에 대해선, 인권유린과 인권신장에 대해서 항의하면서 다른 나라의 인권문제에 대해선 침해하고 밟아서 자존심을 상하게 하는 이중행동을 해서는 안될 것이다. 우리는 역사와 현실을 똑바로 직시하고, 올바로 인식하여 일본과 노하우 할 수 있는 능력과 강인한 힘을 길러야 한다.

최근 여론 조사에 의하면 일본인의 74%가 위안부 배상을 원하고 있는데, 일본 자민당 의원들이 종군 위안부 내용을 교과서에서 삭제를 촉구하는 결의안을 제출하여 더욱 충격을 주고 있다.

❀ 일본군위안부

일본 제국주의 점령기에 일본에 의해 군위안소로 끌려가 성노예 생활을 강요당한 여성으로 강제로 전선으로 끌려가 일본 군인들의 성노예로 인권을 유린당하였으며, 전후에도 육체적·정신적 고통으로 힘겨운 생활을 하고 있다. 한국, 일본, 중국, 필리핀, 인도네시아 등 여러 나라 여성들이 강제로 동원되었으며, 당시 일본의 식민지였던 한국 여성들이 가장 많았다. 일본군위안부는 오랫동안 정신대(挺身隊)라는 이름으로 불려왔으나 이는 정확한 표현이 아니다. 정신대란 나라를 위해 몸을 바친 부대라는 뜻으로 일제시대 노동인력으로 징발되었던 사람들을 가리킨다. 이들 중 '여자근로정신대'의 일부가 일본군위안부로 끌려가기도 하였으나 두 제도를 동일한 것으로 볼 수는 없다. 이와 더불어 혼용되어 쓰이는 용어가 종군위안부(從軍慰安婦)인데, 자발적으로 군을 따라 다닌 위안부라는 의미로 강제로 성노예가 되었다.

일본군의 만행을 폭로하고, 위안부의 억울함을 호소한 책

저자 미네기시 겐타로(峯岸 賢太郎)교수는 일본군의 과거만행과 위안부들의 고통을 일본국민에게 자세하게 알리고 싶어서 이 책을 썼다고 한다.

참으로 양심적이고 용기 있는 역사학자 미네기시 겐타로 동경도립대학 교수는 정말로 보기 드문 역작으로『천황의 군대와 성노예』라는 책을 출판하여 한·일 양국에 신선한 충격을 주고있다.

2002년 6월은 한·일 국교가 체결 된지 37년째이며, 한·일 월드컵이 열리는 해이기도 한다. 또한 8월15일은 광복 57주년이다. 과거 일본이 한국 등 아시아의 국민을 700만 명이나 강제징용하고 20만 명의 위안부에게 엄청난 피해를 주고도 반성도 보상도 하지 않으니, 참으로 비참한 일이고 통탄할 일이며, 고통과 울분과 원한이 맺힌다!

일본은 제국주의의 식민지 정책을 아시아 주변 국가에게 강요하고, 온갖 만행을 저질렀으며, 조선을 초토화시키고 수만 명을 죽이고 포로로 잡아가고 닥치는 대로 약탈하여 그 피폐는 말로 다 표현할 수 없을 것이다.

과거의 침략에 대한 반성보다 시대착오적인 역사왜곡 망언을 하는 우익 정치인들과 역사 인식을 아직도 잘못하고 있는 반이성적인 일본인들에게 직언으로 커다란 충격을 준 용기 있는 책이다.

1995년 10월 16일 자민당 내의 우익의원 105명이 참여하여 결성한「역사 검토 위원회」가 "일본의 한·일 병합은 동양의 안전과 평화 및 일본의 자위를 위한 것이었다"는 내용의『대동아 전쟁 총괄』이라는 망언책자를 배포하였다.

한편으로 우리의 무책임과 무능을 한탄하면서, 한 맺힌 원한을 언제쯤 풀어 줄 수 있을는지 다시 한번 사고(思考) 하는 착잡한 심경을 주는 책이다!

일본은 과거의 역사를 부정하지 말고, 좀더 성실하게 대처해야 할 것이다. 일본의 우익 국수주의자와 보수혁신파의 반한(反韓)적인 태도와 망언 등으로, 서로 멸시하기보다는 앞으로는 이런 불행한 일이 일어나지 않도록 노력해야 한다. 우리는 오욕의 역사를 반성하고, 하루속히 자립심을 길러서 일본에게 더 이상 무시당하지 않도록 노력해야 할 것이다.

지금도 일본인은 한국인을 현재나 미래보다는 과거에 얽매이며, 피해 망상적인 사

람이라 하고, 한국인은 일본인을 두 얼굴의 양면성을 가진 , 약삭빠르고 교활한 이중
성격자 같다고 말한다.

일본이 모든 전쟁을 주도해 온 사실을 기억하고 온 국민들이 경각심을 가지고 경계
하여 다시 되풀이되고 있는 역사의 악순환을 대처해야 할 것이다.

일본은 한국인과 아시아인들을 전쟁 위안부로 수십만 명을 잡아가고 강제징용, 강
제노동자로 수백만 명을 끌고 가서 온갖 죽을 고생과 개죽음을 시켜놓고도 사과와 보
상도 않는 일본인의 비양심과 양면성의 이중성격을 개탄하지 않을 수 없다.

독일은 나치주의자들의 전범을 사형시켰으나 일본은 최근에 250만 전몰자들이 잠
들어있는 야스쿠니 진자를 정치지도자들이 참배하고 있다.

참으로 일본이 반성하고 주변국을 위해 노력한다면 반일감정도 사라질 것이다.

아직도 한국을 무시하는 비열한 일본인들이 있는 한, 한·일 관계는 개선되기 어렵
다. 이 책은 일본정부가 앞장서서 해결해야 할 일이며, 일본 지성인들의 자각을 촉구
하고 있다.

1919년 3.1일 운동의 피비린내 나는 그 날이 어언 78돌이 되었고, 1945년 8.15광복
을 찾은 지 반세기가 넘었지만 아직도 일본제국주의 34년 11개월 간의 부끄럽고 억울
했던 식민잔재가 청산되지 않은 채 남아 있다. 갑자기 조선 총독부 청사를 폭파, 해체
하였으니 조금은 우려된다. 일본이나 외국은 침략 사적을 많은 돈을 들여 보존하면서
'산 교육의 장'으로 활용하고 있기 때문이다.

1944년 일본정부는 나가노시 (長野市)에 마쓰시로(松代) 지하대본영이라는 전쟁
본부를 만들면서 얼마나 많은 강제징용자들을 희생시켰는가!

힘없는 강제징용자들과 위안부들의 저 한맺힌 절규를! 피맺힌 울부짖음을!

일본국민과 일본정부는 듣고 보고 알고 있으면서 왜 사죄도 보상도 않는가?

1991년 1월 8일부터 시작하여 12년째 매주 수요일 서울 종로구 중학동 일본대사관
앞에서 사죄와 보상을 요구하며 시위를 하던 할머니들이 2002년 3월 13일로500회의
항의시위를 하고 있지만, 아직도 청산되지 않는 과거의 책임은 일본에게 있지만, 우
리나라도 그동안 강력하게 적극적으로 문제 해결을 위해 노력하지 않은 문제도 크다.

최근 유엔인권소위원회에서 정신대 문제를「국가에 의한 폭력」으로 규정하여, 일
본의 배상책임을 밝혔다. 독일은 전쟁피해를 입은 유태인에게 1989년까지 400억 달
러를 배상했고, 2,000년까지는 500억 달러(70조원)를 지불한다고 한다.

그러나 일본은 한국에게 경제원조로 1965년6월 22일 한일국교정상화를 하면서 보

상청구로 3억달러 (3천억 원)를 지불하고 개인적인 보상은 하지 않고서 도의적, 정치적인 책임을 회피하고 있으니 문제이다 .

1995년 일본정부는 궁여지책으로 여성을 위한 아시아 평화 국민기금을 설립하여 종군위안부에게 200만 엔(2천만 원)의 보상금과 수상이 용서와 반성을 표명한 편지와 함께 지급한다는 것이다. 그러나 이것은 국가가 법적 책임을 회피하고 배상이 아니라 단순한 위로금이라고 인정하지 않고 있는 동안에, 오늘도 한을 풀지 못한 채 한 사람 또 한사람 죽어 가는 서글픈 현실을 저자는 고발하고 있다.

1990년 10월 12일, 미국의 레이건 대통령은 전후 미국에 끌려와 살아 있는 일본인 5만여 명에게 사과문의 편지와 각각 2만 달러씩(3천만 원)보상금을 지불하였다.

일본은 아직도 늦지 않았으니 하루 빨리 아시아의 피해자들에게 미국, 독일처럼 양심으로 사죄하고, 충분한 보상을 해주어야 될 것이다. 일본에도 양심 있는 지성인, 학자, 국민들이 일본의 희생자와 정신대 위안부와 강제 징용자 들에게 명예회복과 신체적·정신적·경제적인 손해배상을 정당히 해줄 것을 일본정부에 강력히 요구하고 있지만, 사과와 반성조차 할 줄 모르는 일본정부에 책임과 일본국민에 의무가 있다고 미네키시 교수는 이 책에서 자료와 증언을 통해 종군위안부와 일본군의 만행을 입체적으로 묘사하여 일본사회의 책임을 강력하게 주장하고 지적하고있다.

이제부터 아시아와 일본이 협력하여 불행했던 과거를 청산하고 좋은 이웃이 되기 위해서는 일본의 회개하고 반성하지 않으면 안 된다. 일본이 독일처럼만 행동하면 될텐데 아쉽다. 독일의 법은 유태인학살 사실을 공공연히 부인할 경우 3년까지 징역에 처할 수 있다. 아직도 일본이 한국을 발전시켰다고 망언을 일삼는 자들이 많아서 부끄럽다. 한국인의 자존심을 상하게 하고, 양국의 화합과 협력을 힘들게 하고 있다.

대통령이 10월 일본방문 때 한일 과거청산 공동선언을 한다지만, 양국은 부끄러운 과거를 청산하고, 역사적 사명감을 가지고 적극적으로 교류하여 서로 믿고 돕는 가까운 이웃이 되도록, 서로가 감정적이 아니라 이성적, 객관적으로 대처해야 한다. 일본 사회는 한국보다 사회전반이 안정 속에 크게 발전하고 있으며, 저력을 가지고 있다. 그러나, 과거침략 행위의 반성과 종군위안부의 보상문제, 재일외국인에 대한 차별문제 등, 물질적인 풍요 속의 정신적인 빈곤이 엄존한 이상한 나라로 일본은 아직도 신뢰가 부족하여 세계 각국으로 부터 경계 받고 있는 것은 사실이다. 서로가 잘못된 선입관을 버리고, 역사 앞에 진실을 밝히고, 사죄하고 용서해야 진정한 한일관계가 유지될 수 있을 것이다. 오늘도 일본은 한국과의 어업협정을 일방적으로 파괴하고 우리 어선을 강제로 납치해 가고 선원들을 구타하는 도전행위를 일삼고 있다.

제2장

종군위안부의 문제와 한일관계[*]

- - - -

1. 서론

우리나라와 일본은 政治, 経済, 社会, 文化, 歷史, 地理 등의 모든 面에서 서로 밀접한 관계를 가지고 있지만, 아베총리의 靖国神社의 参拜問題, 日本軍慰安婦의 強制連行 否認 및 強制 徵用者에 대한 賠償問題 등의 過去事問題로 관계가 惡化되고 있어 이들의 문제를 中心으로 研究할 必要가 있다.

오늘도 日本政府는 過去에 자신들이 저지른 戰争과 植民地 支配의 잘못을 認定하지 않고, 오히려 正当化하는 언행을 하고 있는 일본의 態度가 참으로 유감스럽지만, 서로가 対話로 解決해야 할 것이다. 韓·中·日 指導者들이 覇権主義 보다는 対話와 대국적인 결단으로 3국의 最悪関係를 平和的으로 해결해야 한다.

韓日関係 전문가인 오구라기조(小倉紀蔵) 교토대학 교수는 "2000년내부터 어유와 포용력과 자신감을 잃은 일본인들은 嫌韓 감정으로 한국과 중국을 싫어하고 있다. 韓中日 3국이 和合하고 交流하는 平和的인 노력이 중요하다."고 말한다.

중국이 G2국가로 힘이 커지자, 미국은 韓美日 同盟을 강조하면서 中国을 견제하려고 일본의 集団自衛権을 허용하여, 일본정부는 2015년 7월 '集団自衛権'을 각의를 통과시켰다.

---

[*] 이 논문은 「한국일본어교육」 73집에 수록됨.

최근 아베총리는 集團自衛權을 시도하고, 2015년 7월 16일 安保法案이 衆議院을 통과했고, 参議院에서 심의하여 9월 18일 통과를 앞두고 있는데, 아베총리의 集團自衛權 행사는 危險한 짓이다고 92세인 무라야마 도미이치(村山富市) 前 首相이 목숨을 걸고 절대 반대의 가두시위에 앞장서고, 젊은이들과 국민들도 격렬하게 데모하고 있다. 慰安婦의 強制連行 否認과 靖国神社의 参拜問題, 過去事의 歷史否定과 教科書의 歪曲 등의 억지주장에 반대하는 일본의 歷史學者 6900명과 良心的인 知性人에서 고교생 청년학생까지 10만 시위인파가 일본 전국 1000여 곳에서 7월 22일 모여 '아베 물러나라' '국민을 무시하지 마라' '憲法 9조를 파괴하지마라'고 데모하고 있다. 특히, 95세의 시인 가네코 도타 씨가 쓴 '아베정치를 용서하지 않겠다.'는 피켓도 시위의 상징물로 떠올랐다.[1]

75명의 憲法学者가 違憲이라 말하고, 1만6000 여명의 양심적인 知識人들이 항의 声明에 署名하고, 国民의 反対로 아베신조(安倍晋三)총리는 支持率이 37%에 불과하여 위기감이 감돌고 있다.

韓中日 3国의 過去事 認識問題는 서로 공유는 하지만, 일본의 外交青書와 防衛白書의 도발 등으로 3国은 갈등이 깊어져서 最悪이 되었다.

미야자와 기이치(宮沢喜一) 내각시절인 1993년 8월 4일 고노 요헤이(河野洋平) 관방장관이 발표한 고노담화[2]는 慰安所의 設置와 경영, 管理, 慰安婦 募集과 強制動員에 日本軍이 직간접으로 관여했다고 発表한 것에 意義가 크다.

일본군 위안부문제는 1990년 6월에 일본정부가 국회답변에서 "從軍慰安婦는 민간업자가 데려간 것이다"고 말하여, 한국 여성단체가 慰安婦 強制動員을 認定하고 謝罪할 것을 要求하였으며, 1991년 12월 위안부 피해자 3명이 도쿄법원에 소송을 제기하였다.

日本政府는 1992년 7월 6일 "위안소의 설치와 경영, 위안부 모집자 감독 등에 정부가 관여했으나 強制連行을 立証하는 資料는 発見되지 않았다"고 발표했었다.

2014년 6월 20일 아베신조(安倍晋三) 내각은 '고노담화 内容은 韓日政府가 문안을 조정

---

* 본 논문은 2014학년도 조선대학교 교내 학술연구비 지원에 의해 연구되었음.

1 교토연합뉴스 2015년 7월 23일 한국일보
2 1993년 8월4일 고노 요헤이(河野洋平) 관방장관이 일본군위안부에 대한 일본군의 강제성을 인정한 담화이다. 위안소는 당시 軍 당국의 요청에 의해 설치된 것이며, 위안소의 설치·관리 및 위안부 이송에 관해서는 일본군이 관여하였다고 발표했으며, 일본군위안부들에게 사과와 반성의 마음을 올린다고 말하였다

한 것'이라고 발표하여 고노담화의 사실을 歪曲하고 無力化시키고 있어 韓日関係도 최악이다.

2015년 2월 8일 미국 국무부도 過去事 問題는 "치유(healing)와 화해 (reconciliation)가 중요한데, 아베 내각의 歷史 修正主義와 일본인의 의리와 責任이 의문스럽다."라고 했고, 미국 국무부가 2015년 7월 30일에도 "끔찍하고 흉악한 인권침해 (terrible,egregious violation of human rights)"라고 일본정부를 비판하였다.

2. 위안부의 배상문제

일본군 '위안부'(Comfort Girl)는 공식 용어로는 Military Sex Slavery by Japan(일본에 의한 군용 성노예) 라고 표기한다. 日本軍이 1930년대 초부터 1945년 8월 終戦에 이르는 기간 동안 '군위안소'를 설립하고, 점령지와 植民地의 여성들을 強制로 동원해 일본군의 성 위안을 위해 집단적으로 강제 동원하고 관리한 性奴隷 여성을 말한다.

強制로 위안부 被害者가 된 수 많은 여성들에 대한 性暴力은 非人間化의 人權問題이다.

1932년 만주국 수립 이후 일본은 이미 만주에 일본군을 위한 위안소 경영을 허용하고 있었으며, 1932년 상하이에서는 日本 海軍이 慰安所를 設置하여 管理하였다.

1944년 8월 23일 '女子勤労挺身領'의 공포에 의해 조직된 女子勤労挺身隊는 전쟁으로 부족해진 노동력을 확보하기 위해 초등학교의 소녀들까지 모집되어 군수공장에서 일하는 경우가 많았으며, '여자근로정신대'중에서 많은 여성들이 日本軍에게 強制로 끌려가 性奴隷로 전환되어 '일본군위안부'로 강요되었기에 '정신대'가 '위안부'로 인식되어 쓰이기도 했다.

그 당시 일본군 문서에 위안부라는 표현이 쓰이고 있어 日本政府와 軍의 관여사실을 보여주는 根拠가 되고 있는 것이다. 어떠한 군위안소라도 이를 管理 監督, 統制한 것은 日本軍이었다. 強制와 기만에 의해 徴用 또는 인신매매범, 매춘업자 등에게 拉致, 매수, 人身売買, 직업소개소의 알선 강제 및 誘拐, 속임수 등, 다양한 방법으로 한국의 여성들이 20여만 명 정도가 동원되었고, 동남아시아의 수많은 여성들이 일본군에 의해 強制的으로 성적 노예 생활을 잔인하게 強要당했으므로 유엔인권위원회나 유엔인권소위원회의 報告書는 일본군 성노예라는 용어를 사용하고 日本政府의 謝罪와 賠償을 강력히 要求하고 있다.

일본군위안부 문제는 国内뿐만 아니라 国際的인 문제로 国際社会의 관심을 얻기 위해 현재 1억 명의 署名運動을 전개하고 있으며, 한국, 일본, 대만을 비롯한 아시아 6개국의 시민단체들이 연대활동을 펼치고 있다.

그러나 일본정부는 위안부의 強制動員이라는 反人倫的인 犯罪에 대해 謝過와 反省을 하지 않고, 법적 責任도 회피하고 있으며, 미국 교민들이 세운 '위안부 기림비'와 주한 일본대사관 앞에 세워진'慰安婦 平和碑'의 철거만을 강력히 요구하면서 방해하고 非人道的인 테러 행위와 로비활동까지 자행하고 있어 국제적인 非難을 받고 있다.

대부분의 일본인들은 사실을 인정하고 있지만, 그렇지 않은 극우파 国粹主義者들은 사실을 認定하지 않고, 일본군위안부의 強制性을 否定하면서 妄言을 계속하고 있어 일본은 国際社会에서 孤立되고 있는 것이다.

고노 요헤이 전 관방장관은 최근 요미우리신문과의 인터뷰에서 "資料上 証拠가 없다는 이유로 半世紀가 지난 지금도 苦痛을 겪고 있는 여성의 存在와 戦争 中의 悲劇까지 없었다고 주장하는데 슬픔을 느낀다. 일본의 人権意識이 의심받고 국가의 信用을 잃을 수 있다"고 경고한 事実을 일본은 記憶해야 할 것이다.

2000년 12월 아시아 여성 인권단체는 性奴隷 및 기타 性暴力과 관련된 다양한 犯罪들을 심리하고자 도쿄에서 열린 '일본군 성노예 전범 여성 국제법정'은 일본의 성 노예제에 관한 광범위한 보고를 제공하려고 조직하였다. 생존자들의 자세한 証言과 자문을 통해, 법정은 일본정부에 개선책들을 권고했다. 그러나, 일본정부는 그 동안 법적 義務가 없다는 이유로 이 勧告案을 이행하지 않았다. 그들의 형식적 의사표시 및 보상은 충분하지 못했다.

필리핀 생존자 롤라 암모니타는 "그들은 이러한 잔인한 행위가 발생했다는 점을 認定해야 한다. 그리고 우리는 그들이 앞으로 女性虐待와 같은 事件에 연관되지 않을 것이라고 약속하기를 원한다."라고 국제 앰네스티에게 말했다.

2001년 国民基金을 통해 제공된 일본 국민으로부터의 속죄라는 위안부에 대한 謝過文에서도 고이즈미 총리는 1995년 이후 모든 일본 총리들이 사용했던 식으로 다음과 같이 말했다.

"日本軍과 연관된 慰安婦 問題는 많은 여성들의 名誉와 尊厳에 대한 심각한 모욕이었다. 일본의 총리로서 나는 헤아릴 수 없이 고통스러운 경험을 겪으며 위안부로서 치유하기 어려운 物理的, 精神的 상처를 입은 여성들에게 깊은 謝過와 속죄를 보낸다.

우리는 과거의 무게와 未来에 대한 責任을 회피해서는 안 된다. 나는 謝過와 贖罪의 마음으로 이 사건의 道德的 責任에 대해 고통스럽게 認識하며 일본이 지난 過去를 정면으로 마주하고 이를 다음 세대에 정확히 전달해야 한다고 믿는다. 또한 일본은 여성의 名譽와 尊嚴에 대한 暴力과 여러 부당함을 다루는 데에 있어 積極的으로 참여해야 한다. 마지막으로 나는 가슴속 깊은 真心으로 여러분 모두 남은 생에 平和가 깃들기를 祈願 하는 바이다."라고 謝過하였다.

그러나, 일본의 후생노동성 산하 일본연금기구는 2015년 2월 4일 양영수(85), 심선애(85) 근로 정신대 피해할머니가 제기한 미쓰비시 중공업 후생연금 탈퇴 수당의 지급 요구에 대해 '199엔(1990원)' 을 대리인 계좌로 支給했다. 日本政府가 이처럼 피해자들을 우롱하고 있다. 일본정부는 2009년 12월 양금덕 할머니 등, 8명이 제기한 후생연금 탈퇴 수당으로 '99엔(990원)'을 지급해 강한 반발과 非難을 사기도 했다.

2014년 10월 30일 서울지법은 일본의 후지코시 기업에 한국인 勤労挺身隊에게 임금을 지불하지 않았으니 1인당 800만원에서 1억원까지 피해보상을 하라고 판결했었다.

그러나, 日本最高法院은 2014년 12월 10일 극우단체인 재일 특전을 허용하지 않는 시민모임(재특회)에 1200만엔의 損害賠償과 시위금지를 확정했다.

교토 조선초급학교는 2009년 12월~2010년 3월까지 학교주변에서 헤이트 스피치(hate speech, 특정민족에 대한 증오발언)시위에서 "조선인은 일본을 나가라." "스파이의 자식들" 등으로 어린이들을 협박한 것에 대해 嫌韓 발언과 示威는 불법이라고 재특회에 賠償을 판결했다.

2011년 헌법재판소는 일본군 위안부(성노예) 피해자들이 국가의 무책임한 대일 외교로 행복추구권을 침해받았다고, 제기한 헌법소원 심판에 대해 재판관들은 6대 3으로 위헌확인 결정을 내렸다. 2014년 12월 3일 문화일보에 의하면, 헌법재판소는 "위안부 피해자들의 재산권 및 인간으로서의 尊嚴과 價値라는 기본권의 중대한 침해 가능성 등을 고려할 때 국가에 이러한 작위의무를 이행하지 않은 재량이 있다고 할 수 없다."고 판시했던 것이다.

1995년 7월 18일 발표된 "아시아 여성기금 동참 호소문"이 일본외무성 홈페이지의 "역사인식" 코너에 게재 되어있던 내용인 "10대 소녀까지 포함된 많은 여성의 근원적인 존엄을 짓밟는 잔혹한 행위였다."는 호소문 내용을 일본정부는 지웠다.

낙우파의 요구를 수용하여 역사시우기를 하고 있다. 日本政府의 歷史歪曲은 国際社会에서 非難받아 마땅하다, 일본인의 良心宣言이 아쉽다.

1992년 1월에 위안부에 대한 첫 공식 謝過가 이루어지기 前까지 일본정부는 위안소의 설립과 운영에 개입했다거나 강압과 詐欺를 통하여 여성들을 노예화하는 데에 관여하지 않았고, 민간업자의 탓으로 돌리면서 위안부 여성에 대한 事實과 責任을 否認했었다.

그러나, 1992년 요시미 요시아키(吉見義明) 교수가 日本政府와 軍의 역할을 설명하는 문서상의 証拠를 公開하면서 일본 정부는 위안부 체제의 설립과 조직에 직접적으로 연관되었다는 事実을 認定하고, 미야자와 총리는 한국방문 기간 동안 한국 국민에게 謝過했다.

그러나, 위안부들은 일본 최고권력 기관으로 국민을 대표하는 議会와 天皇으로부터의 사과와 배상을 요구하고 있다.

제2차 세계대전 당시 시모노세키 지부의 동원부장인 요시다 세이지(吉田清治, 2007년 사망 87세)는 1977년에 발행한 자신의 저서인『朝鮮人慰安婦와 日本人』p.150~152에서 "조선인 여자 정신대"의 動員 命令書를 県庁에서 받고, 자신도 1000여 명을 拉致 사냥했다고 말하고, 각종 강연에서 証言 했는데, 1982년 9월 2일 아사히신문에 소개한 요시다의 증언이 불확실하고 신빙성이 없다고 2014년 8월 5일 아사히신문은 관련기사를 취소했으나, 위안부 문제의 핵심은 바뀌지 않았다고 주장했다.

그 후, 일본의 우익과 보수언론은 "위안부는 허구였다. 1993년 고노요헤이 관방장관의 담화도 취소해야 한다." 아사히신문은 매국 신문이다면서, "強制連行보도로 일본인의 名誉를 훼손했다면서 일본의 우익 8700명이 2015년 1월 26일 아사히 신문을 도쿄 지방법원에 고소했다.

1991년 8월 12일 일본군 위안부였던 김학순 할머니의 証言을 아사히 신문에 게재했던 전 아사히 신문기자 홋카이도(北海道) 호쿠세이(北星)학원대 강사 우에무라 다카시(植村 隆)는 일본 우익들의 협박에 시달리다 못해 2015년 1월호『文芸春秋』에 수기를 싣고 우익들을 상대로 소송을 제기 하였다.[3]

일본군 위안부 被害者의 証言을 보도한 우에무라 다카시(植村 隆) 前 朝日新聞 기자가 자신의 記事를 '위안부 날조'로 売渡한 주간지『週刊文春』와 2014년 2월 6일자『文芸春秋』記事에 "의도적으로 사실을 날조했다"는 논문을 발표한 니시오카 쓰토무(西岡力) 도쿄기독교대 교수 등에 대해 명예 훼손혐의로 1,650만엔의 損害賠償과 謝罪 광고 게재 등을 요구하는 소송을 도쿄 지방법원에 2015년 2월 9일 제기했다.

우에무라는 특히『週刊文春』등의 記事에 대해 자신이 위안부 기사를 날조한 근거가 없는데도 자신이 범죄자인 것 같은 인상을 사회에 부추겨 심각한 人権 侵害를 당했다고 지적했다. 우에무라는 1991년 일본군 위안부 피해 할머니의 証言을 기사화한 이후 일본사회 일각에서 '위안부를 날조한 기자'로 지목됐고, 우에무라는 한국 태평양전쟁희생자유족회 양순임 회장의 사위라는 등의 이유로 '매국노'로 매도되기도 했다.

한편, 学問의 自由를 침해하는 언론테러에 굴복해서는 안 된다는 시민단체가 결성되고,

---

3 2015년 2월 15일 한국일보

일본의 歷史学会와 学者, 학술단체들이 기자회견을 열어, 우에무라씨를 支持하는 勢力이 증가하자 대학에서도 우에무라씨의 강사 고용을 계속하기로 했다.

　强制動員한 위안부의 해법은 한국, 중국, 미국, 유엔 등의 국제사회에서 일본인의 反省과 責任을 요구하니 지금이라도 일본인 스스로 反省하고 謝過하고 賠償하면 되는데, 일본인의 잘못된 생각은 歷史를 歪曲하므로 주변국과 국제사회가 계속 압박하는 것이다.

　2015년은 한일국교정화가 50년이 되는데, 한일양국의 정상은 협상하지 않는다. 자존심 싸움으로 過去被害의 補償과 謝過가 이루어지지 않고 있으니 유감이다.

　위안부 할머니들의 아픔과 사회의 名譽回復도 謝罪도 賠償도 없이 죽어가고 한일관계의 협력과 동반자의 미래도 어둡다. 양국의 지도자들이 良心으로 行動하는 모습이 아쉽기만 하다. 最悪의 韓日関係를 해결하기 위해서는 慰安婦의 强制連行을 認定하는 正直한 決断과 일본의 謝過와 誠意 있는 賠償과 올바른 역사교육이 필요하다.

　미국의 하원이 2007년에 "慰安婦決議案"에서 過去事를 反省하지 않는 일본에게 警告했다. 데드 포 공화당 텍사스 의원은 2014년 9월 18일 "일본은 군대위안부 强制動員과 性奴隷 强要 등의 過去의 悪行을 모두 自白하라"고 批判했다.

　2014년 12월 13일, 일본의 4개 歷史学 学術団体인 歷史学研究会, 日本史研究会, 歷史教育者協議会, 歷史科学 協議会가 安信晉三정권의 일본군 위안부 문제의 歪曲에 共同対応하기로 결정했다. 사이타마가쿠엔 대학 후쿠도사나에(服藤早苗)교수는 "아베 총리는 歷史的 事実에 기초해서 强制連行의 正義에 맞춰 위안부 문제를 발언하길 바란다"고 주장했고, 지바이사오(千葉 功)교수는 "1991년 김학순 할머니의 証言 이래 学問的으로 慰安婦 関聯研究가 거듭되었다. 집에 들어가 여자들을 강제로 트럭에 싣고 위안소로 보낸 强制連行이 일어났고, 속아서 위안부가 된 것도 强制連行과 같다"고 주장했다.

　메이지대학의 스다 쓰토무(須田 努)교수는 "日本軍의 관여아래 强制 連行된 위안부가 존재하는 것은 明白하다. 위안부의 피해 사실을 否定하는 것은 절대 용서할 수 없다."고 강조하였다. 일본의 歷史学者들은 아베를 꾸짖고 非難한다. 근현대사 연구 중에서 중요한 테마인 慰安婦의 研究와 심포시엄이 절실히 필요하다.

　일본 역사학 연구회위원장인 信州大学 구보 도루(久保 享)교수는 "위안부 强制連行은 중국산시성에서도 明白하게 드러났다." 2014년 10월 15일 정부수뇌와 메스미디어의 "일본군 위안부 문제의 不当한 견해를 批判한다."는 일본의 良心的인 역사학회와 学者들의 声明을 발표했고, 평범한 일본국민들은 日本軍慰安婦 문제를 외면할 수 없는 真実로 認定하고 있다.

그러나, 일본의 우익과 보수단체와 아베정권은 韓日和合과 信賴構築에 부적절한 행동으로 韓日兩国의 国民에게 失望을 주고 있다. 한일통화 스와프 100억달러(약 11조 30억원)연장을 2015년 2월 27일 중단한 것은 한일양국간의 政治的葛藤이 경제에까지 惡影響을 미치고 있다.

일본의 아베정권이 過去歷史를 더 이상 歪曲하거나 美化하지 말고, 謝罪와 賠償을 하고, 올바른 歷史敎育을 해야 韓日関係도 正常化 될 수 있다는 사실을 銘心해야한다.

일본은 韓中日의 過去事 문제를 謝過하고 認定해야 韓中日이 서로 協力時代를 맞이할 수 있을 것이다. 過去歷史를 청산하고, 歷史의 真実을 가르치지 않으면, 잘못된 犯罪를 다시 反復할 수도 있기 때문이다. 벨기에 출신으로 초현실주의 화가인 르네 마그리트(1898~1967)는 2차 세계대전중인 1943년 독일이 벨기에를 점령할 당시 그린 작품인 '수확'은 감각적이고, 에로틱하지만, 작가의 불안과 공포감을 여인의 누드로 묘사하여 히틀러의 건국주의에 저항하는 충격을 주었다.[4]

2015년 5월 25일, 일본의 歷史学 관련 16개 주요 학술단체들이 기자회견을 열고 慰安婦 強制連行을 否認하는 아베정부를 批判하는 共同声明을 発表했는데, 일본의 歷史学者 1만 3800여명이 声明에 참여하였다. 즉, 일본의 역사학자들도 事実의 歪曲을 不当하다고 보며 真実을 要求했다. 그들은 다음과 같은 3가지 問題를 指摘했다.

첫째, 強制連行은 단지 억지로 끌고 간 사례(인도네시아 스마랑, 중국 산시성에서 확인되었고 한반도에도 많은 증언이 존재함)에 한정되어서는 안 되고 本人의 意思에 反한 連行의 사례(한반도를 비롯해 광범위한 지역에서 확인됨)도 포함하는 것으로 이해되어야 한다.

둘째, '慰安婦'가 된 여성은 性奴隸로서 필설로는 다할 수 없는 暴力을 받았다. 최근 역사 연구는 동원과정의 강제성뿐만 아니라 동원된 여성들이 人權을 유린당한 성노예 상태에 놓인 것을 밝히고 있다. 더욱이 '위안부' 제도와 일상적 식민지 지배·차별구조와의 관련성도 지적하고 있다. 설령 성매매 계약이 있었다고 하더라도 그 배후에는 不平等하고 不公正한 구조가 존재하였으며, 그러한 정치적 사회적 배경을 사상하는 것은 문제의 전체상으로부터 눈을 돌리는 것에 다름 아니다.

셋째, 일부 언론에 의한 '誤報'를 강조하는 報道에 의해 '위안부' 문제와 관련이 있는 대학교원과 그 소속기관에 사직이나 강의 취소를 요구하는 脅迫 등 부당한 공격이 가해지고 있다. 이것은 学問의 自由에 대한 침해이며 결단코 認定할 수 없다.

朝鮮日報는 2015년 5월 26일자 社説에서, 아베, 自国 歷史学者들도 外面하는 '위안부 억

---

4 2015년 1월 30일 한국경제신문

지' 中斷하라. 일본 역사학연구회, 일본사연구회 등 일본의 16개 역사 연구·교육 단체 소속 學者 1만명 이상이 2015년 5월 25일 아베 政權과 일부 일본 언론의 위안부 歪曲을 批判하는 声明을 집단으로 発表하여 일본사회에 커다란 警鐘을 울리고 있다.

日本의 歷史学者들은 声明에서 "强制 連行된 慰安婦가 存在했다는 점은 分明하고, 그 폭력성에 대해서도 의문을 가질 여지가 없다"며 "아베정권은 위안부 관련 加害 事實을 진지하게 직면하고 被害者에 대해 誠實히 대응할 것"을 요구했다.

学者들은 또 "위안부 피해자가 動員 課程뿐 아니라 慰安所에서 人権을 유린당하는 성 노예 상태에 있었다는 것까지 드러났다"고 指摘했다.

이번 성명에 참여한 日本 学者들은 처음 6900여명에서 점점 늘어나 1만6000 여명 이상에 달한다고 한다. 작년 말 일부 학회 소속 학자들에 의해 시작된 아베 정권의 過去事 歪曲에 대한 批判이 6개월 만에 눈덩이처럼 불어나 일본의 국민과 歷史学界로 拡散되고 있다.

2015년 2월 15일 미국 역사학자 20명이 일본 정부의 미국 교과서 수정 요구와 관련해 반박 성명을 낸 코네티컷대 알렉시스 더든 교수 등이 성명서를 발표하였고, 2015년 5월 6일 세계 저명 역사학자 187명이 아베 신조(安倍晋三) 일본 총리에게 보내는 共同声明을 통해 "일본군위안부 피해 사실을 否定하거나 하찮게 하는 일은 받아들일 수가 없다"고 말했다.

며칠 만에 500 여명으로 늘어난 미국 학자들은 성명에서 '정확하고 공정한 역사를 추구하는 일본의 용기 있는 역사학자들과의 連帯)입장'을 분명히 했다.

아베 정부의 그릇된 역사인식을 더 이상 용납할 수 없다는 목소리가 세계 역사학자들뿐 아니다. 일본 규슈대 의대는 太平洋戰爭 당시 미군 포로를 상대로 生体 實驗을 자행했던 과거를 반성하는 전시물을 설치했다. 일본 의사 및 시민단체들로 이뤄진 '의사 윤리 과거·현재·미래 기획 실행 위원회'는 생체 실험으로 悪名을 떨친 일본군 731부대에 관한 真相을 규명하자고 나섰다.

그동안 아베 총리는 "침략의 定義나 위안부 문제는 歷史学者들 연구에 맡겨야 한다"고 말해왔다. 이제 일본군위안부의 성폭력과 軍 주도하의 성매매의 만행과 歷史의 真實 糾明을 使命으로 하는 세계 역사학자들이 公認하는 사실이 된 여성의 権威와 동등한 権利를 제대로 해결해야하는 責任이 일본에 있다.

세계의 저명한 역사학자 187명이 朝鮮日報에 보내온 공동성명을 2015년 5월 7일 보도했다.

성명서는 미국을 방문한 아베 총리가 주변국과 화해를 하지 않고 미국 상·하원 합동연설에서 過去事를 외면한 아베총리에게 국가책임을 요구했다. 아베 신조(安倍晋三) 총리는

2012년에 총리가 된 이후, 위안부 動員의 强制性을 인정한 고노 담화를 수정할 것이냐'는 기자들의 질문을 받을 때마다 "정치문제화해선 안 된다. 歷史學者들의 판단에 맡겨두겠다"고 말했다. 아베 정권에 역사학자들 6900명이 단체로 反対声明을 낸 것이다.

1992년 미야자와 기이치(宮沢喜一) 일본 총리는 한국을 방문하여 "정신대 문제는 관계자들이 체험한 쓰라린 고통에 마음이 미어지는 심정이다. 글과 말로 다 표현할 수 없는 그분들의 고통과 아픔에 대해 忠心으로 謝過하고 反省한다."라고 사죄하고, "하루 빨리 真相을 糾明하고, 적절한 조치를 취하겠다."고 약속하였다. 미야자와 일본 총리의 방한을 계기로 1992년 1월 8일부터 시작된 한국정신대대책협의회(정대협) 주관 '일본군 위안부 문제 해결을 위한 수요 집회'가 2011년 12월 14일 1000번째를 맞아 평화비를 세웠다.

위안부 할머니들은 평균나이가 85세가 되었고, 2013년 5월 여성가족부에 신고자는 237명이고, 189명이 세상을 떠나 2015년 7월 현재 생존자는 48명으로 줄었다.

일본정부는 1990년까지는 일본군위안부 문제는 민간업자의 소행으로 일본정부와 일본군의 관여를 全面 否定하는 태도로 일관하다가 1992년 1월 일본 방위청 방위연구소 도서관에서 발견된 위안소 관련 資料를 요시미 요시아키(吉見義明) 교수가 공개하자 1993년 8월 4일 고노 요헤이 관방장관은 위안부 문제에 '日本軍이 関与했다'고 認定하고 謝過文을 발표했으나, 피해자 賠償과 관련한 법적 責任에 대해 일본정부는 1952년 샌프란시스코 조약에 의해 일본정부의 補償義務가 없어졌고, 1965년 한일청구권 협정에 의해 慰安婦 個人에 대한 賠償 책임도 소멸됐다고 주장하며 責任을 한국에 전가하고 있다. 일본은 한국과 葛藤을 빚고 信頼를 잃고 非難을 받고 있는 것이다. 즉각 韓日会談文書를 全面公開하고 賠償해야 한다.

1995년 7월 일본정부는 법적인 責任은 回避하면서 도의적인 책임만 지겠다는 취지로 민간차원의 기금인 '여성을 위한 아시아 평화 국민기금'을 설립하였으나, 피해 여성들과 시민단체에서는 강력히 반대하여 중지 상태이다. 한국 여성단체 등은 일본 정부에 犯罪事実의 認定, 公開謝罪, 희생자 추모비 건립, 희생자와 유족에 대한 賠償, 일본 청소년에게 위안부 관련 歷史教育을 할 것 등을 요구하고 있어 한일양국의 입장이 평행선을 달리고 있다.

한편, 한국의 헌법재판소는 2011년 8월 30일 일본군 위안부 피해 할머니들의 賠償 問題에 대해 정부가 구체적인 해결 노력을 제대로 하지 않은 것은 違憲이라고 결정하였다.

그동안 일본정부는 일본군 위안부 문제는 1965년 6월 한일수교 당시 이미 해결된 문제라고 주장해 왔고, 한국정부 역시 일본군 위안부 피해자 배상 문제를 외면해 왔던 것이 이번 헌재 결정으로 군 위안부 피해자 측의 賠償 문제는 한일양국 정부의 責任으로 되었다.

歷史敎育을 통해 이러한 잘못을 되풀이하지 않도록 해야 하는데 일본은 오히려 중학교 역사교과서에서 위안부 관련 내용을 모두 削除하고 있다. 일본은 한일 간의 진정한 和解 그리고 동북아의 平和를 위해 歷史의 眞実을 올바르게 敎育해야한다.

핫토리 료이치(服部良一) 사회민주당 의원은 "일본군에 의한 용서하기 어려운 행위로 오랫동안 고통 받은 피해자들에게 일본인으로서, 国会議員으로서 謝罪한다"고 말했다.

2012년 9월 12일 일본 도쿄에 있는 주일 한국대사관 주변에서 일본 극우단체 회원들이 "위안부 強制連行은 사상 최대 날조"라고 주장하고, 일본군 위안부 문제와 관련해 "군이나 관에 의한 강제연행은 없었다."고 주장하는 아베신조 총리나 이시하라 신타로 도쿄도지사의 "난징(南京)대학살은 없었다."등의 허위 주장을 하는 極右 日本 政治人들은 戰爭의 責任問題나 植民地支配의 責任問題를 回避하고 있어 문제이고, 악화된 한일양국의 국민감정을 妄言으로 더욱 부채질하고 있어 참으로 안타깝다.

일본 도쿄지방법원은 2012년10월11일 위안부 피해자 11명이 일본 정부를 상대로 제기한 문서공개 거부처분 취소청구 소송에서 일본 외무성이 한일기본조약 관련 문서를 공개하지 않은 것은 不当하다며 원고 일부 승소 판결을 내렸다.

일본 정부는 韓日会談문서를 즉각 공개하고 위안부 문제에 대한 賠償協商 문제도 일본 정부의 솔직한 反省과 責任 있는 조치가 절실히 필요한 때인 것 같다.

전쟁과 식민지 지배에 대한 피해를 일체 묻지 않았고, 한국인 피해자들은 1965년 한일회담 당시부터 피해보상을 요구하여 현재에 이르고 있다. 강제 징용자에 대한 미지급 금액, 우편저금, 연금 등의 반환을 청구하는 식민지배 청산을 요구했다.

지울 수 없는 과거의 잘못을 이야기 하면서 바람직한 미래를 생각해야 과거를 극복할 수 있고, 한일관계의 장래도 전망할 수 있다.

韓国政府도 정확한 자료와 논리로 대응하고, 위안부문제와 독도문제 등의 역사문제는 타협으로 해결을 해야 되며, 그 문제를 다른 분야까지 확대시켜서도 안 되는 이유는 한국과 일본은 좋은 이웃이며, 미래의 동반자이기 때문에 서로가 평화적으로 해결해야 한다.

일본은 독일, 프랑스처럼 수상의 공식적인 謝過와 실질적인 배상금과는 별도로 개인보상뿐만 아니라 피해자의 후손까지도 돕는 행동을 배워야 할 것이다.

2013년 5월 5일 니혼게이자이신문은 토머스 시퍼 전 주일 미국대사가 워싱턴에서 열린 미일관계 심포지엄에서 "위안부 문제는 어떻게 해도 정당화될 수 없다"며 "일본정부가 일본군 위안부 동원의 강제성을 인정한 고노담화를 수정할 경우 미국에서의 일본 국익을 크게 해칠 것"이라고 말했다고 보도했다.

위안부 문제를 人權問題로 보는 미국과 歷史認識 문제로 보는 일본의 입장 차이는 선명하여 미일관계에 파문을 일으킬 수 있는 요인이다.

아베신조 일본 총리는 2012년 9월 자민당 총재 경선과정에서 "일본이 고노담화 때문에 불명예를 떠안게 됐다"며 담화의 수정 의사를 밝혔지만, 12월 총리가 된 이후에는 식민지배와 침략을 사죄한 무라야마 담화와 관련해 "침략의 개념은 확정돼 있지 않다"며 수정 의지를 드러내면서 역사인식을 둘러싼 파문을 일으키고 있다.

한일청구권협정이 명시한 8개 항목에 일본군 위안부 문제, 사할린 동포 문제, 원폭 피해자 문제는 빠져 있지만 강제징용 문제는 포함돼 있다며, 일본 정부는 1965년 한일 국교 정상화 당시 체결한 한일청구권협정에 따라 배상 문제가 존재하지 않는다는 견해를 고수하고 있다. 일본 사법부 역시 강제징용 피해자들의 소송에 대해 원고 패소 판결을 내려 왔다. 일본 경제계의 성명도 일본 정부 및 법원의 인식과 같이하는 것으로 우려된다.

반면, 한국 대법원은 지난해 5월 한국 사법부가 신일철주금(옛 일본제철)이나 미쓰비시중공업 등 일본 기업에 대해 일본 기업들이 일제강점기에 강제 징용한 한국인 피해자들에게 손해배상을 해야 한다는 취지의 판결을 내렸다.

최근 들어 국제적으로 국가 배상과 개인 배상은 별개의 문제로 판단하는 흐름이 있다.

미국은 1988년 일본인 강제징용자 12만명에게 사죄하고 1인당 2만달러씩 지불했다.

한일양국의 주장의 옳고 그름을 떠나 강제 징용 갈등은 교과서왜곡, 독도, 위안부 문제에 이어 새로운 불씨로 대두됐다는 점, 지금까지 외교부를 중심으로 한 행정부의 갈등이 사법부와 경제계로 비화됐다는 점에서 우려할 만하다.

미야자키 하야오 감독은 2013년 9월 5일 한국에서 개봉한 '바람이 분다'라는 영화 개봉 전후 글과 인터뷰를 통해 직접 아베 정권과 일본의 극우세력을 비판하고 위안부에 대한 사과 및 보상을 촉구했다. 2013년 10월 18일 교도통신 등 일본 언론은 아베 신조(安倍晉三) 총리가 야스쿠니 신사에 총리 명의로 공물을 봉납한 데이어 신도 요시타카(新藤義孝) 일본 총무상과 의원 159명이 야스쿠니(靖国)신사의 가을 예대제에 참배하여 1989년 이래 24년 만에 최다라고 보도했다. 일본 총리나 각료들의 야스쿠니 참배에 반대하고 있는 한국과 중국 양국은 일본 정치인의 국수주의를 우려하며 강력히 반발하고 있다.

일본『文芸春秋』2013년 10월호에서 최근 한중일 관계에 대해 논의를 한 일본 보수 지식인들이 좌담회에서 벌써 60년도 더 지난 할아버지 시대의 전쟁을 아직도 되뇌고 있다고 비판하고 있다. 언제까지 총리가 사죄를 반복해야 되는가라고 궤변하고 있어 문제이다.

제목도 '중국과 한국과의 百年戰爭을 준비하라'였다. 핵심적 논지는 한국과 중국이 제대로 된 역사의식을 갖고 있지 못하기 때문에 일본은 이들과 맞설 준비를 잘해야 한다는 것이다.

아직도 매춘이 남아 있는 한국사회는 자신들이나 먼저 스스로 반성하고 위안부 이야기를 하라는 일본인들의 国粋主義的이고 이율배반적인 思考意識도 문제이다.

2012년 8월 28일 동아일보에 한국전문가인 오코노기 마사오 규슈대 교수 겸 동서대 석좌교수는 한일양국 간에 독도 문제와 위안부 문제에 큰 '인식 갭'이 있으니 화해와 타협과 동결을 권유했다.

아베 총리의 재등장은 한·중·일 관계를 최악으로 만들어 동북아에 먹구름이 우려된다. 일본은 종군위안부의 불법성과 국가책임을 부인하면서, 1965년의 '한·일 협정'에 의해 모든 청구권이 소멸되었으니 더 이상의 배상책임이 없다고 주장한다.

그러나, 국제사회의 일반적인 견해는 중대한 인권침해로 발생한 손해배상청구권은 제 3자가 처분할 수 없으므로 국제법상 무효라 할 수 있고, 1965년의 한·일 협정에서는 '보상청구권'만 포함되어 있으며 '배상청구권'은 포함되어 있지 않다는 점에서 한일협정에서 처분된 것은 국가의 청구권 즉, 외교보호권이 소멸한 것이고 국민의 청구권은 여전히 존재하고 있다고 보고 있기 때문에 이러한 일본의 주장은 비판받고 있다.

따라서, 1965년의 한일협정은 종군위안부의 피해 여성들이 중대한 人権侵害의 결과로 인한 損害賠償을 청구할 수 있다.

일본은 위안부의 문제에 대해 責任을 回避하고 있지만, 이 문제는 우리나라의 피해자들에게만 해당되는 것이 아니라 일본의 식민지 또는 점령정책으로 피해를 입은 홍콩, 대만, 말레이시아, 인도네시아, 필리핀 등지의 모든 피해자에게 해당되는 것이므로 이 문제의 해결이 국제 사회에 큰 영향을 미칠 것은 자명한 일이다.

EU 의회는 또 보상을 위한 효과적인 행징기구 징비와 법원의 배싱명령에 필요힌 법적 조치를 일본 국회가 강구할 것을 요구했고, EU 의회는 또 역사적 사실을 일본 현재와 미래 세대에게 올바르게 교육하는 것을 권고했다.

약육강식의 시대에 억울하게 당한 위안부 할머니들의 문제는 당사자들만이 아니라 우리 모두의 責任과 使命으로 생각하여 하루 빨리 올바르게 해결해야 할 것이다.

또 아베 신조(安倍晋三) 총리의 야스쿠니(靖国) 신사 참배에 대해 "지금까지 쌓아온 모든 것을 무너뜨리는 충격을 줄 것"이라고 반대의 뜻을 밝혔다. 마이니치신문은 "일·중, 일·한 관계 悪化를 우려하는 미국 정부 내의 분위기를 전달한 것"이라고 전했다.

한국의 정부가 처음으로 일본군 위안부 피해자 12명의 증언을 담은 위안부 구술기록집 『들리나요? 열두 소녀의 이야기』를 2013년 2월 28일 발간했다.

2011년 12월 18일 이명박 대통령이 일본 교토에서 노다 요시히코 일본 총리와 정상회담에서 미래 지향적 파트너십을 구축하기 위해 '일본군 위안부 문제'를 해결할 것을 촉구하면서 진정한 우호 관계를 구축하기 위해 노다 총리와 일본정부 차원의 정치적 결단이 불가피하다는 점을 거론했다. 한편, 노다 총리는 인도주의적 견지에서 지혜를 낼 것이라고 말하면서도 일본 국내 여론을 의식해 주한 일본대사관 앞에 설치된 '위안부 평화비' 철거를 요청했다.

내용은 △노다 요시히코(野田佳彦) 총리가 사죄하고 △주일 대사가 총리의 사죄 편지를 피해자들에게 전달하며 △100% 일본 정부자금으로 위로금을 지급한다는 것이었다.

사이토 부장관이 받아들였지만 노다 총리가 2012년11월 16일 갑작스레 중의원을 해산하면서 관련 논의가 중지됐다. 사이토 부장관은 2013년10월8일자 아사히신문과의 인터뷰에서 "표현 차이는 극복할 수 있는 문제였다. 조금 더 시간이 있었으면 합의할 수 있었다"고 말했다고 2013년10월9일 동아일보는 '한일, 작년 위안부 문제 합의 직전 깨졌다'고 보도했다.

일본정부가 미국 역사 교과서의 일본군 위안부 내용수정을 시도하자 미국의 역사학자 19명이 2015년 2월 학술의 자유를 침해하지 말라고 성명을 발표했다.

허버트 지글러 하와이 대학 교수는 하와이 일본영사가 찾아와서 미국의 역사교과서에서 위안부 내용의 수정을 요구했으나 거부했다고 한다. "일본군은 14~20세의 여성 20만 여명을 군부대 위안소에 강제로 모집하고 박해했고 학살도 했다."라고 기술되어 있는 뉴욕의 맥그로힐사의 고교세계사 교과서이다. 알렉시스 더든 코네티컷 대학교수는 미국의 역사학자 19명의 집단성명을 주도하고, 일본의 歴史 修正主義와 歪曲試図를 비판하였다.

"정신대 위안부와 강제 징용자들에게 명예회복과 신체적·정신적·경제적인 손해배상을 해줄 책임이 일본정부에 있고 일본국민에게 의무가 있다."[5]고 자료와 증언을 통해 종군위안부와 일본군의 만행을 입체적으로 묘사하여 일본사회의 책임을 강력하게 주장하고 지적하고 있다.

교육출판에서 만든 教科書를 보면, 1997년도 판에는 '많은 조선인 여성들이 慰安婦로서 전쟁터에 파견되었다'는 기술과 함께 보상을 요구하는 한국인 위안부 피해자 할머니들의 사진 등이 실렸지만, 2002년도 판부터는 모두 삭제된 것도 역사교육의 문제이다.

지금도 아베정권은 일본의 잘못을 모른 척 하지만, 너무나 잔인하고 잔혹했던 행동으로

---

5 峯岸 賢太郎(2002) 『天皇의 軍隊와 性奴隷』 p.20

70년이 지난 지금까지도 精神的 肉体的 고통을 안고 살아가는 피해자 할머니들께 真心으로 謝罪하고 자신들의 야만적인 만행을 인정하고 그에 대한 타당한 賠償을 해야 할 것이다.

최근 国際的으로 침략전쟁 때 일본의 만행에 대하여 비난여론이 쏟아지고 있고, 위안부문제 해결을 촉구하는 국제적인 여론에 대해 1965년 韓日 国交正常化에 의한 대일 청구권자금 8억달러로 補償했고 謝過도 했다고 주장하고 있는 日本政府의 態度가 문제이다.

아베 신조(安倍晋三)는 2012년 말에 총리가 된 이후, 위안부 동원의 강제성을 인정한 고노담화를 수정할 것이냐'는 기자들의 질문을 받을 때마다 "政治問題化해선 안 된다. 歷史学者들의 판단에 맡겨두겠다"고 말했으나, 역사학자들은 아베정권을 비난하는 성명을 냈다.

2015년 5월 25일, 일본 16개 歷史学 단체 회원 6900여 명이 "위안부 歪曲을 그만하라"는 声明의 발표를 주도한 구보 도루(久保 亨) 역사학연구회 위원장은 "우리는 소수의 우익도 좌익도 아닌 常識的인 생각을 가진 다수 歷史学者들의 의견을 반영한다."고 말했다.

구로다 다카코(黒田貴子) 역사교육자협의회 부위원장은 "일본에서 현재 위안부 문제를 다룬 중학교 역사교과서는 하나도 없다. 어린이들은 嫌韓 뉴스 속에 살고 있다. 우리는 어린이들에게 歷史的 真実을 전하고자 한다"고 말했다. [6]

1995년 7월 18일 발표된 "아시아 여성기금 동참 호소문"이 日本外務省 홈페이지의 "歷史認識" 코너에 게재 되어있던 내용인 "10대 소녀까지 포함된 많은 여성의 근원적인 존엄을 짓밟는 残酷한 행위였다."는 호소문 내용을 일본정부는 지웠다.

극우파의 요구를 수용하여 歷史修訂을 하고 있다. 일본정부의 歷史歪曲은 국제사회에서 비난받아 마땅하다, 일본인의 良心宣言이 아쉬울 뿐이다.

3. 결론

2015년 6월 22일은 韓, 日 国交가 締結 된지 50주년이며, 또한 2015년 8월 15일은 光復 70주년으로 意味있는 해이기도 하다.

2015년 7월 30일 도쿄신문에 의하면, 고노 요헤이(河野洋平) 전 일본 관방장관은 "慰安婦 强制連行은 있었다. 분명히 있던 일을 없었다고 할 수 있는가. 왜, 죄송하다 말하지 못하나"

---

6 2015년 5월 26일 동아일보

라고 29일 名古屋에서 열린 講演에서 慰安婦의 强制連行을 認定한 '고노담화'와 일본군 위안부의 强制連行을 인정한 자신의 発言을 문제 삼고 있는 집권 자민당과 아베정권을 강렬히 批判하였다. "여성들이 자신의 意思에 反해 끌려가 하루에 몇명씩이나 日本軍을 相對하도록 强要당했다. 이런 일이 있었다는 것을 없었다고 할 수 있는가", "甘言으로 속이기도 하고 强制的으로 拒絶할 수 없는 状況에서 끌려온 것은 事實이다. 그런 意味에서 강제연행이라고 한 것이다"라고 批判했다고 報道했다. 고노 전 장관은 또 "인도네시아에서 네덜란드인 여성을 물리적으로 강제해 위안부로 만든 좁은 의미의 강제연행 사안이 있다"면서 강제연행이 없었다는 주장을 일축했다.

"문제의 본질은 여성들의 人権이 얼마나 否定됐고, 얼마나 심한 짓을 했는가 하는 것이다. 그런 피해를 입힌 분들에게 마음으로부터 謝罪하는 것은 당연하다"고 강조하면서, "'다른 나라에도 있었다'라든지 '대단한 일이 아니다'는 등의 얘기를 하면 할수록 일본의 긍지는 점점 깎이고 만다"고 밝혔다. 過去事의 謝罪가 새로운 일본의 出発点이라는 것을 잘 말해주고 있다.

한편, 2015년 7월 30일 고 박정희 대통령의 딸이자 박근혜 대통령의 동생인 박근영씨는 "왜 한국은 일본의 総理가 바뀔 때마다 謝過하라고 요구하느냐. 首相의 靖国神社 参拝도 後孫이 祖上을 찾아가는 것이고, 参拝 않는 것은 悖倫이다. 한국이 関与하는 것은 内政干涉이다"라는 일본의 国粹主義者들이 주장하는 無責任한 妄言을 하여 나라가 더욱 시끄럽다.

물론, 한국인과 일본인들 중에는 이와 같은 생각을 하고 주장을 하는 사람도 있지만, 지금도 日本政府가 强制徵集과 日本軍慰安婦의 强制連行은 없었다. 証拠를 내놓아라. 独島는 일본 땅이다. 라고 領有権을 主張하고, 초, 중, 고교의 教科書内容의 歪曲 및 14명의 戰犯을 合祀한 靖国神社를 首相이 公式 参拝하는 등, 아시아의 나라들을 配慮도 賠償도 않으면서 植民地 支配 등의 過去의 잘못을 反省하고 自肅하지도 않는다. 反日 感情의 뿌리는 1910년의 韓日合邦과 植民地 支配時節에 시작된 搾取, 収奪과 虐殺 등, 일본의 온갖 蛮行이 뿌리이다.

한국과 중국은 일본이 强制連行의 真実을 認定하고 謝罪와 賠償, 歪曲된 教科書의 修正과 교육, 戰犯이 合祀된 靖国神社에 首相의 参拝 中止, 国粹主義者들의 妄言中止, 慰安婦 資料의 公開와 教育 등을 요구하면서 忿怒하고 있는 것이다.

信頼할 수 없는 아베정권은 憲法에 위배되는 전쟁을 할 수 있는 集団自衛権의 안보법안을 중의원을 통과하여 참의원에서 9월18일 통과시켰으며, 2015년의 방위예산을 약 50조원으로 대폭 늘려 주변국을 위협하고 있다.

韓日関係의 問題点과 対策을 論해보면 다음과 같다.

첫째, 일본정부는 독도문제, 從軍慰安婦의 强制連行問題와 首相의 靖国神社 参拝問題, 한국인의 강제징용, 일본의 침략전쟁 등을 더 이상 왈가왈부만 하지 말고, 結者解之의 자세로 歷史的 事實을 인정하고 真実을 教科書에서 올바르게 가르쳐야 한다.

둘째, 아베수상은 국민 60%와 헌법학자 90%와 역사학자와 전문가 1만 명이상이 反대하고 10만 명의 국민들이 데모를 하는데도 2015년 7월15일 중의원을 통과시킨 '集団的 自衛権 発動'의 안보법안을 9월18일 참의원에서 통과시킨 것을 폐기하고 憲法 改定을 중지해야한다.

셋째, 太平洋戦争은 아시아 解放戦争이었고, 補償도 다했으며, 잘못도 없다는 식의 日本政府의 二重的인 態度를 반성하고, 초, 중, 고교의 教科書内容의 歪曲을 시정해야한다.

넷째, 아베총리는 전범이 합사된 靖国神社의 참배를 중지하고, 일본군 慰安婦의 人権問題와 배상문제, 强制 徴用者들에 대한 賠償拒否와 교과서의 歷史歪曲, 誇大妄想 우익들의 妄言 등을 일본정부는 중지시키고, 일본은 하루 빨리 아시아의 被害者들에게 미국, 독일, 프랑스 처럼 真心으로 謝罪하고, 충분한 賠償을 해주어야 할 것이다.

다섯째, 한일양국의 정상이 過去事問題와 人権問題의 해결을 위해서 정상회담을 해야한다.

東北亜 歷史問題의 해결을 위해서는 責任 있는 정치가의 결단도 중요하지만 국민들을 납득시키기 위한 노력 또한 중요하다. 국민들이 납득할 방안을 만들기 위해서는 共同으로 調査 研究를 진행하고 다양한 주체들이 참석하여 解決方案을 논의해나갈 필요가 있다.

여섯째, 악화된 한일관계의 解決策으로 아베총리는 고노 담화와 무라야마 담화[7]를 계승하는 과거의 반성과 일본의 植民地 支配와 侵略戦争으로 인한 피해실태에 대해 共同 調査와 研究, 教育을 하는 적극적인 평화주의를 실행할 필요가 있다.

일곱째, 韓中日의 歷史共同研究委員会를 발족시켜 학교에서 수업에 활용할 수 있는 공동 사료집의 책을 만드는 것도 실천 가능한 방안이라고 생각한다.

여덟째, 2015년8월15일의 '아베 담화'가 아시아 국가들에 대한 侵略과 植民地 支配를 認定하고, 慰安婦 問題 등의 過去事 反省과 解決에 노력하는 뜻을 담아야 한일관계 정상화된다.

---

7 일본의 전후 50주년의 종전기념일(1995년 8월 15일) 당시 무라야마 도미이치(村山富市) 총리가 발표했던 담화다. 무라야마 총리는 이 담화에서 "식민지 지배와 침략으로 아시아 제국의 여러분에게 많은 손해와 고통을 줬다. 의심할 여지없는 역사적 사실을 겸허하게 받아들여 통절한 반성의 뜻을 표하며 진심으로 사죄한다"고 발표했다. 일본이 식민지 지배를 가장 적극적으로 사죄한 것으로 받아들여졌다. 그러나 강제동원 피해자에 대한 배상 문제와 일본군 위안부 문제 등은 구체적으로 언급하지 않았다.

아홉째, 友好的인 韓日関係의 悪化와 反日과 嫌韓 感情의 증폭을 해결하기 위해서는 한일병합 100년을 맞이하여 한일 지식인 공동성명 발기위원회가 2015년7월29일 한국과 일본 知識人들이 일본정부의 過去事 문제에 대한 認識 전환을 촉구하면서 발표했던, '2015 韓日 그리고 世界 知識人 共同声明'-동아시아의 '過去로부터의 自由'를 위하여-를 성실히 이행하여, 일본의 과거회귀와 이에 따라 고조된 동아시아 갈등양상을 해결해야 할 것이다.

'2015 韓日 그리고 世界 知識人 共同声明'에는 한국, 일본, 미국, 독일 등, 모두 524명이 서명했고, 중국의 역사가 400여명이 지지를 표명한 声明書를 요약해보면 다음과 같다.

"일본 정부는 2010년 8월 10일 칸 나오토 총리 담화를 발표하여, 식민지 지배가 한국 사람들의 뜻에 반하여 실시된 것이라고 인정하였다. 그러나 현재 일본에서 펼쳐지고 있는 것은 너무나도 역행하는 현상이다. 우파정치가들은 자신의 정치적 목적을 위해, 이미 역사가들의 연구에 의해 논파된 거짓의 역사신화를 재생시켜, 일부 체제파 지식인과 보수파 미디어를 통해 확산시키고 있다.

아베 총리는 고노 관방장관 담화와 무라야마 총리 담화를 계승한다고 공언하고 있지만 정부의 주변과 여당의 안에서는 두 談話를 공동화 시키려는 움직임이 끊이지 않고 있다. 가두에서는 헤이트 스피치도 도를 넘어서고 있다. 역사의 역류가 몰아치고 있는 것이다.

하지만, 우리들은 이러한 사태의 악화를 보면서 실망하거나 침묵할 수는 없다. 歷史家를 비롯한 지식인은 歷史의 事実을 証言하고, 역사의 歪曲과 정치적 誤用을 저지할 責任이 있다. 오늘날처럼 지식인의 책임이 중요한 때는 없다. 우리들은 역사의 逆流현상에 대한 知識人의 無限 責任을 自覚하지 않을 수 없다.

동아시아 전역에서 긴장이 높아지고 있고, 특히 남중국해, 센카쿠열도(중국명 댜오위다오) 주변 및 한반도의 휴전선에서는 언제 軍事的 衝突이 일어나도 이상하지 않은 상태이다.

이제 慰安婦 문제의 解決은 아시아 민주주의 試金石이라고 믿는다. 때마침 미국, 유럽, 일본, 한국의 知識人들이 慰安婦 問題의 解決을 촉구하는 共同声明을 잇달아 발표하여, 역사의 하늘에 천둥이 이는 듯하다. 아베 총리는 새로운 '총리의 담화'를 예고하고 있다. 아베 담화는 고노 담화, 무라야마 담화, 칸 담화 등 지금까지의 일본정부의 歷史問題 관련 談話를 계승 확인하는데서 出発하여 한걸음 더 나아가는 것이 되지 않으면 안 된다.

아시아 국가들에 대한 侵略과 植民地 支配가 아시아의 근린제국에 엄청난 손해와 苦痛을 주었다는 事実을 재확인하고, 진정한 反省과 謝罪의 뜻을 표명하지 않으면 안 된다. 慰安婦 問題의 解決에는 신속히 나서기를 바라며 탄광에서의 強制労動의 事実은 명확하게 인정하기 바란다. 그리고 미래는 과거를 덮어두고 말하는 것이 아니라 과거를 청산하고 말하는 것이다. 아무쪼록 아시아와 歷史的 和解에 성공하는 담화를 기대하고 싶다.

過去는 公開하고, 謝罪하고, 容恕하여 克服되는 것이다. 現在를 過去로부터 自由롭게 하고, 未来를 과거로부터 解放시키는 동아시아의 '過去로부터의 自由'는 찬란한 '시민 아시아'의 시대를 열어젖힐 것이다."라고 주장했다.

한일지식인들은 '현재 일본에서 펼쳐지고 있는 歷史의 逆流현상에 대한 지식인의 무한 責任을 자각하지 않을 수 없다'고도 밝혔다.

한편, 참으로 良心的이고 勇気있는 歷史学者 미네키시 겐타로(峯岸 賢太郎)교수는 『天皇의 軍隊와 性奴隷』라는 책에서 資料와 証言을 통해 위안부와 강제 징용자들에게 했던 日本軍의 만행을 폭로하고, 名誉回復과 身体的·精神的·経済的인 損害賠償을 해줄 책임이 일본政府에 있고, 일본국민에게 義務가 있다고 主張하고 있다.

즉, 전쟁위안부로 수십만 명, 강제노동자로 수백만 명을 끌고 가서 죽이고 엄청난 피해를 주고도 謝過와 補償도 않는 日本人의 非良心과 兩面性의 二重性格을 暴露하고 있다.

過去의 侵略에 대한 反省보다 時代錯誤的인 歷史歪曲을 하는 右翼 国粋主義者의 反韓的인 態度와 妄言 등으로 歷史認識을 아직도 잘못하고 있는 非良心的인 일본인들에게 事実的인 直言으로 커다란 충격을 준 勇気 있는 주장이라고 생각한다.

힘없는 強制徵用者들과 위안부들의 저 한 맺힌 절규를! 피맺힌 울부짖음을! 일본국민과 일본정부는 듣고 보고 알고 있으면서 왜 謝罪도 補償도 않는가?

1991년 1월 8일부터 매주 수요일 서울 종로구 日本大使館 앞에서 謝罪와 賠償과 올바른 역사교육을 요구하며 할머니들이 항의시위를 25년째 계속하고 있다.

최근 유엔인권소위원회에서 挺身隊 문제를「国家에 의한 暴力」으로 규정하여, 일본의 賠償責任을 밝혔다. 독일은 전쟁피해를 입은 유태인에게 1989년까지 400억 달러를 배상했고, 2,000년까지는 500억 달러를 지불한다고 한다.

그러나 일본은 1965년6월 22일 韓日国交正常化를 하면서 보상청구로 3억 달러를 지불하고 강제징용과 위안부의 개인적인 배상은 논의 하지 않고 도의적, 정치적인 책임을 회피하고 있으며, 한국정부도 문제해결의 노력을 적극적으로 하지 않는 것이 큰 문제이다 .

1995년 일본정부는 窮余之策으로 여성을 위한 아시아 평화 국민기금을 설립하여 종군위안부에게 200만 엔(2천만 원)정도의 보상금 지급하다가 중지했다. 그러나 이것은 국가가 법적 책임을 회피하고 賠償이 아니라 단순한 위로금이라고 생각하고 있는 동안에, 오늘도 恨을 풀지 못한 채 죽어 가는 서글픈 현실을 일본은 알아야 할 것이다.

1990년 10월 12일, 미국의 레이건 대통령은 전후 미국에 끌려와 살아 있는 일본인 5만여

명에게 사과문의 편지와 각각 2만 달러씩(3천만 원)보상금을 지불하였다.

일본은 하루 빨리 아시아의 피해자들에게 人権問題에서부터 해결해야 한다. 미국, 독일처럼 진심으로 謝罪하고, 충분한 補償을 해주어야 될 것이다.

물론 한국정부도 韓·中·日 関係 경색의 장기화가 3국의 평화와 国益에 해롭다는 것을 알고 있으며, 한국이 주창하는 '東北亜 平和協力構想'도 중국과 일본의 協助 없이는 不可能하므로 3국공동의 歴史教科書 발간 등을 통해 돌파구를 만들자고 주장하고 있다.

지금처럼 韓中日이 서로 外交를 断絶하고 있다가 센카쿠(尖閣) 열도(중국명 댜오위다오·釣魚島) 분쟁과 독도영유권문제, 일본의 교과서 왜곡 등이 한·중·일 3국의 관계가 더 이상 악화된다면 東北亜의 平和維持는 매우 위험하다.

일본정부가 위안부 強制動員을 완강하게 부정하고 있지만, 1945년 4월 일본군이 미얀마 지역에서 組織的으로 慰安婦를 運営했다는 미국과 중국의 전쟁 秘密文書가 公開됐다.[8]

아직도 일본은 일본군 위안부의 강제연행을 否定하고, 일본의 침략전쟁을 美化하면서 반성도 하지 않고, 어린 학생들에게 歴史教育을 歪曲시키는 현실을 볼 때 참으로 안타깝다.

일본은 한국을 36년간 지배를 하면서 従軍慰安婦 문제, 強制徴用 문제, 독도문제, 역사교과서의 왜곡 등, 온갖 인간이하의 착취에 대해 反省하고 謝過하고 賠償해야 한다.

오늘날의 국제관계는 과거 軍事力이 아닌 경제적, 문화적 파급성 등이 중요하다.

한국과 일본의 관계도 過去 일본의 잘못된 역사를 真正한 反省으로 과거를 清算하고 21세기를 위한 韓日兩国間의 긴밀한 友好関係가 모든 방면에서 다양하게 이루어져야하며, 참다운 同伴者로서의 가까운 이웃사촌이 되기 위해서는 올바른 歴史教育이 필요하다.

급변하는 오늘날의 국제관계 속에서 일본의 覇権主義와 韓·中·日의 関係는 不安하다. 일본의 対外政策들 중에서 領土問題와 教科書 歪曲問題, 慰安婦問題는 우리가 경계해야할 対外政策이며, 한·중·일 3국이 共同으로 研究할 必要가 있다.

늦었지만 일본도 하루 빨리 동북아의 피해 국가들에게 전쟁 책임에 대해 진심으로 참해하고, 역지사지로 주변국과의 평화와 우호에 협력하길 바랄 뿐이다.

---

8 2014년 3월 17일 동아일보

제3장

위안부 문제의 재고찰[*]

• • • •

1. 서론

전쟁이 낳은 비극인 위안부 문제의 역사적인 진실을 밝히지 않고 미화하고 왜곡하는 일본의 태도는 국제적으로 비난을 면치 못하고 있다. 일본이 독일처럼 과거의 잘못을 뉘우치고 역사에 대해 솔직하게 반성하고 피해자에 대한 성의 있는 보상을 했더라면, 한국과 아시아의 각국이 이미 관용을 베풀고 용서하였을 것이다.

일본이 1931년 만주사변과 1932년 상해사변, 1937년 일중전쟁을 일으키면서 대륙침략을 시작했고, 1941년에는 진주만을 기습공격하고 태평양전쟁을 도발하여 제2차 세계대전을 일으키면서 아시아의 수많은 여성들을 일본군위안부(日本軍慰安婦)로 일본군의 성적 위안을 강요하는 비인도적인 만행을 자행하였고, 약 20만명 정도의 여성들을 강제적이거나 집단적인 기만에 의해 징용 또는 인신매매범, 매춘업자 등에게 납치, 매수 등 다양한 방법으로 동원하여 일본군이 관리한 성노예 행위를 강요하여 여성인권문제화 되고 있다.

2013년 11월 16일 아베 신조(安倍晋三) 일본 총리는 한일협력위원회 합동총회 참석 차 일본을 찾은 국회의원 등 한국 인사 16명과 회동한 자리에서 "연내 한일정상회담은 물론이고, 한중일 의 정상회담도 가급적 가까운 시일 안에 개최됐으면 한다."고 말했다. 일본군 위안부

---

[*] 이 논문은 한국일본어교육학회 「일본어 교육」 67집에 수록됨.

등, 역사문제에 대해서는 "역대 내각과 같은 입장을 계승하고 있다고 표명했고 지금도 변함이 없는데 진의가 잘 전달되지 않은 것 같다."고 말하고, "일한관계는 자유와 민주주의라는 가치를 공유하는 가장 중요한 관계로 협력관계가 긴요하다며, 통렬한 사죄의 마음을 갖고 있다"는 뜻을 전달하였으며, 니시 차관도 "고노 담화를 존중한다."는 의사도 밝힌 것으로 언론에 전해졌다. 이처럼 일본이 얼어붙은 한·일 관계를 풀기 위해 노력하는 것은 '한일양국관계를 이대로 둘 수 없다'는 인식이 짙어졌기 때문이다.

그러나, 아베신조 총리가 취임 1주년을 맞아 2013년 12월 26일 일본의 A급 전범을 합사한 야스쿠니신사를 전격 참배하고 다시 강경노선을 걷는 등, 이중적인 모습을 보이자 한국은 개탄과 분노를 금할 수 없다고 비판했고, 미국은 실망했다고 논평했으며, 중국은 인류 양식에 도전하는 행위라고 비난하여 한·중·일 관계는 최악의 상태가 되었다.

1993년 8월 4일 발표한 고노 요헤이 담화는 일본정부가 일본군위안부 모집을 하고 위안소의 설치와 관리를 인정하고 사죄와 역사교육을 통해 재발 방지를 약속한 일본정부의 발표였다.

그러나, 2013년 10월 16일 산케이신문은 한국인 위안부 여성 16명의 증언은 역사사료로 사용하기 힘든 것으로 '고노 담화'의 정당성에 의심할 만한 신빙성의 문제점이 발견됐다는 주장을 보도하여, 그동안 고노 담화의 수정을 끈질기게 요구해 온 일본 보수 우익세력의 활동에 상당한 영향을 끼칠 것 같다고 보도하더니, 2013년 12월 6일 산케이신문은 '일본이 위안부 문제에 대해 국제 여론과 미국에 밀리고 있다'는 내용의 기사를 실으면서, 평소 아베신조 총리의 야스쿠니신사 참배에 대해 "이해한다"는 입장을 표명해온 조지타운대의 케빈 독 교수도 "위안부를 이용했던 것 자체가 비도덕적이고 죄"라고 했다면서 일본의 우익과 아베 정권이 얼마나 국제 감각이 뒤떨어져 있고 제대로 대응하지 못하고 있는지를 일본 우익의 대표 언론인 산케이신문이 그대로 보도하고 있다.

한국에서는 위안부문제가 1990년 11월에 '한국정신대문제대책협의회'가 출범되면서 지원 대책으로 '나눔의 집'이 세워졌고, '정신대'와 '위안부'의 문제 해결을 위해 가해자 처벌과 피해자에 대한 일본정부의 사죄와 보상의 요구가 시작되었지만, 일본은 위안부 문제를 포함해 한일청구권 문제가 1965년 한일기본관계조약으로 모두 다 해결되었다며 아직도 위안부 문제의 인정과 강제동원의 손해배상문제는 더 이상 진전이 안 되어 한일관계의 걸림돌이 되고 한국인들은 오늘도 분노하고 있다.

'정대협'과 위안부 피해 할머니들이 일본정부에 사죄와 배상을 요구하며 1992년 1월 8일부터 시작한 정기 수요 집회는 매주 수요일 낮12시 주한일본대사관 앞에서 열리고, 2011년

12월 14일 1000회를 맞아 위안부 피해를 기억하기위해 위안부상인 '위안부 평화비'를 제막했고, 2013년 11월 13일 제1100차 집회에는 각국에서 지원자가 참가했고, 미국 하원에서 통과된 위안부 결의안과 이를 근거로 미국 동부와 서부에서 위안부 기림비와 동상을 설립하려는 움직임이 확산되는 분위기는 미국에 이어、 대만, 일본, 독일에서도 건립을 계획하고 있다.

일본군위안부 문제는 국내뿐 아니라 국제적인 문제로 국제사회의 관심을 얻기 위해 현재 1억명의 서명운동을 전개하고 있으며, 한국, 일본, 대만을 비롯한 아시아 6개국 시민 단체들이 연대활동을 펼치고 있다. 1996년 유엔 인권위원회에서는 '전쟁 중 군대 성노예 문제에 관한 대한민국, 일본에서의 조사보고서'를 내놓고, 위안소 설치가 국제법 위반이라고 밝히고, 일본정부가 법적 책임을 지고, 진상규명과 공식사죄, 책임자 처벌 등에 나설 것을 권고했다.

한국정부는 일본군위안부 피해자의 명예회복과 진상규명을 위한 기념사업을 수행하고, 2005년의 생활안정지원법에 따라 늦게나마 피해자를 보호·지원하고, 일시금 4,300만원의 생활안정지원금을 지급하고 2013년부터 월 98만 2천원을 기본적인 생계지원금으로 지급하고 있지만, 위안부와 강제징용자 등, 국가 때문에 큰 피해를 입은 과거사의 문제는 국가가 서둘러 국민들에게 충분히 배상해 주어야 하지만 아직도 미흡하다.

미국 하원은 2007년 일본 정부가 제2차 세계대전 중에 여성들에게 성노예를 강요한 사실을 인정하고 공식 사과하라는 결의안을 만장일치로 채택한 바 있으며, 네덜란드 하원, 캐나다 의회, 유럽 의회도 결의안을 채택했고 유엔 인권이사회도 일본정부에 위안부문제 해결을 촉구하였다. 그러나, 일본정부는 위안부의 강제동원이라는 반인륜적인 범죄에 대해 사과와 반성을 하지 않고, 법적 책임도 회피하고 있으며, 일본군 위안부 문제를 해결하기 위해 우리 정부가 제의한 한·일정부간 대화조차 수용하지 않으면서 미국 교민들이 세운 '위안부 기림비'와 주한 일본대사관 앞에 세운 '위안부 평화비'의 철거만을 강력히 요구하면서 방해하고 비인도적인 테러행위와 로비활동까지 자행하고 있어 국제적인 비난을 받고 있다.

더구나 일본의 일부 우익정치인들은 사실을 인정하지 않고, 일본군위안부의 강제성을 부정하면서 망언을 계속하고 있는 일본은 국제사회에서 고립될 수밖에 없다.

오사카 시장인 하시모토 도루는 2012년 8월 21일 "일본군이 폭행·협박을 해서 위안부가 끌려갔다는 증거는 없다. 증거가 있다면 한국이 내놨으면 좋겠다."고 망언을 하고, 이시하라 신타로 전 도쿄도지사는 2012년 8월 24일 "군위안부는 '공창'으로 '상행위'다. 위안부들이 강제로 끌려온 것이 아니고 자발적으로 돈을 벌려고 온 것"이라고 망언을 하고, 2012년 8월 27일 마쓰바라 진 국가공안위원장은 "위안부를 강제동원 했다는 직접적인 기술이 발견되지 않았다. 각료들 간에 고노 담화의 수정을 논의해야 한다."고 말하여 한국인과 중국인 및 세계로 부터 분노를 사고 있다

극우정당인 일본유신회의 대표 대행인 히라누마 다케오는 2013년 5월 22일 도쿄에서 열린 강연에서 일본군 위안부 운영에 국가가 관여한 사실을 부인하며 '종군위안부는 전쟁터의 매춘부'라고 생각한다고 말하고, 위안부 피해자들의 손해배상 청구에 대해선 "과거에 공창 협상제도가 있어서 전쟁터에서 매춘부를 해온 여성이 소송을 제기하곤 했다"고 막말을 했다. 반성이 없는 것은 유엔 고문방지위원회 회의에 참석한 일본측 대표도 마찬가지였는데, 일본은 1999년에 고문방지협약에 가입했고 위안부 문제는 70년 전에 발생했기 때문에 적절한 심의 대상이 아니라고 이상한 논리를 펴면서 식민지배와 침략에 대해서도 두 번의 담화를 통해 이미 사과했다고 주장하며, 위안부 문제를 논의하는 유엔 회의에서조차 일본은 책임을 회피하고 유엔 위원들이 위안부 피해자가 20만 명이나 됐다고 말하자 근거가 없다며 강하게 반발하기도 했다고 2013.5.23 동아일보는 보도했다.

이 같은 문제가 끊이질 않자 일본 내에서도 반발이 일어나고, 후쿠시마 미즈호 사민당 당수 등 정치인과 시민단체 관계자 400명은 '역사를 왜곡하려는 현 정권이 문제'라며 아베 내각의 역사관을 비판하였다.

최근, 2014년 1월 25일 일본공영방송 NHK의 모미이 가쓰토 회장은 "전쟁을 했던 어떤 나라에도 위안부는 있었다."고 말하고, "독도, 센카쿠 열도(중국명 조어도.釣魚島) 등 영토문제도 일본 것임을 주장"하여 파문을 일으키자 발언을 모두 취소한다고 말했다.

일본정부가 비양심적으로 위안부의 강제동원과 일본군 성노예 문제의 자료를 은폐하고 공개하지 않고, 해결에도 부정적인 것이 한중일 관계에 가장 큰 문제이다.

일본군 위안부의 문제는 전쟁과 식민지 시대인 과거역사의 산물이지만, 현재와 미래로 연결되어 있기 때문에 과거에 잘못된 역사를 깊이 반성하여 올바르게 바로 잡지 않으면 또 언제든지 그런 잘못이 일어날 수 있기 때문에 일본군 위안부 문제의 해결은 아주 중요하다.

미국에서 일본군 위안부의 비극을 일깨우는 '평화의 소녀상'이 세워진 캘리포니아주 로스앤젤레스인근의 글렌데일시는 시의회가 일본군 위안부의 비극을 규탄하는 결의안을 채택한 데 이어 시립 중앙도서관 앞 시립공원에 2013년 7월 30일 평화의 소녀상을 세웠다. 혼다 의원이 2013년 6월 7일 뉴저지 주 팰리세이즈파크 위안부 기림비를 찾아와 눈물을 흘린 후 미국의회에서 위안부법안 통과를 결심했던 것으로 보인다. 2014년 1월 18일 조선일보에 의하면, 소녀상 철거를 요구하는 일본 지방의원들이 "성노예가 아니라 자발적 매춘이었다", "소녀상은 어린이에게 좋지 않다" 이런 터무니없는 '잘못된 역사관'을 주장하며 글렌데일시

의회 면담을 요청했는데, 거부당했다. 교도통신에 따르면, 근교 글렌데일에 설치된 일본군 위안부 소녀상에 대해 일본 정부의 철거 노력에도 불구하고 백악관 홈페이지에서 보존을 요구하는 서명자 수가 2014년 1월17일 현재 10만 명을 넘었다 한다.

그러나, 최근 미국의 부에나파크시의 소녀상 건립 계획은 재미일본인들의 로비와 반대로 시의회에서 부결되었고, 2013년 12월 일본의 홋카이도에서도 평화의 소녀상을 세우려 했으나 일본 우익들의 방해로 무산되었다. 2014년 1월 31일 에드 로이스 미국 연방 하원 외교위원장이 글렌데일시의 위안부 소녀상을 참배하여 "이 소녀상은 평화의 기념물이며, 일본의 전쟁범죄는 학교에서 배워야 할 역사"라고 강조하여 일본의 자성을 촉구하였다.

프랑스 파리 샤이오궁 앞에서 2013년 9월 18일 "우리는 일본군의 노예였다"라고 위안부 피해 할머니들을 대표해 증언자로 나선 김복동 할머니는 "일제 강점기 시절 일본군에 무참하게 짓밟히고 억울하게 당했다. 일본이 잘못을 뉘우치고 위안부 피해자들의 문제를 해결할 수 있도록 도와 달라."고 말했다. 미국, 대만, 인도네시아 등에서 진행된 적은 있지만 프랑스에서 열린 것은 이번이 처음이다. 2014년 1월 31일 프랑스 '2014 앙굴렘 국제만화 페스티벌'에서는 한(恨)과 눈물로 핀 "지지 않는 꽃"이라는 제목으로 '위안부에 관한 만화'가 전시되어 많은 관람객들의 관심과 지지와 호응을 얻었고, 중국, 싱가포르 등에서도 기획전의 유치 제의가 들어와 전시를 검토 중이지만, 일본의 전쟁범죄를 알리는데 문화예술을 적극 활용할 필요도 있다.

본 논문은 일본인들의 양심선언과 한국과 일본의 학자들이 주장하고 있는 위안부문제에 대해 최근에 밝혀진 증거자료를 정리하여 분석하고, 해결책을 제시하는데 의의가 있다.

2. 위안부의 문제와 양심선언

윤병세 외교부장관은 2014년 1월 29일 경기 광주시의 '나눔의 집'과 서울 마포구의 '우리 집'을 방문하여 일본군 위안부 피해자들을 위문하고, "최근 일부 일본지도자들이 과거 군국주의 시대의 잘못을 부인하는 말과 행동을 되풀이 하면서 역사적 진실마저 호도하려 하고 있다."며, "일본이 고노 담화를 통해서 일본군의 관여를 스스로 인정했음에도 최근 이를 부인하고 심지어 과거의 악행을 정당화하고 있다."고 비판했다. "최근, 일본 정부가 중고교 학습지도요령 해설서를 개정해 독도영유권을 주장하는 등, 과거사 왜곡을 하고 있는 일본의 태도 변화가 먼저이다. 일본의 잘못을 확실히 부각시켜 국제사회에서 고립시키기 위한 것"이라고 말했다.

"일본의 지도층 인사들의 시대착오적인 언행에 대해서 국제사회 모두가 비난하고 있어 이 문제를 반드시 해결해 어르신들의 명예가 회복되도록 하겠다."고 강조했다.

일본군위안부는 1931년 만주사변 때부터 일본이 태평양전쟁에서 패배한 1945년 8월 사이에 걸쳐 전쟁과 식민지시대에 일본군의 성적인 욕구를 해결하기 위해 위안소(慰安所)로 연행되어 강제로 성폭행 당한 여성들을 일컫는 말인데, 식민지와 점령지에 있는 많은 젊은 여성들을 강제로 동원하여 '일본군위안부'로 성노예의 역할을 강요당하고, 여성을 비인간화하였는데 일본이 계속 부인하고 있어 국제적으로 여성인권문제로 비난을 받고 있는 것이다.

1944년 8월 23일 '여자정신근로령'의 공포에 의해 조직된 여자근로정신대는 전쟁으로 인해 부족해진 노동력을 보완하기 위해 어린 소녀들이 모집되어 군수공장에서 일하는 경우가 많았으며, '여자근로정신대' 중에서 많은 여자들이 일본군에게 끌려가 성노예로 강제 전환되어 '일본군위안부(日本軍慰安婦)'로 강요되었기에 '정신대'가 '위안부'로 인식되어 쓰이기도 했다.

어떠한 군위안소라도 이를 관리 감독, 통제한 것은 일본군이었다. 일본군 위안부는 모집과 동원 과정에서 일본군의 통제하에 헌병 및 경찰 당국과 밀접하게 연계하여 일본군과 계약한 업체 또는 위탁으로 모집하였다. 강제와 기만에 의해 징용 또는 인신매매범, 매춘업자 등에게 납치, 매수, 인신매매, 직업소개소의 알선 강제 및 유괴, 속임수 등, 다양한 방법으로 동원하여 동남아시아의 수많은 여성들이 일본군에 의해 강제적으로 성적 노예생활을 잔인하게 강요당했다는 차원에서 유엔인권위원회나 유엔인권소위원회의 보고서는 일본군 성노예라는 용어를 사용하고 일본정부의 사죄와 배상을 요구하고 있다.

1993년 8월 4일 고노 요헤이 관방장관은 "위안부의 모집에 대해서는 군의 요청을 받은 업자가 주로 이를 담당했으나 그 경우도 감언, 강압에 의거하는 등, 본인들의 의사에 반하여 모집된 사례도 많았으며, 관헌이 직접 이에 가담한 일도 있었다."고 시인하고 사죄하였다.

고노 담화는 일본정부가 위안부의 문제점을 처음으로 인정한 것은 의미가 있지만, 위안부 문제를 제대로 해결하지는 못했다. 고노 담화를 기초로 일본정부가 확실히 책임을 지고 배상했어야 했다. 1995년 6월 14일 무라야마 도미이치(村山富市)내각 총리의 담화를 통해 이카라시 관방장관은 '여성을 위한 아시아평화우호기금'으로 이름을 지었는데 7월에 '아시아

1 2014년 1월 30일 한국일보

평화국민기금'으로 바꿔 발족되어, 일본국민의 모금을 통해 위안부 할머니들에게 1인당 200만엔(약 2800만 원)씩 지원하기도 했다. 하지만 상당수 위안부할머니들은 국민이 아니라 일본정부가 보상금을 주어야 한다고 수령을 거부했다. 기금의 수령을 거부한 이유는 "일본정부가 일본군의 관여를 부정해 왔고, 위안부는 존재하지 않았으며, 그녀들은 매춘부였다. 1965년 6월 22일 '한일기본관계조약'의 한일청구권협정으로 모든 과거는 청산되었으나 도의적인 책임으로 국민기금을 주고 있다." 등의 모독적인 거짓 주장을 반복하면서 피해자의 인권을 침해하였기 때문이며, 일본정부가 아닌 일본국민의 모금에 의한 보상이라는 방식을 반대하였다.

지금도 일본정부가 위안부문제의 인권문제와 전쟁범죄를 인정하지 않고, 1965년에 모두 보상하고 청산했다고 주장하는 것은 언어도단에 불과하며, 일본정부의 무책임이다.

기금의 발족 당시에 '위안부'로 인정된 사람들은 한국 162명, 필리핀 169명, 대만 33명으로 합계 약 360명이었다. 이들 가운데 현재까지 일본 총리의 사과편지와 보상금(한국·대만에서는 300만엔, 필리핀에서는 120만엔의 의료복지 지원금과 기금으로부터 보상금 200만엔)을 받아 다소나마 정신적 · 물리적으로 만족감을 얻을 수 있었던 희생자는 1998년 7월 말 시점에서 약 80명이었다고 와다 하루키 교수는 주장한다.[2]

한편, 일본정부가 일본군위안부 문제의 확산을 막기 위해 동남아시아에서는 피해자 증언 청취를 하지 않은 것으로 밝혀졌고, 아시아 전역이 피해를 당했던 일본군위안부 문제가 주로 한국과 일본만의 문제로 비치고 있는 것은 일본정부의 확산 차단의 전술 때문이었다.

일본정부가 1993년 위안부문제가 한국 이외의 나라로 확대되는 것을 막기 위해, 위안부 동원의 강제성을 인정하고 사죄한 1993년 8월 4일 '고노담화' 발표 직전인 1993년 7월 30일 무토 가분(武藤嘉文) 당시 외상은 필리핀, 인도네시아, 말레이시아 주재 일본대사관에 주재국에서 위안부 실태조사를 하지 말도록 방침을 전달했다고 밝힌 아사히신문은 관련 외교문서를 정보공개 청구로 확보했다고 한다.

무토 외상의 이 같은 방침 전달은 당시 일본정부가 국회에서 "조사 대상을 한반도에만 국한하지 않겠다."고 답변한 것과 맞지 않는다. 아사히신문은 "당시 일본 징부가 위안부문제를 둘러싸고 일본에 대한 비판이 고조되던 한국과 다른 국가들을 분리 대응해 위안부문제를 조기에 수습하려 했음을 보여준 것"이라고 주장하고 있다[3].

일본정부의 태도에 대해 인도네시아 정부는 당시 "일본의 조사가 불충분하다"고 항의하

2 와다 하루키 외(2001) 「군대위안부 문제와 일본의 시민운동」, 오름, p.8
3 2013년 10월 13일 아사히신문

는 성명을 발표했고. 인도네시아에서는 약 2만명의 여성이 일본군에 성폭력을 당했다고 신고했다. 당시 미야자와 기이치(宮沢喜一) 내각에서 위안부 문제를 담당했던 정부 고위간부는 "한국 이외에는 문제를 확대시키고 싶지 않았다. 문제를 다시 들춰내 타국과의 관계를 불안정하게 만들고 싶지 않았다"고 털어놓았다.

일본군이 1941년 태평양전쟁을 도발하여 제2차 세계대전을 일으키면서 해외에 출동한 부대는 최대 3백50만명으로 팽창되었으므로 일본군위안부도 대폭 증가하게 되어, 관리나 경찰, 군이 직접 개입했으며, 위안소 업자나 모집인에 의해 인신매매되는 비인도적인 만행이었다.

즉, 泰有彦 씨의 "從軍慰安婦らの春秋"(「正論」 238호, 1992년 6월)논문처럼 일본군위안부의 총 숫자는 대략 병사 29명에 1명으로 계산하면, 약 300만명을 군인으로 하고 질병, 사망, 폐업 등으로 위안부의 교체를 1.5로 하면 300만÷29x1.5=155,172이므로 추정해도 10만명에서 20만명의 근거가 된다.[4] 위안부의 구성원은 대부분이 조선인 이었고, 일본인을 포함한 중국인과 타이완인, 필리핀과 태국, 베트남과 말레이시아, 인도네시아 등이 있었다.

일본군이 동원한 위안부의 총수는 千田夏光은 「從軍慰安婦」에서 1943년부터 1945년까지 여자정신대에 20만명이 동원되었고, 그 속에서 5만~7만명이 위안부가 되었고, 2년 사이에 5만~7만명이라면, 1937년 일중전쟁 당시부터 1945년까지 종합하면 10만명은 훨씬 넘을 것이라고 말한다.

朴慶植은 「朝鮮人強制連行の記録」에서 1939년부터 1945년까지 일본에 징용자는 100만명 정도이고, 한국내에서 동원된 사람은 450만명 정도이고, 군인·군속이 37만명으로 합계 약 600만이 전쟁에 동원되었으며, 전쟁 중에 조선인위안부는 30만명 정도로 추정했다.[5]

전쟁 중에 조선인 강제징용자 수백만 명 중에 군인 57만6천명이 죽었고, 조선인 위안부 14만3천 명이 죽었는데, 일본군이 죽인 희생자가 90만명에 이른다고 荒船清十郎 의원이 강연했다고 「現代の眼」에서 '荒船暴言'으로 1972년 4월호에서 金一勉은 주장한다.[6]

위안부들의 증언에 의하면 일반적으로 하루에 10명~ 30명이상을 상대했지만, 구사일생으로 겨우 살아 돌아온 위안부들은 정신·심리적, 육체적 피해인 공포, 불안, 두려움, 거부의 증상을 보이고, 신경쇠약, 수면장애, 정신분열증, 우울증, 혐오감, 대인기피 등을 보인다.

---

4 吉見義明(1993)「資料集 從軍慰安婦」, 瑞文堂, p.118. 泰有彦 '從軍慰安婦らの 春秋'(「正論」238호, 1992년 6월)

5 朴慶植(1965)「朝鮮人強制連行の記録」, 未来社, p.67, 千田夏光(1978)「從軍慰安婦」, 三一新書, p.95

6 「現代の眼」1972年 4月号 '荒船暴言' 金一勉(1976)「天皇の軍隊と朝鮮人慰安婦」, 三一書房, p.20

위안부는 전쟁의 확대로 그 수요가 폭발적으로 늘어나자 일본 군부는 모집에 강권을 발동하여 모집 연령은 17세에서 30세였으며, 일본의 공장 여공으로 알선한다고 속여 선금을 주고 데려가 '성노예'로 충당하였다. 위안부 피해자들의 증언에 의하면, 모집업자건 군인이건 일본인이 직접 동원한 경우에도 반드시 한국인 조력자를 동반하였다. 한국인의 조력 없이 20만여 명에 이르는 일본군위안부가 동원될 수 없었다는 것도 반성할 문제이다.

가나가와(神奈川)현 사가미하라(相模原)에 사는 마쓰모토 마사요시(松本栄好·91)씨는 2013년 5월 23일 로이터통신 등, 언론과의 인터뷰에서 자신이 1944년 초부터 1946년 3월까지 일본군 제1군의 가타메(固)여단 7대대에서 위생병으로 근무했는데, "일본군이 부녀자 사냥해 위안부 시켰다"고 양심선언으로 밝혔다[7].

태평양전쟁에 참전했던 일본인 마쓰모토씨는 당시 일본군의 위안부 운영 사실을 증언하고 사죄하면서 아베 신조(安倍晋三) 총리에 대해서도 위안부 피해자에 대해 사과하고 보상할 것을 촉구했다. 마쓰모토 씨에 따르면 정식 위안소가 없으면 일본군은 마을을 공격해 '부녀자 사냥'에 나섰다. 그는 "예쁜 여자애 없느냐(有漂亮的姑孃)는 뜻의 중국말은 지금도 기억난다."며 "여자들을 찾으면 부대로 끌고 가서 집단으로 강간하는 걸 목격했다"고 증언했다.

그는 "제대로 된 전투를 하기보다는 부녀자들을 사냥하는 게 일이었다."고 회고했다.

마쓰모토 씨는 "위안부 여성들은 탈출하려고 해도 탈출할 방법이 없었다."며, "일본군의 위안부 제도는 용서받을 수 없는 행위"라고 강조했다. 그는 이어 "나는 전쟁 범죄자라는 생각이 든다. 그런 것에 대해 얘기하는 게 고통스럽지만, 은폐하는 것보다 낫다는 생각이 들었다"고 말했다. "세계 각국이 위안부 제도를 가지고 있는데 왜 일본의 위안부 제도만 문제가 되느냐"는 하시모토 도루(橋下徹) 오사카 시장의 최근 발언에 대해서는 "다른 사람이 살인했다고 해서 자신의 살인을 정당화할 수 있느냐"고 반박한 마쓰모토 씨는 1946년 일본으로 돌아왔고, 그 후 기독교 목사가 됐다.

위와 같이 일본인의 경우에는 양심선언이 많이 나오고 있는데, 일본군위안부에 대한 강제동원, 인신매매 등을 주도하였던 한국인 가운데서는 한 명도 과거의 잘못을 이직도 고백하지 않고 있으며, 처벌받은 사실이 없다는 점도 문제이다. 한국정부가 일본군 성노예에 대한 과거청산 문제에 있어서 얼마나 소극적으로 그동안 대처해 왔는가도 알 수 있다.

---

7 2013년 5월 24일 동아일보

3. 위안부 강제연행의 증거자료

한국에서 위안부 자료는 일제 패망 직후 일본이 대부분 소각했지만, 중국에는 일부가 현재 남아있으며 아직도 일본정부가 은폐하는 자료가 적지 않아 계속 밝혀지고 있다.

1937년 12월 21일 중국 상하이 주재 일본총영사관 소속 경찰관이 보낸 문서에 황군장병 위안부녀 도래에 관한 의뢰의 건'이라는 제목의 공문도 공개되었다.

吉田淸治(1977)는 「朝鮮人慰安婦と日本人」에서 "皇軍 慰問‧朝鮮人女子挺身隊 100명, 年齡 15세이상 35세未滿, 기간 1년, 급여 월30엔이라는 1944년 4월 3일 山口縣知事 印의 「朝鮮人女子挺身隊」의 動員命令書를 縣廳에서 받아 인간사냥을 했다."고 주장했다.[8]

1931년 만주사변 때 조선인들이 만주에 100만명 이상 거주하고 있었는데, 1932년 일본은 만주에 일본군위안소를 설치하고, 상하이에서는 일본 해군이 위안소를 17개나 설치하여 관리하였는데, 台灣에서 華南방면과 華北방면으로 도항한 일본인은 1천13명이고, 조선인은 6백23명, 대만인은 2백69명이었다고 주장한다.[9]

1941년 7월 이후 일소전쟁을 준비할 때, 일본군 80여만 명의 병력을 증강시켜서 관동군의 보급담당 原善四郎 참모가 위안부를 모으기 위해 조선으로 가서 조선총독부에 2만명을 요구하여 약 1만명의 조선인 여성을 징집하여 중국동북 만주로 보내고 시설을 특설하여 영업했다고 島田俊彦(1965) 「関東軍」과 千田夏光(1978) 「從軍慰安婦」는 주장하고 있다.[10]

1941년 태평양전쟁을 일으키면서 일본군이 3백50만명으로 증가하여 위안부도 더욱 필요하여 강제 징집과 연행이 실행되어 타이완 총독부와 필리핀, 인도네시아 등에서도 공출되고, 한국에서도 위안부 모집의 광고[11]가 계속되었다.

1944년 7월 26일자 경성일보 위안부 대모집 광고에 의하면 월급은 300원에서 3천원 이하를 준다고 하면서 연령은 경성일보에는 17세 이상, 매일신보의 급모집 광고는 18세 이상 30세 이하로 광고를 냈다. 일본군 사령부 혹은 군납 업체에서는 위안부를 모집하기 위해 신문광고, 잡지광고, 방송광고 등을 통해 모집 광고를 냈었다.

1938년 2월 23일 발표한 내무성 통첩과 3월 4일 육군성 통첩, 11월 8일 내무성 경보국 자료

8 吉田淸治(1977) 「朝鮮人慰安婦と日本人」, 新人物往来社, p.150-152
9 吉見義明(1993) 「資料集 從軍慰安婦」, 瑞文堂 p.55-75
10 島田俊彦(1965) 「関東軍」, 中公新書, 千田夏光(1978) 「從軍慰安婦」, 三一新書는 吉見義明(1993) 「資料集 從軍慰安婦」, 瑞文堂, p.75 재인용 및 p.91 참조
11 1944년 10월 27일 每日新報, 1944년 7월 26일 京城日報 참조.

('남지 방면 도항 부녀의 단속에 관한 건')이 일본정부가 군위안부 징모(徵募)를 허가하는 내용으로 일본정부가 군위안소제도를 주도했다는 증거가 된다.

1942년 1월 10일과 13일 대만총독부의 미네타니 데라오 외사부장과 도고 시게노리 외무대신이 주고받은 외무성 자료('남방 방면 점령지에서의위안소 개설에 관한 건')또한 일본정부가 지시한 것이다. 즉, 자료와 위안부 피해자들의 증언을 통해 사실로 확인되고 있다.

2000년 12월 7일부터 12일까지 6일간 일본의 동경에서 정대협의 윤정옥 교수가 대표하는 아시아의 피해국과 가해국 일본과 세계의 여성인권단체들이 함께 '2000년 일본군 성노예 전범 국제법정'이라는 세계시민법정을 구성하여 모의재판으로 구속력은 없지만, 각종 법적 증거자료를 검토하고 위안부관련 논문자료집을 책으로 출판하여[12], 비인도적인 전범자와 일본군성노예의 국가 책임을 요구하면서 세계만방에 알리고 위안부피해자들의 명예와 존엄성을 회복시키고 각국에서 참석한 위안부 75명이 증언하고 증거를 제시하여 신체적, 정신적인 피해의 보상과 사죄를 일본정부에 강력히 요구하였다. 한국정부는 2013년 11월 25일 일본정부의 반성과 사과를 요구하며, 무례의 극치와 역사왜곡을 세계에 알리기 위해 위안부상을 각국에 세우고、위안부 관련 자료들을 2017년 유네스코 세계기록유산 등재에 신청할 예정이며, 국가기록원은 일본군 위안부 관련 기록물 3060점에 대해 '국가지정기록물'로 지정 예고했다고 발표했다. 이번에 지정 예고된 기록물은 경기 광주시 퇴촌면 원당리 '나눔의 집'에 보관 중인 일본군 위안부 관련 자료들이다.

조선총독부 문헌자료와 대만총독부의 문헌자료 외에도 네덜란드인을 일본군이 강제 연행했다는 네덜란드 정보부대 문서번호 5309와 미국국립문서보관소자료와 일본내무성과 외무성 자료 및 육군성 통첩 등이 많이 남아 있고 증언자들도 살아있다.

위안소는 군이 직접 설립, 경영했으며 민간에게 위임하기도 하였다. 민간 운영의 위안소는 군대의 보호, 감독 및 통제를 철저히 받았다. 위안소 생활은 군에서 제정한 '위안소 이용규칙'에 따라 엄격하게 통제되었다. 위안부들이 허가된 구역만 산책할 수 있다는 규정을 적어 놓은 일본군 문서와 일본군인과 군속만 위안소를 사용할 수 있다고 적시한 일본군 문서이다. 규칙에는 군인을 상대하는 시간과 상대해야 할 군인의 숫자, 요금, 성병검진, 위생상태가 규정되어 있다.

---

12 한국정신대문제대책협의회(2001) 「강제로 끌려간 조선인 군위안부들 1~5」, 풀빛

위안부 강제동원 자료를 공개한 정진성 서울대 사회학과 교수와 함께 일본군위안부 관련 문제를 조사한 재미언론인 한우성 씨가 2007년 네덜란드 정부기록물보존소에서 찾아낸 네덜란드 정보부대 문서 '일본해군 점령기 동안 네덜란드령 동인도 서보르네오에서 발생한 강제 성매매에 대한 보고서(Report on enfor-ced prostitution in Western Borneo, N.E.I. during Japanese Naval Occupation)'를 공개했다. 발굴한 네덜란드 정보부대 문서번호 5309는 제2차 세계대전 중 서보르네오에서 벌어진 일본군인에 의한 위안부 강제연행 사실을 정확히 기록하고 있다..

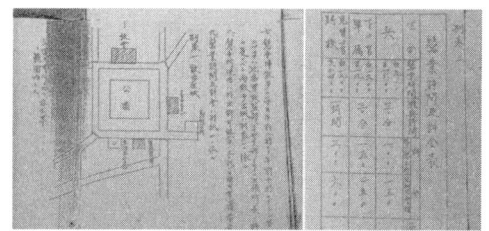

〈그림 1〉 위안부와 위안소의 이용규칙

"일본해군 특경대가 위안부 조달책임을 맡고 거리에서 마구잡이로 여성을 체포했으며, 강제적으로 신체검사를 받게 한 후 위안소에 넣었다. 여성이 위안소에서 탈출할 경우 가족을 체포해 학대했으며, 심지어 살해한 경우도 있다"는 〈문서 1〉의 내용이다. [13]

일본 정부와 일본군이 위안부를 강제적으로 동원하고 관리했으며, 그것은 명백한 범죄라는 걸 국제사회가 지적하고 있는데 사실을 부인하는 건 일본정부 뿐이다.

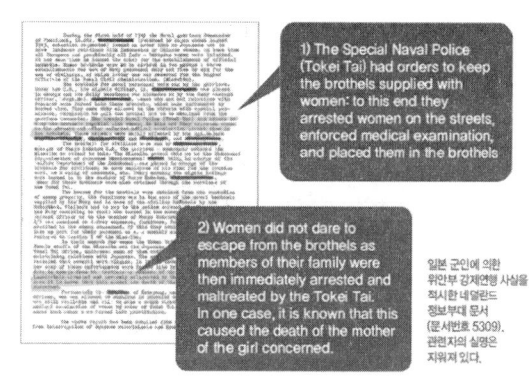

1) The Special Naval Police (Tokei Tai) had orders to keep the brothels supplied with women: to this end they arrested women on the streets, enforced medical examination, and placed them in the brothels

2) Women did not dare to escape from the brothels as members of their family were then immediately arrested and maltreated by the Tokei Tai. In one case, it is known that this caused the death of the mother of the girl concerned.

일본 군인에 의한 위안부 강제연행 사실을 적시한 네덜란드 정보부대 문서 (문서번호 5309). 관련자의 실명은 지워져 있다.

〈문서 1〉

한국 여성이 강제적인 방식으로 위안부가 됐음을 기록한 자료도 있다. 장태한 미국 리버사이드 캘리포니아대 교수가 2002년 미국연방정부기록물보존소(NARA)에서 찾아낸 '쿤밍의 한국인·일본인 전쟁 포로(Korean and Japanese prisoners of war in Kunming)'이다.

1945년 4월 28일 중국 쿤밍지역에서 미군에 의해 작성된 문서명 Kunming-REG-OP-3은 중국 쿤밍의 중국군 본부에 있는 한국인 여성 23명에 대해 '모두 강제와 사기에 의해 위

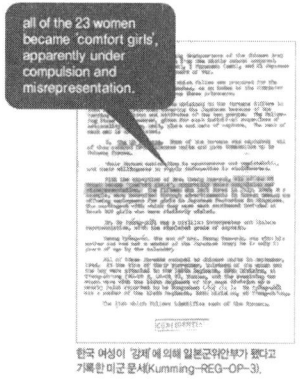

all of the 23 women became 'comfort girls', apparently under compulsion and misrepresentation.

한국 여성이 '강제'에 의해 일본군위안부가 됐다고 기록한 미군 문서(Kumming-REG-OP-3).

〈문서 2〉

13 신동아 2012년 11월호 638호(p.202-209)

안부가 됐다'고 〈문서 2〉는 기록하고 있다.

2007년 일본 학자들이 찾아내 공개한 도쿄 극동국제군사재판 기록에는 연합군이 중국과 인도네시아·베트남 등에서 조사한 일본군위안부 강제연행 사건 자료가 제출됐다.

1946년 인도네시아의 바타비아에서 열린 군사법정에서 일본인 12명이 네덜란드 여성 35명을 강제로 위안소에 데려가 성노예로 사용한 것에 대한 재판을 받은 것. 이 재판에서는 관련자 9명에게 유죄판결이 내려졌고, 가장 직급이 높은 장교 한 명에 대해서는 사형이 집행됐다. '강제 성매매를 위한 부녀자 유괴(abduction of girls and women for forced prostitution)'와 '성매매 강요(coercion to prostitution)' 등의 죄목이 인정됐다.

현재 일본은 제2차 세계대전 당시 군위안소 문제에 관한 모든 민사 또는 형사사건은 시효 규정이 적용돼 더 이상 소를 제기할 수 없다고 주장하고, 1952년 샌프란시스코 조약과 1965년의 한일협정으로 이 문제에 대한 개인의 배상청구권은 소멸됐다는 억지주장을 펴고 있다. 2012.10.12 언론 보도에 의하면, 일본정부가 1965년 한일기본조약 체결 당시의 문서를 공개해야 한다는 일본법원의 1심 판결이 나왔으며,[14] 판결이 확정되면 일본군위안부와 독도문제 등 한일 현안을 둘러싸고 그동안 공개를 거부해온 정보들이 알려질 것이라고 한다.

법원이 공개를 명령한 문서는 전체 382건 가운데 전면 공개 212건, 일부 공개 56건 등 268건이다. 일본정부는 원칙적으로 30년이 지난 문서는 공개하고 있지만, 한일회담 관련 문서에 관해서는 상당 부분을 국익 등을 이유로 공개를 거부했다. 일본 정부가 항소할 것으로 보여, 최종 판결까지는 1~2년이 걸릴 가능성이 높다.

일본정부는 한일기본조약과 관련해 문서 6만 쪽을 보관하고 있다. 이번 판결에서 공개 대상이 된 것은 수천 쪽 정도이다. 최봉태 변호사는 "일본 측 문서가 공개되면 강제징용과 일본군위안부 문제에 대한 일본정부의 입장과 대책 등이 드러나 일제강점기 피해자 개인배상 문제에 새로운 전기가 될 수 있다"고 말했다.

일제피해자공제조합과 근로정신대 할머니와 함께하는 시민모임은 "일본정부의 말대로 1965년 한일회담에 의해 모든 문제가 끝났다고 하면, 정정당당하게 지금이라도 당시 문서를 공개하면 될 일"이라고 상소했다.

동아일보 2012.8.31에 의하면, 인도네시아의 마르디엠 씨의 증언처럼, 일본군은 한국, 중국, 동남아…… 등에서 군홧발 닿는 곳마다 여성을 짓밟았다.

"연극단원을 모집한다기에 갔다가 보르네오 섬으로 끌려갔다. 48명의 소녀 중 절반은 극장이나 식당으로, 나를 포함한 나머지는 교외의 어떤 집으로 갔다. 거기서 신체검사를 하던

---

14 2012년 10월 12일 동아일보와 조선일보

군의관에게 먼저 성폭행을 당했다. 그때 나이 13세. '모모에'라는 이름으로 위안소의 11호실에 넣어졌고, 일본 패전까지 3년 남짓 하루에 10~15명의 일본군에게 계속 성폭행을 당했다. 15세 때는 임신 5개월 상태에서 마취도 없이 중절수술을 당했다."

일본군이 아시아태평양지역을 침략 할 때마다 위안소를 설치하고 위안부를 강제로 동원하고 성폭행하여 국제범죄 행위를 저지른 역사자료와 증언들이 피해국뿐 아니라 양심적인 일본 지식인에 의해서도 꾸준히 공개되고 있다.

동북아역사재단은 일본의 여성인권단체 '여성들의 전쟁과 평화자료관(WAM)'과 협약을 맺고 WAM이 수집한 약 3000건의 문건과 서적, 증언록 등을 바탕으로 2010년 8월 '일본군 위안소 웹 지도'[15]를 작성하였다.

위안소 웹 지도에 따르면, 일본군이 위안소를 설치한 국가는 중국, 인도네시아, 필리핀, 베트남, 네덜란드, 미국, 한국 등의 22개국에 이른다. 지도에는 위안부 피해자의 증언 1245건, 일본 군인들의 직·간접 증언 1231건, 공문서 702건, 목격담 등이 상세히 수록돼 있다.

최대 피해국인 한국은 일제 36년 동안 약 20만 명이 위안부로 동원된 것으로 추정되고, 구타와 성병, 임신 등으로 고통을 겪었을 뿐 아니라 수많은 사람이 죽음을 당했다.

일본군은 중국 여성을 납치 및 감금해 운영했으며, 중국 내 위안부가 약 20만 명에 이른다고 런민(人民)일보는 보도했다. 위안부 문제는 한일 간의 문제가 아니라 아시아 및 태평양의 20여 개국이 피해를 본 국제범죄로 국제 문제이며, 반인륜 전쟁범죄이므로 유엔 총회로 가져가야 한다. 중국인 위안부들도 여러 차례 일본 사법부에 손해배상을 청구했고 네덜란드 위안부 피해자는 2007년 미국 하원 청문회에서 피해를 증언하여 세계 여러 국가와 의회도 인권문제의 해결에 나섰던 것이다.[16]

최근에 있었던 일본 정치지도자들의 비뚤어진 역사인식에 대해서는 관영 신화(新華)통신도 "일본이 한국인 위안부를 죽은 후까지 욕보이고 있다"고 비판했다.

김문길 부산외대 명예교수는 '일본육군 대만군 참모장이 신청한 '보르네오'의 야전군위안소에 파견할 특종위안부 50명이 대만에 도착한 사실을 확인하고 20명을 더 보낸다'는 '위안소 운영에 군이 관여한 사실이 없다'는 일본의 주장을 뒤집는 내용이 기록된 비밀문건[17]을 일본방위청 자료실에서 발견하여 2012년 8월 15일 공개했다.

위안부연구의 권위자인 요시미 요시아키 교수는 「주간동아」 2012년 11월 19일 863호

15 2012년 8월 31일 동아일보
16 2012년 8월 30일 동아일보
17 2012년 8월 16일 한국일보

(p56~57)에서 일본군위안부제도는 군법하의 성노예제도이며, 이 제도를 창설하고 유지하고 확대한 주역은 일본군이며, 강제가 있었다면 일본정부의 책임이라는 점도 분명히 밝혔다.

일본이 위안부문제를 해결해야 하며, 한국의 비판은 일본인들에게 이러한 점을 깨달으라는 경고인 것이다. 우익정치인들의 망언은 자신감 없는 탓이며, 일본정부가 이들의 부정적인 발언에 침묵하는 것도 한 몫 하는 것과 같다고 말한다.

1992년 1월 요시미 교수는 일본 방위청 방위연구소 도서관에서 일본군이 위안부 문제에 직접 관여한 사실을 담은 공문서 6점을 발견하여 '아사히신문'에 제보하여 일본정부가 진상조사를 하였고, 1993년 8월 4일 '일본군이 강제로 위안부를 모집하는 데 관여했다'는 사실을 인정하고 사죄한 고노 요헤이(河野洋平) 관방장관의 담화를 이끌어냈다. '일본의 전쟁책임 자료센터' 공동대표인 요시미 요시아키(吉見義明) 주오(中央)대학 교수와 2012년 8월 31일 동아일보가 인터뷰 했을 때, "일본군이 강제로 위안부를 모집했다는 증거는 매우 많다. 일본 정치인들이 진실에 눈과 귀를 닫고 각종 증거를 보지 않고 외면하고, 자기반성이 불충분하다"고 지적했다.

1940년 10월에 작성된 미국 공문서는 속아서 미얀마(당시 버마)에 온 한국 위안부 20명의 이야기가 적혀 있다. 1948년 11월 도쿄(東京) 재판소 판결에는 일본군이 중국에서 강제로 위안부를 모집한 내용이 적혀 있다. 위안소는 군대가 직접 마련했다. 민간업자들이 위안부를 데려오면 군대는 유괴나 인신매매가 명백해도 군대는 민간업자를 전혀 처벌하지 않았다.

퇴역 일본군의 회고록, 한국 위안부 할머니들의 증언도 상대방의 반증이 없으면 법적 증거로 인정될 수 있다. 있었던 일을 없다고 하면 미래지향적인 우호관계가 될 수 없다고 요시미 교수는 말한다.

2013년 12월 12일 동아일보에 의하면, 11일 도쿄 지요다(千代田) 구 도쿄지방법원에서 요시미 요시아키(吉見義明) 교수가 사쿠라우치 후미키(桜内文城) 일본유신회 의원을 상대로 낸 명예훼손 소송에서 사쿠라우치 의원은 2013년 5월 27일 외신기자클럽에서 사회자가 "아시아와 네덜란드 여성들을 위안부로 강제 연행해 '성노예'로 만든 사실을 입증한 요시미 교수의 저서 「종군위안부」를 참고하라"고 발하사 "그것은 이미 날조라는 것이 여러 증거를 통해 분명히 판명됐다"고 말했다. 이에 대해 요시미 교수는 1200만엔(약 1억2300만원)의 손해 배상과 사죄 광고를 요구하며 명예훼손 소송을 냈다.

일본군의 위안부를 강제연행을 기록한 책을 '날조'라고 주장했던 사쿠라우치 의원은 법정에서 상황이 불리해지자 말을 바꿔 인정하고 발뺌을 했다고 한다.

2013년 8월 8일 동아일보에 의하면, 고려대 한국사연구소는 1942년 여름부터 1944년 말까지 미얀마(버마)와 싱가포르에 위치한 일본군 위안소의 종업원으로 일한 조선인이 남긴 일본군이 위안부를 직접 조직적으로 관리한 입증기록인 일기 원본을 공개했다.

이 일기의 작성자는 1942년 8월 20일부터 1944년 말까지 2년5개월간 동남아에 머무르며 일기를 남겼고 1943~1944년도분에 위안소에 관한 내용을 기술하고, 위안부 문제와 관련해 점령지에서 일본군이 위안소를 관리한 사실과 일본 군의관이 직접 위안부를 검사하고 위안소가 군의 명령에 따라 트럭에 실려 이동했다는 중국전선에서 운전병으로 지낸 경험을 기록한 무라세 모리야스의 「나의종군 중국전선」(1988년)기록 등의 내용들이 있다.

즉, 미군이 미얀마에서 붙잡힌 위안소 경영자를 심문해 1945년 11월 작성한 조사보고서에도 1942년 7월 10일에 위안부 703명과 업자 약 90명이 부산항을 출항했다는 기록과 일기에서 1942년 7월 10일 4차 위안단이 부산에서 출발했다는 내용과도 일치한다.

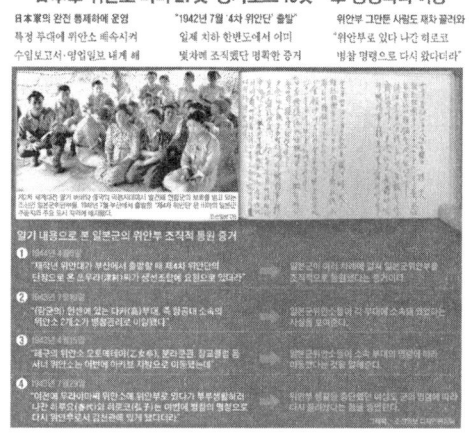

〈그림 2〉

2013년 8월 7일 조선일보와 안병직 서울대 명예교수가 공개한 「일본군 위안소 관리인의 일기」에는 일본군 위안소가 버마에 27곳, 싱가포르에 10곳으로 일본군의 명령에 따라 이동하고, 일본군위안부를 조직적으로 동원해 성노예로 삼고 이들을 철저히 관리, 통제했다는 사실과 위안소 운영 실태를 보여주는 자료이다.[18]

도쿄 국립공문서관이 제2차 세계대전 당시 일본군이 인도네시아 포로수용소에서 네덜란드 여성 35명을 강제로 연행해 위안부로 삼았다는 내용의 문서를 공개했다고 일본의 교도통신은 2013년 10월 6일 보도했다. 이번에 공개된 위안부 강제연행 문서는 'BC급 바타비아 재판 제 106호 사건'이다. 530쪽 분량의 이 문서에는 1947년 종전 후 인도네시아에서 열린 임시 군법회의에서 전직 일본군 중장 등 장교 5명과 민간인 4명을 강간죄 등으로 유죄 판결한 법정의 기소장과 판결문 등 재판 기록이 포함되어 있다.

특히, 판결문에는 일본군 전 중장이 당시 인도네시아 자바섬 스마랑주에 수용되어있던 네덜란드 여성을 위안소 4곳으로 연행했고, 그곳에서 협박과 매춘을 강요했다는 내용도 적혀있어 파장이 예상된다. 아베 신조 일본총리는 그동안 "군과 관헌에 의한 강제 연행의 증거가

---

18 2013년 8월 7일 조선일보와 안병직 번역·해제(2013) 「일본군 위안소 관리인의 일기」, 이숲, p.29-31

〈그림 3〉 일본군 위안부 강제연행
증거자료인 바타비아 군법회의
판결문공개[19]

발견되지 않았다"고 주장해왔기 때문에 위안부 강제연행 문서 공개는 시민단체의 정보공개 청구에 따라 공개한 자료 중 일부이다.

최근, 중국에서도 일본군의 위안부 강제징용을 입증할만한 새로운 문서가 많이 발견 됐으며, 중국인 위안부는 20만 명 이상으로 한국보다 많다고 중국 언론은 보도하였다.

중국 지린성 기록보관소는 중일전쟁 당시 일본군의 위안부 징용과 관련된 32개 문서를 최근 발견했다고 2014년 1월 10일 신화통신 등, 중국 언론들이 보도했다고 동아일보는 전한다.[20]

이 문서에는 일본군의 강제 징벌, 노역, 위안부 학대 등과 관련된 내용이 담겨있는데 1937년 2월 28일 작성된 '난징주변에 설치된 위안부 보고'에는 난징 주변 9곳에 총 7개의 위안소를 설치했으며 주둔한 사병수, 위안부 규모 등이 기술되어있다.

이 문서에 따르면 "조선인 위안부가 36명 있었으며, 위안부 1명이 최소 71명에서 최대 267명의 병사를 상대했다" 등의 내용이 포함됐다.

왕팡 기록보관소 조장은 "이번에 발견된 문서에는 당시 일본군이 수많은 위안부에게 얼마나 잔혹하게 모욕을 주고 학대했는지를 알 수 있다"고 말했다. 이와 함께 발견된 '헌병일보' 기록에는 철도공장의 일본군 한명이 만취상태로 위안소를 찾아 위안부에게 폭력을 행사하고 기물을 파손했다는 내용이 언급됐다. 또 '우정검열월보'에도 중국 백성, 일본 군인이 가족에게 보낸 편지 내용을 인용해 수많은 일본군이 위안부들에게 악행을 저질렀다고 기록됐다.

왕 조장은 "일본 내 일부 우익세력들은 위안부 강제징용에 대해 국가 혹은 군인의 행위가 아닌 당시 민간인이 스스로 한 행위라고 규정하고 있다"며 "새로 발견된 문서에서 발견된 새로운 증거들은 일본군의 위안부 강제 징용은 국가의 행위라고 볼 수 있다"고 설명했다.

한편, 일본 교도통신은 신화통신을 인용, 이를 보도하면서 중국이 기존 영유권 문제 외에 위안부 문제도 대일 공세에 새로 들고 나올 것으로 보인다고 우려했다.

지린성 기록보관소는 일제의 중국 침략 기간에 자행된 강제징용과 위안부가 당시 일본정부 차원의 행위라는 점을 입증할만한 자료를 공개했다.

지린성 기록보관소가 이번에 공개한 현재 보유한 '우정검열월보'는 217권, 총 1만7442페

---

19 2013년 10월 7일 한국일보, 동아일보와 연합뉴스의 보도
20 2014년 1월 10일 동아일보

이지 분량이며, 이 중 복원해 연구에 활용할 수 있는 자료는 160권이라고 밝혔다.

인화이 지린성 기록보관소 소장은 "현재 보유한 10만여권의 관동군 기록물은 1945년 일본군이 소각하지 못하고 관동군 사령부가 있던 지린성 창춘에 묻은 것이 1950년 발굴된 것"이라며 "기록물의 90%는 일본어로 작성됐으며 지난해부터 본격적인 번역과 해독 작업을 벌이고 있다"고 설명했다. 그는 "심도있게 해독 작업이 계속되면서 일본군의 만행을 직접적으로 입증할만한 문서들이 추가로 발견될 것"이라고 강조했다.

"모든 주민 살해명령에 어린이도 살해했다."는 일본의 만행자료도 공개되었다.

이번에 공개된 편지는 일본군 당국이 자신들이 저지른 반윤리적 행위가 외부로 노출되는 것을 막기 위해 그 내용을 정리하고 상부에 보고한 '우정검열월보'에 기록되어있다.

1937~1944년 사이에 작성된 '우정검열월보'에는 일본군의 동향, 군대시설, 군사프로젝트 진행상황 뿐 아니라 부녀 강간, 아동 학대와 관련된 내용들이 포함됐다.

중국이 중일전쟁 당시 일본군의 만행을 증명하는 각종 기록물을 잇달아 공개하며 일본의 신(新)군국주의 행보를 막기 위한 여론몰이에 나섰다.

지린(吉林)성 기록보관소가 최근 공개한 일본군 편지들을 분석한 광밍(光明)일보는 2014년 1월 14일 일본인들조차 자신들의 잔학한 행위를 차마 눈뜨고 볼 수 없었다고 전했다고 2014년 1월 15일 동아일보는 보도했다. 화중(華中·허난 후난 후베이 등 3개성)부대에 배속된 한 일본군 병사는 1938년 3월 12일 아내에게 보낸 편지에서 학살의 참상을 언급했다. 그는 "부근에 1만명 정도의 적 잔병이 있는데 불쌍한 것은 이 지역의 일반 백성들"이라며 "민간인을 모두 죽이라는 명령을 받았기 때문에 아이들이 가련하지만 눈물을 머금고 살해한 적도 적지 않다"고 썼다.

이번 편지는 일본군이 남긴 '우정검열월보'에서 발췌한 것이다. 지린 성 기록보관소는 앞서 10일 일본 관동군의 위안부 징용 관련 문서와 731부대가 저지른 생물학 무기개발 실험 자료 등을 공개하며 만행을 인정하지 않는 일본을 압박했다.

중국 외교부는 이번에 최초로 공개하는 자료도 있다고 예고하고, 2014년 1월 16일, 17일 외신기자들을 랴오닝성 기록보관소와 선양 연합군포로수용소에 초청해 일제의 과거 만행을 공개하고 역사문제에 대한 반성을 촉구했다.

"일본 관동군은 1931년 만주철도를 고의로 폭파한 뒤 이를 중국의 소행이라고 조작해 본격적인 대륙 침탈에 나섰다."고 중국 외교부 통역요원은 말한다.

아베 신조(安倍晋三) 총리의 야스쿠니(靖国)신사 참배 이후 외교력을 총동원해 일본 때리기에 나선 중국이 국제 여론전에도 나선 것이다. 중국 정부가 외신기자들을 상대로 일제 만행의 증거를 제시한 이날 행사에는 한국, 일본, 영국, 스페인, 싱가포르, 인도 등 6개국 20개 매체에서 모두 38명이 참가했다.

9·18역사박물관은 일제의 중국 침탈 계기가 된 만주사변(1931년 9월 18일)의 진실을 알리기 위해 1991년에 세운 곳으로 80여만 건의 각종 물품과 자료를 보유하고 있다.

왕젠쉐(王建学) 랴오닝 성 9·18전쟁연구회 회장은 "세계인들은 중국에서 발생한 전쟁의 진실과 역사를 알아야 진정한 평화를 얻을 수 있다"고 강조했다.

연합군포로수용소는 제2차 세계대전 당시 일본군이 미군과 영국군 등 포로 2000여 명을 수용했던 곳이다. 일제 세균전 부대인 관동군 731부대가 이곳 미군 포로들에게 세균주사를 놓아 최소 300명이 숨진 것으로 알려졌다. 중국은 일제가 연합군에도 만행을 저질렀다는 점을 부각시켜 일본과의 역사 논쟁에서 서방의 지지를 얻기 위한 의도도 있다.

일본 기자는 "아베 총리의 신사 참배 이후 아시아는 물론이고 서방 국가들도 일본을 비난하고 있어 우리가 국제무대에서 고립되고 있다. 위기감을 느낀다."고 말했다.[21]

한편, 일본은 2차 대전 당시 일본군 위안부 문제를 감추기 위해 '위안부' 강제동원과 직접적인 연관이 있는 부서의 자료를 조직적으로 소각한 것으로 드러났다. 일본은 또 중국인 부녀자를 강제연행에 위안부로 만들어 총 20만명을 운영한 것으로 밝혀졌다.

이 같은 사실은 일본의 위안부 책임회피와 역사왜곡을 비판하고 국제사회에 실태를 알리기 위해 2014년2월8일과 9일 중국 상하이에서 성균관대와 상하이사범대학 공동주최로 열리는 제1회 국제학술대회에서 50여명의 한·중·일 학자가 미리 배포한 자료에서 밝혀졌다.

천리페이(陳麗菲) 상하이사범대 교수는 1990년대 후반부터 각 지역 현지조사와 사료조사를 통해 일본군 중국주둔군의 수와 위안부 교체율을 따져서 중국지역의 위안부 총수가 20만명에 이른다고 밝혔다고 2014.2.7 동아일보는 보도했다.

2014년 2월 8일 YTN뉴스에 의하면, "일본군이 위안부 동원과 운영에 직접 관여한 증거가 나왔다"고 보도했다. 일본군이 2차 세계대전 당시 위안부를 강제 동원하고 위안소를 운영하는 데 직접 관여했다는 사실을 뒷받침하는 문건들이 확인됐다.

한혜인 성균관대 농아시아역사연구소 연구원은 중국 상하이에서 열린 '일본군 위안부 문제 해결을 위한 한중일 제1회 국제학술대회'에서 관련 문건을 공개했다.

중국 상하이 국가기록보관소 자료 분석을 통해 1937년 상하이에 진주한 일본군이 위안부 동원과 위안소 개설에 직접 관여한 공문서를 확인했다.[22]고 밝혔다.

21 2014년 1월 17일 동아일보
22 2014년 2월 8일 YTN뉴스

1939년 상하이 경찰국장이 보고한 이 문서에는 양수이창이라는 중국인이 위안소 개설을 위해 상하이를 점령했던 일본군 헌병대와 육군경비대에 행정 허가를 받았다는 사실을 확인해 준 것으로 돼 있다.

그동안 일본 정부가 위안부 강제 동원을 부정하고 있지만, 실제로는 위안부가 군대 부대 시설로 운영해왔음을 보여주는 미국 전쟁 문서가 2014년 3월 16일 공개됐다.

미국립문서기록관리청(NARA)이 보관하고 있는 미군 비밀해제 문서에 따르면 "위안부는 일본군 부대시설" 이라는 미국의 문서를 공개했다고 2014년 3월 17일 동아일보는 보도했다.

미군 동남아 번역·심문소(SEATIC)는 1945년 4월 버마(현 미얀마)에서 체포된 일본군 포로를 심문하는 과정에서 일본군이 군대 위안부를 운영한 사실을 파악했다고 연합뉴스가 2014년 3월 16일 보도했다. G F 브룬다 육군 중령이 작성한 이 문서는 당시 위안부의 화대가 3.5~5엔이었다고 적시하고 있고, 또 다른 기밀해제 문서에 따르면 1945년 4월 미군 정보원이 중국 여자 간호사를 인터뷰한 결과 일본 육군 군의관이 매주 금요일 중국 만주의 위안소를 방문해 '여성(위안부)'들을 상대로 정기검진을 실시했던 것으로 나타났다. 문서는 "위안소에는 1급으로 분류되는 일본 여성 20명, 2~4급으로 분류되는 한국 여성 130명 등 150명이 있었으며 모두 성병에 걸려 있었다"고 전했다. 이 문서는 1945년 5월 13일 중국 쿤밍(昆明) 지역에서 활동한 제임스 게디스 소령이 작성한 것으로 돼 있다.

한편, 중국 지린(吉林) 성 창춘(長春) 시 난관(南關) 구에 위치한 지린성 당안관(기록보관소)에서 2014년 3월 20일 인화이(尹懷) 관장은 한국 언론을 초청해 일본군 위안부의 강제동원을 입증하는 일본 측이 작성한 위안부 자료들을 공개하고 설명했다.

당안관에 보관된 10만여 건 중 이번에 공개한 일제 만행에 관한 기록은 25건으로 이 중 6건이 한국인 위안부에 대한 내용이라고 2014년 3월 25일 한국 언론들이 일제히 보도했다.

일본 관동군이 자체 예산으로 직접 위안부 '구매'에 나섰으며 위안부 징집은 일본이 1938년 공포한 국가총동원법에 따라 조직적으로 이뤄졌다는 일본 측 자료가 공개됐다.

1945년 3월 30일 위만중앙은행 안산(鞍山)지점 후카미(不可三) 대리지점장은 본점 자금부 외자과에 "쉬저우(徐州) 주둔 일본군 7990부대 화이하이(淮海) 성 연락부가 안산지점에 위안부 구입 자금으로 25만2000엔 사용에 관한 보고서를 보내왔다"고 보고했다. 요청을

〈그림 4〉 일본군이 위안부 구입 자금으로 25만2000엔을 사용한 보고서[23]

---

23 2014년 3월 25일 동아일보

받은 본점 자금부가 해당 지점장에게 20만여 엔 사용 권한 의견을 전하는 통화기록도 있었다.

인화이(尹懷) 관장은 "일본이 위안부 모집과 운영에서 정부나 군이 개입한 것을 부인하고 있으나 자신들이 작성한 자료로 확인되고 있다"고 지적했다.

이번에 공개된 자료를 통해 일본 관동군이 위안부를 운영했다는 사실을 확인할 수 있었다. 위만중앙은행과 지점 간의 두 통의 통화 내용을 보면, 일본군이 1944년 12월~1945년 3월 4차례에 걸쳐 공용자금을 군위안부 항목에 지출했고 그 액수가 당시 53만2000엔에 이른다고 무잔이(穆占一) 부관장은 설명했다.

1941년 헤이룽장(黑竜江) 성 베이안(北安) 지방 검열부가 발행한 '우정검열월보'에 실린 한 일본인의 편지에는 " 20명인 위안소 병력(兵力·위안부 지칭)은 전부 선인(鮮人·조선인)으로 국가총동원법에 속박되어 요시코(芳子)나 하나코(花子) 등이 쓰인 분홍색 배급권을 받는다"고 적혀 있는 내용도 일본군 위안부 강제동원을 뒷받침하는 자료로 평가된다. 우정검열월보는 일본군이 군사기밀 등이 외부로 새나가는 것을 막기 위해 편지나 전보를 일일이 검열한 뒤 이를 상부에 보고하고 기록한 것이다. 무잔이(穆占一) 부관장은 "일본군이 위안부 조달에 직접 개입했음을 보여주는 명백한 증거"라고 강조했다.

국가총동원법은 1937년 중일전쟁을 일으킨 일본이 인력, 물자, 자금을 통제하고 동원하려는 목적으로 1938년 4월 공포한 전시통제법이다. 일본은 이 법을 근거로 만들어진 '조선직업소개령' 등에 따라 위안부를 모집했다.

1938년 2월 화중(華中) 파견 헌병대가 관동군사령부에 보고한 '난징(南京)헌병대 관할구역 치안회복 상황보고서'에는 난징 우후(蕪湖) 등 8개 시현에 배치된 일본군 규모, 위안부 수, 위안부 1명당 군인 비율, 열흘간 위안소를 이용한 군인 수 등이 상세하게 기록돼 있고, 특히 우후 지역 군위안부 109명 중에서는 조선위안부가 36명이었다는 내용도 있다.

일본군이 지역별 '위안부'의 수를 면밀히 파악하고 군용 공금을 활용해 위안부를 '구매'하는 등 위안소 관리와 위안부 강제 동원 과정을 증명하는 자료로 큰 의미가 있다.

인화이(尹懷) 관장은 이처럼 자료를 공개하는 이유에 대해 "연구 성과가 공개 가능한 시점에 이르렀을 뿐만 아니라 일본 측이 삭성한 사료로 확인되는 역사적 진실을 부인하는 일본에 진실을 알리기 위한 것일 뿐 다른 이유는 없다"고 말했다.

지린성 당안관이 있는 창춘은 일제가 세운 위만주국 수도이자 관동군 헌병대사령부가 있던 곳이다. 무잔이(穆占一) 부관장은 "1950년대 헌병대사령부 등을 정리하는 과정에서 일본이 (패망 직전) 미처 불태우지 못하고 땅에 묻어뒀던 문서들이 무더기로 발견됐으며, 소장 중인 문서는 총 10만여 권이다."고 설명했다.

4. 위안부문제의 해결방법

이 처럼 일본군인 황군이 위안소를 설치하고 천황의 군대가 위안부를 강제로 모집하는 데 일본정부가 관여한 사실은 명백하고 증거도 많은데, 일본의 우익 정치인들이 일본군의 위안부 강제연행 사실을 부정하고, 과거사를 부정하면서, 피해자들의 배상청구권은 1965년 한일청구권협정으로 해결됐다면서 법적인 책임을 인정하지 않아 한일관계가 악화되고 있다.

1993년 8월 4일 일본정부가 위안부 관련 제2차 정부조사 결과를 공표할 때, 고노 요헤이 관방장관은 담화에서 "전쟁터에 이송된 위안부의 출신지는 일본을 별개로 하면 조선반도가 큰 비중을 차지하지만, 당시 조선반도는 일본의 통치하에 있어서 모집, 이송, 관리 등도 감언, 강압에 의하는 등 총체적으로 본인들의 의사에 반해서 이뤄졌다."고 발표했다.

고노 요헤이 전 관방장관은 최근 요미우리신문과의 인터뷰에서 "자료상 증거가 없다는 이유로 반세기가 지난 지금도 고통을 겪고 있는 여성의 존재와 전쟁 중의 비극까지 없었다고 주장하는 데 슬픔을 느낀다. 일본의 인권 의식이 의심받고 국가의 신용을 잃을 수 있다"고 경고한 사실을 일본은 기억해야한다.

2013년 12월 17일 일본 와세다대 한국학연구소가 '동아시아의 변동과 한일 관계의 미래'를 주제로 심포지엄에서 1993년 일본군 위안부 동원의 강제성을 인정하고 사죄한 이른바 '고노 담화'를 발표했던 고노 요헤이(河野洋平) 전 관방장관은 축사에서 일부 정치인의 망언을 겨냥한 듯 "일본에서 여러 발언이 나오고 있지만 그런 발언이 일본 국민의 마음을 대변하거나 대표하고 있다고 생각하지 않는다."고 말했다. 그는 또 "경제적인 이유나 안전 보장상의 필요에서 한일 관계를 회복해야 한다는 논의가 있지만, 한국은 정말 가까운 나라로 당연하게 잘 지내야 하는 나라"라고 강조했다.[24] 김학준 동북아역사재단 이사장은 축사에서 "남의 상처를 건드리고 그 상처에 소금까지 뿌리는 언행이 새로운 불행의 씨앗을 만들어내고 갈등을 고조시킨다면 시대역행적이라 할 수밖에 없다"며 일본 정치인들의 신중한 발언을 촉구했다.

위안부 사료(史料) 조사를 총지휘하고 고노 담화를 이끈 이시하라 노부오 (石原信雄)전 관방부장관은 2013년 7월 16일 동아일보와의 인터뷰에서 "국제사회는 이미 일본의 이런 태도를 강력하게 규탄하고 있다."고 말했다.

2007년 7월 미국 하원은 일본군위안부 문제에 대해 일본정부가 책임질 것을 요구하는 결

---

24 2013년 12월 17일

의안을 만장일치로 채택했다. "일본 정부는 제국군대가 제2차 세계대전 중 아시아태평양지역 식민지와 점령지에서 여성들을 '위안부'인 성노예가 되도록 강제한 것에 대해 명백하고 분명한 방법으로, 공식적으로 인정하고, 사과하고 역사적인 책임을 부담해야 한다."면서, 결의안은 "일본 총리가 공개적인 사과 담화문을 발표할 것. 일본군을 위한 성노예화와 인신매매가 일어난 적 없다는 주장에 대해 분명하고 공개적으로 반박할 것. 이 범죄에 대해 현재와 미래 세대에 대해 교육할 것을 요구했다.

미국 하원에 이어 호주의회, 네덜란드의회와 캐나다의회, 유럽의회도 위안부의 인정과 사과와 배상을 요구하는 내용의 결의안을 채택했으니, 유럽연합(EU) 의회의 권고 등을 참고하여, 일본 정부가 위안부 문제를 사죄하고 배상하면 되는데, 일본은 1965년 한일 청구권협정을 통해 위안부 문제가 모두 해결됐다고 주장하고 있어 문제해결이 안 되고 한일관계에까지 악영향을 주고 있는 것이다.

1996년과 1999년에 유엔 인권소위원회에서도 '전쟁 중 여성에 대한 폭력'이라는 일본 정부의 국제법적 책임을 인정하는 보고서를 작성하고, 일본정부에 공식사죄 및 책임자처벌을 권유했고, 일본군위안부 문제를 조사한 게이 맥두걸 유엔 인권소위원회는 유엔에 제출한 보고서에서 군위안소를 '강간센터(rape center)'라고 칭했다.

1998년 8월 유엔인권소위에서 채택된 '제2차 세계대전 중 설치된 위안소에 관한 일본정부의 법적책임 분석' 보고서에는 "일본정부는 잔학행위에 대해 개인배상 등 구제조처를 강구해야 하며, 강간소의 설치·감독에 책임이 있는 정부·군 관계자를 소추해야 한다."는 내용이 있다. 1994년 11월 국제법률가협회(ICJ)의 최종보고서는 일본 정부가 전쟁범죄와 인도에 반하는 범죄를 저지른 범법자를 처벌하지 않은 책임에 배상 의무가 있다고 지적했다.

1996년 2월 국제노동기구(ILO)도 일본의 위안부 동원 및 착취가 ILO규약 위반이며 일본 정부는 이에 대한 적절한 배상을 해야 한다. 위안부 문제는 일본이 1932년 비준한 '강제노동금지협약' 위반인 성노예에 해당한다고 발표했다.

특히, 일본군의 성적 노예로 짓밟힌 종군위안부와 일본군의 강제징집으로 수많은 사람들을 죽인 비인간적인 행동에 대해 하루빨리 반성과 속쇠들 하고 피해자들에게 독일과 프랑스처럼 일본은 배상해 주어야 할 것이다.

제2차 세계대전 이후 독일은 1953년부터 나치 박해자 보상법을 제정해 홀로코스트(인종학살)의 희생자였던 유대인을 비롯해 집시, 생체실험 희생자에게 폭넓은 배상을 실시했다. 배상액은 1990년 말까지 약 1300억 마르크(약 103조7000억 원)에 이른다.

2차 대전 당시 독일 나치정권에 의한 외국인 강제노동 희생자는 1200만~1500만 명으로 추산된다. 이들은 군수산업뿐 아니라 농업, 숙박업 분야는 물론이고 공공관청이나 심지어 교회나 가정에서도 일했다. 이런 외국인 강제노역자는 독일 전체 경제활동 인구의 25%를 차지했다. 그러나 독일이 일본처럼 군 위안부를 강제 동원한 사례는 없었다. 그럼에도 불구하고 독일은 2000년에 총 100억 마르크(약 7조9700억 원) 규모의 기금을 조성해 강제노동 피해자에게 보상했다. 1980년대 후반 나치 강제노동 피해자들이 미국 법원에서 제기한 손해배상 소송에서 독일 기업들이 잇달아 패소한 것이 계기였다.

결국 독일의 6000개 회사가 50억 마르크, 독일 정부가 50억 마르크를 출연해 '기억, 책임 그리고 미래 재단(EVZ)'을 설립했다. 전후에 설립된 중소기업들도 '독일 기업의 책임의식'으로 모금에 동참했다. EVZ는 2007년까지 폴란드, 헝가리, 우크라이나, 러시아 등에 있는 강제노동 피해자 166만 명에게 44억 유로(약 6조3076억 원)를 보상했다.[25]

마르틴 살름 EVZ 이사장은 8월 동아일보와의 인터뷰에서 "독일도 국가 간 배상으로 개인 배상이 끝났다고 주장해 왔으나, 유럽 통합 과정에서 더 이상 독불장군처럼 행동할 수 없었다"며 "동유럽이란 새로운 시장을 얻기 위해선 과거를 털고 미래를 향한 새로운 해법을 찾는 것이 바람직했다"고 그 배경을 설명했다.

2013년 9월 16일 서울신문에 의하면, 지난 3월 일본 문부과학성의 검정을 통과한 일본사 고교 교과서 9종(일본사A 3종, 일본사B 6종)이 삼국시대부터 근현대사까지 한국사 관련 내용을 전방위적으로 왜곡 서술한 것으로 드러났다. 일본군 위안부의 자발성을 강조하는 한편, 일본이 고대에 한반도 남부를 지배했다는 '임나일본부설' 역시 그대로 실렸다.

1995년 9월 총리의 식민지배와 침략사실의 담화에 저항하는 '새로운 역사교과서를 만드는 모임'(새역모)을 1997년 결성하여 '자학(自虐)사관'의 극복을 위해 일본군 '위안부'에 대한 역사기술의 삭제를 주장하여 일본의 역사적 가해 사실 언급은 자취를 감추기 시작했다.

일제시대 창씨개명, 토지조사사업에 대한 일본 측 주장은 일본의 침략을 미화시키고, 황국사관 중심의 역사 기술이어서 문제가 되고 과거사를 왜곡했다는 비판이 나오고 있다.

일본군이 제2차 세계대전 기간에 외국인 민간 여성을 위안부로 강제 연행한 사실을 뒷받침하는 위안부 강제연행에 관한 새로운 자료가 일본에서 6점 새로 발견됐다.

일본의 교도통신은 2013년 11월 21일 일본 근현대사 연구가인 하야시 히로후미(林博史) 간토(關東)학원대 교수가 일본군의 외국 여성 강제 연행과 관련한 기술이 들어 있는 법무성 자료 6점을 도쿄(東京)의 국립공문서관에서 발견했다고 보도했다.

이 자료는 일본 패전 후 중국과 네덜란드 정부가 실시한 6건의 B·C급 전범 법정의 기소장

25 2013년 11월 18일 동아일보

과 판결문 등 재판 자료로 1999년 이후 법무성에서 국립공문서관으로 이관된 것이다. 일본 군 육군 중장이 강간과 부녀 유괴 등으로 재판을 받은 '난징(南京) 12호 사건' 기소장에는 "딸을 폭력으로 끌고가 육체적 위안 도구로 삼았다"는 기술이 나와 있다. 또 해군 대위 등 13명이 강제 매춘 등으로 재판에 회부된 사건(폰차낙 13호 사건)의 판결문에는 "다수의 부녀자가 난폭한 수단으로 협박을 받고 위안부 활동을 강제 당했다"고 기술돼 있다.

일본 정부는 군위안부 강제 동원을 인정한 1993년의 고노 담화를 발표하기 전 국내외 위안부 자료를 조사했다. 이번에 발견된 자료들은 당시 정부 조사 자료에 포함되지 않은 새로운 내용이다. 하야시 교수는 "당시 정부 조사가 불충분했다"며 "고노 담화 발표 이후에도 여러 자료가 발견되고 있기 때문에 새로운 정부 견해를 내놓아야 한다."고 지적했다.

일본군이 네덜란드와 중국인 여성을 위안부로 강제 연행했다는 내용을 담은 일본 법무성 자료 6점을 최근 새로 발견해 발표한 하야시 히로후미(林博史) 간토학원대 교수는 2013년 11월 24일 동아일보와의 인터뷰에서 "일본 정부는 자신들이 갖고 있는 자료조차 조사하지 않았다"고 비판했다. 내용은 "일본 패전 후 네덜란드 정부와 중국 국민당 정부가 인도네시아와 중국에서 진행한 4건의 전범 재판 공소장과 판결문으로 1993년 고노 담화의 토대가 된 일본 정부 조사 자료에서 빠져 있던 것이다. 일본 정부의 강제성을 입증하는 자료가 스마랑 사건(일본군이 1944년 인도네시아 자바 섬 스마랑 근교에 억류돼 있던 네덜란드 여성 최소 24명을 위안소로 연행해 강제 매춘을 시킨 사건)뿐만이 아니라는 점이 밝혀진 것이다. 일본 정부는 그동안 이런 자료를 공개하지 않았다. 1993년 고노 요헤이(河野洋平) 관방장관 담화를 고치겠다면 오히려 강제성을 확실히 인정하는 방향이어야 한다."고 주장한다.

한국 정부의 입장은 명확하다. 2005년 8월 정부가 한일회담 문서를 공개하면서 후속 대책을 위해 구성한 민관공동위원회는 위안부 문제에 대해 "국제법상 인도에 반하는 중대한 불법행위로 '1965년 한일 청구권 협정'에 의해 해결된 것으로 볼 수 없고 일본 정부의 법적 책임이 존재한다."고 주장한다. 국제법 전문가인 박대근 부산대 교수는 "위안부 문제는 행위 자체에 반(反)인도성이 강한 데다 해결됐다는 법적 근거도 없다"며 "국제법 학계에서도 전시 여성인권 보호가 강화되는 추세여서 일본은 대책 마련을 늦출수록 국가 이미지만 나빠질 것"이라고 강조했다.[26]

강제징용과 관련해 1965년 한일협정을 맺으면서 일본은 '개별 보상도 하겠다.'는 입장이었으나 한국 정부가 일괄 배상을 받겠다며 '정치적 타결'로 협상을 마무리 지었다. 이는 2005년 공개된 한일협정 문서를 통해 확인된 것이다. 정부는 강제징용 생존자와 사망자, 부상자

등 103만2684명에 대해 3억6400만 달러를 요구해 무상 3억 달러, 유상 2억 달러를 받았다. 이에 따라 정부는 강제징용 문제는 청구권 협정으로 해결이 끝났다는 태도를 견지해 왔다.

하지만, 대법원은 2012년 5월 강제징용 손해배상 청구 소송에서 이를 뒤집는 판결을 내렸다. 협정 적용 대상에 일본이 관여한 반인도적 불법행위나 식민지 지배와 직결된 불법행위는 포함되지 않았다는 것이다. 일본기업들은 국제 소송전도 불사한다는 자세를 보이고 있다.

한편, 히로시마와 나가사키에 떨어진 원폭으로 한국인 수만 명이 사망하고 피폭을 당한 것으로 추정된다. 현재 한국원폭피해자협회에 등록된 사람은 2600여 명이다. 대부분은 원폭 피해 후유증으로 사망했다. 또 상당수는 2세와 3세에게 차별이 있을까 봐 등록을 피하고 있기도 하다. 2013년 10월 25일 동아일보에 의하면, 일본오사카(大阪)지방법원은 "한국 거주 피폭자에도 의료비 전액 지급하라."고 처음 판결하여 국내 2600여명이 이제야 지원받을 길 열렸으나, 원폭피해 손해배상의 청구는 기각되었다.

최근, 미국 연방 하원은 2014년 1월 15일 전체회의에서 미국 정부가 일본에 위안부 결의안을 준수할 것을 촉구하는 내용이 포함된 '2014년 통합 세출법안'을 표결에 부쳐 통과시켰다. 관련 내용은 '국무부 해외업무 세출법안'의 아시아·태평양 부분에 수록됐으며 "2007년 7월 30일 하원에서 만장일치로 통과된 '위안부 결의안(H. Res.121)'이 제기한 문제들에 대해 국무부 장관이 일본 정부가 해결하도록 독려할 것을 촉구한다"는 내용이 들어 있다. 이 결의안은 제2차 세계대전 당시 일본군의 위안부 강제동원과 관련해 일본 정부의 공식 사과를 요구했다.

혼다 의원은 이날 논평을 내고 "2차 대전 당시 위안부로 노예생활을 했던 사람들을 위해 정의를 구현하기 위한 오랜 노력의 하나"라고 밝혔다.

위안부 문제 해결을 위한 새로운 이정표가 될 것으로 보인다. 일본의 우경화에 제동 걸어 아베 총리의 압박 수위도 높아진다.

정청래 의원은 독일의 빌리 브란트 전 총리가 폴란드를 방문하여 2차대전 희생자 위령탑 앞에서 무릎 꿇고 사죄하였던 장면처럼 같은 전범국가 일본의 통렬한 자기반성을 촉구하고 "아베 총리가 야스쿠니 신사에 참배하고 싶다면 2차 대전 전범들을 신사에서 분리해야 할 것이라고 지적했다

상원은 이날 전체회의에서 위안부 결의안 준수 내용이 포함된 2014년 통합 세출법안은 찬성 359 대 반대 67의 압도적인 표차로 통과됐다. 미국 의회에 일본의 각성을 촉구하는 기류가 확산되었다. 미국 및 주변국의 만류에도 불구하고 과거사 역주행을 이어가는 일본에 대한 '경고'인 동시에 법안 명문화를 통한 강도 높은 압박이라고 할 수 있다.

미국을 비롯한 국제사회의 우려와는 달리 그동안 일본은 달라진 모습을 보이지 않았다. 아베 신조(安倍晋三) 일본 총리는 지난해 말 야스쿠니(靖国)신사 참배를 전격 강행했다. 또 일본은 오히려 캘리포니아 주립공원에 설치된 위안부 소녀상을 철거하기 위해 로비 공세를 벌이거나 야스쿠니 참배에 대한 일본의 입장을 강변하는 데 집중해왔다.

버락 오바마 미국 대통령은 2014년 1월 17일(미국현지시간) 일본 정부의 '위안부 결의안' 준수를 촉구하는 내용이 담긴 2014년도 통합세출법안에 정식으로 서명했다.

오바마 대통령이 서명한 법안은 정부의 통합세출 외에도 2007년 미국하원이 내놓은 위안부 결의안을 준수할 것을 일본 정부에 촉구하는 결의안을 담고 있다. 일본계 3세인 마이크 혼다 의원이 주도한 '위안부 결의안'은 2차 세계대전 당시 일본군의 위안부 강제동원에 대해 일본 정부의 공식 사과를 요구하는 내용을 담고 있다고 2014년 1월 18일 한국경제신문은 보도했다.

오바마 대통령과 미국 의회가 일본군위안부 문제를 인권문제로 판단하여, 이것을 정의롭게 이번 기회에 확실하게 해결하고자 하는 의지를 보인 것으로 생각되어 높이 평가한다.

젠 사키 미 국무부 대변인은 이날 아베 신조(安倍晋三) 총리의 야스쿠니(靖国) 신사 참배에 대해 "미국의 입장은 변하지 않았다. 공개, 비공개적으로 미국의 입장을 일본에 전했다"고 강조했다. 미국 정치권에서 일본의 태도 변화를 촉구하는 움직임이 확산되는 것을 보여준 것이다. 미국 의회에서 이런 움직임을 주도하는 것은 마이크 혼다 의원(민주·캘리포니아)과 스티브 이스라엘 의원(민주·뉴욕)이다. 특히 혼다 의원은 이달 초 의회가 개원하자마자 "아베 총리의 야스쿠니 참배에 분노 한다."는 성명을 발표해 의원들 사이에 일본 비판 분위기가 조성되는 데 한몫했다. 혼다 의원은 평소 '일본이 제대로 된 나라가 되려면 독일처럼 과거사를 진정으로 사과해야 한다.'는 소신을 말해 왔다.

혼다 의원은 "일본이 위안부 피해자들에게 사과를 했다고 하면서 야스쿠니(靖国)를 방문하는 것은 상처에 소금을 뿌리는 것"이라고 지적하고, "일본 정부가 포괄적 사과를 하고 잔인한 체제에 희생당한 수십만 명의 여성의 원한을 배상할 때"라며 "20만명의 위안부 중 한국 55명, 필리핀 26명, 대만 5명과 기타 아시아 내평양지역에 일부가 생존하고 있다." "아베 신조, 하시모토 도루, 모미이 가쓰토 NHK회장 등을 비판하면서 일본이 위안부 문제를 사과하고 보상했다고 생각하는 이들이 있지만 나는 이를 맹렬하게 반대한다."고 강조하고."위안부 강제 동원의 공식적인 인정과 고백만이 제2차 세계대전이 남긴 잔인한 사건을 마무리할 수 있는 유일한 길이며 인권문제이다."고 말하고, 2014년 2월 4일 존 케리 국무장관에게 서한을 보내 미국의회가 채택한 일본군 위안부 결의안을 빨리 이행하라고 촉고 했다.

　　미국 정부는 일본의 과거사 역주행에 대해 대화를 통한 해결을 촉구하면서도 더는 사태를 악화시키지 않도록 지속적으로 압력을 넣고 있다. 사키 국무부 대변인은 브리핑에서 한국과 일본, 중국과 일본 사이의 과거사 갈등과 관련해 "당사국들은 도발적 행동을 삼가라"고 촉구했다. 아베 총리의 야스쿠니참배 직후 주일 미국대사관과 국무부가 성명을 통해 밝힌 실망감을 계속 강조하는 것이다. 매들린 올브라이트 전 국무장관도 "아베 총리의 야스쿠니 참배는 잘못된 것으로 실망했다"며 "일본은 독일로부터 배워야 한다"고 말했다.[27]

　　동아일보 2013년 1월 31일에 의하면, 아사히신문 전 주필인 와카미야 요시부미(若宮啓文·65)는 지한파(知韓派) 언론인으로 동아일보에 '와카미야의 동경소고' 칼럼을 연재하면서, 1995년에는 한일 월드컵 공동 개최를 제안하는 사설을 게재해 2002년 한일 공동월드컵 개최를 이끌어냈다. 2005년에는 칼럼에서 "한국의 독도 영유를 인정하되 섬 이름을 '우정의 섬'으로 하자"고 제안하기도 했다가 지금도 일본 우익들에게 공격받고 있지만 일본 내에서 응원하는 사람도 많다고 말한다. 2006년에는 월간지 '론자(論座)'에서 고이즈미 준이치로(小泉純一郞) 당시 총리의 야스쿠니(靖国)신사 참배를 함께 비판했다. 칼럼에서 한일관계에 대한 다양한 제언을 하고 있다. 그는 2012년 4월 5일 '할머니들에게 전하고 싶은 총리의 사죄'라는 제목으로 일본군 위안부 이야기를 쓰고, 2013년 1월 12일의 고별칼럼에서 '개헌으로 주변국을 자극하는 일은 피해야 한다.'고 당부했고, 2014년 1월 16일에서는 '도쿄에서 아베를 막아라', 라고 말한다.

　　'여성들의 전쟁과 평화자료관'의 와타나베 미나(渡邊美奈) 사무국장은 2014년 1월 8일자 도쿄신문 인터뷰에서 한일 간의 위안부 문제 공방에 대해 "본래 정치문제가 아닌 인권 문제이지만 위안부 문제는 어떤 것이든 다툼의 불씨가 되는 상황이 이어지고 있다"며, 일본군 위안부 강제동원의 책임을 회피하려는 일본 정부에 맞서온 일본 시민운동가가 '위안부 문제의 정치화'를 우려하며 '여성 인권'의 시각에서 문제에 접근해야 한다고 강조했다.

　　와타나베 국장은 '군과 관헌에 의한 위안부 강제연행 증거가 없다'는 아베 신조를 비판하며 일본 정부가 피해자들이 받아들일 수 있는 해결책을 마련할 것을 촉구해왔다. [28]

　　이리나 보코바 사무총장은 2013년 12월 16일 프랑스 파리 유네스코 본부에서 가진 동아일보와의 단독 인터뷰에서 한중일 간 과거사 논쟁과 영토 분쟁에 깊은 우려를 표하며 "꽉 막힌 정치 외교적 문제일수록 문화적 접근 방식으로 풀어가야 한다." "세계문화유산 지정은 이웃 국가에 평화와 화해의 메시지를 보내는 다리가 되어야 한다. 분쟁이 있던 나라 간에 대화와

친교를 증진시키고 공통의 역사인식을 공유하는 기회가 되도록 해야 한다."고 말한다.

한편, 아사히(朝日)신문은 수전 라이스 백악관 국가안보보좌관은 2014년 1월 17일 아베 총리의 신사 참배를 해명하기위해 미국 워싱턴 DC를 방문한 야치 쇼타로(谷內正太郎) 국가안전보장(NSC) 국장에게 "일본은 한국과의 관계 개선을 위해 적절한 조치를 취하기 바란다"고 말했다고 전했다.[29]

미국의 정치권과 학계 등이 아베 신조(安倍晋三) 일본 총리의 야스쿠니(靖国)신사 방문과 과거사 왜곡을 함께 비난하고 있어 일본 정부에 큰 부담을 주고 있다.

과거사와 우경화 행보로 꼬인 한중 등 주변국과의 갈등을 가장 큰 동맹인 미국과의 친선 과시로 정면 돌파 하려던 일본의 기도가 아베의 야스쿠니 참배 강행에 대한 미국의 신뢰 상실로 오히려 '사면초가' 신세가 됐다는 견해가 지배적이다.

5. 결론

위안부의 강제동원은 세계가 인정하는 역사적인 사실인데도 일본만이 과거사를 계속외면하고 있고, 일본군위안부 문제의 강제성을 부정하는 비양심적인 우익정치가들은 일본군 위안부가 일본국가에 의한 성폭력 피해자라는 사실을 인정하지 않고 왜곡된 주장을 하고 있다.

일본의 중, 고교의 역사교과서에서는 독도문제, 강제동원 등을 왜곡하고, 위안부문제에 대해서는 대부분이 언급조차 하지 않고 있다. 우익 정치가들은 독도영유권을 주장하고 위안부 문제에 대한 망언을 하면서 야스쿠니신사를 참배하여 한일 관계를 더욱 악화시키고 있다.

위안부 문제에 대해 미국과 국제사회에서 결의안을 내놓는 등, 세계적인 관심사이지만, 한국과 일본정부의 소극직인 태도가 문제이고, 일본의 진지한 반·성과 시죄, 배상으로 한일 관계가 하루빨리 올바르게 개선되기를 바란다.

최근 한국과 일본의 여러 마찰 요인 가운데서도 일본군 위안부 문제, 강제징용자 피해 보상 문제, 독도 영유권 분쟁, 교과서 왜곡문제 등이 가장 대표적인 한일관계의 문제이다.

하지만, 이 문제에 대해 일본 정부와 정치권의 책임 회피에 따른 한일양국 정부 간 대립은

---

29 2014년 1월 18일 朝日新聞

한일양국민의 감정 악화로 이어져 혐한(嫌韓)과 반일(反日)의 악순환을 낳고 있는 것이다.

2014년 2월 11일 무라야마 토시아기 전 총리가 강원도 나눔의 집을 찾아 위안부할머니들을 만나서 위로하였다. 2014년 2월 12일 무라야마 토시아기 전 총리는 일본이 형언 할 수없는 잘못을 저질렀다. 부끄러운 망언하는 관리는 사퇴해야 한다. 누가 매국노인가?

일본은 역사를 올바로 인식하고 여성의 인권문제인 위안부문제의 해결에 적극 나서야 한일갈등과 국제적인 비난을 면할 수 있을 것이라며 한국 국회에서 강연하였다..

2014년 1월 31일 일본의 무라야먀 도미이치 전 총리는 "본인의 기분을 만족시키기 위해 나라를 파는 총리가 있을 수 있는가", "2013년 12월 26일 아베 총리의 야스쿠니신사 참배는 매국행위였다"고 아베 총리를 정면으로 비판하고 있듯이, 일본의 우익들과 왜곡된 역사인식을 가진 자들은 설자리가 점점 좁아지고 있다는 것을 똑바로 인식해야 할 것이다.

역사인식에서 전후 50년을 맞아 무라야마 도미이치(村山富市) 총리는 1995년 6월 14일 '과거의 침략과 식민지 지배를 사죄'한 무라야마 담화를 발표한 양심적인 총리로 평가 받고 있다.

기본적으로 일본은 위안부 문제를 포함해 한일 청구권 문제가 1965년 6월 22일 한일기본관계조약과 한일청구권 및 경제협력협정으로 다 해결되었다며 미국의 실력자들에게 호소해 위안부 기림비 건립이나 동상 설치에 동참하지 않도록 하는데 주력해왔다. 아베 정권이 위안부의 강제성을 인정한 1993년 8월 4일 '고노 담화'와 1995년 6월 14일 '무라야마 담화'의 수정에서 계승으로 방향을 틀어 과거사의 역주행을 멈추었지만, 언제 다시 변할지는 예측하기 어렵다.

2007년 미국 하원에서 통과된 위안부 결의안과 미국 동부와 서부에서 위안부 기림비와 동상을 설립하려는 움직임이 확산되는 분위기와 재미 한인들이 뉴욕, 뉴저지, 캘리포니아 등지에 위안부 기림비 설립운동을 한 것이 일본정부에 엄청난 압력을 주고 있다.

일본군 위안부 문제는 국제사회가 지켜보는 관심사항이 되었고, 한일 관계를 정상화 하는데 있어 피할 수 없는 해결과제가 되었다.

따라서 필자는 다음과 같은 위안부 문제의 해결책을 제시하고자 한다.

첫째, 일본정부가 위안부문제를 시인하고, 사과 담화문과 정부 공금으로 보상해야 한다.

둘째, 일본정부가 위안부의 강제성을 인정한 '무라야먀 담화'와 '고노 담화'를 계승해야한다.

셋째, 일본정부는 역사를 왜곡하지 말고 올바른 역사교육으로 나아가야 한다.

넷째, 일본정부는 일본군위안부 피해자의 명예회복과 진상 규명을 밝혀야 한다.

다섯째, 일본정부는 한일청구권협정과 별도로 개인청구권을 인정하고 배상을 해야 한다.

무엇보다 한일관계의 협력과 신뢰를 위한 올바른 역사인식이 필요하다. 일본군 위안부 강제연행 증거 문서가 많이 공개되어, 그동안 증거가 없다고 주장해온 일본정부의 거짓이 드러나고 있는데, 위안부문제의 반성 없이 1965년 한일청구권 협정에 의해 완전히 해결 되었다는 일본의 무책임한 태도는 참으로 답답하다. 교과서의 역사왜곡과 독도 망언, 혐한우익 세력이 테러까지 하고 있으니 국제사회가 경악을 금치 못하고 있는 것이다.

2013년 12월 19일 동아일보의 "와카미야의 東京小考에서" 전 아사히신문 주필인 와카미야 요시부미의 '한일관계, 이렇게 타개할 수 있다'는 다음과 같은 내용의 주장에 필자도 동감한다.

"역사인식과 위안부 문제 해결위해 한일양국의 정상이 결단해야 하고, 일본정부의 무라야마 담화의 계승 발언을 재확인하고, 전쟁 性피해 여성의 구제는 공금지원으로 하라."

와카미야는 2014년 1월 26일 동아일보와의 인터뷰에서 "한일양국이 최근 내셔널리즘으로 충돌 위험이 고조하는데 언론의 균형추 역할이 중요하다." 반일 감정이 높아지면서 순조롭게 진행되지 않는 이유 중 하나는 일본의 전쟁 책임자가 독일처럼 명확하게 처벌받지 않고 전후에 계속 살아남았다는 점이며, 위안부 문제와 다케시마(竹島·독도) 문제 등, 정치가 좀 대립해도 양국 국민이 증오하며 싸우는 시대는 아닌 것을 다행으로 생각한다."고 말했다.

한국정부와 일본정부는 우선 과거 상처를 입은 위안부 할머니들의 마음 치료 문제부터 서둘러 함께 해결해야 할 것이다. 위안부 문제는 한일양국에 극단의 강경 의견이 있어 해결이 어려웠다. 한일양국 정부가 대국적인 판단으로 책임 있는 자세를 보여야 할 때이다.

"해결을 못하면 한 명, 두 명 세상을 떠나는 할머니들의 한을 달랠 수 없는 것은 물론이고 한일 미래에도 큰 화근을 남길 것이다. 1년 후에는 한일국교 정상화 50주년을 맞는다. 그 출발점을 만들 사람은 양국 정상 외에 없다."라고 호소한 와카미야 씨의 제안이 한일 양국의 관계개선에 큰 도움이되리라 필자는 생각한다.

일본정부는 독도문제, 위안부문제, 강제징용, 침략전쟁 등을 더 이상 왜곡 하지 말고 양심적으로 인정하고 정도(正道)를 걸어야 할 것이다. 그동안 한일양국이 역사적으로 보면, 서로 놉기도 하고 다투기노 했시반, 21세기에는 서로가 대립보다는 이해하고 동빈자 역할을 히기 위해서는 옳고 그름을 대화로 해결하고 오만과 편견보다는 정의롭게 타협하고 서로가 한발 양보하는 미덕을 분명히 보여야 할 때인 것 같다.

한일양국은 과거사에 감정적 대립을 자제하고 미래를 위해 평화적으로 함께 성장하고 발전할 수 있도록 양국의 정부가 타협하고 해법을 모색하는 데 지혜를 모아야 할 것이다.

프랑스와 독일이 여러 번 전쟁하였지만 엘리제 조약을 맺은 후 서로가 화해하고 대화하면서 청소년교류 및 민간교류, 스포츠와 문화교류, 역사교과서 공동개발 등, 봉사와 배려를 양국이 하고 있듯이 한일 양국도 이 처럼 하면 될 것이다.

벳쇼 고로(別所浩郎) 주한 일본대사가 2014년 2월 8일 동아일보와의 단독 인터뷰를 통해 "일본 정부는 군 위안부의 존재를 부정한 적이 없다. 한국과 협의해 해법을 찾을 수 있을 것"이라는 전향적인 태도를 밝혀, 구체방안에 한일 양국의 관심이 쏠리고 있다. 아베 신조(安倍晉三) 총리가 "한일 정상회담을 하고 싶다"는 말만 반복하지 않고 진정성 있는 방안을 내놓을지가 최대 관심사이다. 청와대는 한일 현안 가운데 위안부 문제를 시급하고 중요한 사안 중 하나로 보고 있다. 현재 생존한 일본군 위안부는 55명. 모두 고령인 만큼 기대여명이 얼마 남지 않은 이들이 살아 있을 때 해법을 찾지 못하면 위안부 문제는 일본의 영구 미제로 남게 된다. 위안부로 강제 동원된 중국인, 네덜란드, 필리핀, 인도네시아, 말레이시아 등, 아시아의 수많은 여성들의 문제 해결에 있어서도 일본의 외교적 입지를 최악의 상태로 몰고 갈 수 있다는 점을 일본 측이 올바로 인식해야 할 것이다.

한국정부도 정확한 자료와 논리로 대응하고, 위안부문제와 독도문제 등의 역사문제는 대화와 타협으로 해결을 해야 되며, 그 문제를 다른 분야까지 확대시켜서도 안 된다.

한국과 일본은 이웃이며, 미래의 동반자이기 때문에 갈등과 대립보다는 대화와 협력으로 서로가 평화적으로 해결해야 할 것이다.

위안부 사실의 날조를 중지하고 동해와 일본해는 병기하고 한국 땅인 독도를 교과서에 왜곡하지 말고, 일본의 극우세력은 혐한시위도 반성하고, 한일간에 신뢰를 쌓고 동북아 갈등 해소와 안정에 서로 노력하고 역사문제는 독일처럼 진정성 있게 해결하는 태도가 필요하다.

(일본의 야스쿠니 진자의 문제)

일본의 정치가와 국민들은 전쟁을 반성하고, 전범을 찾아 처벌하기는커녕 250만 명의 전몰자들이 있는 야스큐니진자(晴国神社)를 참배하여 빌고 있으니 놀라움을 금할 수 없다. 매년 8월 15일, 일본은 '종전 기념식'을 야스쿠니진자 바로 옆의 일본무도관에서 하고 있다.

1985년 나까소네 일본수상이 처음으로 수만명의 전몰자들과 2차대전 전범의 원흉이 있는 야스쿠니진자를 참배하여 일본 국내와 아시아는 물론 전세계로부터 비난을 받았다. 그 이후 일본의 정치가들이 매년 참배하였으나, 종교의식과 정치행사의 분리를 주장하는 일본국민들로부터 비난을 받아 일본의 정치가들이 참배를 꺼려하다가, 패전 51주년인 1996년 8월 15일에는 각료 6명과 국회의원 183명, 하시모토 수상이 참배하여 일본은 중국과 한국은 물론 전세계에 그들의 힘을 과시했다.

1994년 1월 1일, 서울의 보신각에서 제야의 종소리가 울려퍼지는 밤12시에 나는 야스쿠니진자에 제자들과 함께 구경갔다가 삽시간에 몰려오는 수만명의 인파에 놀라지 않을 수 없었다.

참배온 수만명의 군중들은 늙은이가 아닌 과거역사도 모르고 과거엔 관심이 없다고 말하는 일본의 젊은이들이어서 더욱 놀랐으며, 일본에서는 제국주의의 망령이 되살아 나는 행사를 하는 것 같은 느낌을 받았다. 아직도 노병은 살아 있다는 듯이 옛 군복을 입고 군가를 나팔로 불어 대는 노병들 앞에서 군중들은 전몰 전범자들에게 명복을 빌고 있지 않는가! 수많은 우익단체들과 일본의 우익정치가들이 "일본을 수호하는 회"를 만들고, 야쿠자집단까지 설치고 있으니 웃지 못할 일이 일어나고 있는 사실을, 현실을 이렇게 우리는 받아 들여야 할 지 걱정스러웠다.

일본은 과거의 잘못을 솔직히 시인하고, 반성하는 겸손한 자세로 이웃나라와 협력하고, 세계 평화와 인류복지에 봉사해야 세계로부터 신뢰받을 수 있을 것이다.

일본 수도 도쿄(東京)의 한복판인 지요다(千代田)구의 3만여평 부지에 전통양식으로 지어진 커다란 건물이 바로 야스쿠니 신사이다.

신사(神社)가 무엇을 하는 곳이냐면, 일본엔 모든 자연현상이나 인간의 활동에는 제각기 이를 관장하는 신이 있다고 믿는 고유의 신도(神道)라는 종교이다.

농사의 신이 있는가 하면, 물의 신. 숲의 신. 부엌신 등 8백만 종류의 신이 있다고 하는데, 신사는 이들 신을 모시고 제사를 지내는 곳이다.

야스쿠니 신사는 그 많은 신들 가운데 메이지(明治) 유신(1867) 이후 근대 일본이 치렀던 내란과 전쟁, 예를 들어 세이난(西南)전쟁, 청일전쟁, 러일전쟁, 제2차 세계대전 등에서 숨진 전몰자(戰沒者) 2백46만여명의 명부(이름이 적힌 책)를 보관한 곳이며, 유골이 묻혀 있는 곳은 아니다.

나라를 위해 싸우다 숨진 사람을 모시는 건 세계 어느 나라나 다 마찬가지인데 왜 유독 야스쿠니 신사만 문제가 되는 건가.

야스쿠니 신사에 모셔진 전사자 명부에 태평양전쟁의 A급 전범 14명이 포함돼 있기 때문이며, 20세기 초 한국을 합병하고 중국을 침략한 일본이 진주만 공습을 시작으로 태평양전쟁을 일으켜 나치 독일과 함께 전세계를 비극으로 몰아넣은 사실은 제2차 세계대전 후 승자인 연합국은 전쟁을 일으켰거나 적극 가담한 사람들을 재판에 넘겼고, 이 가운데 당시 총리로 전쟁을 기획하고 지휘한 도조 히데키 등 핵심인물 25명을 전범 중 가장 죄가 큰 A급 전범이라 부르는데, 이들 중에서 사형을 당한 7명과 감옥에서 숨진 7명이 야스쿠니 신사의 명부에 포함되어있다.

그러니 일본 총리가 야스쿠니 신사에서 절을 한다는 것은 곧 A급 전범의 혼령 앞에서 일본인을 대표해 존경과 추모의 뜻을 표시하는 셈이 되고, 전사자의 유족이나 후손이 개인적으로 참배하는 것과는 전혀 다른 차원이다.

일본 총리의 참배는 또 잘못된 과거사를 청산하겠다는 의지가 부족한 것으로 비춰지게 되고, 특히 피해자였던 한국.중국 입장에선 더욱 문제가 된다.

제4장

靖国神社의 参拜問題*

• • • •

1. 서론

　靖国神社는 東京都 千代田区 九段下에 소재한 3만여평(9만9000㎡)의 면적으로 일본 全国의 8만여 개에 달하는 神社 가운데서도 가장 크다. 靖国神社는 神을 모시고 祭祀를 지내는 곳으로 일본의 민족종교인 神道의 사찰이다. 일본고유의 神道는 모든 자연현상이나 인간의 활동에는 神이 있다고 믿는 일종의 토테미즘의 宗教이다.神社의 参拜는 종교행위이기 이전에 일본인이라면 누구나가 일 년에 몇 번쯤은 神社를 찾아가서 祈願하는 일본의 伝統文化라고도 볼 수 있다.

　그러나, 靖国神社는 다른 일반 神社들과는 創建의 背景 및 性格이 다르다는 이유로 世間의 주목을 받고 있으며 政教分離의 論難이 되고 있다. 靖国神社는 国家의 宗教施設이면서 국가의 軍事施設로써 국민동합을 위한 정치직 이데올로기직 수딘이었디.[1]

　1868년 明治維新 前後의 内乱으로 幕府軍과의 싸움에서 明治天皇을 위해 목숨을 바친 3,588명의 靈魂을 '護国의 神'으로 祭祀 지내기 위해 1869년 '東京招魂社'로서 創建되었으나, 1879년 6월 4일 国家를 위해 殉国한 者를 祈念한다는 뜻을 가진 '靖国神社'로 改称되고,

---

* 이 논문은 「일본어교육」 제69집에 수록됨.
1 오에시노부 지음, 양현혜·이규태 엮(2002) 『靖国神社』 소화, p.203

別格官幣社로 승격했으며, 皇家의 菊花紋樣을 사용하는 특별대우까지 받고 있다.

靖国神社의 특징은 민족종교인 神道의 의미를 넘어 国家権力에 의해 창출되고, 天皇의 권력을 강화해 나가는데 중요한 役割을 수행하고 있다.

靖国神社는 祭神과 종교적이고, 국가적이고, 국민적인 神道 성격으로, 천황제 이데올로기의 国家神道의 구현과 함께 천황제의 精神的, 物的인 토대가 구축되어 있다.

1873년 征韓論에서 패배하여 下野한 후, 가고시마에서 私学을 일으켜 세력을 키우고 있던 旧幕府의 육군대장 사이고 다카모리(西郷隆盛)가 1877년에 1만 5천의 兵士를 이끌고 와서 新政府軍과 격전이 전개된 西南戦争은 7개월 만에 新政府軍의 승리로 끝났지만, 전쟁으로 죽은 政府軍 6,971명의 戦歿者들을 위해 招魂社에서 3일 동안 招魂大祭를 치렀다.

靖国神社는 近代 일본이 개항한 1854년 이후 内戦 7,751명과 西南戦争 6,971명, 清日戦争 13,619명, 露日戦争 88,429명, 中日戦争 191,250명, 제1·2차 世界大戦 2,133,915명 등에서 戦死者 합계 2,466,532 명(여자는 5만7천여 명)의 名簿에 한국인 희생자 2만1천명과 중국인 2만7천명의 名簿도 합사되어 位牌를 갖고 있다.[3] 군인과 군속 등의 국가를 위해

〈그림 1〉 靖國神社의 大祭圖[2](1897)

목숨을 바친 사람들을 生前의 신분·계급·성별·연령에 상관없이 神으로 祭祀를 지내고 있다.

다카하시 東京大 교수는 総理들이 靖国神社참배를 支持度를 높이는 수단으로 이용하고, 国家主義的인 감정을 자극해 아시아의 平和와 国際関係에 悪影響을 주고 있다고 말한다.

靖国神社에 있는 戦死者 명부에 한국인과 중국인은 強制로 動員되었다가 死亡했는데 遺族의 意思에 反하여 아직까지 일본을 위해 목숨을 바친 神으로 無断 合祀되어 있으니 問題이다. 靖国神社 문제는 일본 국민과 황실의 崇拜心도 두터우니 政治家들은 여론을 의식해야하는 두렵고 어려운 문제이기도 하다.

특히, 1948년에 極東国際軍事裁判(東京裁判)에서 1928년 이후 일본의 対外侵略戦争을 주도한 혐의로 사형당하거나 수감 중에 死亡한 A급 戦犯 14명을 1978년에 몰래 合祀시킨 靖国神社에 일본 총리나 각료가 参拜함으로써 주변국가와의 外交 葛藤의 문제로 비화되고 있다.

靖国神社의 参拜問題는 明治維新을 달성한 일본이 近代国家로 成長해 가는 가운데 일본

2 http://www.wul.waseda.ac.jp/kotenseki 와세다대학 도서관
3 다카하시 데쓰야 지음, 현대송 옮김(2005)『결코 피할 수 없는 야스쿠니 문제』, 역사비평사, p.78

의 政治家들이 약 800만 명의 遺族들의 支持와 反対를 정치적으로 선거에 의식하고, 145년이 지난 지금까지도 상황에 따라 조심스럽게 参拜를 했다 안했다 하고 있는 것이 현실이다.

明治維新이 청일전쟁과 러일전쟁에서 승리하는데 크게 기여했는데, 外勢에 対抗하여 일본을 지켜내고 근대화를 촉발시켜 西欧와 싸우면서 明治維新을 달성하기 위해 희생당한 戦死者들을 神으로 받들고 있는 靖国神社에 대한 일본인들의 精神的인 향수는 대단하다.

靖国神社의 参拜에 대한 문제는 1985년 8월 15일 나카소네 야스히로(中曾根康弘) 総理의 公式参拜 이후 한국과 중국 등의 주변국들이 反発하면서 問題化 되기 시작했다. 주변국들의 반발에 나카소네 총리의 継続的인 参拜는 中断되었고, 그 후 16년이 경과한 2001년에 고이즈미 준이치로(小泉純一郎) 총리는 '8월 15일 靖国神社의 公式参拜'를 公約으로 내걸고 총리에 당선되어, 2006년까지 재임기간 6년 동안에 매년 公式 参拜를 강행하였다.

그러나 参拜 때마다 주변국으로부터 강한 반발이 일어나서 고이즈미 이후의 총리들은 外交問題와 国益配慮의 차원에서 参拜를 7년 동안 자제해왔다.

2009년 민주당 정권으로 교체된 이후로는 총리뿐만 아니라 閣僚들의 参拜도 이뤄지지 않았다. 민주당의 간 나오토(菅直人) 총리는 총리가 되기 이전에는 靖国神社에 참배한 경험이 있지만, A급 戦犯만 分祀되면 참배하겠다는 意思를 밝혔다.

노다 요시히코(野田喜彦) 총리도 재임 중에 靖国神社의 公式参拜는 하지 않겠다고 말했다. 총리들이 靖国神社에 참배를 자제한 것은 어디까지나 한국과 중국 등과의 摩擦과 주변국을 의식하여 政治的으로 자제하려는 행동으로 판단된다.

靖国神社는 明治 時期와 現代를 이어주는 媒介体 역할을 하고 있으며, 政治家들에게도 국민들에게도 중요한 의미를 갖는 存在가 되었다.

靖国神社 문제는 過去의 문제이자 現在의 문제이고 未来의 문제이기도 하다. 한국인이 알아야 할 일본인의 靖国神社의 参拜問題에 대해서 考究하였다.

 2. **靖國神社의 参拜問題**

江戸幕府는 1859년 6월에 나가사키(長崎), 가나가와(神奈川), 하코다테(函館)를 개항하고 개국을 단행하자 도시의 중하층민과 소농층의 생활이 악화되고, 봉건경제의 급격한 붕괴로 하급무사계층의 생활이 궁핍해져 尊王攘夷波들은 증오의 표적이 되었다.

1860년 3월 '桜田門外의 変'을 계기로 幕府의 末期 정치항쟁은 일대 전환기를 맞았다. 新政府는 幕府의 타도를 목표로 수년 간 일본의 정치적 극한 상황은 流血事態로 이어졌다.

1868년 明治維新으로 新政府가 출발했지만, 幕府軍의 저항은 계속되었으며, 1869년 藩主들은 版籍奉還에 나섰고, 靖国神社의 전신인 1869년에 東京招魂社가 설립되었다.

1868년에 北海道의 函館에 독립정부를 수립하고 있었던 幕府軍과의 도바 후시미 내전(鳥羽·伏見の戦い)에서 函館戦争까지의 戦歿者 3,588명의 招魂式이 거행 되었다.

靖国神社에는 태평양전쟁까지의 戦歿者 246만여 명이 안치되어있어서, 皇軍의 魂霊을 달래기 위한 행사로 定期 祭祀는 매년 봄 4월 21일~23일과 가을 10월 17일~19일에 2차례 행하고 있지만, 종전기념일인 8월15일과 年末인 12월31일에도 행사를 크게 하고 있다.

靖国神社의 思想은 歴史上의 한 時期에 생긴 犠牲者들의 名誉回復에 国事殉難者의 招魂 思想을 원형으로 해서 形成된 것이다. 核心思想은 어디까지나 天皇派가 살아남기 위한 手段과 方法의 政治抗争의 論理인 것이다.

東京招魂社는 兵部省이 관할하였으며, 당시 병부차관을 지낸 일본 육군의 아버지로 불리는 大村益次郎가 徴兵制 창설및 招魂社 創建의 주역이었으나 暗殺당했다. 戦歿者를 위한 宗教施設의 필요성과 役割을 하는 招魂祭를 거행하여 장병들의 戦意高趣와 정신교육에 힘썼다. 1869년에 탄생한 東京招魂社는 1879년 靖国神社로 改称되었으며, 1874년 1월 27일 例大祭에 처음으로 明治 天皇이 참배했는데, 국민의 霊을 祭祀지내는 神社에 天皇이 参拝하는 일은 전례가 없었다. 東京招魂社의 창건으로 幕府末과 維新의 政争과정에서 생겨난 招魂思想은 神道의 国教化 정책 하에 그 입지가 확립되었다.

江戸幕府의 봉건지배체제를 타도하고 근대천황제 국가를 탄생시킨 明治維新의 정치변혁은 일본사회를 크게 바꾸고, 독특한 宗教国家를 만들었다. 神道를 国教로 하는 宗教国家의 거대한 精神的 지주였던 靖国思想은, 幕府 末인 維新期의 격렬한 政治抗争의 과정에서 생겨난 새로운 宗教 観念이다. 靖国神社의 祭祀의 원류는 이 時期의 '国事殉難者'의 招魂祭에서 비롯된다. 国事로 인해 殉難한 志士의 魂을 위로하고 그 행위를 顕彰하는 神으로 모시는 '招魂思想'은 尊王思想의 보급과 함께 形成되었다.

1862년 고메이(孝明) 天皇은 幕府에게 勅文을 내려 攘夷의 실행을 촉구하고 忠魂을 위로하는 招魂 제사를 명했다. 칙문에서는 희생자를 '国事殉難者'로 규정하여 명예를 회복시킴과 동시에 尊王攘夷波를 격려하고 있었다. 天皇에 대한 절대적인 忠誠心과 천황의 権威를 옹호하여 幕府를 타도하려는 政治勢力에 대한 충성이었다. 천황에 의해 尊王攘夷派 志士

일본 東京에 있는 靖国神社. 8월 15일이 다가오면서 參拜에 나온 일본인들로 매일 붐빈다. 靖国神社 正門으로 들어서면 拜殿(참배하는 장소), 本殿(신을 모신 장소), 靈璽符 奉安殿(명부를 보관하는 장소)이 일렬로 자리 잡고 있다.

이곳엔 제2차 세계대전 A급 戰犯 14명도 1978년 10월부터 合祀돼 있다. (朝日新聞 제공)

〈그림 2〉軍國의 城, 靖國神社[4]

들의 죽음이 藩을 초월한 国事의 殉難者로서 규정된 것이다.

매년 8월 15일이 가까워 오면 일본뿐만 아니라 한국과 중국, 미국 등의 언론들까지도 현정권이 靖国神社에 首相과 어느 政党의 누가 얼마나 參拜하는지에 대해 관심이 높다.

1985년 8월 15일, 나카소네 야스히로(中曾根康弘) 총리의 公式參拜 이후 한국과 중국 등의 주변국들이 거세게 반발하여, 그동안 이어져 왔던 총리들의 참배가 당분간 중단되기도 하였다. 한국과 중국 등의 주변국들이 반발하는 가장 큰 이유는 靖国神社에 太平洋戦争의 'A급 戰犯 14명'이 1978년 10월 17일 비밀리에 合祀되었기 때문이다.

〈그림 3〉

4 2013년 8월 10일 동아일보

靖国神社에 1945년 이전에는 육해군성 소관의 神社로서 天皇崇拜와 軍國主義의 보급에 중요한 역할을 수행했으며, 살아있는 現人神으로 떠받들고, 天皇이 직접 參拜하는 등, 각별한 취급을 받고 있으며, 紋章은 天皇의 상징인 菊花모양을 사용하고 있다.

〈그림 4〉 靖國神社에 合祀된 A급 戰犯 14명[5]

靖国神社는 2次 大戰 後, 국가 관리에서 벗어나 오늘날에는 宗敎法人으로 되어 있지만, 국가적 보호를 둘러싸고 論議가 분분하다. 1969년 自由民主党은 종교법인 靖国神社를 해산시켜 특수법인으로 존속시키고, 政府의 감독 하에 国費를 지출하여 보호하고자 하는 靖国神社 법안을 국회에 제출했으나, 여론을 배경으로 야당이 강경하게 반대했다.

그리스도교를 비롯한 거의 모든 宗敎界가 이 법안을 국가 神道를 부활시키기 위한 企図이자 宗敎의 自由와 政敎의 分離를 규정하고 있는 헌법 제20조와 公共 財産의 支出과 이용 제공의 제한규정인 제89조의 違法이라고 주장하며, 반대운동을 계속하여 1974년 이 법안이 폐지되었다.

한국인 遺族들은 2001년 6월과 2007년 2월 각각 도쿄지방법원에 한국인 合祀에 대한 일본 정부의 責任을 묻고 合祀 철폐를 요구하는 訴訟을 냈다. 일본에 强制로 징용돼 전쟁터에 끌려 나가 죽음을 맞았는데 靖国神社에 合祀된 것은 恥辱이라는 주장이다.

1946년 10월 조선성명복구령에 따라 創氏改名이 無效化됐지만 靖国神社에 合祀된 한국인은 아직 創氏改名된 상태다. 2001년 소송의 경우 지방법원과 고등법원, 대법원에서 모두 기각됐다. 2007년 소송은 현재 고등법원에서 항소심이 진행 중이다.

靖国神社 측은 合祀 철폐 요구에 대해 "사망자의 이름이 올라와 있는 영새부는 神의 영역이기 때문에 어떤 표기도 修訂할 수 없고, 종교적으로 분사도 안 된다"고 主張하고 있다.

1975년 自由民主党은 천황이나 정부수뇌 등의 公式的인 神社参拜 등을 내용으로 하는 戰殁者慰霊表敬法案을 제출하고자 했으나, 강경한 反對興論에 부딪혀 무산 되었다.

그러나 총리와 각료들이 사실상 公式参拜를 하고 있어서, '靖国神社 参拜問題'는 国論을 분열하는 政治的, 宗敎的, 思想的인 對立으로 되고 있는 것이다.

즉, 靖国神社의 参拜問題는 국가의 보호유지, 総理의 公式的인 神社参拜, A급 戰犯의 合祀問題 외에도 靖國神社의 歷史的인 性格과 軍國主義的인 色彩, 政府와의 關係를 어떻게

---

5 남상구『야스쿠니 신사 참배의 논리와 문제점』, 동북아역사재단

다루느냐 등이 問題点이 있으며, 靖国神社의 祭神 原理는 국민의 道德観을 혼란스럽게 만들고 있다. 오늘의 靖国神社는 일본 軍国主義를 美化시키기 위해 이용되고, A급 戰犯 14명을 비롯해서 246만 6000여 명의 전몰자들의 位牌가 있으며, 한국인 전몰자 약 2만1181명과 중국인 2만7863명도 一方的으로 合祀시킨 커다란 문제점을 앉고 있다.

일본의 아시아 侵略戰爭을 '식민지 解放戰爭'으로, 侵略을 進出했다고 묘사하고, 戰爭 遺唯物館인 遊就館이라는 軍事施設까지 갖추고 진주만 공격(1941년 12월 8일), 제2차 세계대전을 일으킨 戰爭을 美化하고, 正当化 시키는 내용들을 展示하고 있어 크게 문제가 되고 있다.

立命館大学의 서승 교수는 "靖国神社는 이름이 神社 일뿐 宗教施設이 아닌 軍事施設이다. 靖国神社는 明治政府가 天皇에 충성해 죽은 자를 軍神으로 받들기 위해 세워졌고, 이 명표가 원호금 지급과 연동된 것만 봐도 靖国神社는 단순종교시설이 아니다."고 말했다.[6]

靖国神社의 附帯施設로써 戰殁者와 군사관계 자료를 소장하여 전시하고 있는 유슈칸(遊就館)이라는 군사박물관이 1882년에 개관했다. 전쟁 미화의 핵심 역할을 하는 전쟁박물관인 遊就館에는 幕府 末期부터 2차 大戰까지 당시에 사용했던 전투기, 총과 칼, 군복 등, 수집한 遺品 약 10만 여점을 展示해 놓고 祭神들이 걸어온 근대일본의 역사를 배우는 場으로 활용하고 있다.

遊就館 내부의 첫 전시관에 들어서면 日本刀가 정면에 전시되어 있고, 2층 전시실 입구에에 자리 잡은 상영관에서는『우리는 잊지 않는다-감사와 기도와 긍지를(私たちは忘れない─感謝と祈りと誇りを─)』라는 제목의 영화를 상시 상영하고 있는데, 그 내용은 과거의 전쟁은 불가피한 전쟁이었고, 전사자들의 희생이 오늘의 일본을 만들었다고 치하하는 내용이다.

영화에 "극동의작은 섬이었던 일본이 살아남은 것은 구미열강의 위협에 굴하지 않고 목숨 걸고 싸웠기 때문"이라는 내레이션이 흘러나온다. 遊就館 전시에 대해 야스쿠니진자 측에서는 "일부 언론에서 遊就館을 특수한 역사박물관이라고 비판적인 보도를 하기 때문에 유슈칸은 오히려 국민의 주목을 받아 관람자가 증가했다. 유슈칸이라는 이름은 모르는 사람이 없을 정도로 유명해졌다"며 오히려 비판여론을 긍성석으로 받아들이는 자신감까지 내보인다고 김순임은 논문에서 말한다.[7]

展示物들은 전쟁과 전투의 의미를 부각시키고 있어 戰爭博物館인지 神을 모시는 神社인지 구분이 되지 않을 만큼 二重性을 가지고 있는 곳이 靖国神社인 것 같다.

6 2006년 6월 7일 동아일보
7 김순임(2013)「일본 야스쿠니신사와 국가주의 이데올로기」, 제주대학교대학원 정치외교학과, 학위논문

일본은 靖国神社가 미국의 알링턴 국립묘지와 한국의 顯忠祠 국립묘지와 비슷하다고 주장한다. 나라를 위해 싸우다 숨진 사람을 모시는 건 세계 어느 나라나 다 마찬가지인데 왜 靖国神社만이 문제가 되느냐고 변명하고 있다.

'안정된 나라'라는 뜻을 지닌 靖国이라는 이름과는 相反되게, 2차 세계대전 이후 극동 국제군사재판에서 A급 戰犯으로 분류된 14

〈그림 5〉 靖國神社에 있는 戰爭遺物館인 遊就館

명의 전범까지 靖国神社로 1978년 10월 17일에 옮겨 비밀리에 合祀하여 追慕하고 있는 사실이 1979년 4월 朝日新聞에 탄로되어 더욱 문제가 되고 있다.

즉, 靖国神社는 護国神社이자 皇国神社로서 제2차 세계대전 당시에는 戰歿者를 護国의 英靈으로 祭祀하고, 천황이 參拜함으로써 국민에게 天皇崇拜와 軍国主義를 세뇌시키는 이중적인 역할을 하고 있다. 戰歿者들은 侵略戰爭에서 천황을 위해 죽음으로써 生前의 잘못은 상관없이 神이 되어, 국민의 추앙을 받고 있으며, 일본 軍国主義는 이것을 정당화하는 神話 의식으로 靖国神社를 탄생시킨 것이다.

전쟁이 끝난 뒤 연합군총사령부는 靖国神社의 護国의 성격을 알고 단순한 宗教시설과 순수한 戰歿者 추도시설 중 하나를 택하도록 일본에 강요하여, 일본은 종교시설을 택하였지만, 靖国神社의 戰歿者 추도시설 기능을 완전히 박탈하지는 못하였다.

1947년 일본은 憲法 제20조에서 政教分離를 규정한 뒤에도 靖国神社가 종교 시설이자 戰歿者 추도시설임을 인정하였다. 1960년대 末부터는 靖国神社를 국가가 관리하는 法案을 계속 제출하였으나, 여론에 밀려 실패하였다.

"靖国神社에 A급 전범 合祀. 도쿄 히데키(東条英機) 전 총리 등 14명 은밀히 殉難者로"라는 제목으로 靖国神社의 A급 전범 合祀 소식을 1979년4월 朝日新聞은 전했다.[8]

1978년 10월 17일 가을 例大祭 때, 東条英機를 비롯한 A급 戰犯 14명을 靖国神社에 비밀리에 合祀했다는 사실이 밝혀지자 한국과 중국 등, 국제적인 非難이 거세게 일어났다.

일본의 보수 우파 세력은 'A급 戰犯은 연합국이 일방적으로 규정한 것일 뿐, 일본 국내법상으로는 犯罪者가 아니다'라고 주장하는 등, 일본 軍国主義의 부활을 부채질하고, 일본 정부의 厚生省이 중심이 되어 민관합동기구가 결정한 일이라고 弁明하고 있다.

---

8 1979년 4월 19일 朝日新聞

1910년 한국을 合併하고 중국을 侵略한 일본이 진주만 공습을 시작으로 太平洋戰争을 일으켜 나치 독일과 함께 전 세계를 비극으로 몰아넣은 제2차 세계대전 후에 연합국은 전쟁을 일으켰거나 적극 가담한 사람들을 재판에 넘겼다. 당시 総理로 전쟁을 기획하고 지휘한 東条英機 등 핵심인물 25명의 전범 중에 죄가 큰 14명의 A급 戰犯들 중에서 死刑을 당한 7명과 감옥에서 숨진 7명이 靖国神社의 名簿인 位牌에 포함되어있기 때문에 주변 국가들이 반대하고 있는데, 2013년 4월 24일에는 국회의원 168명이 靖国神社를 집단으로 참배하였다.

매년 8월 15일, 일본은 '終戦記念式'을 야스쿠니진자 바로 옆에 있는 '日本武道館'에서 하고 있다. 1985년 8월 15일에는 나카소네 야스히로(中曾根康弘)가 総理로서는 처음으로 246만여 명의 전몰자들과 2차 대전 A급 전범 14명이 合祀되어 있는 靖国神社를 公式参拝하여 일본軍国主義의 야만성이 日本 国内와 아시아는 물론이고 国際社会로부터 非難을 받았다.

그 후, 일본의 정치가들이 매년 참배하자 宗教儀式과 정치행사의 分離를 주장하는 많은 일본 국민들로부터 非難을 받아 당분간 일본의 政治家들이 参拝를 꺼려하였다.

그러나, 1996년 7월 29일, 11년 만에 하시모토 류타로(橋本竜太郎) 총리가 자신의 생일날에 靖国神社에 보란 듯이 참배하여, 靖国神社가 다시 사회적으로 관심을 불러일으켰다. 패전 51주년인 1996년 8월 15일에는 각료 6명과 국회의원 183명이 참배하여, 그동안 반대해온 일본인과 중국인과 한국인은 물론 전세계에 일본의 잘못된 모습을 보이는 우를 범하였다.

필자는 1994년 1월 1일, 서울의 보신각에서 除夜의 종소리가 울려 퍼지는 밤12시에 靖国神社에 제자들과 함께 실제로 구경 갔다가 삽시간에 몰려오는 수만 명의 인파에 놀라지 않을 수 없었다. 参拝 온 수만 명의 人山人海의 群衆들은 노인들이 아닌 過去歷史도 모르고 과거엔 관심이 없다고 말하는 일본의 젊은이들이어서 더욱더 놀랐다.

靖国神社에서 日本帝国主義의 亡霊이 되살아나는 行事를 하는 것 같은 전투태세의 단결심은 강렬하고 무서운 느낌을 받았다. 아직도 老兵은 살아 있다는 듯이 옛 軍服을 입고 밤을 세면서 軍歌를 나팔로 불어 대는 老兵들 앞에서 수 만 명의 群衆들은 戰殁者와 戰犯者들에게 冥福을 빌고 있는 단결된 모습은 금방이라도 전쟁을 할 것 같은 무서운 분위기였다.

필자가 2012년 2월 2일, 靖国神社에 갔을 때는 수많은 우익단체들의 데모시위와 일본의 우익정치가들이 "일본을 守護하는 会"를 만들어 설치고 있는 사실과 현실을 보면서, 한국과 중국의 주변국들이 어떻게 받아 들여야 할 지 안타깝고 정말로 걱정스러웠다.

그런데, 일본 총리가 靖国神社를 参拝 한다는 것은, A급 戰犯의 魂霊 앞에서 일본인을 대표해 존경과 追慕의 뜻을 표시하는 것이 되고, 전사자의 遺族이나 後孫이 개인적으로 참배하는 것과는 전혀 다른 차원이기 때문에 문제가 되는 것이다.

약 800만 명 정도의 遺族会는 거대한 조직이며, 뿐만 아니라 靖国神社의 參拜客이 연간 500만여 명에 달한다는 사실은 그 자체가 일본에서 하나의 宗教的 현실이기도 하다.

靖国神社는 戦後의 국가와 다양한 이해를 가진 조직들의 神社가 되었으며, A급 戦犯이 合祀되어 있어도 일본국민들의 視覚은 전쟁 犠牲者에게 祭祀지내고 參拜하는 곳이라는 것이 靖国神社 支持者들의 기본적인 意見이다. 国家를 위한 犠牲이 崇高한 것으로 침략전쟁마저도 正当化시키고 美化하는 일본인의 애매모호한 二重論理로 주장하는 것이다.

外交的 마찰로까지 이어지는 靖国神社에 수상의 공식 참배가 적절한지, 1978년 10월 17일 비밀리에 A급 전범이 합사된 이후 裕仁天皇마저도 靖国神社의 參拜를 중단했는데, 1985년 8월 15일 中曽根康弘가 総理로서는 처음으로 公式参拜하고, 8월 15일에는 자민, 보수, 자유, 민주당 등 당파를 초월하여 '다함께 靖国神社에 참배하는 국회의원 모임'의 衆参議員 190명이 참배했다. 또한 이시하라 신타로(石原慎太郎) 東京都 知事를 비롯해 '靖国神社를 참배하는 도의회의원 유지의 모임' 18명도 참배했다. 주변국의 거센 반발이 일어나자 일본의 국익을 침해할 것을 우려하여, 그 후 총리의 공식참배는 16년 동안 중단되었던 것이다.

그러나, 2000년에 이시하라 東京都 知事가 공식참배하고, 2001년에는 고이즈미 준이치로(小泉純一郎) 총리가 公式 参拜하는 등, 일본 政治家들이 일본 軍国主義의 亡靈을 부활시키고 있어 주변국뿐 아니라 国際的인 非難을 받고 있는 것이다.

1985년 8월 15일 나카소네 총리의 公式 参拜 이후 국제사회의 批判이 일자 'A급 전범 分祀論'이 자민당과 遺族 일부에서 제기됐다. 하지만 靖国神社는 教理上 A급 戦犯만 따로 떼어내 모시는 것은 不可能하다고 拒否했다. 한국인 합사자 등에 대한 요구에도 응할 수밖에 없기 때문에 靖国神社의 理念 자체가 崩壊될 우려가 있다는 점을 고려한 것이다.

가토 고이치(加藤紘一) 전 자민당 간사장은 "分祀論이 힘을 얻을 것"이라며 "靖国神社가 자발적으로 分祀를 결정하는 것이 가장 좋은 방법이다"고 주장했다. 그

〈그림 6〉 中曽根의 靖國神社 公式参拜[9]

러나, 靖国神社는 宗教的인 理由를 들어 分祀는 不可能하다고 主張하고 있다.

또 제1 야당인 민주당의 하토야마 유키오(鳩山由紀夫) 간사장은 "靖国神社를 대체할 国

---

9 1985년 8월 15일 경향신문

立追悼施設이 필요하다"고 강조했다 .식민지에서 징병되어 戰死한 사람들을 遺族의 동의 도 구하지 않은 채로 靖国神社에 合祀하는 것에 대한 이의제기 재판도 棄却하니 문제이다.

靖国神社에 대해 일본에서는 1960년대 말 집권당인 자민당이 발의한 '靖国神社 法案'부 터 진행되어왔다. 한국에서는 1979년에 A급 전범의 合祀 사실이 알려지고, 1985년 8월 15일 나카소네 총리의 公式参拜이후, 2001년 8월 13일 고이즈미 총리가 6회 公式参拜하고, 2013 년 4월23일 일본의 국회의원 168명이 靖国神社를 참배한 것에 대해, 한국은 정부차원에서 강력하게 항의하면서, 靖国神社의 参拜에 대한 문제가 급격히 증대되고 있다.

〈그림 7〉安倍首相의 靖国神社参拜[10]

고이즈미(2001.4-2006.9) 전 총리는 対美関係를 이용 하여 한국과 중국을 강력한 抗議도 무시하고 6회나 公式 参拜하였던 것이다. 고이즈미 이후 역대 총리들의 靖国 神社의 참배는 7년 동안 중단되었지만, 아베 신조(安倍 晋三)총리가 취임 1주년인 2013년 12월 26일 靖国神社 의 公式参拜를 再開하고, 2013년 4월23일 의원 168명이 参拜하면서 다시 주변국가와의 外交問題로 靖国神社의 問題가 급부상하여 韓中日의 頂上会談이 1년 이상 이루 어지지 않고 있다. 아베 총리는 한국과 중국의 外交関係 를 고려해 2014년 8월에는 靖国神社 참배를 하지 않는 대신에 공물을 봉납한다고 하나, 병 주고 약 주는 식의 일본인들의 이중적인 속셈과 겉보기를 생각하게 한다.

2006년6월15일 여야 3당 의원 135명이 靖国神社의 대비되는 代替追悼施設을 만들자고 제안하고, 靖国神社 근처에 있는 35만 명의 무명의 유골이 안치 되어있는 치도리가후치(千 鳥ケ淵) 무명전몰자 묘원의 확충을 논의하기도 하였다.2013년12월30일 동아일보에 의하면, 安倍晋三 일본 총리와 지도자들이 靖国神社를 미국의 알링턴 국립묘지와 똑같이 보고 있 다'는 발언을 한 데 대해 미국 전문가와 언론이 격앙했으며, 미국 경제전략학회 클라이드 프 레스토위츠 회장은 "일본에는 알링턴 국립묘지에 해당하는 노꾜 치노리가후지(千鳥ケ淵) 戰歿者 墓苑이 있다"고 상기시키며, 2013년 10월 '미일 안전보장협의 위원회' 참석차 일본 을 방문한 존 케리 미 국무장관과 척 헤이글 국방장관이 치도리가후치를 찾아 참배한 것은 靖国神社가 상징하는 '일본판 역사'를 미국은 인정하지 않겠다는 뜻을 전달한 것이라고 지 적했다.

---

10 2013년 12월 26일 朝日新聞 (号外)

靖国神社는 종교, 문화, 정치, 역사 등의 다양한 요소가 복잡하게 얽혀 있는 문제이며, 일본 내부에서 바라보는 시각과 한국과 중국 등의 외부에서 보는 시각이 다르기 때문이다.

〈그림 8〉 치도리가후치(千鳥ケ淵) 무명전몰자묘원의 분향소.[11]

韓国과 中国에서 靖国神社를 바라보는 시각은 대부분 부정론으로 일관하고 있다.

즉, 靖国神社의 창건 배경과 역사적 경위, 정치 지도자들의 참배문제, 靖国神社의 참배에 주목하고 일본 내 国家主義 및 우경화 흐름을 대변하고 있다고 비판하는 韓日関係와 中日関係의 悪化와 동북아시아의 国際関係에 悪影響을 미치고 있다.

태평양전쟁을 주도한 히로히토(裕仁·연호·昭和) 천황의 재임기간(1926~1989)은 패전 후 8차례 靖国神社를 참배했으나, 1978년10월17일에 비밀리에 A급 戦犯들을 合祀된 것을 불쾌하게 여겨 참배를 그만뒀다는 내용의 사실을 입증하는 메모가 발견됐다.[13]

메모는 히로히토 천황이 숨지기 직전인 1988년 4월 28일 측근인 도미타 도모히코(富田朝彦·2003년 사망) 당시 궁내청 장관이 작성했다.

〈그림 9〉 히로히토 천황의 발언을 메모한 자료[12]

메모에는 히로히토 천황의 발언이라며 "마쓰다이라는 平和를 중하게 여겼다고 생각하는데 아들은 부모의 마음을 모르는 것 같다. 그래서 나는 그 이후 參拜하지 않았다. 그것이 내 마음이다"라고 적혀 있다. '마쓰다이라'는 패전 직후 궁내청 장관을 지낸 마쓰다이라 요시타미(松平慶民), '아들'은 합사 당시 靖国神社의 宮詞(신사의 최고책임자)였던 마쓰다이라 나가요시(松平永芳)를 가리키는 것으로 추정된다.

일본 총리들의 靖国神社의 參拜問題는 단순히 參拜 문제에 局限되지 않고, 일본 国家를 대표하는 것이며, '參拜' 논란 또한 최근의 우경화 분위기와 관련하여 논의될 필요가 있다.

야스쿠니문제는 1990년대의 경제적 혼란과 사회의식의 혼돈이라는 위기감이 팽배해진

---

11 2013년 8월 6일 동아일보
12 1988년 4월 28일 천황의 발언을 메모한 자료
13 2006년 7월 21일 동아일보

상황에서, '자유주의 사관연구회'와 '새 역사교과서를 만드는 모임'이 자유 국가의 복권이라는 명분을 내걸고 積極的으로 나서기 시작했다. 1990년대 이후 일본에서 일고 있는 '新国家主義'의 문제이기도 하다.

中曾根康弘 전 총리가 1986년 8월 15일 靖国神社 참배 중지를 결정한 후, 중국의 후야호방(胡耀邦) 공산당 총서기에게 보낸 편지의 일부이다.

"전후 40년이 지났다고는 하나 불행한 역사의 상처는 아직도 특히 아시아 주변 여러 나라의 국민들 마음속에 깊이 남아있습니다. 침략전쟁의 책임자인 특정 지도자가 모셔져 있는 야스쿠니 신사를 공식 참배하는 것이 결과적으로는 귀국을 비롯한 아시아 여러 나라의 국민 감정에 상처를 입히는 것이라고 생각해, 이를 피하려고 금년은 靖国神社 공식참배를 하지 않는다는 고도의 정치결단을 내렸습니다."

中曾根의 편지 요지는 ① 내 친 동생도 靖国神社에 합사되어 있고, 靖国神社 이외에는 모든 전사자를 추도하기 위한 시설이 없다. ② 극히 소수의 침략전쟁 지도자 즉 A급 전범이 신사 측의 판단에 의해 합사되었다. ③ 이 때문에 총리가 참배를 중지한 것에 대해 일본 국민은 깊은 슬픔과 불만을 느끼고 있다. ④ 그럼에도 불구하고 일·중간의 상호신뢰가 중요하기 때문에 참배 중단이라는 정치적 결단을 내렸으니 이해해 달라는 야스쿠니 참배 논리인 것이다. 靖国神社 참배문제를 바라보는 시각은 오늘날과 거의 변함이 없다. 나카소네의 편지에는 靖国神社의 参拝가 갖는 모든 의미가 포함되어있다고 해도 과언이 아니다. [14]

일본은 自国의 戦死者를 追悼하고 顕彰하기 위한 추도시설이 없어 靖国神社가 그에 준하는 역할을 하고 있으며, A급 전범이 합사된 것은 靖国神社 측의 판단에 의한 것으로 정부는 책임이 없다는 주장이나, 최근 일본 국립국회도서관이 발간한『신편 靖国神社 문제 자료집』을 통해 A급 戦犯의 合祀 등에 일본 정부의 厚生省이 주도적인 역할을 했다는 사실이 밝혀졌다. 중국 정부는 1972년 日·中 国交 正常化 과정에서 침략전쟁의 책임자는 소수의 군국주의자이고 일본 국민은 피해자라는 논리로 일본에 대한 전쟁배상 청구권을 포기했다. 한국과 중국과의 신뢰관계 구축이라는 명분으로 참배를 중지한다는 논리이지만, 총리의 靖国神社 참배가 문제가 되고 있는 가장 큰 이유는 靖国神社에 A급 선범이 合祀되어 있다는 짐이다. 1978.10.17 비밀리에 A급 전범이 합사된 후에도 그동안 약 20차례에 걸친 총리 참배가 있었지만, 한국과 중국 정부가 공식적으로 비난한 것은 1985년 8월 15일 나카소네의 공식참배 때가 처음이었다. 靖国神社 문제가 한국과 중국이 정치경제적인 지위가 상승하면서 나타나는 현상이다.

---

14 남상구『야스쿠니 신사 참배의 논리와 문제점』, 동북아역사재단

현재 靖国神社에는 총 246만여 명의 戰歿
者가 안치되어 있고, 일본 육군의 아버지로 불
리고 招魂社 創建의 주역인 大村益次郎의 銅
像, 대형 함포 등 각종 병기, 자살특공대인 가
미카제(神風) 돌격대원의 동상, 특대형 포탄,
군마와 군견의 위령탑, 전투기 등, 제2차 세계
대전 당시의 戰爭 유물과 戰犯의 銅像들이 展

〈그림 10〉 大村益次郎의 銅像

示되어 있는데, 한국의 北関大捷碑와 활과 장군의 투구 및 갑옷 등도 있다.

北関大捷碑는 壬辰倭乱 때 정문부 의병장이 왜장 가토 기요마사를 격파한 기념으로 숙종
때 함경도 길주에 건립된 것으로 1904년 러·일전쟁 중에 일본군 이케다 쇼우스케가 강탈해
간 北関大捷碑가 히로시마를 거쳐 도쿄의 靖国神社의 경내 숲속에 버려진 채 放置되어 있
었고, 일반인의 접근을 차단하고 있는 것을 일본유학 중이던 조소앙 선생이 1909년 발견하
여 "대한흥학보"에 투고한 것을 본 최서면 원장이 1978년에 强奪해 간지 100년 만에 2005년
10월20일 어렵게 돌려받아서 2006년 3월 1일 북한으로 인도하여 길주에 안치하였다.

을사늑약이 일제에 의해 강제 체결된 지 꼭 100년 되는2005년11월17일 서울 경복궁에서
北関大捷碑가 돌아온 것을 환영하는 '国中大会'가 열렸다.

이날 행사에서는 머릿돌과 받침돌을 복원한 北関大捷碑의 모
습이 공개됐다.

靖国神社는 2차 세계대전의 A급 戰犯들을 合祀하고, 戰歿者
243만 여명의 靈魂을 한 곳에 모아 祭祀를 지내고 參拜하고 侵略
戰争의 유물을 전시함으로써 論難의 中心에 있다.

일본 帝国主義에 피해를 본 우리나라와 중국 같은 나라들은 일
본 閣僚들이 靖国神社를 참배할 때 마다 抗議를 하는 것은 일본
자신들이 저지른 侵略戰争과 2차 세계대전 당시 주변국을 侵攻했
던 일을 反省하고 있지 않다는 점이다.

〈그림 11〉 靖國神社에 있던
北關大捷碑[15]

전쟁의 主犯인 犯罪者들을 神으로 모신다는 것은 자신들이 일으킨 戰争이 반성하지 않는
잘못된 생각이 바로 문제가 되는 것이다.

더구나 그런 悪行을 저지른 犯罪者들을 靖国神社에 安置하고 殉国英霊으로 參拜한다는
것은 理解 할 수 없는 일이기 때문에 주변의 피해자들은 일본에 抗議하는 것이다.

---

15 2004년 8월 22일 동아일보

〈그림 12〉 靖國神社에 있는 조선시대 실전용 활과
장군의 투구 및 갑옷[16]

국내에서 자취를 감춘 조선시대 실전용 활로 보이는 유물이 제2차 세계대전 당시 A급 전범이 합사된 일본 靖国神社의 유물 전시관인 유슈칸(遊就館)이 개최하는 '가미카제'라는 이름의 유물 특별 전시회에 '조선궁'이라는 이름으로 조선시대의 실전용 활과 장군의 투구 및 갑옷이 전시돼 있어 놀랍다. 조선시대 갑옷과 투구의 이마 가리개에는 '元帥(원수)'라는 글자가 새겨져 있고 투구 위쪽에는 용과 봉황 문양(용봉문)이 붙어 있어 장수의 것으로 보인다. 갑옷의 옆트임 상태 등을 고려할 때 18~19세기에 만들어진 것으로 추정된다. 유슈칸 측은 1884년 갑신정변 당시 조선 민중에게 맞아 죽은 일본군인 이소바야시 신조(磯林真三)의 명의로 1885년 靖国神社에 기증됐다고 설명하고 있다.

2013.4.23 종합뉴스에 의하면, 아소 다로(麻生太郎) 일본 부총리 겸 재무상 등 각료들이 靖国神社를 참배했는데, 아소 부총리는 "매년 2, 3차례 참배해 왔다. 지금 새삼스럽게 논할 얘기는 아니다."고 말했다. 한국 정부가 항의하고 한일 외교장관 회담을 취소한지 하루 만에 일본의 여야 국회의원 연맹의 '다함께 靖国神社에 参拝하는 国会議員 모임' 소속인 168명이 2차 대전 A급 전범들이 합사된 靖国神社를 23일 집단으로 参拝한 것은 주변국을 너무나 무시한 참으로 몰상식한 행동이 아닐 수 없으며 일본인의 이중적인 본심을 읽을 수 있다.

〈그림 13〉 '다함께 靖國神社에 参拜하는 國會議員 모임'
소속인 168명이 참배함[17]

그동안 매년 50명 정도 참배해왔는데,100명을 넘어선 것은 2005년 10월 추계대제 이후 8년 만으로 이처럼 참배 인원이 크게 늘어난 것은 총선에서 자민당과 일본유신회 소속 의원들이 내서 당선된 데다, "야스쿠니 참배는 개인 의사에 맡긴다."는 아베 총리의 영향으로 분석된다. 참배자가 두 배로 늘어 韓日兩国과 中日関係가 最悪으로 얼어붙

16 2010년 12월 4일 동아일보
17 2013년 4월 23일 KBS TV 종합뉴스

어 頂上会談까지 이루어지지 않고 있다.

2013년 4년 22일 安倍政権은 靖国参拝에 대하여 閣僚들의 自由意思와 판단에 맡긴다고 말했는데, 바로 다음 날 168명의 의원들이 야스쿠니를 참배하여 주변을 놀라게 했다. 安倍晉三首相은 前回의 首相在任中인 2006년 9월~2007년 9월에 靖国参拝을 하지 않았던 것은 痛恨의 극치였다면서 参拝에 意欲을 제시하고 우경화 발언을 하면서 역주행으로 支持계층의 결집을 꾀하고 있다.

아베 총리는 국회 답변에서 "무라야마 談話를 그대로 계승하진 않을 것이다."라 말하는 일본 우파의 이런 질주는 7월 참의원 선거를 앞둔 勢力結集과 선거 후 平和憲法을 개정하여 自衛隊 대신에 軍隊를 만들어야 한다는 것도 염두에 둔 것으로 분석된다.

아베 신조(安倍晉三) 총리는 취임 1주년인 2013년12월26일 A급 전범 14명이 합사된 靖国神社를 公式参拝한 직후 가진 기자회견에서, 자신의 참배가 낳을 정치적 위험과 파장을 의식해서. "요시다 시게루(吉田茂), 나카소네 야스히로(中曾根康弘), 오히라 마사요시(大平正芳), 고이즈미 준이치로(小泉純一郎) 총리도 참배했다."면서 역대 총리의 이름을 거론하며 자신의 참배를 정당화했다. 아베 총리는 파장을 알고도 역주행 하였다. 총리 선거전 때부터 1차 내각 당시 靖国神社를 참배하지 못한 것에 대해 "통한의 극치"라고 말해 왔다.

그는 일본 현직 총리로서 7년 4개월여 만에 参拝를 강행했고, 관용차를 타고 와서 보란 듯이 靖国神社를 公式参拝하고 本殿에는 '내각총리대신 아베 신조'라는 이름으로 헌화했다.

일본 헌법 20조가 금지하는 '政教 분리' 원칙을 위배한 것이라고 일본인은 항의하고 있다.

論難을 의식한 듯 일본 정부는 아베 총리가 献花料를 私費로 봉납했다고 발표했다. 정부 대변인인 스가 요시히데(菅義偉) 관방장관은 회견에서 "(참배는) 個人 입장에서 이루어진 것"이라고 주장했다. 기시다 후미오(岸田文雄) 외상은 "야스쿠니 참배는 마음의 문제로 정치, 외교 문제화하는 것은 피해야 한다"고 말했다.

아베 총리가 군국주의 본산인 靖国神社의 参拝를 강행한 것은 그의 歪曲된 国粹主義 歷史観과 무관치 않다. 그는 3월 중의원에서 일본의 제2차 세계대전 전범들을 단죄한 극동국제군사재판에 대해 "연합국 측이 勝者의 判断에 따라 단죄했다"고 말했다. 4월 참의원에서는 "侵略의 정의는 정해지지 않다. 어느 쪽에서 보느냐에 따라 다르다"고 주장했다.

그는 参拝를 마치고 기자회견에서 "나는 두 번 다시 전쟁의 참화로 사람들이 괴로워하는 일이 없는 시대를 만들겠다는 결의를 전하기 위해 참배했다"고 주장하고, "원래 중국 또는 한국 사람들의 마음에 상처를 주겠다는 그런 생각은 털끝만큼도 없다"고 말했지만 그의 참배로 받게 될 피해국 국민의 마음의 傷処는 도외시하고 있다.

아베 총리가 취임 1년을 맞은 시점에 靖国神社를 참배한 데는 여러 요인이 복합적으로 작용한 것으로 보인다. 정권에 큰 부담이 될 수 있는 支持率과 자소비세 인상을 앞두고, 悪化된 韓日, 日中 관계도 계산에 넣은 것으로 보인다.

그동안 일본 언론에서는 총리 측근들의 말을 인용해 "참배를 한다면 중국과 한국과의 관계가 最悪인 지금 참배해 공약을 실천한 뒤 다시 관계 개선에 나서는 게 낫다"는 보도가 이어져왔다. 아베 총리의 정치적 스승이라는 고이즈미 전 총리는 12일 "靖国神社를 참배 안 한다고 日中 関係가 잘됐나"라며 참배를 부추겼다.

'集団的 自衛権' 추진 등을 둘러싸고 미국이 아베 총리의 손을 들어 준 데다 17년을 끌어온 오키나와(沖縄) 현 후텐마(普天間) 미군기지 移転 문제가 현 지사의 승인으로 돌파구를 마련하게 된 점도 靖国神社 참배에 자신감을 갖게 된 背景이다.

한편으로 아베 총리가 한국을 향해 "대화의 문은 열려 있다"고 하는 등 유화 제스처를 보이면서 韓日関係의 悪化에 따른 責任을 한국에 넘기면서 参拝의 명분을 축적해 왔다는 것이다. 한국의 경직된 태도 때문에 노력해도 어쩔 수 없으니 靖国神社를 참배하게 됐다는 명분을 내세우려 했다고 볼 수 있다.

아베 총리는 이날도 "역대 총리가 모두 日中, 日韓 관계를 소중한 관계로 생각해 왔으며 이 관계를 확고히 하는 것이 일본의 国益이라는 신념을 갖고 靖国神社에 왔다"며 한일, 한중 관계의 중요성을 강조했다. 이에 대해 한일 외교가의 한 관계자는 "한국과 중국을 철저히 무시하지 않는다면 이렇게 말할 수 없다. 사랑해서 때린다고 강변하는 셈이다"고 비판했다.[18]

특히, 일본 国内에서도 일본 政治家들의 態度에 대해 批判이 나오고 있다.

마이니치 신문은 靖国神社 참배는 無神経한 行動이었다고 指摘했고, 아사히 신문은 왜 불씨를 만드느냐며 아베 정권이 높은 支持率에 緊張感이 떨어진 것 아니냐고 批判했다.

일본의 朝日新聞은 2013年 4月 24日 "安倍外交, 強気首相, 中韓反発에 不信感, 靖国参拝・와 尖閣問題" 등으로 日本은 韓国과 中国과의 関係가 흔들리고 있다.

天声人語는 "靖国参拝와 日中韓"의 제목에서 '重責의 大臣이 개인직이라지만, 靖国参拝는 마음의 問題이지만, 상대가 있는 問題이다. 自国의 일에만 신경 쓰지 말고, 他国도 배려해야 할 것이다.'고 말하고 있다.

朝日新聞은 靖国参拝는 歴史認識에 関한 問題이며, 中国과 韓国, 両国의 反発은 당연하고, 予想되었던 것이다. 日本外交에 있어서 지금 가장 중요한 課題의 하나는 核미사일의 問

18 2013년 12월 27일 동아일보

題이고 挑発의 수위를 높이고 있는 北朝鮮에 韓中日이 結束하여 대처해야 할 것이다.

朝日新聞의 社説은 " 靖国問題에 政治家는 大局観을 가져야한다. 為政者들은 국내의 일부 感情에 사로잡혀 이웃나라와의 外交를 그릇 쳐서는 안 된다. 일본의 국제감각이 疑心스럽다. 日本의 政治家들은 無責任하게 지금 무엇을 생각하고 있는가."라고 말하고 있다

靖国問題　政治家は大局観を持て[19]

オバマ政権は従軍慰安婦問題をめぐる「河野談話」の見直しや、尖閣諸島問題をめぐる不用意な言動を控えるよう安倍政権に警告してきた。国内の一部の感情を優先して近隣外交を揺らすような日本の姿は、米国にとっても信頼に足る同盟国とは言えない。だからこそ安倍首相は２月の訪米時に、アジアとの関係を重んじる決意を誓ったのではなかったか。「地域の栄えゆく国々と歩みをともにしてゆくため、より一層の責任を負う」と。

日本はいったい、何を考えているのか。この国の為政者全体の国際感覚が、そう疑われても仕方がない。

安倍政権の３閣僚に続いて、与野党の国会議員がきのう、大挙して靖国神社を参拝した。

「みんなで靖国神社に参拝する国会議員の会」によると、その数168人。人数の把握を始めた87年以降で最多という。

政府や党の要職にある議員たちも多く加わった。国会議員の参拝数は、昨年の同じ時期と比べると、一気に倍増した。隣国の神経を逆なでする行動が流行のように政治家に広がることを憂慮せざるを得ない。

参拝問題をめぐる日韓の摩擦の再燃について、米国務省の報道官も「対話で違いを乗り越えてほしい」と苦言を呈した。

自民党の高市早苗政調会長は「外交問題になる方が絶対おかしい」と語ったが、それはあまりにも独りよがりの発想だ。外交とは、国同士の相互関係で紡ぐものであり、一方が問題ないと片づけることはできない機微にふれる問題なのである。

歴史問題をめぐる政治家らの思慮を欠く対応は、私たち日本自身の国益を損ねている。

〈그림 14〉

19 2013年 4月 24日 朝日新聞 社説, URLhttp://www.asahi.com/shimen/articles/TKY201304230645.html

北朝鮮に対する日米韓のスクラムでは、日韓のパイプが目づまりしてきた。さらに歴史問題がこじれれば、軍事情報の交換をめぐる懸案の協定も結べず、チームワークは進まない。

日中韓をめぐっては、自由貿易協定論議が遠のくだけではない。日本を置いて、韓国は中国への傾斜を強めている。

来月に外遊を始める朴槿恵(パククネ)大統領はまず米国を訪れ、その次は日本ではなく中国を考えている。歴代政権で異例のことだ。北東アジアの多国間外交において、日本の孤立を招きかねない事態を、安倍首相はじめ政治家はどう考えているのか。

首相が立て直したと自負している米国との関係も誤解してはならない。オバマ政権は従軍慰安婦問題をめぐる「河野談話」の見直しや、尖閣諸島問題をめぐる不用意な言動を控えるよう安倍政権に警告してきた。

国内の一部の感情を優先して近隣外交を揺らすような日本の姿は、米国にとっても信頼に足る同盟国とは言えない。

だからこそ安倍首相は2月の訪米時に、アジアとの関係を重んじる決意を誓ったのではなかったか。「地域の栄えゆく国々と歩みをともにしてゆくため、より一層の責任を負う」と。何よりも肝要なのは、中国、韓国との信頼関係づくりに歩を進めることだ。国を思うなら真の大局観を失ってはならない。

한편, 公明党의 佐藤茂樹氏는 閣僚의 靖国参拝는 「매우 유감이다」라고 표현하였으며, 首相의 供物奉納에 不快感을 표시하였다. 極右性向이고 独断的인 하시모토 도오루(橋下徹) 大阪市長이 従軍慰安婦問題로 日本軍이 強制連行한 確証은 없다고 주장해 反発을 샀는데 維新党의 代表가 된 후, 靖国参拝에 否定的이고 与党은 外交에 責任지라고 말했다.

2013년 4월 22일 시이 가즈오(志位和夫) 共産党委員長은 安倍内閣의 閣僚가 靖国参拝하고, 安倍晋三首相이 真榊을 奉納하는 일, 靖国神社에서 過去의 日本軍国主義에의한 侵略戦争을 自衛의 正義의 싸움이고, 아시아 해방을 위한 것 이었다고 侵略戦争을 肯定하는 것은 絶対 容서할 수 없다고 말했다.

한국 정부도 야스쿠니는 戦争美化 施設이라며 각료와 의원들의 집단참배를 批判했다.

특히, 일본의 与野 国会의원 168명이 대규모로 일본 軍国主義의 상징인 靖国神社에 참배했기 때문에, 매년 5월 정례적으로 준비해왔던 한일 정상회담을 취소하여, 韓日 関係는 最悪의 국면으로 접어들고 있다고 각종 언론은 報道했다.

2013년 4월 24일 韓国의 신문들은, 日本의 植民地支配와 侵略마져도 否認하는 安倍首相

의 歷史認識과 発言및 国会議員들의 靖国神社의 参拝는 時代錯誤的인 言動이라고 일제히 反発했다.

中国 外務省의 화춘잉(華春瑩) 副報道局長도 4월23일 会見에서、靖国参拝를 강하게 批判했다. 中国TV는 '日本政界의 右翼化'로 議員들 168명이 靖国参拝을 했다고 報道하여 반일 감정이 높아지고 있다. 韓中日 3국頂上会談도 年例行事처럼 해왔는데 취소되고, 일본은 세계 속에서 고립 될 수밖에 없고, 아시아의 평화번영에 妨害가 되고 있다.

〈그림 15〉 2013년 4월 24일
韓国의 각 신문들

아베 정권은 최근에 쓰나미 大地震으로 日本経済가 침체되어 경기부양에 대한 기대심리로 잠시 支持率이 높아지니 국민을 자극하고, 対外的으로는 한국과 중국과도 領土 分争을 하고 対内的으로는 極右 傾向을 보이는 것은 일본을 위해서도 결코 바람직하지 않다.

특히, 168명의 의원들이 靖国神社를 집단으로 参拝하여 軍国主義의 침략전쟁을 合理化하면서, 러시아와는 쿠릴 열도로 분쟁하고 한국과는 독도로, 중국과는 센카쿠 열도로 分争하고 있는 것과 아베 총리가 平和憲法을 고치고, 軍隊를 만들고, 領土問題로 対外 강경노선을 취하며 最悪의 対外関係를 유지하는 것은 일본인의 水準을 의심스럽게 하고 있다.

右傾化된 政治人들이 일본국민을 이상한 방향으로 이끌고 있는데 반대하면서 批判的인 일본의 良心的이고 平和를 사랑하고 역사를 올바로 보는 일본 국민들이 覚醒해서 우익 정권을 審判해야 할 때이다.

일본이 過去事에 대해서 認定하고, 侵略을 反省하고, 謝罪하지도 않으면서 再武装해서 군대를 갖겠다하니 주변국들은 不安하다.

한국 국민과 일본 국민은 交流가 많고 이해하는데 일본의 一部 정치지도자들이 無責任하게 거꾸로 일본을 잘 못 이끌고 있어서 아시아의 平和가 不安하다.

真実과 真理의 문제인 歷史의 문제를 経済的인 실리와 政治的인 実利 때문에 原則을 저어버리면 안 되는 것이다.

韓日 友好関係를 増進시키려고 하는 의원들도 많다. 특히 일본의 公明党과 일본 共産党까지도 韓日 友好関係를 중시하는데, 일본 자민당 내의 일부 우익의원들 때문에 시끄럽다.

앞으로 한국과 일본의 우호관계 증진과 共同繁栄을 위해서 일본의 현정부가 일본을 올바르게 잘 이끌어 나가야 할 責任이 있고 일본의 政治家들은 국제적인 大局観을 가져야 할 것이다. 물론 전사자의 유족이나 후손이 개인적으로 참배하는 것과는 전혀 다른 차원이라 할 수 있다. 일본 총리의 참배는 또 잘못된 과거사를 淸算하겠다는 意志가 不足한 것으로 軍國主義의 復活로 비춰지기 때문이다. 일본 국내의 여론과 일본인들 사이에서도 총리의 靖國神社의 참배를 批判하는 사람들이 많다.

太平洋戰爭에는 수많은 일본인이 동원돼 목숨을 잃었고, 히로시마(広島)와 나가사키(長崎)는 원자폭탄 공격까지 받았다. A급 전범들은 일본을 전쟁으로 이끈 責任者들이므로 총리가 참배해서는 안 된다는 것이다. 총리가 宗敎機關인 神社를 參拜하는 것은 政治와 宗敎의 分離를 규정한 헌법 20조의 "어떤 종교단체도 국가로부터 특권을 받거나 또는 정치상의 권력을 행사하여서는 안 된다."에 違背된다는 주장에 귀를 기우려야 할 것이다.

하지만, 일본에는 비록 소수이지만 과거의 침략전쟁에 대한 반성은커녕 오히려 미화하고 右翼이라는 극우파 단체들은 日本帝國主義 시절을 그리워하고, A급 전범들을 英雄으로 여기고 崇拜하고 있다. 靖國神社 참배에 대한 이웃나라들의 비판을 일본의 일에 참견하는 '內政干涉'이라고 여겨 불쾌해 하는 일본인도 있다.

하지만 대다수의 일본인은 靖國神社 참배에 무관심 하지만, 자민당은 보수성향의 정당이기 때문에 참배에 동조하는 경향이 있다.

특히 전쟁 희생자들의 遺族團體는 선거에서 상당한 표(票)를 동원할 수 있어 政治的 영향력이 크다. 총리의 公約도 투표를 의식한 것으로 분석된다. 물론 야스쿠니 참배에 대한 개인적인 소신도 강하다. 그 결과 고이즈미 총리와 아베총리는 靖國神社를 公式參拜했다.

閣僚の靖国参拝　外交問題化は避けるべきだ。[20]

日本政府には予想外の反応だった、ということではないか。韓国の尹炳世外相が、26、27日に予定されていた日本訪問を中止した。麻生副総理ら閣僚3人の靖国神社参拝に対し「侵略戦争の美化」と反発したためだ。

尹外相の来日は、5月下旬の日中韓首脳会談が中国の消極的姿勢で見送られる見通しとなる中で、議長国として会談開催の環境整備を図ろうとしたものだった。緊張の高まる北朝鮮の核・ミサイル問題での日韓連携に加え、李明博前大統領の竹島訪問などで悪化した日韓関係を朴槿恵大統領の下で改善する機会でもあった。

それだけに、尹外相の来日中止は残念である。韓国の外交姿勢には疑問が残る。従来、小泉首相の靖国参拝に反発して盧武鉉大統領が訪日を見合わせたことはあっても閣僚の靖国参拝をここまで外交問題にしたことはなかった。

---

20 2013年4月24日　読売新聞 社説

　日本政府が、歴史認識をめぐる問題について「それぞれの国にはそれぞれの立場があり、影響を外交に及ぼすべきではない」と主張するのは、その通りだ。戦没者をどう追悼するかは他国に指図される問題ではない。立場の相違を外交全体に極力影響させない努力が双方に求められる。一方、菅官房長官は「靖国参拝は心の問題だ」と語り、麻生氏ら閣僚の参拝をことさら問題視しない考えを示している。

　しかし、麻生氏らの靖国参拝が日韓関係に悪影響を与えたことは否定できない。政治も外交も重要なのは結果であり、「心の問題」では済まされない。麻生氏は副総理の要職にある以上、より慎重であるべきではなかったか。首相は、かつて第１次安倍内閣時代に靖国参拝できなかったことを「痛恨の極み」と述べたが、歴史問題が外交に悪影響を与えないよう細心の注意を払って政権運営してもらいたい。

　尖閣諸島の問題で日中関係が険悪になる中、まず日韓関係を改善することは、安倍外交にとって最優先の課題であるはずだ。靖国神社参拝をめぐる問題の根底には極東国際軍事裁判(東京裁判)で処刑された東条英機元首相ら「Ａ級戦犯」が合祀(ごうし)されていることがある。韓国や中国だけでなく、日本国内にも戦争を招いた指導者への厳しい批判がある。誰もが、わだかまりなく戦没者を追悼できる国立施設の建立に向け、政府は議論を再開することも考えるべきだろう。

3. 參拜問題의 解決策 및 結論

　지금 일본은 역사교과서 歪曲문제, 慰安婦문제, 국기・국가법제정 및 헌법 9조의 개정논의, 靖国神社의 参拝 등의 国家主義 이데올로기의 強化로 이웃나라와의 外交摩擦이 심각하다.

　靖国神社는 神道라는 宗教보다 국가의 軍事施設로써 국민통합을 위한 정치적 이데올로기적 二重的인 橋梁手段으로 이용되고 있고, 対内外的인 戦争에서 희생된 戦死者들과 전쟁을 일으킨 戦犯들을 合祀시켜 주변국가와의 外交的 摩擦을 불러일으키고 국제적인 非難을 받고 있는 곳이다. 그동안 일본 내에서도 靖国神社 문제의 해결을 위한 방안들이 여러 차례 나왔다. 靖国神社를 宗教 법인이 아닌 특수법인으로 전환시켜 違憲소지를 없애거나 별도의 국립묘지를 마련하는 方案도 나왔다. '추모와 평화를 위한 기념시설을 생각하는 간담회'를 만들어 논의 하고 있다. 현재 한국과 중국이 가장 반대하는 이유는 'A급 戰犯合祀'이므로, 현재 문제의 핵심은 A급 전범과 다른 전몰자의 위패를 分祀하는 것도 거론되고 있는데 靖国神社와 유족들의 찬성과 반대 때문에 分祀하는 것이 쉽지가 않다는 것이다.

金大中대통령도 한국을 방문한 고가 마코토(古賀 誠) 일본유족회 회장에게 "A급 전범이 合祀되지 않는 국립묘지가 만들어지면 나부터 참배 하겠다"고 말했다.

한국의 遺族들은 한국인 희생자들의 이름을 靖国神社의 名簿에서 제외해 줄 것을 요구하고 일본 정부의 책임을 묻고 한국인 合祀 철폐를 요구하는 소송을 제기했지만 棄却되었다.

2001년 소송은 지방법원(2006년 5월), 고등법원(2009년 10월), 대법원(2011년 11월)에서 모두 棄却되었고, 2007년 소송은 지방법원(2011년 7월)에서 棄却되어 현재 고등법원에 항소 중이다.

월스트리트저널(WSJ)은 "아베, 경제 대신 민족주의로 선회"라는 제목에서 "아베의 놀랄 만한 신사참배는 경제 회생보다는 민족주의적 아젠다에 정책방향을 돌리는 것"이라고 지적하고, "아베의 行動은 중국과 일본의 강한 非難과 미국의 반대라는 보기 드문 역풍을 맞고 있으며 領土紛争과 過去事 問題로 복잡한 동북아지역의 연대를 흔들고 있다"고 미국은 이 날 주일대사관 성명을 통해 처음으로 일본정치인의 靖国神社의 参拜를 비판해 눈길을 끌었다고 전했다.[21] WSJ는 "지난 10월 일본을 방문한 존 케리 국무장관과 척 헤이글 국방장관이 이례적으로 '치도리가후치(千鳥ケ淵) 戰歿者墓苑'을 참배한 것은 일본政治人들에게 동북아연대를 훼손할 수 있는 靖国神社 대신 이곳을 찾으라는 강력한 메시지"라고 말했다.

아베 총리는 2012년 12월 26일 집권직후 '아베 노믹스'를 통해 경기회복에 일조해 60%의 支持率을 기록하자 미국의 묵인 하에 일본의 平和憲法을 개정하는 것을 논의하고 '국가자위권해석' 등, 미국에게 아베는 중국의 軍事力이 팽창하는 동북아지역에서 안도감을 준 것이 사실이다. 아베총리는 향후에도 중국 및 한국과의 頂上会談 가능성이 낮다고 판단하여 집권한지 1년이 되는 2013년 12월 26일 靖国神社의 参拜를 強行하였다.

外交紛争은 동북아지역의 経済分野에도 영향을 주어 한국과 중국에서 日本商品에 대한 불매운동을 벌인 바 있다. 상하이 지아오통 대학 일본연구소장 왕 샤오푸는 "아베의 靖国神社 参拜는 안 그래도 나쁜 中日関係를 더욱 악화시킬 것"이라고 말했다.

靖国神社 측은 "일단 神으로 모신 사람을 分離하는 것은 불가능하다"고 말하지만, "피해자들의 원혼은 당사자의 宗教나 遺族의 의사와 무관하게 침략전쟁의 神으로 合祀된 채 피

---

21 2013년 12월 26 월스트리트저널(WSJ)

해를 당하고 있다."라는 한국과 중국인 유족들의 목소리에도 귀 기울이며, 이 문제를 어떻게 해결해 나가야 할지 진지하게 論議 하고, 하루 빨리 決定하는 것이 重要하다.

靖国神社의 問題는 일본의 政治家들이 145여년이 된 오늘까지도 明治維新의 산물인 靖国神社에 參拜를 지속해오면서 1978년 10월 17일 가을 例大祭 때, 東条英機를 비롯한 A급 戦犯 14명을 靖国神社에 비밀리에 殉難者로 合祀시키고 国家権力을 강화하고 있다.

靖国神社는 明治時期와 現代를 이어주는 宗教的 성격의 追悼시설이면서 軍事施設이 있고, 政治家들은 800만 遺族들을 이용하여 政治勢力을 확대하는 일본의 国家主義 극우 포퓰리즘과 강력 반발이데올로기의 二重的인 空間役割을 하고 있어 문제가 되고 있다.

이처럼 靖国神社를 통해 국가를 위해서 모든 것을 희생하기를 강요하는 宗教的이면서 軍事的 성격의 二重的인 국가주의 이데올로기 역할이 문제이다. 태평양전쟁을 주도한 히로히토(裕仁·연호·昭和 1926~1989)천황은 패전 후 8차례 靖国神社를 참배했으나, 1978년 10월 17일 비밀리에 A급 戦犯들을 靖国神社에 合祀된 것을 반대하여 참배를 중단하자, 아키히토(明仁·연호·平成) 천황(1989~현재)은 靖国神社를 한 번도 참배하지 않고 있는데, 총리들은 遺族과 국민의 여론을 의식하여 參拜를 계속하고 있어 큰 문제이다.

日本経済新聞이 2006년7월21일 성인 966명을 대상으로 한 설문조사에서도 '총리가 靖国神社를 참배해서는 안 된다'는 응답이 53%로 '참배'(28%)쪽 보다 2배 가까이 많았다.

여론조사에서 알 수 있듯이 일본국민들도 靖国神社의 정치세력화는 결코 원하지 않는다.

靖国神社가 宗教的이면서 軍事的인 二重的인 역할을 계속하는 것도 결코 올바르지 않다.

일본인들의 이중성을 보는 것만 같고, 靖国神社의 역할을 긍정적으로 볼 수만은 없다.

1985년 8월 15일, 나까소네 수상이 처음으로 2차 대전 戦犯이 合祀되어 있는 靖国神社를 公式參拜하여 일본 国内와 아시아는 물론 全世界로 부터 비난을 받았다. 그 이후 宗教儀式과 政治行事의 分離를 주장하는 日本国民들로부터 非難을 받아 일본의 정치가들이 참배를 꺼려하다가, 패전 51주년인 1996년 8월 15일에는 각료 6명과 국회의원 183명, 하시모토 수상이 參拜하여 중국과 한국은 물론 세계로부터 비난을 받으면서도 힘을 과시하고 있다.

일본為政者들이 여론이나 정치적인 投票만을 의식하여 靖国神社를 참배하지 말고, 과거의 잘못을 솔직히 是認하고, 反省하는 謙遜한 자세로 이웃나라와 協力하고, 세계 평화와 인류복지에 奉仕해야 세계로부터 信頼받을 수 있을 것이다.

한국과 일본은 靖国神社의 문제에 대해 어떻게 對応해야 할 것인가?

韓日関係의 문제는 좀 더 거시적인 관점에서의 접근이 필요하다. 一時的인 지지층의 확보를 위해 反韓反日의 民族主義를 자극하는 방식은 경계해야 한다. 국가마다 다른 지배

구조와 이데올로기를 갖고 있으므로 주변국과의 利害関係가 존재한다. 다양한 측면에서 일본 국가와 국민에 대한 정확한 이해와 철저한 분석을 토대로 접근하면서 論議할 필요가 있다.

靖国神社가 1978년10월17일 秘密리에 合祀시킨 A급 戦犯 14명을 즉각 자발적으로 分祀시켜야 한다. 한국은 일본 내에서 우익단체들과 右翼政治家들의 国家主義 성격이 더욱 강화되는 상황에서 그들을 견제하는 대항세력인 진보정당 및 市民団体들과의 交流가 매우 중요하다. 실제로 한일 간의 여러 문제들과 過去事와 관련된 문제 해결에서 良心的인 일본인과 일본의 勇気 있는 民間団体들이 중심이 되어 해결하는 경우가 많다는 사실을 알아야 한다.

일본정부는 한국의 국립 顕忠祠와 미국의 알링턴, 소련이나 외국에도 무명전사의 묘지 등이 있듯이 靖国神社를 대체할 국립추도시설을 만들든지, 지도리가후치(千鳥ケ淵) 무명전몰자 묘원을 확장하든지 서둘러서 해야 할 일이다.

日本 総理가 支持率만 意識하여 靖国神社를 参拜하면서 잘못된 過去事를 清算하겠다는 意志를 표현하지 않고 A급 戦犯의 魂霊 앞에서 일본인을 대표해 尊敬과 追慕의 뜻을 표시하는 것은 戦死者의 遺族이나 後孫 800만 여명이 個人的으로 参拜하는 것과는 전혀 다른 차원이고, 피해자였던 한국과 중국의 입장에선 더욱 문제가 되는 것이다.

日本 総理들의 靖国神社 参拜에 반대하는 일본의 시민단체와 그리스도교를 비롯한 거의 모든 宗教界가 宗教의 自由와 政教의 分離를 규정하고 있는 헌법 제20조와 公共 財産의 支出과 이용 제공의 제한규정인 제89조의 違法이라고 주장하며, 반대운동을 계속하고 있다.

한국인 遺族들은 2001년 6월과 2007년 2월 각각 도쿄지방법원에 한국인 合祀에 대한 일본 정부의 責任을 묻고 合祀 철폐를 요구하는 訴訟을 냈지만 棄却 당했다. 일본에 強制로 징용돼 전쟁터에 끌려 나가 죽음을 당했는데 靖国神社에 合祀된 것은 恥辱라는 주장이다.

일본의 政治家들이 支持率 때문에 靖国神社를 参拜한 것은 자국민을 欺瞞하는 것이다.

일본 政府는 하루속히 전쟁 책임을 是認하고 관련국에 謝罪, 사국민에 야스구니의 본모습을 되돌려줘야 할 것이다. 그러나, 2014년7월2일 아베정권은 閣議에서 '集団的 自衛権' 발동의 許容을 결의하여 동아시아의 不安을 일으켜 한국과 중국은 강력한 遺憾을 표했다.

동아시아 전체의 平和와 安定을 위해 韓日両者会談과 韓中日 3자 頂上会談을 大国的이고 未来指向的으로 靖国神社의 問題 解決에 活用하는 方案도 並行해야 한다.

제6부

한국과 일본의 관계

오늘의 한국과 일본의 이해

고대 한국과 일본의 관계

• • • •

고대 한·일 관계는 일본최초의 역사책인 고지키(古事記 : 712년)와 정치, 군사, 문화적으로 상세히 기술한 720년에 완성된『일본서기』의 자료에 자세히 기록되어 있다.

고대 한국에서 일본에 집단적으로 건너간 도래인(渡来人), 귀화인(帰化人)이라고 불리는 한국인들이 일본의 농경사회조직, 야마토정권(大和政権)의 대외 교섭 및 통일국가 건설에 주도적 역할을 했다는 사실 등은, 9세기초에 성립된『신선성씨록(新撰姓氏録)』을 보면 잘 알 수 있다. 헤이안 초기(平安初期)의 시점에서 중앙 귀족이나 지방 호족의 3분의 1이 한국에서 온 사람이라고 한다.

또 하나의 증거는 일본어의 기초어로서 고대 한국어가 지금도 그대로 많이 남아 있다는 사실이다.

예를 들면, 절이 데라(寺)로, 마을 촌이 무라(村)로, 갑옷이 가부도로, 사라가 사라로, 가마가 가마로, 총각이 찌용가로, 밭이 하타께 등으로 지금도 일본어에서 상용하고 있는 것이 그 증거이다.

최근에는 국어순화를 무색하게 하는 일본어 용어가 일상생활에 유행하여 구루마, 만땅, 엥꼬, 로바다야키, 찌라시, 쓰케다시, 가신(家臣), 정권(政権), 춘투(春闘), 화왕(画王), 택배(宅配), 부동산, 와사비, 구좌, 십팔번, 스시, 사시미, 가봉, 수하물, 사이비, 가라오케 등의 일본어 용어가 우리 몸에 베어 있으니 정말 아이러니가 아닐 수 없다. 한국에는 성씨가 300여가지인데, 일본에는 성씨(姓氏)가 13만가지나 있으니 성씨만 알아도 13만 단어를 알 수 있다.

한국어와 일본어는 공통점이 많다. 즉, 한국어와 일본어는 한자를 병행하여 사용하고 있고, 어순이 같으며, 문법적으로 거의 비슷하다. 단정문의 어미가 「다」로, 의문문의 어미가 「까」로 끝나는 점도 거의 동일하다. 그 밖에도 양어에는 관사가 없으며, 명사에 성(性)의 구별이 없다는 점, 한국어는 절대 경어이고 일본어는 상대 경어라 하지만, 양어는 경어가 발달되어 있으며, 고저악센트로 되어 있는 점이 한·일 양어의 공통된 특징이라고 할 수 있다. 한국어는 모음 10개, 자음 14개로 된 한글은 24자로 1443년 세종대왕 시절에 집현전에서 한글 문자를 창제하였다. 일본어는 모음5개, 자음16개이며, 히라가나와 카타카나로 된 50자를 10세기에 한자의 초서체와 한자의 일부분인 획을 본따서 만들었다고 한다.

한국어의 음운체계는 평음, 농음, 격음으로 분류하고 주로 자음으로 끝나는 폐음절이나, 일본어의 음운체계는 유성음과 무성음으로 구분되고, 주로 모음으로 끝나는 개음절이라는 점이 크게 다른 점이라 할 수 있다. 한국, 중국, 일본은 똑같은 한자문화권에 속하면서도 서로 다른 한자를 쓰는 등 표음문자인 한자가 자국어화 하고 있다.

즉, 한국에서의 내일(来日), 책(冊)을 일본에서는 아스(明日), 홍(本)으로 쓰고, 중국에서는 명천(明天), 서(書)로, 각자 서로 다르게 표현하여 사용하고 있다. 오늘날의 한국 한자는 중국에 없는 일본식한자가 많이 사용되고 있는데 그것은 근대화 초기에 일본을 통해서 들어온 것과 34년 11개월 동안 일본의 지배를 받은 일제시대의 잔재가 그대로 남아 있는 것이다. 예를들면, 만땅(가득), 쓰깨다시(첨가물), 까다(깡패), 다마(구슬), 카라(깃), 무대포(무턱대고) 등.....

과거에 찬란한 중국의 문물이 한국을 통해 일본에 들어갔듯이, 오늘날 선진국의 문물이 일본을 통해서 한국, 중국으로 유입되는 것은 당연한 문명의 흐름이다.

국제화, 세계화의 시대에 살고 있는 우리가 문화의 폐쇄성을 주장강조할 필요는 없다. 한국 사람이 김치에 밥만 먹지 말고 빵, 햄버거, 우동, 스시 등도 먹어야 하듯이, 자신의 고유의 우수한 교육문화가 있으면 살리면서 외국의 우수한 문화를 접목시켜 새로운 종합문화를 창조하는 힘이 일본은 우리보다 강한 것 같다. 한일 양국이 너무 자기 것이라고만 주장하는 자기중심주의인 국수주의, 내쇼날리즘을 탈피해야만 진정한 교류가 이루어질 수 있을 것이다.

1500년전에 한국이 일본에 천자문과 논어를 전달하고 한자를 가르쳐 주었으며, 26대 백제 성왕때(538년) 불교를 일본의 킨메이왕에게 전달했다고만 떠들고 있을 때가 아니다. 근대 개화기시대 부터는 일본에서 오히려 서양문물과 한자를 받아들이고 있지 않는가.

현재 일본에서는 상용한자로 1945자를 사용하고 있으나, 한국의 상용한자 1800자도 대부분 일본의 상용한자와 거의 같다. 그러나, 우리는 한자폐지를 주장하는 쇄국주의 학자가 많아서 크게 걱정된다. 구시대적인 궤변보다는 국제시대의 현실을 중시해야 하는데......

한국인과 일본인의 의식구조는 너무나 다르다. 일본인은 혼네(本音 : 속마음)를 털어놓지 않고, 시간을 끌고, 미루는 버릇이 있다. 어떻게 보면 치밀하고 폐쇄적이지만, 우유부단하여 일본인의 입장을 판단하기 어렵게 만든다. 예를 들면, 일본어에 입빠이(가득, 한잔), 도우모(부디, 글쎄요, 어서 잘하라, 면목없다, 미안하다)라는 한 단어가 여러말 대신에 쓰고 있다. 이처럼 언어 역시 일본인의 불확실한 언동과 같다. 즉, 일본인의 언동은 언어로 부터 나온다. 일본어의 음절수는 113개로, 한국어의 음절수 4000개, 영어의 음절수 6000개에 비하면 너무나 적어서 외국어를 발음 할 때 일본인들은 어려움이 많다. 한국어와 일본어는 경어가 상당히 발달되어 있다.

특히, 한국어는 자기보다 손윗사람에게는 무조건 경어를 쓰는 절대 경어인데 비하여, 일본어는 자기 가족에게는 경어를 잘 안 쓰고 상대방에게만 경어를 쓰는 상대 경어이다. 즉, 한국인은 자기 아버지나 상대의 어머니를 부를 때 아버님, 어머님 하는데, 일본인은 자신의 부모를 부를 땐 찌찌(아빠), 하하(엄마)라 부르며, 상대방의 부모를 부를 땐 오토상(아버지), 오카상(어머니)라고 부른다. 또한, 한국어에서는 형, 오빠, 언니, 누나 등으로 나누어져 있는데, 일본어에서는 밑에 사람이 남자이건 여자이건, 손윗사람이 남자이면 오니상(형. 오빠)이고, 손윗사람이 여자이면 오내상(언니. 누나)이다. 더구나, "야", "너", "나" 등의 거친 남성 용어가 여성들 사이에 퍼져서 유행하고 있다.

일본어의 "아나따(당신)"은 영어의 "YOU(당신)"보다 그 범위가 좁아서 보통 자신보다 낮은 사람에게만 쓰는데, 여성상위시대의 산물일까? 일본사회에서 부인이 남편에게 "아나따(당신)"라고 부른다.

그래서, 일본의 남편은 화가 났는지, 부인을 "오마에(너)"라고 함부로 부르기 도하고 "사찌꼬", '하나꼬"등의 이름을 부르기도 한다. 한국의 정형시는 7.5조로 구성되어 있는데, 일본의 하이쿠는 5.7.7.의 19자이고, 단카는 5.7.5.7.7의 31자로 제한되어 있다.

지금 일본어는 세계에서 앞 다투어 배우는 붐이 일어나고 있는데, 우수한 한글은 왜 세계인들이 잘 배우지 않을까? "언어는 국력이다." 중국에서는 중학교 때부터 일본어를 가르치고, 서양에서도 수백만 명이 일본어를 배우고 있다 하니 그 이유를 알만도 하다.

한국어와 일본어의 특징

오늘날 언어 계통상으로 한국어와 일본어는 우랄 알타이어족에 속하며 약 2천여년 전에 조어(祖語)인 원시 한국어에서 분파 되어 일본어를 형성했다고 추측하고 있다. 한자(漢字), 한문(漢文)이 일본에 들어간 것은 AD 6세기경 백제 13대 근초고왕 때 왕인(王仁)과 아직기(阿直岐)에 의해 천자문(千字文) 1권과 논어(論語) 10권이 일본에 전달되어, 일본에 문자가 시작되었다.

1. 한자(漢字), 한문(漢文)

한자(漢字), 한문(漢文)이 일본에 들어간 것은 AD 6세기경 백제 13대 근초고왕 때 왕인(王仁)과 아직기(阿直岐)에 의해 천자문(千字文) 1권과 논어(論語) 10권이 일본에 전달되어, 일본에 문자가 시작되었다.

고대 한·일 관계는 일본최초의 역사책인 고지키(古事記·712년)와 정치, 군사, 문화적으로 상세히 기술한 720년에 완성된 『일본서기』의 자료에 자세히 기록되어 있다.

고대 한국에서 일본에 집단적으로 건너간 도래인(渡来人), 귀화인(帰化人)이라고 불리는 한국인들이 일본의 농경사회조직, 야마토정권(大和政権)의 대외 교섭 및 통일국가 건설에 주도적 역할을 했다는 사실 등은, 9세기초에 성립된 『신선성씨록(新撰姓氏録)』을 보면 잘 알 수 있다. 헤이안 초기(平安初期)의 시점에서 중앙 귀족이나 지방 호족의 3분의 1이 한국에서 온 사람이라고 한다.

또 하나의 증거는 일본어의 기초어로서 고대 한국어가 지금도 그대로 많이 남아 있다는 사실이다. 예를 들면, 절이 데라(寺)로, 마을 촌이 무라(村)로, 갑옷이 가부도로, 사라가 사라로, 가마가 가마로, 총긱이 찌용기로, 밭이 히타께 등으로 지금도 일본어에서 상용하고 있는 것이 그 증거이다.

2. 왕인문화축제

전남 영암군이 주최하는 '99왕인문화축제'(4월9일~12일)에 일본인 관광객들이 몰릴 것으로 보인다.

영암군은 이번 축제기간 동안 한일친선협회와 일본 오사카(大阪)왕인총환경수호회 회원 50여명이 직접 참가의사를 밝혀왔으며 일본인 관광객 2천여 명도 여행사 등을 통해 이 축제에 참가할 예정이라고 6일 밝혔다.

문화관광부가 올해의 10대문화축제 중 하나로 선정한 이 축제는 백제시대 왕인박사 유적지가 있는 군서면 일대에서 벚꽃이 활짝 피는 시기에 맞춰 열린다.

일본인들이 이 축제에 관심을 갖는 이유는 영암지역이 285년 일본에 천자문과 논어 등을 전해준 왕인박사의 출신지인데다 왕인박사가 일본으로 갈 당시의 포구가 그대로 남아있는 등 역사의 현장을 체험할 수 있기 때문.

일본인이 참여하는 행사로는 왕인박사가 일본에 초빙되는 행렬을 재현하는 '왕인박사 일본가오!'를 비롯해 '왕인박사 학문의 길 탐방' '왕인박사 도일(渡日)기원굿'등이 있다.

97년부터 열린 이 축제는 국내에서만 20여만명의 관광객이 다녀가는 남도의 대표적인 문화행사. 김철호(金澈鎬)영암군수는 "지난해 오사카에 왕인축제를 알리는 홍보사절단을 파견하고 일본 여행사에 홍보물을 발송하는 등 일본인 관광객 유치에 적극 나선 것이 결실을 보게 된 것 같다"고 말했다.

문화관광부가 올해의 10대문화축제 중 하나로 선정한 이 축제는 백제시대 왕인박사 유적지가 있는 군서면 일대에서 벚꽃이 활짝 피는 시기에 맞춰 열린다.

전남 영암군이 주최하는 '왕인문화축제'와 일본 오사카(大阪) 왕인축제을 비교하고 왕인박사에 관해 연구하여 기초자료를 제공하는데 본 연구의 목적이 있다.

본 논문의 연구는 자랑스런 왕인박사의 발자취를 찾아보고 왕인의 유적을 발굴하고 보존하는 사업을 중심으로 지방의 문화사업의 구축과 관광수입의 증대에 크게 기여하는 중요한 역할을 할 것이다.

3. 王仁博士 略歷 ─한국 사람으로 日本文化의 주춧돌이 된 王仁─

王仁博士는 西紀 360年에서 384年(지금부터 1631~1607年)사이에 全羅南道 靈巖郡 郡西面東鳩林里 聖基洞에서 태어났습니다.

8才때 湖南에서 으뜸가는 그림 같은 山인 月出山 朱芝峰기슭에 있는 文山齋에 入門하여 易學과 經典을 研究하고 文章이 뛰어나 18才에 五経博士에 登用되었습니다.

이 무렵 百済는 高句麗의 継続的인 侵略으로 国家의 存亡이 위태로운 状態였으며 이에 17代 王인 阿莘王은 지금의 日本인 倭와 修交를 맺고 太子인 腆支를 日本으로 보냈습니다.

倭王 応神은 百済의 人質 太子 腆支가 볼모로 渡倭한지 7年만에 百済의 太子를 다시 故国으로 돌려 보내고 그 대가로 훌륭한 学者를 請했습니다.

百済17代 阿莘王은 王仁을 薦挙하여 王仁은 日本 応神天王의 招請을 받아 靈巌의 上台浦에서 배를 타고 日本에 간 것으로 口伝되어 오고 있습니다.

靈巌郡 郡西面 上台浦는 당시 国際 貿易港으로 新羅의 学者 崔致遠이 唐으로 留学갈 때도 이곳에서 떠났다고 伝해 오고 있습니다.

王仁은 日本으로 갈 때 陶工을 비롯한 많은 기술자들을 이끌고 들어가 여러 方面의 文化를 開拓한 것으로 알려져 있습니다.

또한 記録에 의하면 論語 10巻과 千字文 1巻을 가지고 글자도 없이 未開한 状態에 있던 日本人들에게 글을 가르쳐 学問과 人倫의 基礎를 세웠음은 물론 日本歌謡를 創始했으며 百済의 発達된 技術工芸를 伝授하는 등 日本文化에 큰 業績을 남겼습니다.

王仁등이 伝授해 준 百済文化는 日本人들이 제일 큰 자랑거리로 여기는 「아스카」文化와 「나라」文化의 源流가 되어 日本의 文化와 芸術을 꽃피웠습니다.

王仁博士 墓地는 日本「오오사카」県「히라가따」(枚方)市에 있으며 1938年 5月 大阪府 史蹟 第13호로 指定되었습니다.

이렇듯이 이 땅 사람으로 日本文化의 주춧돌이 된 王仁유적지가 靈巌郡 郡西面 聖基洞에 復原된 것은 우리가 日本国民의 스승나라라는 自負心을 갖게 함은 물론 日本人들에게 그들 "文化의 스승"인 百済사람 王仁의 遺蹟址를 確認시킴으로써 그들이 우리 땅에 와서 真心으로 고개숙이고 謙虚해질 터를 마련해했다는데 意義가 크다 하겠습니다.

(일본의 기원)

일본 민족의 기원에 관해서는 명확하지 않은 점이 많은데, 일본인 유아의 대다수가 둔부에 몽고반(蒙古斑)이라는 파란 점이 있는 것으로 보아 아시아 몽고 인종에 속한다고 말해진다.

일본열도에는 1만년 이상전의 구석기 시대부터 인간이 살고 있었으며, 그때의 석기나 인골(人骨)도 발견되고 있다. 이 사람들은 지금의 일본인과는 다른 선주민족이었으며, 나중에 현재 일본인의 조상이 들어와서 선주민족(先住民族)을 구축했다고 한다. 그러나 최근의 연구에 의하면 일본인의 선조는 구석기시대부터 살던 사람만이 아니고, 그 후에 중국·조선·동남아시아등의 지역에서 많은 사람들이 일본으로 이주하여 문화를 전달하고 점차 그들과 섞여 지금의 일본인이 되었을 것으로 본다.

기원 1세기경 일본 각지에는 100여개의 소국(小国)이 분립해 있었는데, 이들 나라는 점차 통일되어 갔다. 4세기경에는 간사이(関西) 지방에 비교적 큰 나라가 생겼는데, 마지막으로 이것을 통일한 사람이 지금의 천황가의 선조라고 한다. 그 당시 통일국가의 범위는 혼슈의 서쪽 절반과 규슈의 북쪽 절반 및 시코쿠였다.

이처럼 오랜 기간에 걸쳐 서서히 나라가 통일되어 갔기 때문에, 몇년 몇개월만에 나라가 생겼다고는 할 수 없다. 8세기초에 만들어진 역사서 인「고지키(古事記)」와「니혼쇼키(日本書紀」에는 기원전 660년에 초대의 진무천황(神武天皇)이 나라를 건국하고 즉위했다고 쓰여져 있다. 그 즉위한 날이 지금의 달력으로 2월 11일에 해당하기 때문에 이날을「건국기념일」로 축일(祝日)하고 있다.

 일본의 역사

지금으로부터 1-2만년 전까지의 일본은 아시아 대륙과 연결되어 있었지만, 지각변동에 의해 대륙으로부터 떨어져 나갔다고 한다.

섬나라인 일본은 외국의 침략을 받은 적이 거의 없지만, 대륙과 그다지 멀리 떨어져 있지 않는 까닭에 외국의 선진 문화(특히 대륙문화)를 받아들이기가 용이했다. 그리하여 대륙 문화와는 공통점이 많으면서도 어느 정도 일본적인 독자성을 가진 일본 문화를 키워갔다고 하겠다.

임진왜란 400주년

2005년 5월 23일은 임진왜란 발발 412주년이 되는 날이다.

올해는 광복60주년이며, 한일국교가 체결된지 40년째를 맞이한다.

지금도 한·일양국이 서로를 멀리하는 것은 비극적인 역사 때문이며 서로를 잘 알고 있지 못하기 때문에 아이러니한 일이 아직도 많이 일어난다.

일본인은 한국인을 현재나 미래보다는 과거에 얽매이는 소인 같다느니, 피해 망상적이라느니, 열등감이 심하다느니, 추한 사람이라는 등, 헐뜯고 있으며, 한국인은 일본인을 섬나라 근성이 있다느니, 두얼굴의 장사치이며 소인배 같고, 약삭빠르고 교활한 이중성격자 같다고 말한다.

일본은 한국과 대만의 독립기념관에 설치되어 있는 일본인의 과거만행을 묘사해 둔 전쟁인형들의 철거를 요구하고 있다. 과거 일본이 유럽과 불평등조약의 개정을 요구하면서도 한국 등 아시아 제국과는 불평등조약을 강요하는 이중성을 보였었다.

1874년 대만을 침략하였고, 1875년에는 강화도 사건을 일으키고, 1876년 강화도 조약이라는 불평등조약을 강요했다. 구미 열강에게서 배운 제국주의의 식민지 정책을 그대로 주변 국가에게 사용하는 양면정책을 썼다.

젊어서 한때는 오타노부나가(織田新長)의 신발을 들고 다니던 부하 도요토미 히데요시(豊臣秀吉)가 대권을 잡은 뒤에는 규슈(九州)의 나고야성에서 1년동안 기거하면서 침략전쟁을 준비했는데, 일본에 갔다 왔던 조선통신사는 무엇을 어떻게 보고 했던가? 풍신수길은 쥐새끼같아서 한국침략을 할 수 없다고?

1592년 4월, 16만여명이 수천여척의 배를 타고, 부산 앞바다에 상륙하여 사람을 죽이고 온갖 만행을 나 서질렀으며, 조신을 초진박살내고, 초토화시키고도 부족하여 수만 명을 죽이고 또 도공과 기술자를 포로로 잡아가고 뿐만 아니라 일본 땅에 없는 것은 무엇이든지 닥치는 대로 약탈하여 가져갔던 임진왜란과 정유왜란의 7년전쟁의 피비린내 나는 전투의 피폐는 말로 다 표현할 수 없을 것이다.

특히, 고니시, 나베시마, 가토, 쿠로다 등의 일본무장들의 잔인무도함은 더욱 커 여수, 부안, 남원성, 진주성 등의 전투에서 죽은 조선인의 코와 귀를 수만 개나 베어 가지고 가서 증거로 히데요시에게 바쳤으며, 지금도 오까야마켄(岡山県)비젠시(備前市)에 코무덤이 있고, 교토(京都)에는 귀무덤이 존재하고 있다.

즉, 임진-정유 왜란은 조선과 일본의 오랜 교류를 단절시켰으나, 잔악무도한 도요토미히데요시가 죽고 사라지자, 도쿠가와 이에야스(德川家康)가 정권을 잡은 후 조선과 국교회복을 위하여, 1607년과 1617년 두차례에 걸쳐 쇄환사를 파견하여 많은 포로들이 조선으로 돌아왔고, 다시 조선과 일본은 선린우호관계로 교류를 하게 되었다. 왜란이 있은지 400년만에 고국 땅으로 되돌아 왔던 귀무덤과 코무덤의 혼령들은 원망스런 힘없는 조국을 그 동안 얼마나 한탄했을까!

1909년 3월 26일, 안중근 의사가 중국의 여순 감옥에서 사형될 때 "조국이 광복되면 유해를 조국 땅에 옮겨 묻어 달라."고 유언했다는데, 50년이 지난 오늘도 그의 무덤조차도 찾지 못하고 있으니 우리의 무책임과 무능을 한탄하면서, 한 맺힌 원한을 언제쯤 풀어 줄 수 있을는지!

일본은 과거의 역사를 부정하지 말고, 좀더 성실하게 대처해야 할 것이다. 일본의 보수혁신계의 반한적인 태도 뿐만 아니라 아직도 친일파니 친한파니, 반일론자니 협한론자니 하면서, 서로 멸시하기보다는 반성하여 앞으로는 이런 불행한 일이 일어나지 않도록 노력해야 한다. 오욕의 역사를 반성하고, 대일 의존도를 낮게 하여, 한국은 하루속히 자립심을 길러야 일본에게 더 이상 무시당하지 않고 어깨를 함께 할 수 있을 것이다.

1995년 10월 16일 자민당 내의 우익의원 105명이 참여하여 결성한「역사 검토 위원회」가 "일본의 한일병합은 동양의 안전과 평화 및 일본의 자위를 위한 것이었다"는 내용의『대동아전쟁 총괄』이라는 망언책자를 모든 의원들에게 배포하는 등, 우익 정치인들의 과거의 침략사에 대한 반성보다 시대착오적인 역사왜곡 궤변으로 역사 인식을 아직도 잘못하고 있으니, 일본지도층 인사들의 반이성적인 팽창주의 언동이 크게 우려스럽고 걱정스럽다.

일본바로알기
근대 한일관계

1. 문제의 제기

19세기 후반의 한·일 관계는 일본의 한국에 대한 지속적인 영향력 확대와 일방적 간섭, 그리고 최종적으로 침략을 통한, 반세기에 달하는 식민지 지배체제의 확립으로 일단락 되었다. 이같은 한국 침략의 배후에는 1868년 메이지유신(明治維新) 이후 새롭게 등장하였고, 근대화 과정을 통하여 확대된 새로운 대외인식이 있었다. 이것은 도쿠가와 막부(德川幕府)시대와는 다른 대외인식이 메이지 시대를 관통하였고, 이러한 대외인식이 일본의 팽창정책의 기조가 되었다는 인식이다. 여기에서 한가지 생각해 보아야 할 것은 새로운 대외인식은 스스로에 대한 새로운 인식이 없이 동떨어져 존재할 수 없다는 것이다. 즉, 조선과 중국에 대한 일본의 인식의 변화는 독자적으로 일어난 사건이 아니라, 일본 자신에 대한 인식의 변화가 우선이었거나, 또는 동시에 이러한 변화가 이루어졌다는 것이다. 그러므로 일본의 한국 인식이라는 것은 한국의 역사적 위치나 정세에 따라 변화한 점도 소홀히 할 수는 없으나, 또 한편으로는, 일본인의 한국인식이라는 것이 본질적으로 일본인의 자각과 자기인식과 직결되는 것이기도 했다는 점을 잊어서는 안 된다. 그리고 한 가지 더 덧붙일 것은 일본의 한국인식이란 것은, 때에 따라서는 일본의 중국, 동아시아 인식, 또는 세계 인식과 연결되어 하나의 동질적 구조 속에서 파악되어야 한다는 것이다.

그리고 논의의 시대적 제한은 도쿠가와 막부시대 말기에서부터 일제의 식민지 지배체제가 시작되는 1910년 한·일 합방까지로 제한하고자 한다. 논의의 하한을 한·일 합방까지로 제한하는 이유는 근대 한·일 관계에 있어서 이 시기이후의 한·일 관계는 국가와 국가간의 관계가 아니라, 지배자와 피지배자간의 관계로 변히므로, 더 이상 대외인식이 대상이 아닌 종속적인 피지배지역에 대한 복속정책으로 전환된다고 보기 때문이다.

이와 같은 인식 하에서 메이지 유신을 중심으로 이전의 대외인식과 일본의 자기인식, 그리고, 유신 이후의 대외인식과 일본의 자기인식을 살펴보고, 이같은 일본의 대외인식과 자기인식이 근대화 과정을 통하여 한·일 관계에 발현되는 모습을 살펴보고자 한다.

2. 근대(近代)(19세기 후반–1945년)

일본은 1853년 미국 페리제독이 4척의 군함과 함께 우라가(浦賀)에 와서 개국을 요구하면서부터 그 동안의 쇄국정책을 풀고, 통상 무역을 다시 시작하게 되었다. 그러나 개국은 염려 했던대로 에도막부를 궁지로 몰아넣게 된다. 무역업의 발달과 함께 과거의 산업구조는 위기를 맞게 되고 정치적으로도 반 막부세력이 더욱 강해졌다. 반 막부세력의 힘이 점점 우세해지자 막부는 결국 1867년에 통치권을 천황에게 돌려준다는 의미의 대정봉환(大政奉還)을 단행하게되고 다음 해에는 메이지(明治) 천황을 받드는 신정부가 수립되었다. 이 과정에서 막부와 반 막부의 양 세력은 서로간의 무력 충돌이 일어나지 않도록 노력했다. 1868년 明治維新이후 일본은 정치, 경제적으로 근대화가 시작되었다.

막부 붕괴 후, 메이지 신정부는 유럽 국가들을 모델로하여 근대화 정책을 펴 나갔다. 즉 통치제도면에서는 내각제 실시, 헌법 제정(의회의 개설, 사법권의 독립, 국민의 권리와 의무를 제정), 독일식 육군과 영국식 해군 창설, 지방제도의 개혁 등이 이루어 졌으며, 경제면에서는 토지제도의 개혁과 관영사업에 의한 산업 진흥, 화폐제도의 통일이 이루어졌다. 사회·문화면에서는 근대적 학교 제도의 수립, 무사의 경제적·사회적 특권 폐지가 이루어지고, 구미 문화가 받아들여졌다. 이렇게 하여 근대화의 기초를 다진 일본의 국력은 날로 증대해졌고, 아시아 각지에서 미국·영국·프랑스·네덜란드·러시아 등 기득권 세력과의 충돌을 야기 하였다.

이와 같이 국내의 정치적 개혁이 진전됨에 따라서 명치 신정부는 마침내 밖으로 눈을 돌려 특히 대륙진출을 꾀하게 된다. 먼저 1871년 淸나라와 "청일수호조약"을 맺어 대륙 진출의 발판을 구축하였다. 그 후 대만에서 일본인 어부 살해 사건이 생기자 어민보호의 명목으로 일본군대를 파견하게 된다. 결국 청나라는 일본의 출병을 정당한 것으로 인정하고 배상금마저 지불하였다. 또한 명치 정부는 조선에 대해서도 1875년 소위 "강화도의 운양호 사건"을 빌미로 "조일수호조약"을 체결하여 조선의 개항을 강요한다. 뿐만 아니라 1894년에는 갑오농민전쟁을 계기로 청일전쟁을 일으켜 조선에서의 청의 영향력을 배제하고 일본의 영향권을 확고히 하였다. 그리고 일본은 1904년 러일전쟁에서도 승리함으로써 아시아에서의 일본의 영향력을 극대화 시킨는데 성공하였다. 이러한 과정을 거쳐 일본은 마침내 1910년 조선의 주권을 빼앗고 식민지로 만들었다.

　한편, 일본의 국내에서는 19세기말 무렵부터 산업 혁명이 진전되고 자본주의가 발달했다. 제 1차 세계대전 이후에는 정당 정치도 일반화되었다. 그러나 1929년의 세계공황을 계기로 군부가 대두하고 차츰 일본의 정치 외교를 마음대로 지배하게끔 되었으며 1937년에는 중·일 전쟁을 일으켜 대동아공영권(大東亞共榮圈) 건설이란 미명 아래 침략주의적 군국주의에로 치닫게 된다.

　제2차 세계대전 무렵, 아시아에서는 일본과 선진 제국들간에 자국의 권익확보를 위한 경쟁이 한층 심화되었고, 마침내 1941년 12월에는 일본과 미국·영국간의 태평양 전쟁이 발발했다. 이렇게 해서 1939년 독일이 유럽에서 도화선을 당긴 전쟁은 3국 동맹을 체결한 일본·독일·이탈리아군과 연합군과의 세계분쟁으로 확대되었다. 처음에는 일본·독일·이탈리아군이 우세했으나 형세는 역전되었다. 일본은 처음 반년 동안에 남서 태평양의 광대한 지역을 점령했으나, 나중에는 미국군을 주력으로 하는 연합군의 반격을 받았다. 1945년 미국군은 오키나와에 상륙하고, 히로시마와 나가사키에 사상 최초로 원자폭탄을 투하했으며, 소련의 대일 참전이 이어졌다. 결국 일본은 1945년 8월에 무조건 항복을 선언하고 이로써 태평양 전쟁은 끝이 났다. 이미 이탈리아와 독일도 항복을 선언했으므로 이렇게해서 제2차 세계대전은 종결되었다.

제2장

현대 한국과 일본의 관계

• • • •

1. 1945-1980년대 후반

　미국군을 주력으로 하는 연합국군의 점령과 간접 통치하에서 일본은 민주주의적 평화 국가로의 길을 걷게 되었다. 민주화의 기반은 신 헌법의 제정(1947년), 여성 참정권을 인정한 선거법 시행, 노동자의 권리를 지키는 노동관계법 제정 등에 의해 이루어졌다. 1951년, 샌프란시스코 평화조약의 조인에 의해 일본은 독립을 되찾았다. 그러나 미·소의 대립으로 조약에 조인한 것은 미국과 서쪽 자유주의 제국뿐이었다. 같은 날 미국과 일본은 미·일 안전 보장 조약을 체결하고 일본은 미국에 기지를 제공하기로 합의했다. 이리하여 일본은 서방국가 진영의 일원이 되었다. 일본은 또, 사회주의 제국과의 우호 관계를 회복하려는 노력도 계속했다. 1956년에는 러·일 공동선언이 발표되고, 그 결과 같은 해 일본의 국제연합 가맹이 승인되었다. 중화인민공화국과의 국교는 1972년에 회복되었고, 78년에는 중·일 평화 우호조약이 조인되었다. 이 사이의 일본의 경제적 성공은 전세계의 주목을 받았다. 1965년 6월 22일 한, 일 국교도 정상화 되었다.

　전쟁후 일본의 경제력은 빠른 속도로 회복되었고, 미국의 지원아래 몇 가지 근본적인 개혁이 이루어졌다. 그 개혁은, 독점 금지법의 제정과 재벌의 해체, 농지개혁 등이었다. 또 세제 개혁을 중심으로 하는 일련의 재정정책에 의해 한때 격심했던 인플레이션도 극복되었다.

1960년대의 일본 경제는 철강·조선·자동차·화학 등의 중화학 공업 주도로 고도 성장을 실현했다. 60년대 말까지의 국민 총생산(GNP)은 자유주의 제국 중에서 제2위로 약진했다. 이 때 일본은 국제 통화 기금(IMF) 8조국이 되고, 경제 협력 개발 기구(OECD)에 가입하는 등 세계 경제 속에서 중요한 위치를 차지하게 되었다.

일본 기업은 하이테크놀러지 기기의 도입에 의한 에너지 절약과 수출의 확대등으로 70년대의 석유위기를 극복했다. 75년에 발족된 제1회 주요 선진국 수뇌 회담에 일본은 미국·영국·프랑스·구 서독·이탈리아와 함께 참가했다(제2회부터 캐나다도 참가).

1980년대의 일본 경제는 한층 국제 경쟁력을 강화했다. 80년대 후반부터 일본 엔의 급격한 상승에도 불구하고 일본의 공업 제품은 잇따라 세계 시장에 수출되었다(이때의 일본 경제지표는 눈부신 것이 있었다). 즉, 거액의 무역 흑자, 낮은 실업률, 소비자 물가의 안정 등이다. 달러 환산에 의한 1인당 국민소득도 세계의 선두로 올랐다. 이러한 전후의 경제 발전은 일본인의 생활 태도에도 커다란 변화를 가져왔다. 그 중에서도 변화가 두드러지게 나타난 것은 1964년부터이다. 같은 해에 도카이도 신칸센(東海道新幹線)이 개통되고, 아시아에서는 처음으로 東京올림픽이 개최되었다. 또, 가정의 전기화, 승용차의 보급, 고속도로망과 내외 항공로 정비, TV·전화·팩시밀리등의 통신망 발달에 의해 국민 생활은 매우 편리하고 쾌적하게 되었다. 또, 강한 엔화의 덕택으로 현재는 3500만 명의 일본인이 외국 여행을 하게 되었다.

이러한 사회 상황은 2차대전 직후의 일본인에게는 상상도 할 수 없는 것이었으나, 지금은 정치·경제·군사대국으로 성장했다.

 ## 2. 1980년대 후반 이후

80년대 후반이후 최근에 이르는 10년간에 있어서의 커다란 변화의 하나로는 일본 전신전화공사와 일본 전매공사 등 커다란 공공 기업체의 민영화를 들 수 있다. 85년에 각각 일본 전신전화(주)와 일본 담배산업(주)로 민영화되고, 87년에는 국철이 JR각사(各社)로 분할·민영화되었다. 89년에는 처음으로 3%의 소비세(부가가치세)가 도입되었다. 86년 후반부터 급격한 주식과 지가 상승에 의해 생긴 자산익(資産益)을 토대로 소비와 일반 기업의 설비 투자가 진행되었고, 경제는 이른바 버블경제(거품경제)에까지 이르러 눈덩이처럼 부풀었다. 그러나 금융긴축정책등에 의해 90년대 초반부터 주식·토지·건물가격등이 폭락하고 버블경제가 붕괴되었다. 이렇게 해서 생긴 대량의 불량자산 때문에 경기는 장기간 침체되고, 그 회복 속도는 매우 느리다. 더구나 93년부터 엔이 급등했다. 기업은 살아남기 위한 구조작업에 몰두하고 있는 것이 지금의 경제상황이다. 한편, 이러한 경제 상황속에 그동안 각국으로부터 대일 비판의 표적이 되었던 일본의 무역흑자 수치는 조금씩 감소하고 있는 추세이다.

1993년에는 38년만에 보수계의 자유민주당이 정권을 잡았다. 92년에 유엔평화유지활동(PKO)법이 제정되어 자위대의 해외파견에 대한 법적 근거가 생겨나 국제사회에서의 일본의 활동이 더욱 자유로워짐과 동시에 그 영향력도 증대될 것으로 전망된다. 앞으로 일본은 수출입의 균형을 유지하여 외국과의 마찰을 해소해야 할 것이다.

3. 반일 감정과 반한 감정

일본은 한국인을 전쟁 위안부로 수십만 명을 잡아가고 강제징용, 강제노동자로 수백만 명을 끌고가서 온갖 죽을 고생과 개죽음을 시켜놓고도 사과와 보상은 커녕 교과서에 한 줄도 논하지 않는 일본인의 비양심과 양면성과 소인배의 이중성격을 개탄하지 않을 수 없다.

독일은 나치주의자들의 전범을 사형시켰으나 일본은 최근에 250만 전몰자들이 잠들어있는 야스쿠니진자를 정치지도자들이 참배하고 정월에는 수십만 명의 일본국민들이 찾아간다. 과연 이들의 속셈은 무엇인가. 참으로 일본이 반성과 주변국을 위해 노력한다면 반일감정도 사라질 것이고, 고독한 일본에서 벗어날 수 있을 것이다. 그러나, 서로가 편견과 배타성을 버리지 않고 자기 주장만 옳다고 내세운다면 감정은 사라지지 않을 것이다.

"콩심은데 콩나고 팥심은데 팥난다."는 우리의 속담처럼 얄팍한 상술과 논리를 버리고 감정 해소에 일본의 지성인들이 앞장서야 할 것이다. 추한 한국인들이여! "감사하라, 일본은 한국의 은인이다."라는 식으로 한국을 무시하는 비열한 일본인들이 있는 한, 한·일관계는 개선되기 어렵다. 일본 지성인들의 자각을 촉구하는 바이다. 참으로 묘한 일이 아닐 수 없다. "역사는 되풀이된다"는 말이 있듯이 또다시 비참한 역사가 이 땅에 오고 있는 것일까?

1919년 3.1일운동의 피비린내 나는 그날이 어언 78돌이 되었고, 1945년 8.15광복을 찾은지 반세기가 넘었지만 아직도 일본제국주의 34년 11개월간의 부끄럽고 억울했던 식민잔재가 청산되지 않은 채 남아 있다. 갑자기 조선 총독부 청사를 폭파, 해체하겠다 하니 조금 우려된다. 일본이나 외국은 침략 사적을 많은 돈을 들여 보존하면서 '산 교육의 장'으로 활용하고 있기 때문이다. 폭파하여 없애 버리는 것 보다 있는 모습을 그대로 두는 것이 역사의 현장감을 주지만, 조선 총독부 건물은 경복궁의 정문을 가로막고 있어 풍수지리설로 보아 한국의 맥을 끊고 있어서 해체한다면, 다른 곳으로 이동시켜서라도 꼭 보존해야 한다. 고통과 울분과 원한이 맺힌 역사의 산물이 아닌가! 한국지배를 둘러싼 청·일전쟁, 러·일전쟁, 식민지통치, 1, 2차세계대전, 6.25전쟁 때 한국의 도움을 받아 크게 성장했던 일본이 모든 전쟁을 주도해 온 사실을 기억하고 온 국민들이 경각심을 가지고 경계해야 할 이유가 여기에 있다. 다시 되풀이되고 있는 역사의 악순환을 어떻게 대처해야 할 것인가.

　세계 제일의 무기, 힘을 갖추지 않으면 당한다. 우리를 괴롭혀 왔던 소련, 중국, 이북, 일본, 미국, 프랑스, 독일 등과 지난날의 감정에 얽매여서 연연하고 있을 때가 아니다. 독일에 4년동안 점령당한 프랑스나 미국에 패한 일본처럼 우리도 힘을 길러서 민족적·문화적으로 열등의식을 버리고, 뭔가를 보여주어야 한다. 그러나, 아직도 정신 못 차리고 모두들 우물안 개구리가 되어 아옹다옹 아귀다툼만 하고 있으니 참으로 비참한 일이고 통탄할 일이다. 모두가 『강한 한국』을 만들기 위해 노력하고, 우리 선조의 장단점을 배우고 익혀서 주변 국가와 정정당당히 공존하고 협력할 수 있는 힘을 길러야 할 것이다. 주변국이 한국과 협력을 하지 않으면 안되도록 힘을 기르자! 김대중대통령이 10월 일본방문때 한일 과거청산 공동선언을 한다지만, 양국은 부끄러운 과거를 청산하고, 역사적 사명감을 가지고 적극적으로 교류하여 서로 믿고 돕는 가까운 이웃이 되도록, 서로가 감정적이 아니라 이성적, 객관적으로 대처해야 한다. 일본사회는 한국보다 사회전반이 안정 속에 크게 발전하고 있으며, 저력을 가지고 있다. 그러나, 과거침략 행위의 반성과 종군위안부의 보상문제, 재일외국인에 대한 차별문제 등, 물질적인 풍요 속의 정신적인 빈곤이 엄존한 이상한 나라로 일본은 아직도 신뢰가 부족하여 세계 각국으로부터 경계 받고 있는 것은 사실이다. 서로가 잘못된 선입관을 버리고, 역사 앞에 서로가 진실을 밝히고, 사죄하고 용서해야 진성한 한일관계가 유지될 수 있을 것이다.

교과서 검정 제도

　소학교, 중학교, 고등학교 교과서에는 문부성 검정 교과서가 사용되며, 지도 내용은 미리 문부성의 검사를 받는다. 즉, 원고심사, 수정합격, 합격이라는 단계를 밟는다. 일본의 역사 교과서 서술방식을 둘러싸고 이에나가 사부로(家永三郞)교수는 문부성과 32년 동안에 걸쳐서, 「교과서 재판」이 벌어져, 검정제도가 일부 개정되기는 했지만, 문부성의 강력한 결정권은 여전히 남아 있다.

 엄격한 교칙

　「엄격한 교칙」이 중학교와 고등학교에서 문제가 되고 있다. 학생들의 행동을 하나의 틀에 맞추려는 교칙은 학생 스스로 판단하고 해결하는 힘을 빼앗아 자주성이 없는 학생으로 만든다. 일본 사회가 집단 지향적이라고 불리는 원인 중 하나가 바로 이 교육제도에 있는 것 같다. 학교 교육 중에 흔히 듣게 되는 「다른 사람과 같은 행동을 하세요」「혼자서 특별한 행동을 하면 안돼요」같은 교사의 말이 뻗어나가려고 하는 개성을 말살하는 결과가 되는 것이다.

일본 역사교과서의 왜곡문제

　최근 일본 초, 중, 고의 교과서에 도코다카모리 같은 군국주의자들이 등장하는 영화를 만들어 영웅시하고, 기미가요(国歌)를 부르고, 히노마루(国旗)를 문부성의 지시로 다시 게양하는 학교가 늘어나고 있다. 하타다타카시(旗田)교수는 "일본정부와 문부성이 침략전쟁이나 식민지지배에 대하여 진정으로 반성하지 않고 그의 실태를 밝히기를 꺼려하면서, 교과서 검정을 통하여 역사 교과서의 기술을 제약, 왜곡하고 있으며, 일본정부는 침략 행동을 반성하고 사죄하는 것이 아니라 자기행동을 정당화하려고 한다."고 말하고 있다.

　이노우에 교수와 하타다 교수 이외에도 나쓰메소오새끼, 야나기 무네요시, 모리오우가이, 하니코오로, 미키키요시 등, 일본에는 양식을 갖고 양심의 소리를 하는 사람들과 정직하고 친절한 일본인도 있고, 과거의 한·일관계에 어두운 그림자를 던졌던 나쁜 일본인도 많다.

　그래서, 1965년 한·일 국교 수립이후, 양국의 국민들은 참된 우호관계, 가깝고도 가까운 나라로 만들려고 노력하고 있지만, 유감스럽게 아직도 걸림돌이 되고 있는 불행했던 과거의 일부를 날조 왜곡하거나 은폐하고 정당화하려는 일부의 일본인 때문에 전체의 일본인이 세계로부터 비난받고 왜곡의 책임을 지고 있을 뿐이다.

　일본이 한국과 중국 등 아시아에 대한 침략과 만행을 은폐, 미화하려는 몇몇 국수주의 학자와 1982년 일본의 교과서 왜곡문제를 둘러싸고 한국, 중국, 대만 등에서 반일 여론이 비등했고, 1986년 7월 25일, 왜곡된 역사 교과서를 옹호하고 나선 후지오마사유키 문부상의 "불평을 하는 놈은 세계사 속에서 그 같은 일을 한 적이 없는지 생각해 보라."는 방언 외에도, 국사 교과서의 내용 시술문제로 문부·성의 검인정에서 내용의 수정을 지시하자 소송을 재기했던 동경 대학교수 이노우에야스시(井上)는 "일본은 과거를 숨기거나 기피하지 말고, 죄의식과 도의적 책임을 갖고 사실을 기술하고 가르쳐야 할 것이다."라고 말했다.

　과거의 올바른 인식 위에 오늘의 상호이해와 신뢰를 쌓아야 한다. 한국인 노동자를 강제징용하여 무보수 노동 뿐만 아니라 생매장을 시켰던 일본인의 잔학성을 파헤치는 학자들과 양심적인 일본인도 없지 않지만, 일본은 1937년 12월 "중국의 남경대학살(30만명)을 비롯하여 한국, 대만, 러시아, 인도네시아 등등에서 수백만명을 희생시켜 놓고서 1994년 5월 4일, 일본의 법무장관인 나가노시케토는 "중국의 남경 대학살은 일본군의 만행이 아니고 잘못 조작된 것이다."라고 망발을 하여 중국인에게 또다시 상처의 아픔을 주고, 아시아를 향해 나가노는 "태평양 전쟁은 일본의 침략이 아니고, 대동아 공영권의 해방을 위한 일본의 진출이었으며, 일본은 아시아 각국에 많은 좋은 일을 하였다."고 망언을 하는 등, 소영웅주의의 극우파들은 지금도 큰소리치고 있다. 반이성적인 언동으로, 미국의 원폭 투하만을 비난하기에 급급하고 2만 여명의 한국인 히로시마 원폭 피해자에겐 보상도 하지 않고 지금도 뻔뻔스럽게 전세계에 충격과 분노를 주는 야비한 언행을 하는 무식한 자들이 많다.

앞으로 양국은 과거의 뼈아픈 역사를 극복하고 올바른 역사의식을 가지고 현실에 충실해야 한다. 항상 무슨 일에서나 대범한 한국인이 먼저 용서하고 관용을 베풀 수 있길 바란다.

죄는 용서하되 다시는 되풀이하지 못하도록 정의의 힘으로 막아야 할 것이다. 지금부터라도 양국이 진정한 우호관계를 유지하기 위해서는 서로가 올바른 역사공부를 하지 않으면 안된다.

일본은 왜곡된 교과서 문제와 무역마찰 등의 시정에 성실하고, 적극적으로 아시아 제국과의 화해와 협력에 노력해야 한다. 제2차 세계대전의 적이었던 일본과 미국, 독일과 이스라엘, 독일과 프랑스, 미국과 독일도, 지금은 상호화해 하고 우호관계를 유지하고 있듯이, 일본은 좀더 도덕성, 성실성을 갖고 주변국에 우호적이고 호의적인 반응을 보여 주었으면 한다. 심심하면 망언으로 책임과 사실을 왜곡하는 웃지 못할 해프닝을 일삼는 일본의 지도층에는 아직도 몰지각한 소영웅주의, 군국주의자들이 많아서 답답하고 유감스럽다.

1953년 구보다는「식민 통치로 은혜를 베푼 결과」라 하더니만, 나가노법무장관의 헛소리 망언파동을 잊기도 전에, 또다시 사쿠라이 신(桜井 新)일본환경청장관은 1994년 8월 12일「침략한 일본만이 나빴느냐? 전쟁의 결과 아시아 국가들이 독립했고, 교육열이 높아졌고, 경제부흥도 되었지 않느냐?」면서, 지금도 이처럼 일본의 침략전쟁을 미화시키고, 억지로 정당화시키려는 무식하고 잔인한 일본인들이 있어 두렵고 불안하다. 독일처럼 일본도 법으로 정하여「태평양전쟁의 잔인성을 공공연히 부인하고 왜곡하는 자에게 사형에 처한다.」라고 정하여 2차대전의 전범들의 처벌을 실시해야만, 아시아 국가들이 일본을 믿고 친구로 사귈 것이다. 일본의 무책임한 언동과 무성의를 통탄하면서 일본인의 신뢰성과 친절성 국제매너 등이 의심스럽고 남에게 폐를 끼치면 사과할 줄 아는 일본인이 적어 아쉽다.

전후 50년이 된 오늘날까지도 일본의 무식한 일부의 비양심적인 자들이 극악무도한 망언과 침략을 미화하는 황국사관, 침략사관의 국수주의자들의 불순한 태도와 감언이설의 잔악함에 분노와 울분을 꾹 참고 있는 한국인들의 넓은 아량과 배짱을 일본인들은 배워야 할 것이다. 더이상 비겁하고 추악한 일본인들이 설치고 안 나왔으면 하는 바램뿐이다. 일본정부의 묵인하에 오늘도 일본국회의 부전(不戰)사죄 결의를 저지하고 반대하는 500만명이 서명운동을 벌이고 있는 이상한 자들이 많으니 어찌 한심하고 통탄하지 않으리오.

(새 역사 교과서를 만드는 모임)

1997년 1월 도쿄대학 후지오카 노부카쓰(藤岡信勝) 교수와 전기통신대학 니시오 간지(西尾幹二) 교수, 만화가 고바야시 요시노리(小林善紀) 등이 중심이 되어 자유 주의사관에 입각한 민족주의를 주장하며 결성한 일본의 우익단체이다.

제2차 세계대전 전승국들에 의해 진행된 일본의 전후개혁을 '자학사관'으로 규정 하고, 일본의 식민지 지배와 침략전쟁 등 과거의 일본역사를 정당화하는 데 몰두하 며, 좌익적 시각을 철저히 배제한 우익이다.

이들은 기존의 일본의 중학교 교과서가 일본의 치부를 드러내고 있어, 건전한 민족 주의를 조성하기 위해서는 '밝은 역사'를 가르쳐야 한다는 명분 아래 '자학사관'을 제 거한 새로운 교과서를 집필하였는데, 그것이 바로 후소샤(扶桑社) 교과서이다. 이 교 과서는 일본 민족의 우월성을 강조하고, 팽창정책과 침략정책을 긍정적으로 서술하 는 등, 철저히 우익적 관점에서 기술함으로써 역사를 다음과 같이 왜곡하고 있다.

① 한국합병이 동아시아를 안정시켰다는 점
② 식민지배가 조선 근대화에 많은 도움을 주었다는 점
③ 제2차 세계대전을 대동아전쟁으로 그대로 표기하고 있다는 점
④ 있지도 않았던 임나일본부의 존재를 기정사실화하고 있다는 점
⑤ 종군위안부에 대해서는 아예 기술도 하지 않고 있다는 점
⑥ 왜구 중에는 조선인도 포함되어 있었다는 점
⑦ 조선과 베트남이 완전히 중화질서의 내부에 복속되어 있었다는 점
⑧ 카미가제의 행동을 찬양하고 긍정적으로 평가한다는 점
⑨ 일본의 침략이 아시아 독립에 기여했다는 점 등등, 교과서 곳곳에서 역사를 왜
   곡하고 있다.

또 이들은 한국을 비롯한 주변국들이 교과서의 수정을 요구하자, '한국과 중국이 일본 역사교과서에 대해 의견을 말하는 것은 무리한 요구이며 내정간섭'이라고 강력

한 불만을 드러내는 한편, 각 학교를 상대로 전시회를 열고, 일반서점 판매까지 하는 등, 당사국들을 무시하는 작태를 계속하고 있다.

이 단체는 집권 자민당의 기반인 일본청년회의소와 유력기업 간부들, 우익단체와 교사들이 중심이 된 자유주의사관연구회, 도쿄교육재흥네트워크, 산케이신문 등, 정계·재계·학계·언론계 등 광범위한 동조·지원 세력이 가담하고 있는 등 일본의 팽창주의와 신제국주의 이론에 근거를 제공하고 있다.

일본 정계와 학계 일각에서는 여전히 한국 고대사와 중세와 근세 한일관계사에 대해 편견과 오류를 갖고 있음을 이번 중학교용 역사교과서의 검정 과정을 통해 확인할 수 있다.

특히 후소샤는 이미 2001년에 주변국의 역사상을 왜곡한 교과서를 펴내 한국, 중국은 물론 일본 내에서도 반발을 불러일으킨 것은 주지의 사실이다. 신청판에서 새롭게 제시한 내용이나 사료, 그 밑바탕에 깔려 있는 한국 고대사에 대한 비하의 관점은 여전하다. 뿐만 아니라 「왜구 문제」, 「임진왜란 문제」 등 중세 이후 한일관계사의 중요한 쟁점에 대한 자의적이고 왜곡된 서술도 별로 달라진 것이 없다.

이렇게 후소샤 판 교과서에 나타난 전근대사 부분의 서술을 보면 한반도 역사에 대한 은근한 하시, 그에 연결된 일본사에 대한 상대적인 우월의식이 곳곳에서 감지되고 있다. 그 같은 서술 경향은 궁극적으로 근현대사 부분의 서술에서 나타난 '왜곡'과 '오류'의 전제로서 작용하는 것으로 여겨진다.

일본의 역사교과서의 왜곡문제[*]

• • • •

1. 서론

　서로 우호적인 관계인 韓日両国은 일본의 教科書 왜곡문제와 독도의 영유권문제, 위안부의 사죄와 배상의 문제 등의 過去事問題로 政治, 経済, 社会, 文化 등의 모든 面에서 한일관계가 悪化되고, 한국인을 분노시키는 교과서 왜곡문제를 中心으로 研究하였다.

　본 논문은 일본의 역사교과서 왜곡내용의 문제점을 검토하고 韓日関係를 고찰하였다.

　日本 政府는 과거의 잘못을 認定하고, 서로가 対話로 解決策을 찾아야 하는데, 1980년부터 세계 2위가 된 일본은 미국과 함께 세계를 좌지우지 하면서 국수주의가 고조되고 있다.

　2012년부터는 중국이 세계 2위의 수출대국으로 급성장하면서 韓·中·日 指導者들이 정상회의를 통해 패권주의 문제의식을 平和的으로 해결해야 한중일 3국이 우호협력관계와 동북아시아에 평화가 유지되고 서로 발전할 수 있다.

　국가의 부활은 기술력과 국민의 힘이지만, 급변하는 동북아 정세를 한국이 주도권을 가지고 전략적 동맹관계와 韓中日의 협력관계를 극대화 하도록 노력해야 할 때인 것 같다.

　최근 미국은 韓美日 同盟을 강조하면서 中国을 견제하려고 일본의 集団自衛権을 허용하여 군사적 충돌이 우려스럽다. 아베신조 총리가 2015년 7월 16일 集団自衛権의 安保法案을

---

* 이 논문은 한국일본어교육학회 「일본어교육」 제74집에 수록됨.

衆議院에 통과 시키고, 参議院도 9월18일 통과 하였다.

아베정권의 過去事의 歷史否定과 教科書 歪曲 등의 주장에 反対하는 일본의 歷史学者들과 良心的인 지성인에서 고교생까지 10만 시위인파가 일본 전역에서 데모하였다.

集団自衛権 행사는 다수의 일본憲法学者가 違憲이라 말하고, 양심적인 知識人들이 危険한 법이다고 항의 声明에 署名하고, 91세인 무라야마 도미이치(村山富市) 전 총리와 국민들이 격렬하게 반대 데모를 하고 있다.

韓中日 3국의 過去事 認識問題는 서로 공유는 하지만, 일본의 외교청서와 防衛白書의 도발 내용 등으로 3국은 갈등이 깊어져서 最悪이 되었지만 2015년 11월 2일 서울에서 3년만에 한중일 정상회담이 개최된다.

2015년 2월 8일 미국 국무부도 過去事問題는 "치유(healing)와 화해 (reconciliation)가 중요한데, 아베 내각의 歷史 修正主義와 일본인의 의리와 責任이 의문스럽다."면서 일본정부를 비판하였다.

2015년 7월 21일 중국 외교부와 국방부는 "일본은 댜오위다오(釣魚島, 센카쿠)는 중국의 고유영토로 비현실적인 어떤 환상도 품어서는 안 되고, 일본의 경거망동한 우익의 그릇된 歷史意識을 비난하면서, 아베 내각이 新安保法案을 통과시키고, 集団自衛権을 발동하는 역사뒤집기 행태는 時代錯誤的인 발상으로 국제사회의 분노를 면할 수 없다."고 비판했다.

마이니치 신문은 2015년 7월 23일 시진핑(習近平) 중국 국가주석은 中日頂上会談과 관련해 3가지 조건을 제시했다고 보도했다.

첫째로 중·일 관계의 초석이 되고 있는 4개 정치문서의 준수를 요구했다. 즉, 1972년의 국교정상화 당시 중·일 공동성명, 1978년 중·일 평화우호조약, 무라야마(村山) 총리 담화의 준수를 명기한 1998년 중·일 공동선언, 전략적 호혜관계를 약속한 2008년 중·일 공동성명이다.

둘째 조건으로 무라야마 담화의 정신계승을 내걸었다. 아베 총리의 전후 70년 담화를 의식한 것으로 중국이 '침략' '반성' '사죄'의 구체적 표현 대신에 무라야마 담화의 계승을 언급한 것이다.

셋째 조건은 靖国神社의 参拝 中止이다. 전후 70년 담화 내용에 유언해질 수 있다.

그러나, 아베 정권과 우익단체들은 過去事 규명과 謝過는 하지 않고 오히려 과거의 잘못을 축소, 은폐하고 있어서 앞으로의 韓.中.日関係가 걱정된다.

1982년 '日本 歷史教科書 歪曲事件'은 일본정부의 역사왜곡으로 한국정부와 국민들의 커다란 반발을 불러일으켰고, 경제협력을 둘러싸고 한·일 관계는 긴장 국면을 맞기도 하였다.

한·중 양국의 강경한 태도와 국제사회의 여론 앞에 일본은 정부의 책임 아래 역사교과서 왜곡을 시정하겠다면서, 일본정부는 근·현대사의 역사 기술에 대해서는 한국과 중국 등 주변국의 의견을 적극 배려하겠다는 새로운 교과서 검정기준을 발표하였다. 이른바 '근린제국조항' 또는 '주변국조항'이라는 정치·외교적 교과서 검정기준이 새로 추가된 것이다.

韓日關係는 2001년에 일본 중학교 역사교과서 歪曲問題 및 고이즈미 총리의 야스쿠니 신사참배 문제, 2002년 4월 고교 역사교과서 검정발표 등으로 경색국면에 빠졌다.

2010년 3월 30일 일본의 文部科學省은 독도를 자국영토로 표기한 소학교 5, 6학년 사회과 교과서 검정을 통과 시키고, 2011년 3월 30일 문부과학성은 중학교 사회과 교과서(지리, 역사, 공민)을 승인하고, 2015년 4월부터 사용하는 고등학교 교과서는 "일본의 고유영토인 竹島를 한국이 불법 점거했다"는 주장과 함께 独島가 일본 영토인 것처럼 왜곡 표시한 지도를 싣고, 여러 종류의 교과서에서 戰爭犯罪인 일본군 慰安婦의 강제동원 사실을 전혀 서술하지 않고 있어 문제가 되고 있다.

새로운 교과서에서 위안부문제는 빼고, 한국이 독도를 불법 점거하고 있다는 왜곡된 역사를 未來世代에게 잘못된 세뇌 교육을 하는 일본은 한국, 중국 등과의 마찰이 더욱 심해질 수밖에 없다. 韓中兩国은 過去事 問題의 공조하고 있어 일본과의 갈등이 크다.

아베 정권과 우익단체들은 強制徵用者와 慰安婦의 아픈 過去事 규명과 謝過는 하지 않고, 오히려 일본의 小, 中, 高校의 教科書에 독도를 자국영토로 표기하고 과거의 잘못을 은폐하고 從軍慰安婦, 強制連行 등의 기록을 삭제하여 문제가 되고 있다. 일본은 韓.中.日 関係가 악화되는 歷史的인 事實을 더 이상 歪曲해서 教育해서는 안 될 것이다.

특히, 帝国書院이 2002년에 刊行한『小学生의 地図帳』의 1페이지에는 독도 표시가 없는데, 2014년판에는 독도를 竹島로 표시하여 일본영토에 포함시키고 있다.

〈그림 1〉帝國書院이 2002년에 刊行한『小學生의 地圖帳』의 1페이지와 2014년판의 비교

2. 日本教科書의 歪曲問題

　日本 歷史教科書 歪曲의 背景은 문부과학성이 중, 고등학교 歷史·公民 등의 교과서에 대한 검정 결과를 발표하면서 韓日關係는 더욱 더 악화되었다.

　하타다 타가시(旗田 巍)교수는 "일본정부와 문부과학성이 侵略戰争이나 植民地支配에 대하여 진정으로 반성하지 않고, 그의 실태를 밝히기 꺼려하며, 교과서 검정을 통하여 역사교과서의 기술을 제약, 歪曲하고 있으며, 일본정부는 侵略行動을 反省하고 謝罪하는 것이 아니라 자기행동을 정당화하려고 한다."고 지적하고 있다

　일본이 한국과 중국 등, 아시아에 대한 侵略과 蛮行을 은폐, 미화하려는 몇몇 国粹主義 학자와 皇国植民史観으로 무장돼 있는 아베총리를 비롯한 일부 정치인들이 앞장서고, 植民史観으로 무장된 일부의 극우 학자들이 추종하는 형태로 歷史歪曲이 계속 진행되고 있다.

〈그림 2〉 일본의 초·중·고등학교 歷史·公民·地理 등의 교과서

　2001년 4월 3일에 나온 2002년도용 역사교과서 검정 결과에서 우익 성향의 歷史歪曲문제를 만드는 단체인 '새로운 역사교과서를 만드는 모임'에서 만든 후소샤(扶桑社)의「新しい歷史教科書」와「新しい公民教科書」가 검정을 통과하여 歪曲된 教科書로 일본 내에서도 문제가 되고 있고, 한국은 2001년 4월 4일 외교부 대변인 성명 및 외교 경로를 통해 독도 영유권의 주장과 위안부 등, 한일관계사의 올바른 역사 인식이 결여된 왜곡내용에 대해 유감의 뜻을 전달하였다. 2001년 5월 8일 한국정부는 일본 역사교과서 왜곡내용 중 임나일본부설의 기정사실화, 삼국의 조공설, 조선통신사의 설명, 한국전쟁, 한국 강제합병 미화, 군대위안부 문제 누락 등 총 35개 항목에 대한 수정을 일본 정부에 공식 요구했다. [1]

---

1 2001년 5월 8일 한국정부가 전달한 수정 요구안에는 (표 1)과 같이 후소샤 역사교과서 25개 항목과 기존 7종의 교과서 서술내용 10개 항목이 포함되어있다.

〈표 1〉 일본 중학교 역사 교과서 한국 관련 내용 수정 요구 자료

가. 扶桑社

主 題 名	教 科 書 內 容(원문인용)	修 正 要 求 意 見
(22) 관동대지진과 조선인	○ 조선인 및 사회주의자 사이에 불온한 책동이 있다는 소문이 퍼져 주민의 자경단 등이 사회주의자 및 조선인·중국인을 살해하는 사건이 일어났다.	○ 관헌(군경)에 의한 살해사실 은폐 - 살해 대상도 조선인이 대부분(약 7,000명)이었음에도 불구 '사회주의자, 조선인, 중국인'식으로 병렬, 사건의 본질에 해당하는 조선인 피해 축소 기술
(23) 강제동원과 황민화 정책	○ 징용이나 징병 등은 식민지에서도 시행되어 ····· 조선에서는 일본인으로 동화시키려는 황민화 정책이 강화	○ 황민화정책의 내용이 불분명하고, 조선에서의 수탈상을 기술하지 않았으며, 조선인을 일본국민의 일부로 간주하여 일본 식민정책의 은폐
(24) 군대위안부	[관련 내용 누락]	○ 일본군에 의해 자행된 가혹행위의 상징인 군대위안부 문제를 고의로 누락시켜 잔혹행위의 실체를 은폐 ○ 최근 유엔인권위에 보고된 바 있는 Coomaraswamy의 「전시 군 성노예 문제에 관한 특별보고서」 및 McDougall의 「전시 조직적 강간, 성노예, 노예적 취급관행에 관한 특별보고서」에서도 군대위안부를 반인륜적 전쟁범죄 행위로 규탄 ○ 일본 정부도 93.8 군대위안부 관련 「관방장관 담화」에서 일본군이 위안소 설치 및 운영에 직·간접적으로 관여했음과 모집, 이송, 관리가 감언, 강압 등에 의해 총체적으로 본인들의 의사에 반해 이루어졌음을 인정
(25) 한국전쟁	○ 맥아더가 지휘하는 미국군 주체의 국련군은 반격 ····· 중국군이 북조선측에 참가 ○ 종래의 국경선인 북위 38도선 부근에서 전황은 정체	○ 유엔군과 중국·북한군의 전쟁으로 묘사함으로써 한국군의 실체를 무시 ○ 38선을 국경선으로 기술하여 오래전부터 38도선을 경계로 분단되어 있었던 것처럼 묘사

나. 기존 7종

主 題 名	教 科 書 內 容(원문인용)	修 正 要 求 意 見
(1) 고대 한·일관계 (東京書籍, 大阪書籍, 敎育出版, 日本書籍, 日本文敎出版, 淸水書院)	○ 한의 영향을 받아 ····· 조선반도 북부에서 소국을 통일한 고구려가 일어났다 ○ 한은 조선반도와 베트남의 일부까지 영토를 확장했다	○ 고조선의 존재를 간과하고, 한반도의 첫 통일국가를 고구려로 기술하며, 한의 영향을 받은 것으로 설명 ○ 연표상의 시기가 부정확함 ○ 한의 지배영역을 과장하여 한반도 전체가 한의 지배를 받은 것으로 오해함

主題名	教科書內容(원문인용)	修正要求意見
(2) 임나일본부설 (東京書籍, 大阪書籍, 日本書籍, 清水書院, 日本文教出版, 帝国書院)	○ 6세기에 야마토국이 한반도에서 세력을 잃었다(약해졌다), 야마토 정권이 한반도 남부에 세력을 뻗쳤다	○ 허구의 임나일본부설에 근거하여 사실과 다르게 설명
(3) 왜구 (清水書院, 帝国書院)	○ 무역에 종사하는 일본인을 중심으로 한 집단⋯⋯ 때에 따라 무역을 강요하기도 하고, 물건을 빼앗기도 ○ 왜구란 제주도와 북구주의 섬들을 거점으로..... ○ 일본인만이 아닌 조선인과 중국인 등도 섞여 합류	○ 왜구의 해적행위를 주로 무역에 종사하다가 가끔 저지르는 약탈행위로 왜곡·미화 ○ 제주도를 왜구의 거점으로 설명 ○ 왜구에 조선인과 중국인을 포함, '왜구=일본인'이란 기존 역사인식을 불식시키려 함
(4) 임진왜란 (東京書籍, 大阪書籍, 教育出版, 清水書院, 帝国書院, 日本文教出版)	○ 조선이 (명을 공격하기 위한) 일본군의 통행허가를 거절하자⋯⋯ 대군을 조선에 보냈다 ○ '군대를 보냈다', '바다를 넘는다'	○ 전쟁발발의 책임을 조선측에 전가 ○ 침략성을 은폐하기 위한 표현
(5) 정한론 (東京書籍, 教育出版, 帝国書院, 日本文教出版)	○ 일본정부는 조선에 국교를 열 것을 요구했으나 조선이 응하지 않아 국내에 정한론이 일어났다 ○ 중국의 속국으로 위치지워져 있던 조선은 ⋯⋯ 일본과의 국교도 거절했다	○ 조선의 거부가 기존의 선린외교관계를 무시한 채 국교회복을 강요하는 일본측의 태도에서 비롯했음을 설명하지 않고, 정한론의 발생원인을 조선측에 전가 ○ 당시 조공관계를 설명하지 않고, 조선을 중국의 속국으로 표현
(6) 강화도사건 (帝国書院, 教育出版)	○ 일본의 군대가 강화도에서 포격당하는 사건이 일어났다 ○ 청은 조선을 종속국으로 간주	○ 조선의 포격을 유도한 일본측의 저의를 은폐하고 강화도사건의 원인을 조선측에 전가 ○ '조일수호조규'의 '조선은 독립국'조항은 청을 견제하고자 한 것이었음을 설명하지 않음
(7) 동학농민운동 (大阪書籍, 清水書院)	○ 동학을 믿는 농민들이 큰 반란을 일으켜 ○ 일본은 조선지배를 계기로 삼아 중국으로의 진출 ○ 청의 출병을 알게 된 일본은 군대를 보내 ⋯⋯ 전쟁을 시작하였다	○ 농민의 저항을 '반란'으로 표현, '항쟁'이나 '농민운동'이라는 용어가 보다 객관적 ○ '조선지배'라는 표현은 일본이 당시 조선을 완전 장악하고 있었던 것처럼 오해의 소지가 있음 ○ 왜군파병을 청병파병에 대한 단순 대응조치로 기술하여 일본의 계획적 파병을 은폐

主題名	教科書內容(원문인용)	修正要求意見
(8) 한국강제병합 (日本文教出版)	○ 안중근이 이토를 암살했다. 그래서 일본은 한국을 병합하며, 식민지로서 지배했다	○ 한국 강제병합의 원인을 안중근의 이토 사살에서 비롯된 것으로 기술함으로써 일본의 계획성을 은폐
(9) 황민화정책 (東京書籍, 日本文教出版)	○ 지원한 조선의 젊은이들 (사진 설명), 조선에서는 지원병제도가 실시되었다 ○ '천황의 백성'에 걸맞는 황국신민이 되도록 동화를 강요당했다	○ 지원병제도의 강제성을 은폐하고, 조선인의 자발적 전쟁참여라는 잘못된 이미지를 심어줄 우려 ○ 황민화정책의 구체적 기술 미흡, 신사참배 일본어교육 강요 등 구체적 내용 기술 필요
(10) 군대위안부· 강제징용 (東京書籍, 大阪書籍, 教育出版, 日本文教出版)	○ 여성과 어린이를 포함한 일반 사람들도 많은 희생 [군대위안부 관련 내용 누락]	○ 일본군에 의해 자행된 가혹행위의 상징인 군대위안부 문제를 고의로 누락시켜 잔혹행위의 실체를 은폐 ○ 최근 유엔인권위에 보고된 바 있는 Coomaraswamy의「전시 군 성노예 문제에 관한 특별보고서」및 McDougall의「전시 조직적 강간, 성노예, 노예적 취급관행에 관한 특별보고서」에서도 군대위안부를 반인륜적 전쟁범죄 행위로 규탄 ○ 일본 정부도 93.8 군대위안부 관련「관방장관 담화」에서 일본군이 위안소 설치 및 운영에 직·간접적으로 관여했음과 모집, 이송, 관리가 감언, 강압 등에 의해 총체적으로 본인들의 의사에 반해 이루어졌음을 인정

앞으로 왜곡 문제를 되풀이하지 않기 위해 2001년 10월 15일에 있었던 한·일 정상회담에서 韓·日 歷史共同硏究를 실시하기로 합의하였다.

독도와 관련해 2001년판 후쇼샤의 公民교과서는 과거에 없던 독도 화보까지 게재하면서 '한국이 불법 점거를 하고 있다'는 내용을 추가했다. 도쿄서적과 오사카서적의 공민교과서, 니혼서적의 지리교과서도 독도를 '일본 固有의 領土' 또는 '일본의 領海'라고 쓰고 있다.

2004년 12월에 열린 한·일 정상회담에서는 한·일 역사공동연구를 지속키로 합의하였고, 2005년 4월 5일 검정 결과와 관련하여, 외교부 대변인 성명 및 외교 경로를 통해 한국 정부의 유감의 뜻을 전달하였다.

<표 2> 공민(公民) 교과서 독도 관련 기술

2001년	2005년 검정신청본	검정 통과본
〈도쿄 서적〉 표기 없음	독도 언급 없고 일본의 북단(쿠릴열도 4개섬)과 남단(오키노토리)에 대한 언급만 있음	시마네 현 오키섬의 북서쪽에 위치한 다케시마는…일본 고유의 영토이다
〈오사카 서적〉	시마네현 해역의 다케시마는 한국도 그 영유를 주장하고 있다(본문 지도에서 일본의 경제수역으로 표시)	시마네현 해역의 다케시마는 한국도 그 영유를 주장하고 있다(본문 지도에서 일본의 영역으로 표시)
〈일본서적 신사〉	독도 언급 없고 쿠릴열도 4개섬만 언급	독도 언급 없고 쿠릴열도 4개섬만 언급 (일부수정)

우익 성향의 '새로운 역사교과서를 만드는 모임'에서 2009년에 만든 自由社의 「新しい歷史教科書」는 일본이 391년 백제와 신라를 파괴하여 臣民으로 삼았으며, 난징학살은 허구이고, 일본이 아시아 諸国의 독립을 위해 싸웠다는 歪曲内容의 시정을 일본 정부에 강력히 요구하였다. 더구나 强制徵用者와 慰安婦의 아픈 過去를 외면해서는 안 될 것이며, 일본인의 만행과 위안부의 절규를 기술한 일본의 中高校의 教科書가 2007년에는 7종에서 2012년에는 1종외에는 從軍慰安婦, 强制連行 등의 내용을 모두 삭제하여 더욱 문제가 되고 있다. [2]

교육출판에서 만든 教科書도 1997년도 판에는 '많은 조선인 여성들이 慰安婦로서 전쟁터에 파견되었다'는 기술과 함께 보상을 요구하는 한국인 위안부 피해자 할머니들의 사진 등이 실렸지만, 2002년도 판부터는 모두 삭제되고 없어 유감이다.

<표 3> 일본의 중학교 교과서의 위안부 기술내용

출판사	1997년도판	2012년도판
교육출판	1. 많은 조선인 여성들도 위안부로 전쟁터에 파견되었다. 2. 거기에는 위안부, 학사이나 강제연행, 강제노동의 피해자 등도 포함된다. 3. 1994년 현재, 위사진이 위안부 익 강제연행 및 강제노동에 동원된 사람들, 군에 의해 피해를 입은 사람들로부터 20여건의 전후 보상을 요구하는 재판이 제기됐다.	기술 없음
도쿄서적	종군 위안부로서 강제적으로 전장에 보내진 젊은 여성들이 다수 있었다.	이러한 오원은 여성에게까지 미쳐, 전쟁에서 강제로 일을 해야 하는 사람들도 있었다.

2 2015년 1월 6일 한국일보

출판사	1997년도판	2012년도판
오사카서적	1. 조선 등의 젊은 여성을 위안부로서 전장에 연행했다. 2. 종군 위안부라든지, 일본군에게 동원된 대만인들 등 국적에 의한 전후 보상의 차별 들이 큰 문제다 되었다. 3. 사진성명. 일본정부에 전후 보상을 요구하는 행진을 하는 한국의 종군위안부 할머니들	발행하지 않음
일본문교출판	위안부로서 전장의 군에 연행된 여성도 있었다.	기술 없음
일본서적신사	여성을 위안부로서 군을 따르게 해 하대했다.	발행하지 않음
제국서원	1. 이들 지역의 출신자들 중에는 위안부였던 사람들 등이 있다. 2. 전쟁 당시, 남성은 병사로서 여성은 위안부로서 동원돼 참기 힘든 고통을 당했습니다.	기술 없음
시미즈서원	조선이나 대만 등의 여성 중에는 전쟁지역의 위안시설에서 강제 동원된 이들도 있었다.	기술 없음

오사카서적: 2009년 부터 일본문교출판으로 판권 양도. 일본서적신사 2002년까지 일본서적
자료 : 여성들의 전재과 평화 자료관

위와 같이 한국일보가 입수한 '여성들의 전쟁과 평화 자료관'(WAM)[3]의 자료에 따르면, 慰安婦 관련 내용을 다룬 일본 中学生의 역사 교과서는 1997년도 판은 7종에서, 2002년도 판은 3종, 2006년도 판은 2종, 2012년도 판은 1종으로 급격히 줄고 있다.

와타나베 사무국장은 "일본은 평화헌법 때문에 군대를 만들 수 없어서, 이를 바꾸기 위해서는 過去 歷史를 정당화하거나 美化해야 하기 때문에 민감할 수밖에 없는 위안부 문제에 멀리하려고 하는데, 사실을 認定하고 謝罪와 賠償, 歷史敎育 등을 해야 한다"고 말했다.

허버트 지글러 하와이 대학 교수는 하와이 일본領事가 찾아와서 미국의 역사교과서에서 위안부 내용의 수정을 요구했으나 거부했다고 한다. "일본군은 14~20세의 여성 20만 여명을 군부대 위안소에 강제로 모집하고 박해했고 학살도 했다." 라고 기술되어 있는 뉴욕의 맥그로힐사의 高校世界史 교과서이다. 알렉시스 더든 코네티컷 대학교수는 2015년 2월 미국의 역사학자 19명의 집단성명을 주도하고, 일본의 歷史 修訂主義와 歪曲 試図를 강력히 비판하였다.

최근 国際的으로 과거침략전쟁 때 일본의 蠻行에 대하여 비난여론이 쏟아지고 있고, 위안부문제 해결을 촉구하는 국제적인 비난여론에 대해 1965년 韓日 国交正常化 때 청구권자금 8억달러로 補償했고 謝過도 했다고 주장하고 있는 日本政府의 態度가 문제이다.

2015년 5월 25일, 일본 16개 歷史学 단체 회원 6900여 명이 "위안부 歪曲을 그만하라"는

---

3 도쿄 신주쿠구에 있는 '여성들의 전쟁과 평화 자료관'(Women's Active Museum on war and peace・WAM)

声明의 발표를 주도한 구보 도루(久保 亨) 역사학연구회 위원장은 "우리는 소수의 우익도 좌익도 아닌 常識的인 생각을 가진 다수 歷史學者들의 의견을 반영한다."고 말했다.

구로다 다카코(黑田貴子) 역사교육자협의회 부위원장은 "일본에서 현재 위안부 문제를 다룬 중학교 역사교과서는 하나도 없다. 어린이들은 嫌韓 뉴스 속에 살고 있다. 우리는 어린이들에게 歷史的 真実을 伝達하고자 한다"고 말했다. [4]

〈표 4〉 일본 16개 단체의 성명에 참여한 주요 歷史學 단체

	역사과학협의회	역사학연구회	일본사연구회	역사교육자협의회
설립	1967년	1932년	1945년	1949년
회원수	약 1200명	약 2200명	약 2076명	약 2000명
학회지	역사 평론	역사학 연구	일본사 연구	역사지리 교육
특징	위안부 문제 연구에 적극적	1980년 때부터 위안부 문제 연구	근대 역사학과 향후 구제 적극 연구	올바른 역사 교육 연구와 실천에 주력

〈그림 3〉 歪曲된 内容의 『新しい歷史教科書』의 特長

1995년 7월 18일 발표된 "아시아 여성기금 동참 호소문"이 日本外務省 홈페이지의 "歷史認識" 코너에 게재 되어있던 "10대 소녀까지 포함된 많은 여성의 근원적인 존엄을 짓밟는 殘酷한 행위였다."는 호소문 내용을 일본정부는 지워 버렸다.

극우파의 요구를 수용하여 歷史지우기를 하고 있는 일본정부의 歷史歪曲은 국제사회에서 비난받아 마땅하고, 양심적인 일본인의 良心宣言이 아쉬울 뿐이다.

특히, 2015년판 『新しい歷史教科書』[5]의 저자들은 일본인은 自虐史観을 버리고 우월정신을 갖자고 주장하는 허무맹랑한 내용으로 일본인의 良心마저 의심하게 하는 歷史歪曲 교과서를 오늘도 만들고 있으니 문제이다.

즉, 중국의 난징대학살 때 일본군이 저지른 만행을 세상이 다 아는데도, "허구의 남경사건을 실지 않는다.(虚構の南京事件を載せず。)일본이 391년에 바다를 건너가 신라와 백제를 파멸했다.(日本が391年に海わたり, 新羅, 百済を破った。), 제2차 세계대전을 대동아전쟁

4 2015년 5월 26일 동아일보
5 杉原 誠四郎 外(2015)『新しい歷史教科書-中学社会』, 自由社, p.7, 48, 233, 241, 243

(大東亜戦争)이라 표현하고, 欧美諸国으로부터 아시아의 독립(アジア独立)과 植民地解放을 달성하기 위해 일본이 解放軍으로서 행동했다고 표현하고 있으니 世界로부터 비난받고 있다.

〈그림 4〉 일본이 391년에 바다를 건너가 백제와 신라를 파멸했다는 왜곡된 내용.

"죽도(竹島)는 1905년에야 島根県에 편입해 놓고, 그동안 実效支配를 하고 있는 일본고유의 영토인데 한국이 자기 것이라 주장을 계속하고 있다." 등으로 事実을 歪曲하고, 일본군 위안부 문제에 관한 내용은 한마디도 없다. 歪曲教科書들은 '壬辰倭乱'을 '朝鮮出兵'이라고 묘사하거나 명성황후 시해 사실과 일본군 위안부 기술을 의도적으로 제외시키거나 慰安婦 문제를 조선의 여성들이 공장 등으로 보내졌다고 기술해 취업문제 등으로 歪曲하고 있다.

또한 아시아태평양전쟁을 노골적으로 '아시아해방전쟁', '대동아전쟁'으로 美化하고 식민지 지배정책이 마치 일본이 한국의 문화를 수용하거나 조선인들에게 한글을 가르쳐 정체성을 잃지 않게 하려는 것이었다는 식으로 유도하고, 帝国主義 침탈의 역사를 왜곡, 은폐하는 비양심적인 교육을 실시하니 韓日関係는 더욱 悪化될 뿐이다.

〈표 5〉 일본 고등학교 역사교과서 9종의 왜곡과 오류 내용[6]

위안부	전지에 설치된 '위안시설'에는 조선, 중국, 필리핀 등으로부터 여성들이 모아졌다. (산천출판)	➡ '모아졌다'는 표현은 위안부의 강제성을 부인하고 자발성을 강조하는 서술
토지조사사업	소유권의 불명확 등을 이유로 광대한 농지, 사림을 접수하고 일본인에게 불하(拂下)했다 (산천출판 87~88p) 1910년부터 일본의 토지개정에 맞게 대규모 토지조사 사성을 실시하고 조선을 자본주의 강제로 속하게 하는 기초를 만들었다. (실교출판 206p)	➡ 토지조사는 조선인의 토지를 수탈하기 위한 것임에도 이를 부정하고 식민지 근대화론에 근거해 서술
임나 일본부설	야마토 왕권은 가야의 임나를 통해 조선반도 남부와 밀접한 관계를 가졌다. (실교출판 25~26p)	➡ 일본 내 일부 역사학계의 일방적 주장을 그대로 서술
창씨개명	일본의 가족제도에 근거하는 '씨'의 창설을 의무화하고, 일본풍의 이름으로 개명을 장려했다. (청수서원 153p)	➡ 조선민의 극심한 반대가 있었음에도 장려한 수준에 그친 것처럼 묘사

6 2013년 9월 16일 서울신문

인진왜란	도요토미 히데요시는 조선에 대한 일본으로의 조공과 명으로 침고 시의 선도를 추구했다. 조선이 이것을 거절하면서 1592년 히데요시는 조선에 15만여의 대군을 보내서 침략전쟁을 시작했다. (동경서적 105p)	➡	임진왜란 반발의 책임을 명의 침략에 대한 조선의 비협조로 몰아가는 듯한 서술
동학농민운동	조선에서 감세와 일본, 서구의 배제를 요구하는 농민 반항이 일어나서 확인됐다. (산천출판 257~259p)	➡	일제의 국권침탈에 대항한 농민 저항을 '반항'으로 표기

자료 : 박홍근 민주당 의원실

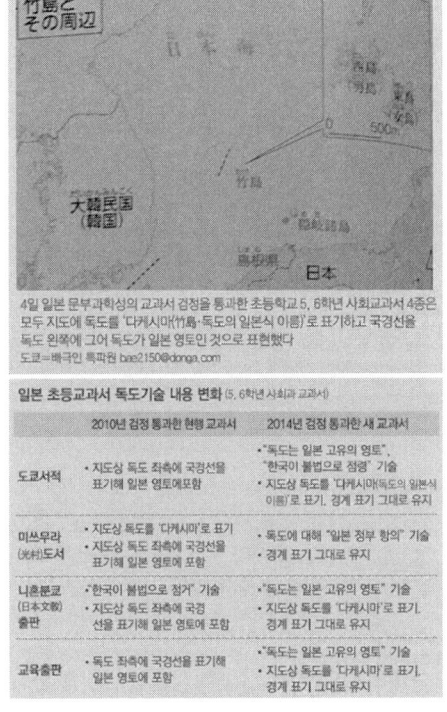

〈표 6〉 2015년부터 사용되는 일본초등학교 5, 6학년용 사회 교과서 지도[7]

일본의 歷史歪曲과 영토 야욕이 2015년부터 소학교 5·6학년이 사용하는 사회 교과서에서는 "다케시마는 일본 고유의 영토다. 한국이 불법으로 점거하고 있다"는 내용이 들어가 독도를 일본 固有의 領土라고 왜곡주장하면서 '다케시마(竹島)'라고 표기한 地図를 실었다. '독도는 일본 땅'이라는 歷史歪曲의 교과서에 国粹主義者들과 극우정치가와 아베 총리의 의중이 반영된 것으로 일본 新世代의 잘못된 教育을 우려하지 않을 수 없다.

일본 문부과학성이 2011년 3월 30일 중학교 교과서 검정 결과를 발표하였고, 검정을 통과한 18종의 교과서에서 独島와 관련된 내용이 모두 강화되었으며, 歷史的 地理的 国際法的으로 일본 영토인 竹島를 '한국이 불법 점거하고 있다'고 歪曲한 教科書가 점점 늘어나고 있다.[8]

일본이 독도 영유권 주장을 지금도 계속하고 있으나 일본의 많은 史学者들은 객관적인 연구를 통해 과서부터 한국의 영토임을 인징하고 있는 것은 다행이다.

2000년 5월 9일 일본외무성이 발행한 2000년판 외교청서[9]와 일본외무성 웹사이트[10]에서

7 2014년 4월 5일 동아일보
8 2011년 3월 31일 동아일보
9 2000년 5월 10일 동아일보
10 http://www.mofa.go.jp/mofaj/area/takeshima/일본외무성 웹사이트

다케시마 (竹島)는 역사적으로나, 국제법상으로도 일본의 영토라고 주장하여, 독도영유권 문제는 韓日關係의 중대하고 심각한 상황의 문제가 되고 있다. 주한일본대사관 公報文化院의 홈페이지에는 '다케시마(竹島)문제'라는 제목으로 2008년 2월부터 제시하고 있다.

최근의 独島領有権紛争은 2008년 2월, 일본 외무성에서는 일본의 독도 영유권을 주장하는 책자를 발간하여 배포하였고, 2008년 7월에는 일본 정부가 중학교 社会 教科書의 학습지도요령 해설서에 독도를 일본 영토로 표기하였으며, 2012년부터 '다케시마는 일본 고유의 영토'라는 내용을 교육시켜 대한민국 정부의 항의를 받는 등 주권 침해의 논란이 되고 있다.

江戸幕府는 1696년 1월, '죽도도해금지령'을 내려 울릉도에의 渡海를 禁止하는 법이 다케시마 잇켄(竹島一件)인데, 마쓰시마(松島 독도)의 도항을 금지 하였고, 1877년 3월29일 메이지 정부 최고의 의사결정기관인 太政官은 태정관지령서에서 '竹島外一島(울릉도와 독도)本邦(일본)과 關係無(관계없음)'을 결정하여, 일본은 역사적으로 독도는 조선 땅이라는 것을 공식적으로 두 번이나 인정하였던 것이다.

1837년, 에도막부는 조선 땅 울릉도에 다녀온 하치에몬을 처형하였다. 그리고 전국 해안가에 모든 해외로의 도해를 금지한다는 경고문을 내걸었다. 당시 재판과정을 기록한 '죽도도해 일건기' (1836)에 따르면 하치에몬은 해마다 영주에게 울릉도와 독도에 대해 도해허가를 요청했으나 거절당했다는 기록이 있다.

특히 하치에몬의 재판기록에 첨부된 지도에는 한반도와 울릉도, 독도는 붉은색이고 오키섬과 일본열도는 노란색으로 확연히 영토가 구분되어 있다. 당시 일본인들에게 울릉도와 독도는 절대로 넘을 수 없는 금단의 외국 땅이었던 것이다.

1877년 3월 29일 메이지 정부 최고의 의사결정기관인 太政官은 태정관지령서(1877)에서 '竹島外一島(울릉도와 독도)本邦(일본의 영토)와 關係無(관계없음)을 결정하여, 일본은 역사적으로 "독도는 조선 땅"이라는 것을 공식 인정하였던 것이다.

한국본토의 유민들에 의해서 세워진 울릉도의 우산국(于山国)이 신라에 병합하여 귀속된 것은 6세기 초인 512년이며, 이때부터 한국고유의 영토가 되었다. 이 사실은 김부식이 쓴『삼국사기(三国史記)』신라본기 지증왕 13년(512)에 이찬 벼슬에 있는 이사부(理斯夫)로 하여금 우산국을 정복하여 신라에 귀속했다고 기록되어 있다.

조선세종 14년(1432)과 1454년에 편찬한『세종실록지리지』강원도 울진현조의 기록에는, '于山·武陵二島 在県正東海中 二島相距不遠 風日清明 則可望見 新羅時 称于山国'이다.

즉, 우산, 무릉 두 섬이 울진현 정동 바다 한가운데 있으며, 날씨가 맑은 날은 우산도(울릉도)에서 무릉도(독도)가 보인다고 표현 하고 있다.

그러나, 독도를 東京書籍의 2015년판 『新しい社会 地理』 p.230의 지도에는 竹島로 일본 영토로 표시 되어있고, 自由社의 2015년판 『新しい歴史教科書』 p.272-273에는 "竹島는 江戸시대에는 鳥取藩의 사람이 幕府의 許可를 받아 漁業을 하였고, 1905년 국제법에 따라서 일본의 영토로 島根県에 편입한 이후 実効支配를 하고 있다. 竹島는 日本固有의 領土로 있지만, 한국이 竹島를 자기 것이라고 주장하면서 1953년부터 武装警察官을 常駐시켜 不当한 占拠를 계속하고 있다." 라고 왜곡된 억지주장을 하고 있으니 한심스럽고 어이가 없다. 18세기에 나온 정상익의 〈동국지도〉에서는 울릉도와 우산도의 위치와 크기가 정확하게 표시되었으며, 조선 후기의 지도첩에는 울릉도 옆에 우산도(于山島) 또는 자산도(子山島)를 표기하고 있다. 1807년에 다카하시 카게야시(高橋景保)가 만든 '日本邊界略図'는 동해를 朝鮮海로, 독도를 于山島로 표기하였다. 1900년 대한제국은 '칙령 제41호'를 통해 독도가 우리나라의 영토임을 전 세계에 공표하고, 울릉도를 울도군으로 승격시키고 울도 군수의 관할 구역으로 석도(石島=현재의 독도)를 명시했다.

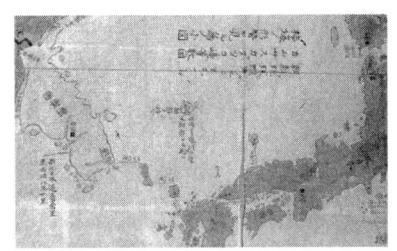

〈그림 5〉 1785년에 하야시
시헤이(林子平)가 만든 '삼국접양지도'

일본의 저명한 지리학자 하야시시헤이(林子平: 1738~ 1793)가 '개정일본여지노정전도'와 '조선팔도전도' 등을 토대로 1785년에 제작한 '삼국통람도설(三国通覧図説)'의 부속 지도인 '삼국접양지도(三国接壤地図)'는 조선과 일본과 중국 등을 그린 지도인데, 국경과 영토를 나타내기 위해 조선국을 황색으로 일본국을 녹색으로 채색했는데, '다케시마(竹島)'와 '마쓰시마(松島)'로 표기하고, 모두 조선국의 색깔인 황색으로 표시하여 울릉도와 독도가 조선 영토임을 표시하였으며, 울릉도와 독도의 두 섬 옆에다 조선의 것이라는 '朝鮮ノ持ツ' (조선의 소유)라는 글자를 적어 넣어 울릉도와 독도가 확실하게 조선의 영토임을 잘 나타내고 있다.

1852년에 만든 '조선세도'(朝鮮細図)와 1873년에 만든 '조선국세견전도'(朝鮮国細見全図) 외에도 1882년에 기무라가 만든 '동판조선국전도' 에도 죽도(竹島-울릉도)와 송도(松島-독도)를 조선영토와 같은 색으로 표시해서 독도가 조선의 영토임을 표현하고 있고, 1886년 모리 킨세키가 만든 '일본해륙전도'의 부분도인 '조선국전도'에는 울릉도와 독도가 조선의 영토임을 표현하고 있다.

1870년 이노 다다타카(伊能忠敬)라는 저명한 지도학자가 작성한 '관판실측일본지도(官板実測日本地図)'는 일본 전역을 상세히 표기하고 있으나 오키(隠岐)섬만 있을 뿐 독도는 보이지 않는다. 1881년 작성된 '대일본전도(大日本全図)'에도 쓰시마와 오키 섬은 보이지만 울릉도와 독도가 빠져 있다. 일본의 관청이 편찬한 영토지도에도 독도는 일본 땅이 아닌 것으로 되어 있다.

독도는 울릉도(鬱陵島)에서 약 88km로 날씨가 좋은 날은 눈으로 1년에 약60일정도 보이는 곳이고, 일본의 오끼섬(隱岐島)에서는 약 158km 정도 멀리 떨어져 있어서 지정학적으로 볼 때, 누가 봐도 70km나 가까운 대한민국의 영토에 당연히 포함되어야 할 것이다.

일본의 양식있는 지식인들과 많은 학자들은 독도는 한국 땅이라고 주장하고 있다. 이들은 사실적인 연구와 학자적 양심으로 독도가 일본영토가 될 수 없는 이유를 사료 검증과 분석을 통해 밝히고 있는 것이다[11].

일본인 역사학자 야마베 겐타로(山邊健太郎, 1905~1977)는 1965년에 '독도문제의 歷史的 考察'이란 논문[12]에서 "독도문제는 1904년 한일의정서를 통해 사실상 대한제국의 外交権을 빼앗은 뒤에 1905년 독도를 일본에 편입 한 것은 정당성이 결여된 일본의 제국주의 정책이었다고 지적하고, 울릉도에서 보이는 독도는 당연히 조선 땅이다."고 주장하였다.

교토(京都)대학 호리 가즈오(堀和生) 교수는 '1905년 일본의 독도 영토 편입'이란 논문을 통해, 1905년 독도를 일본에 편입시킨 것은 일본이 조선 각지에서 저지른 주권 침해나 침략과 같은 성질의 찬탈이라고 비판하면서, 조선 문헌에 독도가 등장하는 것이 일본 측보다 200년 정도 빠르다고 지적했다. 국제관계학을 전공한 쓰다주쿠대학 다카사키 소지(高岐宗司) 교수는 "독도는 한국에 넘기는 것이 바람직하다"고 주장한다.

최근 일본정부와 아베수상의 강경 발언은 인기하락의 막다른 골목에서, 독도 관련의 교육문제라도 건드려서 분위기를 쇄신하고 국민의 관심을 끌려는 속셈인 것이라고 말한다.

시마네(島根)대학 나이토 세이추(內藤正中) 명예교수는 10년 넘게 일본의 독도 영유권 주장의 虛構性을 규명하여 왔는데, 시마네 현이 2005년 2월 22일 독도의 날을 선포하는 소란 속에서도 '독도는 한국 땅'임을 주장하는 칼럼을 써서 2005년 3월 17일 '東京新聞'에 기고하 였다. 나이토 교수는 1905년 독도를 일본에 編入시킨 것은 1904년 9월 어민 나카이 요사부로(中井養三郎)가 독도 근해에서의 강치(물개)잡이 어업권을 독점할 목적으로 독도 임대를 청원하려 하였으나 일본 정부가 '無主地 영토 편입 청원'으로 바꾸게 함으로써 이뤄졌다는 것이다. 즉, 일본의 江戸幕府가 1696년 1월, '죽도도해금지령'을 내려 울릉도에의 渡海를 禁止하는 법이 다케시마 잇켄(竹島一件)이며, 마쓰시마(松島 독도)의 도항을 禁止한 것은 당시 일본에서는 독도가 조선의 영토로 인식되고 있었다고 주장한다. 또한 1877년 3월 29

---

11 2008년 7월 19일 동아일보 참조
12 山邊健太郎(1965)「独島 問題의 歷史的考察」, 『コリア評論』

일 明治政府의 최고 국가기관인 太政官이 "태정관지령서"에서 '竹島外一島(울릉도와 독도)本邦(일본의 영토)와 関係無(관계없음)'라고 결정한 사실을 지적하고, 일본은 독도에 대해 일본영토가 아니라고 말한 적은 두 번 있지만, 일본이 領有権 意思를 주장한 적은 한 번도 없었다고 지적하고 있다[13].

그리고 1837년, 에도막부는 조선 땅 울릉도에 다녀온 하치에몬을 처형하고 전국의 해안가에 모든 해외로의 도해를 금지한다는 경고문을 내걸었던 '죽도도해금지'의 경고판이 현재 시마네현에 보관 중이다.

당시 재판과정을 기록한 '죽도도해 일건기'(1836)에 따르면 하치에몬은 해마다 영주에게 울릉도와 독도에 대해 渡海許可를 요청했으나 거절당했다는 기록이 있으며, 하치에몬의 재판기록에 첨부된 지도에는 한반도와 울릉도, 독도는 붉은색이고 오키섬과 일본열도는 노란색으로 확연히 영토가 구분되어 있다.

호리 교수는 2008년7월17일 동아일보와의 인터뷰에서 "요즘 일본 내 일련의 움직임은 '막다른 골목에 다다른 느낌'에 정치 주도세력이 다급해졌기 때문"이라고 분석했다.

일본 정치가 새로운 국면을 열지 못하고 폐쇄감에 휩싸인 가운데 독도 관련 교육문제로 분위기를 쇄신하고 국민의 관심을 끌어보려는 것이다. 호리 교수는 "이런 흐름을 주도하는 것은 외무성과 문부과학성 관료들인데 생각이 얕고 시야가 좁은 사람들이 일본을 이끌고 있어 걱정"이라고 비판했다.[14]

한편, 독도가 일본 땅이라 주장하고 있는 非良心的인 우파학자 시모조 마사오(下条正男) 拓殖大学 교수와 다케시마는 일본 고유의 영토인데 한국이 부당하게 점거하고 있다고 주장하고 있으며, 「新しい歴史教科書-中学社会」自由社[15]는 일제시대의 創氏改名에 대해서는 "이름도 없는 한국인을 일본풍의 이름으로 개명도 장려했다"고 적고 있어 歴史 歪曲이 거의 시정되지 않은 채 식민 지배를 합리화하고 독도영유권 주장하는 皇国史観이 문제이다.

1995년 무라야마 총리의 植民支配와 侵略事実을 認定한 談話에 저항하는 '새로운 역사 교과서를 만드는 모임'(새역모)을 1997년 결성하여 自虐史観의 극복을 위해 일본군 위안부에 대한 역사기술의 삭제를 주장하여 여러 교과서에서 일본의 역사적 가해 사실 언급은 자취를 감추기 시작했다.

문부과학성이 3·1운동을 '데모'와 '폭동'으로, '탄압'을 '진압'으로, 대한제국에의 '侵略'

---

13 内藤正中 著, 곽진오, 김현수 飜訳(2009)『韓日間 独島·竹島 논쟁의 실체』, 책사랑, p.17
14 2008년 7월 19일 동아일보
15 杉原 誠四郎 外(2015)『新しい歴史教科書-中学社会』, 自由社, p.243, 272, 273

을 '進出'로 '出兵'을 '派遣'으로 修訂하도록 指示했다는 사실이 알려지면서 외교적 마찰을 빚은 歷史教科書 왜곡 파동 당시 미야자와 기이치(宮沢喜一) 관방장관이 담화를 발표하여 한국, 중국 등 근린제국의 批判에 귀를 기울이겠다고 밝혔다.

2013년 9월 16일 서울신문에 의하면, 지난 3월 일본 문부과학성의 검정을 통과한 일본사 고교 교과서 9종(일본사A 3종, 일본사B 6종)이 삼국시대부터 근현대사까지 한국사 관련 내용을 왜곡 서술한 것으로 드러났다. 일본이 古代에 한반도 남부를 지배했다는 任那日本附設, 식민시대의 創氏改名, 토지조사사업 등에 대한 침략을 美化시키고, 皇国史観의 거짓 역사 기술이 문제가 되고 過去事의 歪曲을 용납할 수 없다는 비판이 거세게 일고 있다.

일본 산케이신문이 일본의 中学校 教科書의 検定 결과를 분석한 2011년3월31일의 기사에서 '強制連行', '慰安婦'라는 표현과 함께 '위안시설'이라는 말까지 없어졌다고 강조했다.

아베 정권이 교과서 학습지도요령 상세화, 검정기준 구체화 등으로 검정기준을 자세하게 만들고 侵略戦争이나 위안부, 중국 난징(南京)대학살 등의 내용이 포함된 교과서는 検定을 通過하지 못하게 하는 국정화의 교과서처럼 만들려고 하는 것이다.

일본의 『文芸春秋』 2015년 7월호에서 佐藤 優 작가는 中韓露의「歷史教科書を読む」글에서 한국과 중국, 러시아의 역사교과서의 南京大虐殺, 従軍慰安婦, 領土問題 등의 내용에 비해서 일본의 역사교과서가 그 책임을 다하지 못하고 있음을 정확하게 지적하고 있듯이[16], 강제로 위안부 피해자가 된 수 많은 여성들에 대한 성폭력은 非人間化의 人権問題이다.

일본군위안부 문제는 国内뿐만 아니라 国際的인 문제로 国際社会의 관심을 얻기 위해 현재 1억 명의 署名運動을 전개하고 있으며, 한국, 일본, 대만을 비롯한 아시아 6개국의 시민단체들이 연대활동을 펼치고 있다.

앞으로 미래의 세대가 올바른 歷史教育을 배울 수 있도록 한국, 중국, 일본이 共同으로 국제사회 視覚에서 比較分析하는 진실을 기록한 歷史 教科書를 만들 必要가 있다.

일본정부는 慰安婦의 強制動員이라는 反人倫的인 犯罪에 대해 謝過와 反省을 하지 않고, 극우파 国粋主義者들이 사실을 認定하지 않고 왜곡하면서 妄言을 계속하면서 법적 責任도 회피하고 있어서, 일본은 국제적인 망신과 非難을 받고 国際社会에서 孤立되고 있다.

1992년 요시미 요시아키(吉見義明) 중앙대교수가 일본 정부와 軍의 역할을 설명하는 문서상의 証拠를 公開하면서 일본 정부는 위안부 체제의 설립과 조직에 직접적으로 연관되었다는 事実을 認定하고, 미야자와 総理는 한국을 방문하여 한국 국민에게 謝過했다.

그러나, 위안부들은 일본 최고권력 기관으로 국민을 대표하는 議会와 天皇으로부터의 진

16 『文芸春秋』 2015년 7월호, 佐藤 優, 中韓露의「歷史教科書を読む」, pp.11-17

〈그림 6〉 한일양국의 학자들이 공동으로 만든 역사책과
왜곡을 비판한 책들

정한 謝過와 賠償을 요구하고 있다.

強制動員한 사실을 認定하고, 反省하고 謝過하지 않는 일본인의 잘못된 생각 때문에 한국, 중국, 뿐만 아니라, 유엔 등의 국제사회에서 일본의 歷史歪曲을 비난하고 있다.

그동안 아베 총리는 "침략의 개념은 확정돼 있지 않다"면서, "침략의 定義나 위안부 문제는 歷史学者들 연구에 맡겨야 한다"며 무라야마 담화의 수정 의지를 드러내면서 역사인식을 둘러싼 파문을 일으키고 있다. 이제 일본군위안부의 성폭력과 軍 주도하의 성매매의 만행과 歷史의 真実 糾明을 使命으로 하는 세계 역사학자들이 公認하는 사실이고, 과거사 문제를 제대로 해결해야 하는 데 責任을 회피하는 일본과 아베 정부의 그릇된 역사 인식에 문제가 있다. 일본의 정치지도자들이 良心으로 行動하는 모습이 아쉽기만 하다.

일본 도쿄지방법원은 2012년 10월 11일 위안부 피해자 11명이 일본 정부를 상대로 제기한 문서공개 거부처분 취소청구 소송에서 일본 외무성이 韓日基本条約 관련 文書를 公開하지 않은 것은 부당하다며 원고 일부 승소 판결을 내렸다. 일본 정부는 한일회담문서를 즉각 공개하고 위안부 문제에 대한 배상협상 문제도 일본 정부의 솔직한 반성과 책임 있는 조치가 절실히 필요한 때인 것 같다.

2014년 12월 13일, 일본의 4개 歷史学 学術団体인 歷史学研究会, 日本史研究会, 歷史教育者協議会, 歷史科学 協議会가 安信晉三정권의 일본군 위안부 문제의 歪曲에 共同対応하기로 결정했다. 사이타마가쿠엔 대학 후쿠도사나에(服藤早苗)교수는 "아베 총리는 歷史的 事実에 기초해서 強制行의 정의에 맞춰 위안부 문제를 발언하길 바란다"고 주장했고, 지바이사오(千葉 功)교수는 "1991년 김학순 할머니의 証言 이래 学問的으로 慰安婦 関聯 研究가 거듭되었다. 집에 들어가 여자들을 강제로 트럭에 싣고 위안소로 보낸 強制連行이 일어났고, 속아서 위안부가 된 것도 強制連行과 같다"고 주장했다.

메이지대학의 스다 쓰토무(須田 努)교수는 "일본군의 관여아래 強制 連行된 위안부가 존재하는 것은 明白하다. 위안부의 피해 사실을 否定하는 것은 절대 용서할 수 없다."고 강조하였다. 일본 역사학 연구회위원장인 信州大学 구보 도루(久保 享)교수는 "위안부 強制連行은 중국산시성에서도 明白하게 드러났다." 2014년 10월 15일 정부수뇌와 메스미디어의

"일본군 위안부 문제의 부당한 견해를 批判한다."는 일본의 良心的인 역사학회와 學者들의 声明을 발표했고, 평범한 일본국민들은 日本軍慰安婦 문제를 외면할 수 없는 진실로 인정하고 있다.

그러나, 일본의 우익과 보수단체와 아베정권은 過去歷史를 더 이상 歪曲하거나 美化하지 말고, 謝罪와 賠償을 하고, 올바른 歷史敎育을 해야 韓日関係도 正常化 될 수 있다는 사실을 銘心하고 信頼構築에 부적절한 행동으로 韓日両国의 国民에게 失望을 주어서는 안 된다.

일본은 韓中日의 過去事 문제를 謝過하고 認定해야 韓中日이 서로 윈윈하는 協力 時代를 맞이할 수 있을 것이다. 過去歷史를 청산하고, 歷史의 真實을 가르치지 않으면, 잘못된 犯罪를 다시 反復할 수도 있기 때문이다. 위안부 할머니들의 아픔과 사회의 名譽回復과 強制連行을 認定하는 正直한 決斷과 일본의 謝過와 誠意있는 賠償이 필요한 것 같다.

2015년 5월 25일, 일본의 歷史学 관련 16개 주요 학술단체들이 기자회견을 열고 慰安婦 強制連行을 否認하는 아베정부를 정면 批判하는 共同声明을 発表하고 事実의 歪曲을 不当하다고 보며 真實을 要求했다. 그들은 다음과 같은 3가지 問題를 指摘했다.

첫째, 強制連行은 본인의 의사에 반한 연행도 포함하는 것으로 이해되어야 한다.

둘째, '慰安婦'가 된 여성은 성노예로서 필설로는 다할 수 없는 暴力을 받았다.

셋째, 学問의 自由에 대한 침해이며 결단코 認定할 수 없다.

日本의 歷史学者들과 지식인들이 声明을 집단으로 発表하여 일본사회에 警鐘을 울렸다.

아베 정권이 "위안부 관련 加害 事実을 진지하게 직면하고 被害者에 대해 誠実히 대응할 것"을 요구했다. 学者들은 또 "위안부 피해자가 動員 課程뿐 아니라 慰安所에서 人権을 유린당하는 성 노예 상태에 있었다는 것까지 드러났다"고 指摘했다.

1992년 미야자와 기이치(宮沢喜一) 일본 총리는 한국을 방문하여 "정신대 문제는 관계자들이 체험한 쓰라린 고통에 마음이 미어지는 심정이다. 글과 말로 다 표현할 수 없는 그분들의 고통과 아픔에 대해 충심으로 사과하고 반성한다."라고 사죄하고, "하루 빨리 진상을 규명하고, 적절한 조치를 취하겠다."고 약속하였다.

미야자와 일본 총리의 방한을 계기로 1992년 1월 8일부터 시작된 한국정신대대책협의회 (정대협) 주관 '일본군 위안부 문제 해결을 위한 수요 집회'가 2011년12월14일 1000번째를 맞아 평화비를 세웠다. 위안부 할머니들은 평균나이가 85세가 되었고, 2013년 5월 여성가족부에 신고자는 237명이고, 192명이 세상을 떠나 2015년 7월 현재 생존자는 45명으로 줄었다.

핫토리 료이치(服部良一) 사회민주당 의원은 "일본군에 의한 용서하기 어려운 행위로 오랫동안 고통 받은 피해자들에게 일본인으로서, 国会議員으로서 謝罪한다"고 말했다.

한편, 외무성 건너편에는 우익단체 회원 1000여 명이 맞불 집회를 가졌다. 이들은 "위안부 강제연행은 없었다. 일본인 매국노들은 일본을 떠나라"고 주장했다. 일본에서는 이날 도쿄 외에도 홋카이도(北海道) 삿포로(札幌) 시와 가나가와(神奈川) 현, 오키나와(沖縄) 등 전국 13개 지역에서 위안부 문제 해결을 촉구하는 시위와 문화행사가 열렸다.[17]

일본 극우단체 회원들이 "위안부 강제연행은 사상 최대 날조"라고 주장하고, 일본군 위안부 문제와 관련해 "군이나 관에 의한 강제연행은 없었다."고 주장하는 아베신조 총리나 이시하라 신타로 도쿄도지사의 "난징(南京)대학살은 없었다."등의 허위 주장을 하는 극우 일본 정치인들은 전쟁의 책임문제나 식민지지배의 책임문제를 회피하고, 망언을 하여 한일양국의 국민감정을 더욱 악화 시키고 있어 안타깝다.

강제 징용자에 대한 미지급 금액, 우편저금, 연금 등의 반환을 청구하는 식민지배 청산을 요구하는 한국도 정확한 자료와 논리로 대응하고, 위안부문제와 독도문제 등의 역사문제는 타협으로 해결을 해야 되며, 그 문제를 다른 분야까지 확대시켜서도 안 되는 이유는 한국과 일본은 민주국가로 대화를 통해 문제를 해결하고, 동반자로써 화해와 타협으로 미래지향적이고 평화적인 방법으로 모든 문제를 올바르게 해결해야 할 것이다.

2013년 5월 29일 중국 외교부의 홍레이(洪磊) 대변인은 기자회견에서 하시모토 시장의 회견에 대해 "위안부 문제는 일본 군국주의가 침략전쟁 중에 저지른 범죄 행위"라며 "책임있는 자세로 아시아의 이웃 나라와 국제사회의 신뢰를 얻기를 일본 측에 요구한다"고 밝혔다.

2012년 10월 11일 일본 도쿄지방법원이 일본 정부를 향해 "1965년 한일기본조약체결당시의 문서를 공개하라"고 판결하였다.

한일청구권협정이 명시한 8개 항목에 일본군 위안부 문제, 사할린 동포 문제, 원폭 피해자 문제는 빠져 있지만, 강제징용 문제는 포함돼 있다며, 일본 정부는 1965년 한일 국교 정상화 당시 체결한 한일청구권협정에 따라 배상 문제가 존재하지 않는다는 견해를 고수하고 있다. 일본 사법부 역시 강제징용 피해자들의 소송에 대해 원고 패소 판결을 내려 왔다.

미국은 1988년 일본인 강제징용자 12만명에게 사죄하고 1인당 2만달러씩 지불했다.

한일양국은 강제 징용 문제, 교과서왜곡, 독도, 위안부 문제 등의 갈등이 외교부를 중심으로 한 행정부의 갈등이 사법부와 경제계로 비화되고 있다.

2013년 10월 18일 교도 통신 등 일본 언론은 아베 신조(安倍晋三) 총리가 야스쿠니 신사

---

17 동아일보 2011.12.15

에 총리 명의로 공물을 봉납한 데이어 신도 요시타카(新藤義孝) 일본 총무상과 의원 159명이 야스쿠니(靖国)신사의 가을 예대제에 참배하여 1989년 이래 24년 만에 최다라고 보도하여, 한국과 중국은 일본 정치인의 국수주의를 우려하며 강력히 반발하고 있다.

대한민국 국회는 "일본 총리의 靖国神社의 参拜 및 일본 정부의 집단적 자위권 행사 추진이 과거 침략 전쟁을 미화하고 군국주의 부활을 기도하는 것으로 규정하고, 일본 정부가 한반도를 포함한 동북아시아의 평화와 안정을 위협하고 인류의 보편적 가치를 부정하는 시대 착오적인 행위를 즉각 중단하고, 과거사에 대해 진정한 반성과 책임 있는 자세를 가져야 할 것임을 엄중히 경고한다."고 발표했다.

일본은 종군위안부의 불법성과 국가책임을 부인하면서, 1965년의 '한·일 협정'에 의해 모든 청구권이 소멸되었으니 더 이상의 배상책임이 없다고 주장한다.

그러나, 국제사회의 일반적인 견해는 중대한 인권침해로 발생한 손해배상청구권은 제 3자가 처분할 수 없으므로 국제법상 무효임으로 1965년의 한·일 협정에서는 '보상청구권'만 포함되어 있으며 '배상청구권'은 포함되어 있지 않다는 점에서 국민의 청구권은 여전히 존재하고 있다고 보고 있기 때문에 이러한 일본의 주장은 비판받고 있다.

일본은 현재와 미래 세대에게 역사를 올바르게 교육해야하고, 약육강식의 시대에 억울하게 당한 위안부 할머니들의 문제는 우리 모두의 책임과 사명으로 생각하여 하루 빨리 올바르게 해결해야 할 것이다.

일본정부는 독도문제, 위안부문제, 강제징용, 침략전쟁 등을 더 이상 왈가왈부 하지 말고 인정하고 양심적으로 올바르게 진실을 교과서에서 가르쳐야 한다.

정신대 위안부와 강제 징용자들에게 명예회복과 신체적·정신적·경제적인 손해배상을 해줄 책임이 일본정부에 있고 일본국민에게 의무가 있다고 미네키시 겐타로(峯岸 賢太郎) 동경도립대 교수는 『天皇의 軍隊와 性奴隷』[18]라는 책에서 자료와 증언을 통해 종군위안부와 일본군의 만행을 입체적으로 묘사하여 일본사회의 책임을 강력하게 주장하고 지적하고 있다.

한일관계를 악화시키는 일본의 책임있는 지도자들의 사려 깊은 언동이 너무나 아쉽다. 외교마찰을 완충시키는 역할을 하면서 서로가 교류와 협력을 유지해 가야 할 것이다.

독도의 영유권을 주장해온 일본정부는 "2014년 일본의 방위백서"를 한글판으로 번역해 주한 일본대사관 해상자위대무관이 2015년 1월 16일 한국의 국방부 정보본부를 방문해 2014년판 일본의 방위백서 한글판 요약본 50부를 한국의 국방부에 전달하는 등, 한국을 깔

18 峯岸 賢太郎 『天皇의 軍隊와 性奴隷』 p.20

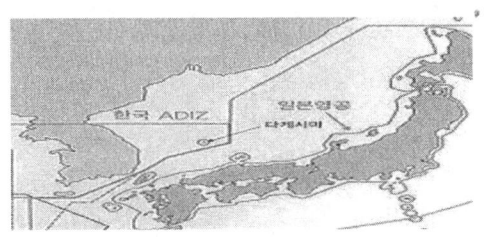

〈표 7〉 2014년 일본의 방위백서의 독도지도

보는 일본정부의 언동은 외교적인 도발 행위로 어이없고 한심스러운 뿐이다.

2014년판 일본의 방위백서에는 독도를 동그라미 실선으로 표시하고 다케시마(독도의 일본식 이름)라고 표기해 일본 영토인 것처럼 표시한 지도가 포함되어있다.[19]

한편, 독도를 한국 영토로 표기한 '일본영역참고도'[20]가 국제법상 증거로 효력을 갖는다는 사실이 입증됐다. 2014년8월 이 지도가 공개된 후에 '일본영역참고도'는 일본 해상보안청 수로부가 샌프란시스코 조약 체결 직전인 1951년 8월 발간한 지도로, 일본 정부는 국회에 조약 비준을 요청하면서 이 지도를 첨부해 제출했다.

1952년 4월 발효된 샌프란시스코 조약은 2차 세계대전 연합국이 일본에 대한 점령통치를 끝내면서 전후 일본 영토를 확정한 조약이다. 지도에 표시된 경계선은 독도 동쪽을 반원 형태로 감싸고 지나면서 독도를 일본 영해에서 제외했다.

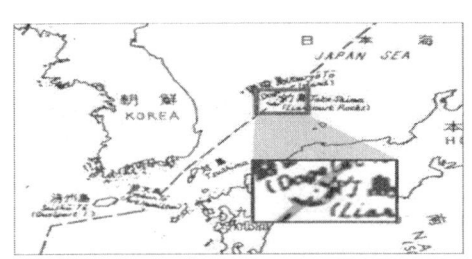

〈표 8〉 조약비준 때 제출한 '일본영역참고도'

제주도 거문도 울릉도를 한국 영토로 인정한 샌프란시스코 조약에 독도가 직접 언급되지는 않지만, 조약 비준요청서와 함께 제출한 이 지도에 독도가 한국 영토로 표시돼 있는 것이 국제법상 효력을 갖는다는 것이다.

1953년 중의원 외무위원회 회의록에도 가와카미 칸이치(川上貫一)의원이 "조약비준 당시 제출한 '일본영역참고도'에 분명하게 竹島(독도)는 제외돼 있다"고 적혀 있다. 나홍주 전 흥사단 독도연구소장은 "의원들이 '일본영역참고도'에 독도가 일본 영토에 포함되지 않은 점을 지적하며 정부에 설명을 요구한 대목"이라고 설명했다.

2011년 3월, 새 학기부터 우리나라도 전국 초, 중, 고교가 독도를 전보다 자세하고 체계적으로 가르치게 된다고 한다. 初等은 중요성 알기, 中学은 우리 영토의 근거, 高校는 바람직한 역사관 등, 우리 領土인 独島를 지켜 내려면 국민의 적극적인 관심과 참여가 필요하며, 過去事를 통한 감정적 반감이나 무조건적 불신, 感情的 대응이나 民族主義的인 반일 의식

---

19 2015년 1월 22일 동아일보
20 2014년 11월 18일 한국일보

보다는 사실적이고 정확한 調査와 証拠를 제시하면서 일본의 국민들을 설득하는 것이 중요하다.

韓日兩国은 상대를 폄하하고 무시하는 우월의식을 강조하는 民族主義的 배타의식과 피해의식에서 벗어나는 생각과 思考로 평화적으로 교류하지 않으면 안 된다.

3. 결론

2015년 11월 1일 3년 반 만에 한중일 3국이 정상회담을 개최하여, 서로 교류 협력하기로 하였다. 역사를 직시하고 미래평화를 지향해나간다. 2015년6월22일은 韓, 日国交가 締結 된 지 50주년이며, 또한 2015년 8월 15일은 光復 70주년은 韓日兩国関係에 意味 있는 해이기도 하다.

2015년 7월 30일 고노 요헤이(河野洋平) 전 일본 관방장관은 "慰安婦 强制連行은 있었다. 분명히 있었던 일을 없었다고 할 수 있는가. 왜, 죄송하다 말하지 못하나"라고 말하고, 일본군 위안부의 强制連行을 인정한 자신의 発言을 문제 삼는 자민당과 아베정권을 批判하였다.

過去事의 사죄가 새로운 일본의 出発点인데 지금도 日本政府가 强制徵集과 日本軍慰安婦의 强制連行은 없었다면서 証拠를 요구하고, 독도는 일본 땅이다고 영유권을 주장하고, 초, 중, 고교의 教科書内容의 歪曲 하는 등, 植民地 支配 등의 過去의 잘못을 反省하고 自肅하지 않는다. 아베수상은 국민 60%와 헌법학자 90%와 역사학자들이 반대하는데도 일본의 평화와 안전 및 활동의 확대를 위해 集団的 自衛権 発動의 憲法 改定을 시도하면서, 補償도 다했다는 식의 二重的인 態度가 문제이다.

한국과 중국은 일본이 强制連行의 真実을 認定하고 謝罪와 賠償, 歪曲된 교과서의 修正과 교육, 戰犯이 合祀된 靖国神社에 首相의 参拜 中止, 国粹主義者들의 妄言中止, 慰安婦資料의 公開와 教育 등을 요구하면서 분노하고 있는 것이다.

일본이 독도영유권 주장의 수위를 높이는 것도 한국의 일본군위안부의 强制連行 문제의 해결 압박과 歪曲된 교과서내용의 수정요구 등과 무관하지 않은 언동이다.

한국과 일본 知識人들이 일본 정부의 過去事 문제에 대한 認識 전환을 촉구하는 '2015 韓

日 그리고 세계 지식인 共同声明'을 발표했다. 성명에는 미국, 유럽의 지식인들도 동참했다.

"2015년 韓日 그리고 世界 知識人 共同声明"-동아시아의 '過去로부터의 自由'를 위하여 -한일병합 100년 한일 지식인 공동성명 발기위원회는 2015년7월29일 한국에서 기자회견을 열고 아베 정권의 過去回歸와 이에 따라 고조된 동아시아 葛藤양상을 비판했다.

지식인들은 성명서에서 '현재 일본에서 펼쳐지고 있는 歷史의 逆流현상에 대한 지식인의 무한 責任을 자각하지 않을 수 없다'고도 밝혔다. 성명서를 요약해보면 다음과 같다.

"일본 정부는 2010년 8월 10일 칸 나오토 총리 담화를 발표하여, 식민지 지배가 한국 사람들의 뜻에 반하여 실시된 것이라고 인정하였다. 그러나 현재 일본에서 펼쳐지고 있는 것은 너무나도 역행하는 현상이다. 동아시아의 과거를 둘러싼 역사인식의 다툼이 이성적인 도달점에 이르지 못하면, 이 지역에 갈등과 긴장을 초래하고 未來를 어둡게 만들게 된다. 미래를 과거로부터 해방시키는 동아시아의 '과거로부터의 자유'는 찬란한 '시민 아시아'의 시대를 열어젖힐 것이다."라고 주장했다.

즉, 전쟁위안부로 수십만 명, 강제노동자로 수백만 명을 끌고 가서 죽이고 엄청난 피해를 주고도 사과와 보상도 않고, 과거의 침략에 대한 反省보다 時代錯誤的인 歷史歪曲을 하는 右翼 国粹主義者의 態度와 妄言 등으로 歷史 認識을 아직도 잘못하고 있는 日本人의 非良心과 兩面性의 二重性格이 문제이다.

물론 한국정부도 韓·中·日 関係 경색의 장기화가 3국의 평화와 国益에 해롭다는 것을 알고 있으며, 한국이 주창하는 '東北亜 平和協力構想'도 중국과 일본의 협조 없이는 不可能하므로 3국공동의 역사교과서 발간 등을 통해 돌파구를 만들자고 주장하고 있다.

한국과 일본의 관계도 過去 일본의 잘못된 역사를 진정한 反省으로 과거를 청산하고 21세기를 위한 한일양국간의 긴밀한 友好関係가 모든 방면에서 다양하게 이루어져야하며, 참다운 동반자로서의 가까운 이웃사촌이 되기 위해서는 올바른 歷史教育이 필요하다.

급변하는 오늘날의 국제관계 속에서 일본의 覇権主義와 韓·中·日의 関係는 不安하다. 일본의 対外政策들 중에서 領土問題와 教科書 歪曲問題, 慰安婦問題는 우리가 경계해야 할 対外政策이며, 한·중·일 3국이 共同으로 研究할 必要가 있다.

그러나, 아베 총리와 일본국민의 態度도 変化하고, 政治·外交的으로 '한·중·일 고위급 회의'나 頂上会談을 개최하여 最悪의 한·중·일 관계를 対話로 풀고, 올바른 역사교육을 통해서 서로가 平和共存과 協力으로 모든 문제를 해결해야 同伴者로 발전할 수 있을 것이다.

한중일 3국은 모든 일을 이웃사촌답게 화해하고 대화로 평화적으로 해결해야 할 것이다.

큰 시각에서 멀리보고 평화적으로 한중일의 국제관계는 심포지엄에서 협력과 화해의 동아시아 질서 확립에 노력해야 한다. 2014.10.13. 동아일보의 여론조사에 의하면, 가장 가깝게 느끼는 대상은 미국인 33%, 중국인 24%, 북한인 23%, 일본인 11% 순이었고, 가장 멀게 느끼는 대상은 일본인 64%, 중국인 37%, 미국인 2% 순이었다.

1965년 한일 국교정상화, 1972년 중일 국교정상화, 1982년 중한 국교 정상화 등으로 동북아시아가의 교류가 활발하였다. 한중일 3국은 불신과 대립보다 국제 심포지엄을 자주 개최하여 서로 대화로 의논하고 협력과 화해를 논의하여, 새로운 미래를 함께 성장하는 동아시아 공동체를 구축해야 할 것이다.

공동 조사와 공동연구, 교육을 할 수 있는 모임을 만드는 것을 적극적으로 검토하여 해결방안을 논의해나갈 필요가 있다. 한중일 역사공동연구위원회를 발족시켜 공동 사료집을 만드는 것도 실천 가능한 방안이라고 생각한다.

모든 분야에서 한중일관계의 개선을 위해 서로 상대방의 입장에서 생각해보고 판단해야 할 것이다. 2015년 한일협정 50주년을 기념하여 한일관계개선의 출발점이 되고, 미래 지향적인 교류와 대승적인 협력을 구상하고 준비해야 할 때이다.

"최근 독일이 저지른 무거운 역사의 짐 아래서 저는 인간이 말로써는 표현 할 수 없는 무언가를 느낄 때 하는 행동을 했습니다. 그렇게 함으로서 저는 살해당한 수백 만 명의 사람들을 기렸습니다."

1970년 12월 7일, 폴란드 바르바샤의 한 유태인 위령탑 앞에서 독일의 브란트 총리가 무릎을 꿇으며 애도를 표한 사건이 있었다. 나치 독일의 횡포를 가장 뼈저리게 당한 국가 중 하나인 폴란드는 전쟁희생자 위령탑 앞에 무릎을 꿇은 채 용서를 비는 브란트 총리의 모습을 TV 생중계로 지켜본 폴란드 국민들은 서독에 대해 나쁜 감정을 털어낼 수 있었으며, 세계 역시 그의 진정한 참회에 깊은 감명을 받았다.

韓中日의 3국 관계가 갈등과 대립보다는 대화와 협력으로 평화적으로 해결되어야 한다. 아시아의 평화와 화합을 위해 상대를 비난하기보다는, 미래지향적인 동반자로써 해결책을 연구해야하고, 韓中日의 정부가 올바른 판단을 내려야 한다.

앞으로 韓日兩国은 과거의 뼈아픈 역사를 극복하고 올바른 歷史意識을 가지고 현실에 충실해야 한다. 교과서의 왜곡 문제는 일본의 良心에 다시 한번 期待를 걸어 본다. 일본정부가 韓日關係를 善隣友好관계로 발전시키고 東北亞 平和 共存과 번영을 위한 協力의 방향으로 나아가야 할 것이다.

제4장

일본의 역사표

• • • •

갠시지다이(原始時代)　　동남아시아와 남태평양에서 온 혼혈민족.

구석기의 유물과 수렵어로생활, 벼농사(전기구석기 유물이 없음)

죠오몬 토기와 야요이 토기가 출토되는 시대.

야마토지다이(大和時代)　　지도층은 4세기말에 한국에서 온 일본 천왕족의 선조들이다.

금속공예, 제혁, 조선기술, 한자, 유교, 불교(538) 한국과 중국

을 통해 전해진 시대.

아스카지다이(飛鳥時代)　　604년 헌법 17조를 만듦. 율령제 국가, 도래인

607년 호우류우지(法隆寺)완공.

백제 멸망(660), 고구려 멸망(668), 신라 삼국통일(677)

나라지다이(奈良時代)　　710년에 수도를 나라(奈良)에 세움.

『古事記』(712), 『日本書記』(720), 『万葉集』(759)

헤이안지다이(平安時代)　　794년에 수도를 교토(京都)에 세움.

후지하라(藤原)가 섭정함.

가나문자가 완성됨.

에마키모노(絵巻物)가 유행. 귀족의 사회.

무로마찌지다이(室町時代)　무사(武士)의 사회. 하극상의 사회.

　　　　　　　　　　　　　잔인한 織田信長 : 천하통일(天下統一)의 기반을 마련.

　　　　　　　　　　　　　교활한 豊臣秀吉 : 천하통일(天下統一)을 함.(1590)

　　　　　　　　　　　　　1592년 임진왜란, 1597년 정유재란

에도지다이(江戸時代)　　 1603년 인내심 강한 徳川家康은 수도를 江戸에 정함.

　　　　　　　　　　　　　1607년 조선통신사(12회), 1639년 쇄국령.

　　　　　　　　　　　　　1853년 미국의 페리옴.(開国)

메이지지다이(明治時代)　 1868년 明治維新으로 통치권을 천황이 가짐.

　　　　　　　　　　　　　大日本帝国憲法公布(1889)

　　　　　　　　　　　　　1875년 강화도조약, 1877년 東京大学설립.

　　　　　　　　　　　　　1894년 日中戦争, 1904년 日露戦争.

　　　　　　　　　　　　　1910년 한일합방, 『破戒』(1906)

다이쇼지다이(大正時代 1912-1925)　1914년 제1차 세계대전

　　　　　　　　　　　　　1923년9월1일 관동(関東)대지진 20만 명 사망, 『羅生門』(1915)

쇼와지다이(昭和時代 1926-1989)　1937년 日中戦争.

　　　　　　　　　　　　　1939년 제2차 세계대전.

　　　　　　　　　　　　　1945년 8월 6일 広島, 長崎에 原爆.

　　　　　　　　　　　　　1946년 헌법공포, 1964년 동경올림픽. 新幹線

　　　　　　　　　　　　　1947년 교육기본법, 6.3.3.4제도.

　　　　　　　　　　　　　川端康成(1968)노벨문학상, 『雪国』

헤이세이지다이(平成時代 1989-)　1989년1월7일 裕仁天皇사망.

　　　　　　　　　　　　　125대 明仁天皇즉위. 1995년 神戸대지진.5천명사망

　　　　　　　　　　　　　大江健三郎(1994)노벨문학상, 『만연원년의 풋볼』

　　　　　　　　　　　　　2011년 3월 11일 후쿠시마현 대지진.4만명 행방불명.

일본바로알기

한국사 · 일본사의 연표

연대	日本		韓國と世界
50만년	舊石器時代	대륙과 연결되어 있음? 原始時代: 동남아시아와 남태평양에 서온 혼혈민족이다. 구석기의 유물과 수렵생활 구석기문화 출토 안됨. 일본열도가 생김?	원시시대
1만년		신석기, 繩文文化	구석기문화 출토됨. 신석기문화 농경의 시작
5000	繩文時代	繩文時代의 죠오몬토기와 彌生時代의 야요이토기가 출토되는 시대	
1000			고조선 : 청동기문화
			지석묘
			고조선이 나라를 세움
500		彌生文化	철기문화가 발달
300		금속기가 조선에서 전해옴	
200			삼한시대 / 고구려 : 25後漢건국
紀元前 기원 (1C)	彌生時代		108 한이 고조선을 멸망
100		57 중국에 사신을 보냄	221始皇帝 중국통일
(2C)			
200 (3C)		239 중국에 사신을 보냄 大和政權탄생	
300 (4C)	古墳時代		삼국 : 313 고구려가 낙랑군을 멸망시킴
400 (5C)		조선으로로부터 많은 도래인이 옴. 고분이 만들어 짐. 직물 등 기술·한자·유교·불교(538)가 조선에서 전해짐.	신라 백제 고구려 : 고구려·백제에 불교가 전래. 고구려·백제·신라 삼국분립

연대	시대	일본	지역	한국/중국
500	古墳時代			420 宋 建國
(6C)		593 聖德太子가 섭정함 헌법17조 만듬. 세계 最古의 목조건물인 法隆寺건립	삼국 (고구려, 백제, 신라)	581 隋 建國
600	飛鳥時代			612 고구려, 살수에서 수군을 격파 618 唐 建國
(7C)		607 견수사를 보냄. 630 견당사 게시. 646 大化改新 663 日本軍 백촌강에서 당에 패함.		660 신라와 당이 백제를 멸망시킴 668 신라와 당이 고구려를 멸망시킴 676 신라가 삼국통일 함 699 발해가 나라를 세움
700	奈良時代	701 대보율령이 정해짐. 710 도읍을 奈良로 정함(平城京) 727 발해의 사신이 옴. 752 東大寺의 대불이 완성.	신 라	751 불국사의 석굴암이 완성
(8C)		794 수도을 京都로 옮김(平安京)		
800	平安時代			
(9C)		894 견당사를 폐지. 일본풍의 문화가 번성.		907 唐 멸망
900		960 宋 建國		918 왕건이 고려를 건국 935 신라, 고려에 항복, 신라가 멸망
(10C)		972 고려 사신이 對馬에 옴.		936 고려가 전국 통일함
1000			고 려	1018 강감찬이 계단군 격파
(11C)				
1100		1115 金 건국		
(12C)		1192 鎌倉에 막부를 세움		
1200	鎌倉時代			1231 몽고의 제1차 침입 1234 세계 최고의 금속활자(다라니경)에의한 인쇄 1259 고려국왕, 몽고에 항복
(13C)		1234 몽고가 金정복 1274 文永の役 1281 弘安の役		1270~73 삼별초군 몽고와 싸움 1274 몽고군 고려인을 동원해 일본 침략 1281 제2차 일본 침략 왜구의 침략이 심해짐
1300	室町 南北朝	1333 鎌倉의 멸망		1392 이성계가 고려를 멸망시킴
(14C)		1368 明 건국		1393 이성계가 조선을 건국

연대	일본	한일관계 사건	한국
1400 (15C)	南北朝	1401 日·明무역 시작. 1402 日·朝무역 시작. 하극상의 사회 무사의 사회	1442 측우기를 만들어 전국의 강우량을 측정. 1443 한글창제
	室町時代 전국		
1500 (16C)			
	安土·桃山時代	1573 室町막부 멸망. 1592 豊臣秀吉 조선 침략. 1597~8 豊臣秀吉의 제2차 침략	1592 豊臣秀吉의 침략(임진왜란) 1597 豊臣秀吉의 침략(정유재란) 1598 이순신장군이 일본군을 격퇴
1600		1603 德川家康가 에도막부 1607 조선과의 국교재개. 　　　조선통신사가 옴. 1639 쇄국령을 내림	1636 後金이 明으로 개칭 1636~7 청의 침략(병자호란)
(17C)			1644 明 멸망, 淸이 중국통일
1700 (18C)	江戸時代		
1800			1811 평안도 농민 봉기. 1840경 외국선박 근해에서 출몰.
		1854 日美화친 조약을 맺고 개국 1858 日美 수호 통산 조약 1868 明治維新 1873 정한론이 일어남	1864 흥선 대원군의 정치 집권 1875 일본군의 강화도 공격. 1876 일조 수호 조약, 조선개국 1882 임오군란이 일어남
(19C)			
	明治時代	1894 청일전쟁이 일어남	1894 동학 농민전쟁이 일어남. 　　　조선을 전쟁터로 청일전쟁 시작 1897 국호를 대한제국으로 고침
1900		1904 러일전쟁이 일어남	1905 을사조약(보호조약)을 체결 　　　반일 의병투쟁 활성
(20C)			1907 조선군대를 해산. 1909 안중근이 이토오히로부미를 암살.

조선시대 / 대한제국

연도	일본 시대	일본	구분	한국
1910	大正時代	1910 한국을 합병	일본의 식민지 지배	1910 한일 합병조약 체결
				조선총독부를 둠
		1912 淸멸망, 중화민국 건국		토지 조사사업
		1914 1차 세계대전		
20		1919.2·8 재일한국유학생독립선언문 발표.		1919 3·1독립운동
		1923 관동 대지진, 한국인 학살		상해에 대한민국 임시정부수립
30				1926 6,10 독립운동
	昭和時代	1931 「만주사변」이 일어남		1929 광주학생 항일운동
		1937 중.일전쟁 시작		1937「황국신민서사」를 만듦
40		1941 태평양전쟁 시작		1939 창씨개명 강요
				일본 본토로 강제연행 시작
		1945 일본 항복		1944 한국인에게 징병제 실시
		1947 일본국 헌법 시행		1945 8·15 한국민족 해방
		(재일) 외국인 등록령	미·소 주둔	1948.10 이승만대통령 비공식 방일
		1948 (재일) 민족학교 패쇄령		1948 대한민국 정부수립
		한신 교육사건 일어남.		조선민주주의 인민공화국 성립
50				1950 .6.25 한국전쟁
		1951 샌프란시스코 평화 조약		1956 일.소 국교회복
		(재일 출입국 관리령이 재정		
		1952 (재일) 외국인 등록법		1953 한국전쟁 휴전협정 성립
		→ 55년부터 지문 등록		
		1956 국제연합가입		1954 周恩來 통치
		1964동경올림픽		
	平成時代	1965.6.22한일조약,		1957 (남) 한일조약 체결
		한국과 국교정상화		
64		1972삿포로 동계올림픽		
		1998長野동계올림픽		
		1983. 1 나카소네 일본총리의 최초 공식방한	대한민국	1976周恩來,毛澤東 사망
				1965 (북한) 무효선언
				1972.9.29 일.중 국교회복
				1982 한.중 국교회복
				1984. 9 전두환대통령 최초의 공식방일
		헤이세이지다이(平成時代 1989-) ; 1989년1월7일		1988 서울올림픽
		裕仁天皇사망.		1989 天安門 사건
		125대 明仁天皇즉위.		
		大江健三郎(1994) 노벨문학상, 『만연원년의 풋볼』		
				1994김일성 주석 사망
		1995 神戶대지진.5천명사망		1998.10 김대중대통령 일본방문
		1996. 6 김영삼대통령과 하시모토 류타로 일본총리의		오부치 게이조와 정상회담.-문화개방-
		제주정상회담		아키히토(明仁)천황과면담. -21세기 공동선언-
		1997鄧小平 사망		
		2002.6 한.일world cup		2000.9.22 김대중대통령일본방문.
		2005 한일 우호의 해		모리요시오 총리와 정상회담.
		2008.8.8중국베이징올림픽		

오늘의 한국과 일본의 이해

부록

한+영+일+중
4개국어 기본회화

김인현의 『4개국어 여행회화』 박문사 에서

오늘의 한국과 일본의 이해

1. 인사말 표현

안녕하세요? / 안녕하십니까? (아침인사)

Good morning.

おはようございます。
오 하 요- 고 자 이 마 스

zǎo shang hǎo。
早上好。
짜우 쌍 하우

안녕하세요? / 안녕하십니까? (낮 인사)

Good afternoon.

こんにちは。
콘 니 찌 와

nǐ hǎo。
你好。
니 하우

안녕하십니까. (저녁 인사)

Good evening.

こんばんは。
콤 방 와

wǎn shang hǎo。
晚上好。
완 쌍 하우

처음 뵙겠습니다.

How do you do?

初^{はじ}めまして。
하지메 마 시 떼

chū cì jiànmiàn
初 次 见面。
추 츠 찌앤 미앤

안녕하십니까?

How are you?

お元気^{げんき}ですか。
오 겐 끼 데 스 까

nǐ hǎo ma?
你好 吗?
니 하우 마

오랜만입니다.

I haven't seen you for a long time.

お久^{ひさ}しぶりですね。
오 히사시부리 데 스 네

hǎojiǔ bú jiàn。
好久 不 见。
하우 지우 부 찌앤

만나서 반갑습니다.

Nice to see you.

お会いできて うれしいです。
오 아이 데 끼때 우레시이데스

jiàndào nǐ, hěn gāoxìng。
见到 你, 很 高兴。
찌앤 따우 니, 헌 까우 씽

내일 또 만납시다.

See you tomorrow.

また明日會いましょう。
마 따 아시따 아 이마 쇼-

míng tiān jiàn。
明天 见。
밍 티앤 찌앤

다음에 또 만나요.

See you later.

じゃあ また 後で。
쟈- 마 따 아토데

xiàcì zài jiàn。
下次再见。
쌰 츠 짜이 찌앤

안녕. 안녕히 가세요.

Good-bye. / See you.

さようなら。/ ごきげんよう。
사 요- 나 라 / 고 기 갱 요-

zài jiàn。 / zhù nǐ jiànkāng。
再见。 / 祝 你 健康。
짜이 찌앤 / 쭈 니 찌앤 캉

안녕히 주무세요.

Good night.

お休みなさい。
오 야스 미 나 사 이

wǎn ān。
晚安。
완 안

---

2. 감사의 표현

고마워. / 고맙습니다.

Thank you. / Thanks.

ありがとう。
아 리 가 또-

xièxie。
谢谢。
씨에 씨에

대단히 감사합니다.

Thank you very much.

どうも ありがとうございます。
도- 모 아 리 가 또- 고 자 이 마 스

fēi cháng gǎn xiè。
非常感谢。
페 이 창 깐 씨 에

여러 가지로 신세를 졌습니다.

Thank you for everything.

いろいろ お世話に なりました。
이 로 이 로 오 세 와 니 나 리 마 씨 따

gěi nín ntiān máfan le。
给 您 添 麻烦了。
게 이 닌 티 앤 마 판 러

천만에요.

You are welcome.

どういたしまして。
도- 이 따 시 마 시 떼

bié kèqi。
别客气。
비 에 커 치

한국, 중국, 일본, 미국에 대하여

　한국의 명절은 음력 1월 1일이 설날이고, 5월 5일은 단오, 7월 7일은 칠석, 8월 15일 추석에는 성묘를 합니다.

　면적은 약 17만㎢이고, 인구는 5,000만 명입니다.

　중국의 수도는 베이징(北京)이며, 면적은 약 960만㎢로 남한의 100배이며 러시아, 캐나다 다음으로 세계 3위입니다.

　23개의 성과 5개의 자치구,4개의 직할시가 있으며, 인구는 13억 명 정도이며, 56개 민족 중에 95%가 한족이며, 조선족은 약 200만 명이 살고 있습니다.

　중국의 명절은 음력 1월 1일을 춘절 (春節)이라 하여 세배를 하고, 집에는 붉은 색 그림으로 장식하고 음식은 만두(자오즈)를 먹고,1월 15일 원소절까지 연휴를 하면서 가게 문을 닫고, 고향을 찾아 인구가 대이동 합니다. 5월 5일은 단오이고, 7월 7일은 칠석, 8월 15일은 중추절입니다

　일본의 수도는 도쿄(東京)이며, 면적은 약 38만㎢로 남북한의 1.7배이며, 명절은 양력으로 1월 1일이 간지쓰(元日)이며 진자(神社)를 참배하고 죠우니라는 떡국 같은 음식을 먹습니다.

　3월 3일은 히나마츠리, 5월 5일은 단오·어린이날, 7월 7일은 다나바타(七夕), 8월 15일 전후로 오봉(お盆)이라 하여 13일부터 16일까지 선조의 묘를 참배합니다.

　한국은 3월 초에 입학식을 하고 2월 말에 졸업식을 하는데, 일본은 4월초에 입학하여 3월말에 졸업식을 하고, 미국과 중국은 9월에 입학식을 하고, 8월에 졸업식을 합니다.

　한국에서는 따뜻한 온돌방이 발달한 반면, 일본은 돗자리로 만든 다다미방이 발달하였는데, 그 원인은 섬나라의 습한 기후 때문입니다.

　미국의 수도는 워싱턴이며, 면적은 약 950만㎢로 남한의 95배로, 러시아, 캐나다 다음으로 세계 5위이며, 세계경제의 25%를 생산하여 세계1위이며, 인구는 약 2억 명입니다.

(참고문헌)

高月町古文書クラブ編, 芳洲会(1996)『交隣堤醒全』, 白水社

国立国語研究所(1997)『日本語と 朝鮮語』上, 下巻

金仁炫, 金鉦丘(2012)『綜合日本語百科』, 제이앤씨

金一勉(1976)「天皇の軍隊と朝鮮人慰安婦」, 三一書房

吉見義明(1993)「資料集 従軍慰安婦」, 瑞文堂

吉見義明(1993)「資料集 従軍慰安婦」, 瑞文堂

吉田清治(1977)「朝鮮人慰安婦と日本人」, 新人物往来社

김강령(2002)『동북아시아 국제 정치와 한반도』, 신지서원

김경민(2003)『어디까지 가나 일본 자위대』, 아침바다

김명기(1997)『독도연구』, 법률출판사

김병렬(2001)『독도에 대한 일본사람들의 주장』, 다다미디어

김병렬(2005)『독도논쟁 독도가 우리땅인 이유』, 다다미디어

김순임(2013)「일본 야스쿠니신사와 국가주의 이데올로기」제주대학교대학원 학위논문

김영구(2003)『독도문제의 진실』, 법영사

김인현(2007)「배타적 경제수역과 독도문제」『일본문화연구』제21집

김인현(2011)「한국과 일본의 독도교육문제」『일본어교육』제56집

김인현(2013)「위안부 문제의 일고찰」, 『일본어교육』제66집, 한국일본어교육학회

김인현(2013)「일본의 역사교과서 왜곡문제와 대책」『일본어교육』제68집

김인현(2014)「慰安婦問題의 再考察」『일본어교육』67권, 한국일본어교육학회

김정원(1996)「한국외교 발전론』 집문당

김학준(2004)『독도는 우리 땅』, 해맞이

김화홍(2005)『대마도도 한국 땅』, 知와 사랑

나눔의 집 http://www.nanum.org/

나눔의 집 역사관 후원회 편(2002)「일본군 '위안부' 역사관을 찾아서」, 역사비평사

内藤正中 著 권오엽, 권 정 역(2005)『独島와 竹島』, 제이엔씨

内藤正中 著 곽진오, 김현수 역(2009)『한일간독도·죽도논쟁의 실체』, 책사랑

다카하시 데쓰야 지음, 현대송 옮김(2005)『결코 피할 수 없는 야스쿠니 문제』, 역사비평사

島田俊彦(1965)「関東軍」, 中公新書

嶋村初吉(2005)『対馬新考』, 梓書院

도츠카 에츠로(2001)「위안부가 아니라 성노예이다」, 소나무

藤源彰(1987)『日本 軍事史』, 東京: 日本評論社

藤源彰(2000)『日本 軍事史』, 東京:日本評論社

李英和(1993)『在日韓国・朝鮮人と参政権』, 明石書店

민족문제연구소(1995)『한일협정을 다시본다』, 아세아문화사

박규태(2005)「일본의 신사』살림출판사

박성수(2003)「일본교과서와 한국사의 왜곡」, 민지사

박유하(2013)「제국의 위안부」, 뿌리와 이파리

飯沼二郎(1993)『 足もとの 国際化』「 在日韓国・朝鮮人の歴史と現状」, 海風社

백봉흠(2003)『독도와 배타적 견제수역』, 경세원

福島邦道(1990)「明治14年版『交隣須知』」, 笠間書院

峯岸 賢太郎(2002)『天皇의 軍隊와 性奴隷』, 당대

富田降行(1993)『基礎表現50とその教え方』, 凡人社

北原保雄(1995)『日本文法事典』, 有精堂

浜田　敦(1970)『朝鮮資料による 日本語研究』, 岩波書店

浜田　徹(1995) 訳, George Hicks 著「性の奴隷 従軍慰安婦」, 三一書房

山邊健太郎(1976)『日韓併合小史』, 東京: 岩波書店

杉原 誠四郎 外(2015)『新しい歴史教科書-中学社会』, 自由社

上垣外憲一(1989)『雨森芳洲』, 中公新書

西尾幹二　外(2009)「新しい歴史教科書」扶桑社

石川逸子(1993)「従軍慰安婦にされた少女たち」, 岩波書店

城田吉六(1989)『対馬庶民誌』, 偉書房

細川英雄(1999)『日本語教育と日本事情』, 明石書店

小堀桂一郎(1999)「靖国神社と日本人」, PHP新書

小倉進平(1936))「『交隣須知』について」,『国語 国文学』13-6

송병기(2000)『울릉도와 독도』, 단국대학교 출판사

松田利彦(1995)『戦前期の在日朝鮮人と参政権』, 明石書店

숨겨진 한·일 역사 http://www.ko2ja.co.kr

신용하(1997『독도의 민족영토사연구』, 지식산업사

申維翰 著, 姜在彦 訳(2005),『海游録』, 東洋文庫252, 平凡社

안병직 번역·해제(2013)「일본군 위안소 관리인의 일기」, 이숲

安田 章(1997)『 朝鮮資料と中世国語』, 笠間書院

오　만(1999)「대마번유雨森芳州의 사상과 업적」,『일본학보』6호

오에시노부 지음, 양현혜, 이규태 엮(2002)『靖国神社』소화

와다하루키 외, 이원웅 역(2001)「군대위안부문제와 일본의 시민운동」, 오름

외교통상부(1999)「한국외교 50년」

요시다 유타카 著, 최해주 역(2005)「일본의 군대」, 논형

요시다 유타카 著, 최해주 역(2005)『일본의 군대』, 논형

윤영원(2003)『대마도 이야기』, 황금시대

이강민(1998)「아스톤 本『交隣須知』의 일본어」,『日本学報』41, 韓国日本学会

이병선(2005)『대마도는 한국의 속도였다』, 법영사

이석제(2005)『대마도는 우리 땅』, 이회문화사

이숙종 편(2002)「전환기의 한일관계」세종연구소

이시카와 이쓰코 지음, 손지연 옮김(2014)『일본군 위안부가 된소녀들』, 삼천리

이원덕(1996)「일본과거사 처리의 원점」, 서울대출판부

이원순·정재정 편저(2002)「일본역사 교과서, 무엇이 문제인가」, 동방미디어

이종철(1982)「심수관 所藏本『交隣須知』에 대하여」,『정병옥회갑논집』, 신구문화사

이중환(2002)『택리지』, 을유문화사

이 훈(2005)『대마도, 역사를 따라 걷다』, 역사공간

인재환(1998)『대마도우리 역사답사기』, 한림출판사

日本 防衛庁(2003)『日本 防衛白書』, 東京: 防衛庁

일본군 위안부 역사관 http://www.cybernanum.org/

日本語教育学会(1988)『日本語の歴史』, 凡人社

日本語教育学会(1988)『日本語の地理』, 凡人社

日本語教育学会(1990)『日本語教育事典』, 大修館書店

日韓共同歴史教材(2008)『朝鮮通信使』, 明石書店

日韓共通歴史教材制作チーム(2005)『朝鮮通信使』, 明石書店

임채정(2005)『간도에서 대마도까지』, 동아일보사

滋賀県教育委員会編集(1995)『雨森芳洲関係資料調査報告書』

斉藤明美(1998)「明治16年版『交隣須知』について」,『日本文化学報』5, 韓国日本文化学会

斉藤明美(2001)『交隣須知의 系譜와 言語』, 제이엔씨

조지 힉스(1995)「위안부–일본군대의 성노예로 끌려간 여성들」, 창비

佐藤丈夫(1998)『TOP JAPANESE』, 시사일본어사

佐佐木瑞技(1998)『日本事情入門』, 多楽院

주한일본대사관(http://www.kr.emb-japan.go.jp)

차종환·신법타(2006)『대마도는 한국 땅』, 인간과 자연사

千田夏光(1978)「従軍慰安婦」, 三一新書

千田夏光(1978)「従軍慰安婦」, 原書房

泉撚一(1997)『対馬藩藩儒雨森芳洲의 基礎的研究』, 関西大学出版部

최장근(2005)『일본의 영토분쟁』, 백산자료원

타와라 요시후미 저, 일본교과서 바로잡기 운동본부 역(2001)『위험한 교과서』, 역사넷

国際交流基金(1994)『日本語能力試験』, 凡人社

板恒 正(1978)「声なき声」, 三一書房

346

하영선 편(1997) 「한국과 일본: 새로운 만남을 위한 역사인식」, 나남출판

鶴田 啓(2006) 『対馬からみた日朝関係』, 山川出版社

한국정신대 문제대책협의회 http://www.womenandwar.net

한국정신대 문제대책협의회(2001) 「일본군위안부 문제에 대한 법적 해결의 전망」, 풀빛

한국정신대 문제대책협의회(2005) 「강제로 끌려간 조선인 군위안부들 -증언집 1」, 한울

한국정신대 연구소 http://www.truetruth.org

한국정신대문제대책협의회(2001) 『일본군 위안부 문제에 대한 법적 해결의 전망』, 풀빛

한국정신대문제대책협의회(2004) 『역사를 만드는 이야기 : 일본군 위안부 여성들의 경험과 기억』

한국정신대문제대책협의회·정신대연구회(1993) 『강제로 끌려간 조선인 군위안부들』, 한울

한일관계사 연구회(2005) 『독도와 対馬島』, 지성의 샘

한일관계사학회(2001) 『역주 교린제성』, 국학자료원

한일역사교과서연구회(2008) 『韓日交流의 歷史』, 혜안

海外技術者研修協会(1994) 『JAPANESE ＬＩＦＥ』, 문진당

홍윤기(2001) 「일본의 역사 왜곡」 학민사

荒木和博(1997) 『在日韓国·朝鮮人の参政権要求を糾す』 「外国人参政権という名の虚構」, 現代コリア
　　　研究所

(참고문헌)